POTENCIALIZANDO A EXCELÊNCIA

Como escalonar práticas exemplares para ter melhor desempenho

Robert I. Sutton & Huggy Rao

Uma publicação da
hsm
EDUCAÇÃO EXECUTIVA

Copyright © 2015 HSM do Brasil S.A. para a presente edição
Copyright © 2014 by Robert I. Sutton and Hayagreeva Rao

Publisher: Renata Müller
Coordenação de produção: Alexandre Braga
Edição: Oliva Editorial
Tradução: Cristina Yamagami
Diagramação: Carolina Palharini e Carlos Borges
Capa: Carolina Palharini

Todos os direitos reservados. Nenhum trecho desta obra pode ser reproduzido — por qualquer forma ou meio, mecânico ou eletrônico, fotocópia, gravação etc. —, nem estocado ou apropriado em sistema de imagens sem a expressa autorização da HSM do Brasil.

1ª edição

Dados Internacionais de Catalogação na Publicação (CIP)
Angélica Ilacqua CRB-8/7057

Sutton, Robert I.
   Potencializando a excelência : como escalonar práticas exemplares para ter melhor desempenho / Robert I. Sutton, Rao ; tradução de Cristina Yamagami. - São Paulo : HSM do Brasil, 2015.
   376 p.

   ISBN: 978-85-67389-34-9
   Título original: Scailing up excellence – getting to more without settling for less

   1. Eficiência organizacional 2. Mudança organizacional 3. Serviços ao cliente 4. Clientes - Relacionamento I. Título II. Rao, Huggy III. Yamagami, Cristina

15-0343   CDD 658.4013

Índices para catálogo sistemático:

1. Eficiência organizacional

Alameda Mamoré, 989 — 13º andar
Barueri-SP. 06.454-040
Vendas Corporativas: (11) 4689-6494

Para nossa mãe, Annete Sutton e
Kamala Rao, por todo seu amor
e por sempre ter nos encorajado
a pensar por nós mesmos.

Sumário

Prefácio – O Problema do Mais ... IX

PARTE I. PREPARANDO O TERRENO

Capítulo 1. É uma guerra terrestre, não só aérea: desacelere para escalonar mais rápido (e melhor) depois ... 3

Capítulo 2. Budismo ou catolicismo: escolha seu caminho ... 35

PARTE II. PRINCÍPIOS DO ESCALONAMENTO

Capítulo 3. Boas soluções para boas causas: abasteça o motor do escalonamento ... 69

Capítulo 4. Reduza a carga cognitiva: mas lide com a complexidade necessária ... 101

Capítulo 5. As pessoas que impulsionam a potencialização da excelência: crie organizações nas quais "eu sou dono do lugar e o lugar é meu dono" ... 141

Capítulo 6. Conecte pessoas e crie um efeito dominó para disseminar a excelência: use vínculos sociais para difundir a mentalidade correta ... 181

Capítulo 7. O mal vence o bem: abra caminho para a excelência ... 229

PARTE III. CONCLUSÕES

Capítulo 8. O que fizemos e o que não fizemos: imagine que você já atingiu o sucesso (ou o fracasso) ... 275

Quero saber mais ... 303

Agradecimentos ... 305

Apêndice. Sete anos de diálogo: como desenvolvemos essas ideias ... 311

Notas ... 323

Índice remissivo ... 345

Prefácio
O Problema do Mais

Potencializando a Excelência se volta a resolver um desafio enfrentado por todos os líderes e suas organizações: disseminar comportamentos e crenças construtivas dos poucos aos muitos. Este livro mostra o que é preciso ter e fazer para criar e identificar bolsões de desempenho exemplar, disseminar esses feitos admiráveis e, à medida que a organização cresce e amadurece – em vez de cair na mediocridade ou algo ainda pior –, recarregar as baterias com maneiras melhores de fazer o trabalho que precisa ser feito.

Esse desafio tem sido objeto de nossa busca constante desde 2006, quando lançamos um programa de educação gerencial de uma semana na Stanford sobre "Inovação Focada no Cliente". O tema ficou martelando nossa cabeça. Não importava o que propúnhamos aos participantes – discutir um estudo de caso da Harley-Davidson, entrevistar clientes da JetBlue no aeroporto ou bolar soluções de design para melhorar a experiência num posto de gasolina –, o mesmo problema invariavelmente voltava para assombrá-los. O desafio se mostrava em seus comentários e perguntas. E era descrito pelos participantes como o maior obstáculo à criação de uma organização focada no cliente. O feedback deles nos levou a dedicar mais tempo a esse desafio a cada ano que passava.

Apelidamos o problema de "Problema do Mais". Os executivos sempre conseguiam identificar bolsões de excelência na organização, nos quais as pessoas faziam um excelente trabalho de identificação e satisfação das necessidades dos clientes. A organização sempre tinha alguma excelência, só não tinha o suficiente. O que os enlouquecia, os impedia de dormir à noite e consumia seus dias no trabalho era a dificuldade de levar essa excelência para *mais* pessoas e *mais* lugares. Também ressaltaram que o Problema do Mais – que muitas vezes chamavam de potencialização ou *scale up* da excelência – não se limitava à criação de organizações com foco no cliente, mas representava uma barreira à disseminação de todo tipo de excelência.

O fascínio e a frustração exibidos por esses executivos simultaneamente nos contagiaram e nos preocuparam. Em todos os temas sobre os quais nós dois falávamos, não importava qual fosse, o Problema do Mais não demorava a dominar a maior parte de nossas conversas e trocas de e-mail. Ficamos impressionados com o Problema, por ser tão difundido e tão crucial para o destino de todos os líderes e suas organizações. O Problema também nos inquietava porque as perguntas dos executivos eram tão boas e nossas respostas, tão insatisfatórias. E, quando as pessoas ficaram sabendo que estávamos investigando o "tema da potencialização da excelência", fomos bombardeados com uma enxurrada de perguntas difíceis. Líderes de organizações que vão dos escoteiros ao Google mereciam respostas melhores do que as que tínhamos para dar. Assim nasceu o projeto de sete anos que gerou este livro.

Fizemos muitas coisas ao longo desses anos para identificar as principais diferenças entre a boa e a má potencialização da excelência (você encontrará mais detalhes no Apêndice). No entanto, não importava o que estivéssemos fazendo em qualquer semana, sempre mantínhamos em vista dois objetivos: descobrir as teorias e evidências da forma mais *rigorosa* possível e gerar observações e conselhos *relevantes* para pessoas decididas a potencializar a excelência. Portanto, qualquer que fosse o trabalho – podíamos estar escrevendo um estudo de caso sobre a disseminação de práticas de manufatura enxuta na Wyeth Pharmaceuticals; tentando nos orientar no labirinto das implicações das pesquisas sobre a eficácia de grupos na gestão dos SEALs da Marinha dos Estados Unidos e de consultores da McKinsey; apresentando ideias preliminares a executivos do sistema de saúde norueguês, desejosos de difundir práticas centradas no paciente; ou orientando um grupo de estudantes que trabalhavam para convencer os jogadores de futebol da Stanford a usar capacetes de ciclismo (usando táticas como espalhar melancias esmagadas no campo de futebol) –, esses objetivos permaneceram em nossa mira. Fomos de um lado a outro, entre o mundo *clean*, meticuloso e ordenado das teorias e pesquisas – aquele rigor que nós, dois acadêmicos, tanto adoramos – e os problemas cabeludos, as restrições malucas e as turbulências e reviravoltas diárias relevantes para pessoas de verdade lutando para difundir a excelência aos "necessitados".

Essa estratégia manteve nosso foco no desenvolvimento de ideias firmemente enraizado em excelentes pesquisas, capazes não só de ajudar as pessoas a disseminar e preservar a excelência, como também de chamar a atenção das pessoas para essas ideias. Os capítulos deste livro apresentam essas lições. Nossas tentativas de resumir esse desafio à sua essência e elaborar recomendações práticas foram orientadas por quatro grandes lições que vieram à tona no decorrer de nossa jornada. Essas lições não só nos ajudaram a escrever este livro, como também prometem auxiliar qualquer pessoa que esteja contemplando o Problema do Mais ou padecendo nas garras desse Problema.

AS LIÇÕES QUE APRENDEMOS EM NOSSA JORNADA

A primeira grande lição que aprendemos foi que, embora os detalhes e os dramas cotidianos possam variar muito, as semelhanças dos desafios de potencialização da excelência são mais importantes que as diferenças. Percebemos que as principais decisões que os líderes precisam tomar e os princípios que ajudam as organizações a escalonar sem pisar na bola são os mesmos – não importa se a tarefa seja a de promover o crescimento de uma *startup* do Vale do Silício, como a Pulse News, de quatro para vinte pessoas; dobrar o número de advogados do Google; disseminar as melhores práticas para a venda de cerveja utilizadas pelos distribuidores mais eficazes da Budweiser nos Estados Unidos; abrir uma nova escola autônoma do KIPP em Washington DC; promover o crescimento da rede de hotéis Joie de Vivre; abrir uma loja da See's Candies no Texas; reduzir os erros em tratamentos medicamentosos em hospitais da região de São Francisco; ou abrir lojas da IKEA na China.

Identificamos as decisões cruciais e em comum que afetam o processo de potencialização da excelência. Uma dessas decisões universais é decidir se e quando seguir um caminho mais "católico" ou mais "budista". Um bom escalonamento depende de fazer as escolhas certas entre exigir que novas pessoas e lugares se tornem clones perfeitos de algum modelo original (a abordagem "católica") ou incentivar a variação, a experimentação e a personalização em diferentes locais (a abordagem "budista"). Mostramos como os melhores líderes e organizações lidam com essa decisão universal, bem como outras escolhas problemáticas, como "mais *versus* melhor" e escalonar sozinho ou com os outros.

Para desenvolver os cinco princípios que orientam a boa potencialização da excelência, fundamentamos-nos em diversos estudos de caso, em nossas conversas e trocas diárias de e-mail com veteranos do escalonamento e centenas de estudos acadêmicos. Por exemplo, começamos a esboçar um desses princípios em um workshop que conduzimos com executivos que tentavam transformar grandes presídios fazendo-os concentrar-se na reabilitação dos detentos, e não na punição deles; conversei com David Novak, o CEO da Yum! Brands, sobre como ele desenvolveu líderes para as redes Taco Bell, Pizza Hut e KFC; entrevistamos executivos e engenheiros do Facebook sobre o que fizeram para trazer mais de mil novos engenheiros a bordo; e escrevemos um estudo de caso sobre como a executiva Bonny Simi e sua equipe da JetBlue implementaram as melhores práticas para eventos de fechamento de aeroportos devido ao mau tempo. A mesma lição vinha à tona em todos os casos: a simples apresentação de argumentos racionais para convencer as pessoas a difundir alguma forma de excelência raramente bastava para levar a uma ação produtiva. Alguns bons líderes encontraram maneiras de despertar emoções, levando seu pessoal a adotar ações tangíveis e desejáveis. Essa observação ecoa os resultados de estudos voltados a investigar forças que explicam tanto os comportamentos individuais quanto os movimentos sociais pretendidos. O Capítulo 3 demonstra como impulsionar o escalonamento vinculando "boas causas" a "boas soluções".

Em *Potencializando a Excelência*, mostramos por que esse e outros princípios são eficazes e detalhamos como usá-los para disseminar novas crenças e comportamentos. Pessoas dedicadas a difundir algum tipo de excelência em geral acham que são as primeiras a percorrer a estrada esburacada, o que provavelmente não é o caso. Algumas decisões e princípios universais podem orientar essas pessoas ao longo do caminho. E é muito mais fácil (e menos doloroso e dispendioso) aprender com os sucessos e fracassos de pessoas que já passaram por provações semelhantes.

A segunda grande lição que aprendemos é que a potencialização da excelência implica mais que o Problema do Mais. A premissa do Problema do Mais é incompleta e leva as pessoas a acreditarem, equivocadamente, que têm algo de tão maravilhoso que sua única tarefa é espalhar essa perfeição pelos quatro cantos do mundo. Replicação e repetibilidade sempre farão parte da equação do escalonamento. No entanto, a realização do escalonamento eficaz não é só uma questão de replicar mecanicamente a mesma velha magia vez após vez. Não basta manter-se carimbando clones perfeitos de alguma equipe fundadora original e idealizada ou alguma franquia, fábrica, iniciativa de qualidade, processo de inovação, escola ou programa de assistência social.

Na verdade, o problema envolve tanto o *mais* quanto o *melhor*. Como diz Brad Bird, diretor da Pixar e ganhador de dois Oscar de melhor animação, as organizações que disseminam e mantêm a excelência são imbuídas de uma "inquietação implacável", aquele anseio, em geral incômodo, de continuar sempre inovando, impulsionado por uma constante e torturante sensação de insatisfação. Seja em uma jovem empresa de mídia social como o Twitter, em um programa de combate à pobreza em rápida expansão como o KALAHI, nas Filipinas, em uma rede de restaurantes como a Lulu's, na Califórnia, que abriu apenas três restaurantes na primeira década de existência, em um sistema hospitalar de 90 anos de existência e com 50 mil colaboradores como a Cleveland Clinic, em uma gigantesca multinacional como o Walmart ou em um único restaurante do KFC em Arkansas, um bom escalonamento requer que a organização jamais se contente com pouco. Implica manter-se sempre na busca e na implementação de maneiras melhores de pensar e agir em todos os cantos do sistema, tanto antigos quanto novos.

Nossa terceira grande lição é que as pessoas habilidosas na potencialização da excelência pensam e agem como quem está mergulhado até o pescoço em um caos administrável. Essas pessoas acreditam que, ao tomar as decisões certas, seguir os princípios corretos e valer-se de suas habilidades e bom senso, terão algum controle sobre seu destino coletivo e serão capazes de aumentar suas chances de sucesso. No entanto, ao mesmo tempo, sabem que o escalonamento é um processo tão complexo e repleto de incertezas que sempre haverá momentos em que serão bombardeadas por eventos imprevisíveis e desagradáveis, nos quais ficarão tomadas por frustração e confusão, com o fedor do fracasso contaminando o ambiente. Os melhores líderes e equipes de potencialização da excelência chafurdam nesses inevitáveis momentos – com até meses inteiros de confusão... – e até se divertem com isso.

Constatamos o poder de avançar aos tropeços com os exemplos de David Kelley, fundador, CEO e hoje presidente do conselho da IDEO, uma das mais conceituadas empresas de consultoria de inovação do planeta. Temos acompanhado a IDEO desde 1995 e trabalhamos com a empresa em várias ocasiões, enquanto ela se transformava de uma empresa de desenvolvimento de produtos formada por 75 pessoas e três escritórios em uma consultoria de inovação com cerca de 600 pessoas e oito escritórios. Eles ainda desenvolvem produtos tradicionais como a bicicleta elétrica Faraday, mas agora os inovadores da IDEO fazem de tudo, como: bolar experiências mais agradáveis para os doadores de sangue, enquanto a doação ocorre; criar o design de provadores para a loja da Prada em Nova York e orientar a estratégia de inovação da Samsung. E, ao longo de toda sua expansão, a IDEO tem conseguido, de alguma forma, manter o espírito lúdico e a sede de excelência que despertou nossa admiração quase 20 anos atrás.

Grande parte desse sucesso resulta do fato de Kelley e outros líderes seniores acreditarem que detiveram o controle sobre o destino da IDEO à medida que a empresa crescia e evoluía – e agirem de acordo com essa crença. Ao fazer isso, aplicaram muitos dos princípios de escalonamento de excelência que apresentamos nos próximos capítulos. Kelley é especialmente magistral, por exemplo, em orientar o pessoal da IDEO a "trabalhar por uma boa causa" (veja o Capítulo 3) e a "criar um efeito dominó para disseminar a excelência" (veja o Capítulo 6), conforme a empresa traz novas pessoas a bordo e se expande para novos locais. Mas Kelley provavelmente se mostra no seu melhor – e no auge de sua sabedoria – quando tudo parece estar dando errado, quando o caos domina a situação, os ânimos se exaltam e as pessoas ficam emocionalmente descontroladas. Ele as lembra de que "a vida às vezes é um caos. Às vezes o melhor a fazer é aceitar que a vida é caótica, tentar curtir o máximo possível e seguir em frente".

Nossas pesquisas revelaram que a IDEO não é algum tipo de aberração. Organizações que sabem escalonar bem a excelência estão cheias de pessoas que falam e agem como quem está no meio de um caos administrável. Essa lição também proporciona uma boa diretriz para aplicar as ideias deste livro. Os princípios apresentados aqui podem ajudá-lo a disseminar a excelência dos poucos aos muitos sem pisar na bola (ou pelo menos pisando menos na bola). Lembre-se, contudo, de que você e seus colegas sempre estarão sujeitos a períodos confusos, atordoantes e desanimadores, quando nada parece dar certo, inclusive os conselhos contidos aqui. Quando isso acontecer, é melhor receber o caos de braços abertos e continuar avançando aos trancos e barrancos até o caminho adiante ficar mais claro.

A quarta grande lição é que a potencialização da excelência começa e termina com as pessoas e o sucesso depende da vontade e da competência do pessoal que atua em todos os níveis de uma organização. Não são só os altos executivos que devem se preocupar com o escalonamento dela. É bem verdade que muitas iniciativas de escalonamento começam no topo. Contudo, é impossível difundir a excelência sem a dedicação, o empenho e a imaginação de pessoas espalhadas por toda a organização. Por exemplo, em 2007, Michael Kamarck, presidente do grupo de manufatura da Wyeth Pharmaceuticals, tomou a decisão inicial, alocou verbas e apostou sua reputação em um programa que transformou o modo de pensar e as ações de 17 mil colaboradores. Teria sido impossível, contudo, reduzir os custos em 25% e, ao mesmo tempo, melhorar a qualidade nas 27 instalações de manufatura da Wyeth sem o empenho dedicado de tantos supervisores de linha e gestores de nível médio. Eles realizaram as "minitransformações" iniciais, criaram os novos bolsões de excelência em cada fábrica, que depois foram disseminadas a todas as outras instalações. Por exemplo, na instalação de biotecnologia em Pearl River, estado de Nova York, Fysun "Fifi" Haknasar liderou uma minitransformação em sua equipe. Ela eliminou sistematicamente etapas desnecessárias e atrasos na transição entre o preenchimento de lotes de seringas com vacinas. Eles reduziram o tempo médio de transição de 14 para sete horas. Com Fifi atuando como uma "*coach* da transição", essas lições foram implementadas, em um efeito dominó, por outras equipes da instalação.

Muitas organizações nascem depois que um fundador cheio de energia encontra alguma coisa quebrada no mundo e resolve consertá-la. Foi o que aconteceu quando a estudante de doutorado em antropologia, Shannon May, foi à China estudar desenvolvimento econômico. Parte de seu trabalho envolvia ensinar inglês numa escola primária da região. May ficou chocada ao ver o quanto seus colegas professores desconheciam o que deviam ensinar. Ela também ficou revoltada com a pouca atenção que dedicavam aos alunos, os altos índices de faltas no trabalho e a propensão a se embebedar no horário de almoço. May descobriu que escolas terríveis como aquela perpetuavam um ciclo da pobreza em países em desenvolvimento no mundo todo: estima-se que 80% dos alunos dessas escolas nunca chegam a se tornar proficientes em leitura, redação ou aritmética básica. May conversou sobre o problema com os empresários Jay Kimmelman e Phil Frei. O trio "se perguntou por que ninguém pensava nas escolas dos países em desenvolvimento como a Starbucks pensava em café". Em pouco tempo levantaram fundos para constituir a Bridge International Academies, uma rede de escolas primárias de alta qualidade e baixo custo criada para dar uma boa educação aos alunos. Em 2009, abriram a primeira "Academy-in-a-Box" na favela Mukuru, em Nairóbi, Quênia. Hoje têm operações em mais de 210 escolas em três países africanos. Os pais dos alunos pagam entre 4 e 10 dólares por mês por uma educação altamente padronizada e exigente (começando com crianças a partir dos 3 anos de idade). As escolas registram níveis impressionantes de desempenho escolar, dando aos pais a esperança de que seus filhos conseguirão escapar da pobreza opressiva, e criando mais de dois mil bons empregos.

Até em grandes empresas, o ímpeto de criar e potencializar a excelência em geral não nasce no topo. Nas organizações inteligentes, as pessoas sabem que, embora a excelência não possa estar por toda parte, ela pode originar-se em qualquer lugar e dele se espalhar. Vejamos o exemplo de Doug Dietz, um engenheiro da divisão de dispositivos médicos da General Electric. Dietz teve uma revelação em 2005, quando visitou um hospital para verificar o funcionamento de um novo aparelho de ressonância magnética que tinha ajudado a projetar. Dietz mal podia esperar para ver "seu bebê" em ação. No entanto, todo o orgulho foi por terra quando o primeiro paciente que viu foi uma garotinha de 7 anos aterrorizada com aquela grande máquina branca e sem alma e todos os barulhos assustadores que fazia. Dietz percebeu que "as crianças odiavam o design de nossas máquinas", o que o levou a dedicar os próximos cinco anos desenvolvendo e disseminando a Série Aventura em hospitais infantis. Foram criadas salas coloridas com temas como Ilha do Pirata, Aventura na Selva, Acampamento Divertido e Aventura Submarina. Os corredores são coloridos com bichos e peixes, as máquinas são pintadas para se parecer com submarinos ou navios piratas, na sala toca música temática, como ruídos de selva ou canções de pirata, e apresenta aromas temáticos, como lavanda e piña colada. Dietz trabalhou com a equipe do hospital, outros designers da GE, pais dos pequenos pacientes e sua Equipe Consultiva Mirim para criar uma experiência divertida para cada "aventura", como incentivar as crianças a entrar por um buraco no tronco de uma árvore ou em um saco de dormir para realizar a "jornada". Aproximadamente 80 Salas de Aventura como essas – usadas para procedimentos que incluem raios-X, medicina nuclear e ressonância magnética – são utilizadas em cerca de 20 hospitais. Em consequência, as crianças não só saem menos amedrontadas da experiência (os índices de sedação caíram 80%) como os índices de satisfação também subiram 90% e muitas crianças gostam tanto da experiência que imploram aos pais para repeti-la.

POR ONDE COMEÇAR

Muitas vezes, quando ensinamos os tipos de decisão e os princípios apresentados aqui para estudantes, gestores e executivos ou quando orientamos pessoas que estão no meio de uma iniciativa de potencialização da excelência, trabalhamos em parceria com Claudia Kotchka, uma ex-executiva da Procter & Gamble que terá um papel de destaque no nosso próximo capítulo. As pessoas costumam perguntar a Kotchka por onde começar. A resposta dela resume bem nossa quarta grande lição. Ela diz: "Comece com vocês mesmos, com onde estão agora e com o que já têm e podem conseguir agora". Esse conselho não se aplica apenas ao pontapé inicial do processo de escalonamento. Ele se mantém verdadeiro todos os dias e a cada passo do caminho.

Vamos dar uma olhada, agora, nos detalhes do Problema do Mais. Nosso primeiro capítulo começa com o insight mais essencial que tivemos sobre a potencialização da excelência durante essa nossa aventura de sete anos. Depois, apresentaremos sete mantras do escalonamento. Cada um desses mantras é um tema crucial que marca presença ao longo de todo o livro e é um fator fundamental para o sucesso das iniciativas de escalonamento que estudamos.

PARTE I
PREPARANDO O TERRENO

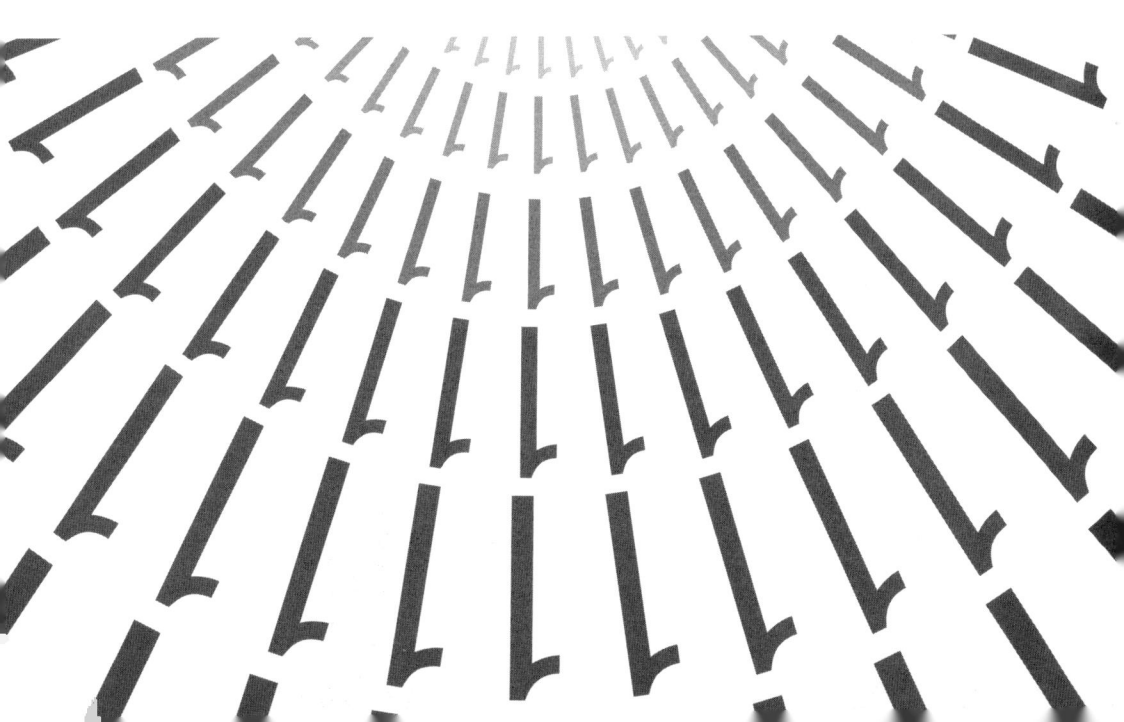

I
É uma guerra terrestre, não só aérea

Desacelere para escalonar mais rápido (e melhor) depois

Preste muita atenção. O que se segue é a lição mais importante que aprendemos, um princípio que deve ser mantido em mente todos os dias se você quiser difundir a excelência a mais pessoas e lugares: os que dominam o que o capitalista de risco Ben Horowitz chama de "a arte negra de escalonar uma organização humana"[1] agem como quem combate em uma guerra terrestre, não só em uma guerra aérea.

Nas guerras aéreas da Segunda Guerra Mundial, os comandantes normalmente mandavam os pilotos soltar bombas ou metralhar alguma área geral na esperança de causar danos ao inimigo. Infelizmente, ataques como esses eram lastimavelmente imprecisos. O cientista político Robert Pape estimou que, na Segunda Guerra Mundial, "apenas cerca de 18% das bombas americanas caíram dentro de um raio de 300 metros dos alvos e apenas 20% das bombas britânicas lançadas à noite caíram dentro de um raio de oito quilômetros[2]". Mesmo quando os ataques aéreos eram mais precisos, os líderes aliados perceberam que a vitória era impossível sem a realização de operações em terra, nas quais os soldados ficavam mais próximos dos alvos, ganhando ou perdendo terreno alguns poucos metros por vez. Até hoje, com sistemas de orientação de mísseis assegurando que 70% das bombas caiam em um raio de nove metros dos alvos, a guerra aérea sozinha raramente basta para derrotar um inimigo. Depois de analisar a guerra aérea de 78 dias da Otan, na Sérvia, com o objetivo de forçar o presidente iugoslavo Slobodan Milošević a banir a limpeza étnica, Merrill McPeak, general aposentado da Força Aérea dos Estados Unidos concluiu:"Em uma gafe enorme, a utilização de forças terrestres foi descartada desde o início[3]".

De forma similar, os melhores líderes sabem que se limitar a bombardear os colaboradores com uma rápida apresentação de PowerPoint, alguns dias de treinamento ou um discurso inspirador não vai dar conta do recado se quiserem difundir a magia de poucos aos muitos. É bem verdade que toda iniciativa de potencialização da excelência chega a um ponto em que vale mais a pena escolher o caminho mais fácil ou garantir uma vitória rápida. No entanto, como nós dois vimos em caso após caso e estudo após estudo, constatamos que todos os sucessos aparentemente fáceis e rápidos de iniciativas de escalonamento acabaram se revelando eventos que simplesmente não tínhamos entendido muito bem. O escalonamento requer empenho e envolve pressionar todas as pessoas, equipes, grupos, departamentos, divisões ou organizações a fazer uma pequena mudança após a outra em suas crenças, sentimentos ou ações.

Foi o que Claudia Kotchka aprendeu durante seu programa de sete anos para difundir práticas de inovação na Procter & Gamble. Kotchka, então vice-presidente de estratégia e inovação de design, começou com uma minúscula equipe e um único projeto e terminou com mais de 300 experts em inovação integrados a dezenas de unidades de negócio. Perguntamos qual foi a lição mais importante que aprendeu sobre a potencialização da excelência. Kotchka respondeu que era uma pessoa naturalmente impaciente, que queria fazer as coisas "no exato momento" e da forma mais rápida e fácil possível. Essa orientação à ação ajudava sua equipe, levando-os a progredir todos os dias, encontrar atalhos inteligentes e conquistar vitórias rápidas. No entanto, Kotchka explicou que sua equipe não teria tido sucesso em suas ações de escalonamento se essa tendência à ação não fosse temperada com paciência e persistência. "Meu CEO, A. G. Lafley, ficava sempre me lembrando da importância [desses dois ingredientes]". O conselho de Kotchka lembra algo que um consultor da McKinsey, veterano das guerras de escalonamento, nos deu: quando grandes organizações têm sucesso no escalonamento, elas se concentram em "avançar mil pessoas alguns centímetros por vez e não em avançar uma única pessoa mil quilômetros[4]".

Esse tipo de disciplina é igualmente importante em organizações pequenas e jovens. Shannon May e sua equipe adotaram essa postura como um verdadeiro estilo de vida desde que lançaram a Bridge International Academies, a rede de escolas primárias padronizadas e de baixo custo que descrevemos no Prefácio[5]. Vamos dar olhada no rigoroso processo que a Bridge criou para realizar a seleção e o treinamento de novos professores. No início de 2012, contrataram 800 professores para lecionar em 51 novas escolas e 83 escolas existentes. O trabalho é duro: os alunos ficam na escola das sete da manhã às 17h30min da tarde de segunda à sexta e em meio período no sábado, e espera-se que os professores maximizem o tempo que os alunos passam "focados e ativamente envolvidos". Uma equipe de 30 pessoas da Bridge entrevistou dez mil candidatos e submeteu cada um deles a uma bateria de testes: de leitura, redação e matemática. A equipe também pediu que os candidatos dessem uma breve aula e conversaram individualmente com cada um deles para avaliar sua capacidade de transmitir o conteúdo didático e interagir com os alunos. Convidaram 1.400 finalistas (em dois grupos de 700) para um treinamento de cinco semanas, no qual todos foram pagos para aprender a mentalidade, as habilidades e os procedimentos da Bridge. Feito isso, a equipe selecionou os 800 melhores para ensinar os alunos da Bridge.

A equipe da Bridge não se limita a ver a potencialização da excelência como um Problema do Mais. À medida que o programa se expande, seu objetivo vai além de simplesmente manter a situação. A equipe trabalha, entra dia e sai dia, para *melhorar* o sistema. Nunca se contentam com pouco. Por exemplo, estão sempre melhorando as tecnologias e os conteúdos didáticos disponibilizados pelos smartphones e tablets Nook "hackeados", utilizados para receber a mensalidade dos pais, pagar o pessoal, disponibilizar materiais de ensino e monitorar o desempenho de alunos e professores. May também descreveu uma nova iniciativa criada para disponibilizar aos professores tarefas e provas customizadas para alunos da mesma classe com diferentes níveis de habilidade.

Esse tipo de determinação e disciplina também caracteriza as pessoas que disseminam a excelência a partir da base ou do nível médio das pirâmides organizacionais. Em 1991, Andy Papa se formou na Stanford, onde passou quatro anos jogando na linha defensiva do time de futebol americano da universidade. Com sorte e persistência, Papa conseguiu um emprego numa equipe de corrida da Nascar sediada na Carolina do Norte. O trabalho incluía atuar na equipe de *pit stop* que trocava pneus, abastecia os carros e fazia ajustes e consertos rápidos durante as corridas[6]. Papa perguntou quando a equipe treinava os *pit stops* e ficou sabendo que não tinham o hábito de praticar. A maioria trabalhava como mecânicos de automóveis durante a semana e não tinha tempo para isso. Uma lâmpada acendeu na cabeça de Papa: transferindo aos *pit stops* "a mentalidade atlética" que tinha aprendido no futebol americano, seriam capazes de atuar com mais rapidez e uniformidade, o que constituiria uma enorme vantagem, considerando que a diferença entre vencedores e perdedores é tão pequena nas corridas da Nascar, em geral com menos de um segundo separando o primeiro do segundo lugar. Papa convenceu a equipe a praticar uma ou duas vezes por semana, só por uns 20 ou 30 minutos. Ele se pôs a estudar as gravações em vídeo dos *pit stops* e a testar diferentes técnicas (como enrolar a mangueira de ar comprimido no formato de um número 8 e não em um círculo, para reduzir emaranhados). O tempo médio da equipe caiu de aproximadamente 22 segundos para 20 segundos e, ainda mais importante, a frequência de *pit stops* lastimáveis despencou.

Papa acabou levando essa dedicação com a "mentalidade atlética" à Hendrick Motorsports. Ele passou anos atuando como "diretor atlético" da empresa, supervisionando as equipes de *pit stop* que trabalhavam para pilotos de elite, inclusive Mark Martin, Jeff Gordon, Jimmie Johnson e Dale Earnhardt Jr. Os integrantes de todas as equipes são selecionados, treinados e orientados por Papa e seus colegas, que impõem um regime rigoroso de treinamento físico, prática e aprendizagem voltado a aumentar a rapidez (a meta atual é cerca de 14 segundos) e a padronização das paradas nas 36 exaustivas corridas em que competem todos os anos (cada corrida tem entre seis e 12 *pit stops*). Essa disciplina ajudou a Hendrick Motorsports a vencer mais campeonatos que qualquer outro grupo de proprietários na história da Nascar, incluindo uma sequência sem precedentes de cinco campeonatos da Sprint Cup vencidos por Jimmie Johnson entre 2006 e 2010.

Claudia Kotchka, Shannon May e Andy Papa percorreram caminhos diferentes. Mas os três têm algo em comum, uma qualidade essencial para progredir na guerra terrestre e superar contratempos inevitáveis e surpresas desagradáveis. As estrelas da potencialização da excelência têm perseverança★. A pesquisadora Angela Duckworth e seus colegas descobriram que, nesse sentido, o termo perseverança "implica trabalhar arduamente para superar os desafios, mantendo o empenho e o interesse apesar dos fracassos, das adversidades e da estagnação do progresso. A pessoa perseverante vê a realização como uma maratona, e sua vantagem é a resistência[7]". A perseverança impulsiona as pessoas a vencer, especialmente diante de desafios intimidadores e prolongados, característicos de todas as iniciativas de potencialização da excelência.

OS MANTRAS DO ESCALONAMENTO

Este livro se concentra em como e onde aplicar essa perseverança à medida que sua organização se empenha para disseminar a excelência. Encontramos bons sinais para avaliar o progresso do escalonamento e destilamos esses sinais em sete mantras. Se você estiver embarcando em uma iniciativa de escalonamento, memorize

---

★ N.T.: Em inglês, *grit*, termo que denota determinação, tenacidade, espírito indomável, coragem e a paixão para atingir um objetivo de longo prazo.

MANTRAS DO ESCALONAMENTO

1. Dissemine uma mentalidade, não uma mera influência
Não basta fazer os cálculos e marcar o maior número possível de pessoas e locais com seu logo.

2. Mobilize os cinco sentidos
Reforce a mentalidade que você deseja disseminar com visões, sons, aromas e outros sinais sutis que as pessoas mal conseguem notar ou que passarão completamente despercebidos.

3. Vincule sua realidade imediata a seus sonhos para o futuro
Nunca deixe de perguntar, a si mesmo e aos outros, o que é preciso fazer para vincular o interminável agora com os belos sonhos que você espera realizar no futuro.

4. Acelere a responsabilização
Reforce o sentimento de que "eu sou dono do lugar e o lugar é meu dono".

5. Tenha medo da "zona total"
O terrível trio composto pela ilusão, impaciência e incompetência é um risco sempre presente. Doses saudáveis de preocupação e dúvida são bons antídotos para essas três características de uma zona total em expansão.

6. A potencialização da excelência requer tanto adição quanto subtração
O Problema do Mais também é um Problema do Menos.

7. Desacelere para potencializar a excelência mais rápido (e melhor) no futuro
Saiba quando e como "mudar de marcha", passando de modos automáticos, irrefletidos e rápidos de pensar ("Sistema 1") e desacelerando para modos lentos, exigentes, lógicos, deliberados e conscientes ("Sistema 2"). Às vezes, o melhor conselho é: "Não precisa fazer nada, basta marcar presença".

esses mantras, ensine-os aos outros e invente maneiras de mantê-los sempre em foco, especialmente quando as coisas estiverem indo mal.

1. Dissemine uma mentalidade, não uma mera influência

Difundir sua influência, na forma de uma bandeira, logo ou lema, até onde for possível, é bem diferente de causar um profundo e duradouro impacto no modo como colaboradores e clientes pensam, agem, sentem e filtram as informações. A potencialização da excelência progride com menos atrito e mais uniformidade quando as pessoas que impelem a iniciativa concordam no que diz respeito ao que é certo e errado... e ao que merece sua atenção ou que deve ser ignorado. A eficácia do escalonamento depende de acreditar em uma mentalidade compartilhada por todo o grupo, divisão ou organização e colocá-la em prática. O escalonamento é similar a uma guerra terrestre, e não a uma guerra aérea, porque desenvolver, difundir e atualizar uma mentalidade requer uma vigilância implacável. Exige declarar as crenças e praticar o comportamento, e repetir o processo vez após vez. Essas convicções compartilhadas reduzem a confusão, as divergências e os becos sem saída desnecessários, além de diminuir as chances de a excelência se dissipar à medida que sua influência se expande.

O Facebook demonstra o que é necessário fazer para incutir e manter uma mentalidade mesmo quando a influência de uma organização está se propagando como fogo de palha[8]. A astronômica ascensão da empresa teve início naquela famosa noite de fevereiro de 2004, quando Mark Zuckerberg, com a cabeça cheia de cerveja, programou a rústica, porém atraente, primeira versão do site. O Facebook já tinha conquistado mais de um milhão de usuários no fim de 2004 e um bilhão ao término de 2012. É impossível prever como será o futuro do Facebook. Apesar dos tropeços, incluindo uma problemática oferta pública de ações, alguns especialistas acreditam que a empresa se tornará mais dominante do que a Apple e o Google; outros preveem que a empresa se debaterá e desaparecerá como aconteceu com a America Online.

Seja qual for o destino do Facebook, temos muito a aprender com as guinadas e reviravoltas no modo como a empresa conseguiu gerar uma influência tão colossal em apenas oito anos antes de sua oferta pública de ações em 2012. Ao desacelerar e evitar pegar atalhos no desenvolvimento das pessoas que viriam a impulsionar a expansão da empresa, os líderes imbuíram a empresa com a força de vontade, o conhecimento e a resiliência necessários para agir rapidamente quando e onde mais importava. Desde 2006, quando demos início às nossas conversas, entrevistas e projetos com o pessoal do Facebook, testemunhamos a capacidade deles de manter o foco, por mais frenética e descontrolada que fosse a situação. Conseguiram fazer isso apesar de toda a urgência e de todas as distrações, conquistando até três milhões de novos usuários por semana e enfrentando um intenso escrutínio da imprensa (a maioria das *startups* não é assediada com perguntas sobre a queda dos governos do Egito e da Líbia), um filme de Hollywood – um campeão de bilheteria, mostrando Zuckerberg sob uma luz pouco lisonjeira e apresentando sórdidas ações judiciais e usuários revoltados (por exemplo, 75 mil usuários se opuseram ao recurso Feed de Notícias em 2006 e milhões reclamaram do recurso Linha do Tempo em 2012).

Essa devoção ao crescimento e desenvolvimento do pessoal do Facebook começou de maneira informal. Nos primeiros anos, Zuckerberg trabalhava lado a lado com seus colaboradores em escritórios apertados. Zuckerberg sempre falava de suas convicções e explicava por que elas impulsionavam a estratégia do Facebook, e os colaboradores tiveram a chance de observá-lo e trabalhar com ele enquanto punha em prática essas crenças. Quando a empresa ficou grande demais para Zuckerberg influenciar pessoalmente todos os colaboradores, ela adotou métodos mais sistemáticos, com destaque para o programa batizado de Bootcamp. Engenheiros do Facebook e outros desenvolvedores de produtos são contratados depois de rodadas de entrevistas para avaliar sua capacidade técnica e adequação cultural. No entanto, eles só são alocados em uma função específica seis semanas depois de entrar a bordo. A gestão tem uma ideia sobre qual será a função de cada novo recruta. No entanto, a decisão final só é tomada ao final do Bootcamp, criado e conduzido quase exclusivamente por engenheiros e não pelo pessoal de RH.

Durante o Bootcamp, todo novo recruta realiza pequenas tarefas para uns dez grupos. Chris Cox, de 31 anos de idade e vice-presidente de produtos do Facebook, enfatiza que o objetivo do Bootcamp não é só descobrir qual é a melhor função para cada recém-chegado. Um objetivo mais importante é contagiar todos eles com a mentalidade do Facebook. O Bootcamp requer que os recrutas pratiquem a crença mais sagrada do Facebook: "seja rápido e saia quebrando as coisas". Como Cox explica, uma coisa é dizer aos novos engenheiros que podem mudar o código do site do Facebook, mas é bem diferente botá-los efetivamente com as mãos na massa. Ele acrescentou: "Dizemos a eles, botem as mãos na massa. Peguem e moldem a massa como quiserem". Cox nos contou a história de um recém-chegado cujo pai ligou para dizer: "Tem um problema com este menu suspenso". O recém-chegado ligou para o pai no dia seguinte: "Pai, consertei o problema. Você viu?". Esse é a mentalidade do Facebook. Se você quer que as pessoas não percam tempo e saiam por aí consertando as coisas, é melhor se dispor a quebrar algumas delas pelo caminho. No que diz respeito ao desenvolvimento do site, ir devagar e tentar fazer as coisas à perfeição é um tabu no Facebook. Como explicou o engenheiro Sanjeev Singh, se você ficar esperando que as pessoas lhe digam o que fazer, se não pedir ajuda quando se vir empacado e não mostrar seu trabalho aos outros enquanto o trabalho não estiver perfeito, "você não vai durar muito no Facebook".

O Bootcamp também imbui outras crenças sobre o que é sagrado e o que é tabu no Facebook. Espera-se que os engenheiros conheçam o código-fonte como um todo, não só a parte com a qual trabalham no dia a dia. Trabalhar em muitas partes diferentes ajuda os recém-chegados a ver o quadro geral. O trabalho alternado em vários grupos diferentes também cria a expectativa de que, no Facebook, não ficarão muito tempo numa só função. Para se ter uma ideia, Chris Cox trabalhou como programador, designer de produtos, gestor de projetos, diretor de recursos humanos e vice-presidente de produtos nos seis primeiros anos na empresa. Depois do Bootcamp, essas crenças continuam sendo reforçadas. O engenheiro Jason Sobel explicou que o Facebook não se limita a dizer aos novos engenheiros que provavelmente não ficarão muito tempo em uma função. Eles põem essa filosofia na prática em um programa "quase obrigatório" chamado *hacka-month*, no qual todos os anos os engenheiros são "emprestados" por um mês para algum outro grupo.

Um mentor, normalmente um engenheiro que não é um gestor, é alocado a cada recém-chegado para ajudá-lo a se orientar pelo Bootcamp. Uma nova "turma" de 20 a 30 recém-contratados foi aberta mais ou menos a cada duas semanas em 2011, o que significa que 70 ou 80 engenheiros foram retirados de suas funções para atuar como mentores. Isso por vezes desacelerava projetos importantes. Os líderes do Facebook, inclusive Chris Cox e o diretor de tecnologia Mike Schroepfer, estão convencidos de que os benefícios compensam os custos e que o sucesso da empresa depende de pessoas que saibam colocar em prática as crenças certas. O Bootcamp também ajuda o Facebook a escalonar os talentos, possibilitando que os mentores comecem a desenvolver suas habilidades de gestão. O programa ajuda os engenheiros a descobrir se gostam de orientar e liderar os outros. E os executivos do Facebook conseguem saber melhor se os colaboradores têm ou não condições de atuar como gestores.

Não existe uma única mentalidade correta para todas as organizações ou até para diferentes partes de uma mesma organização. O que é sagrado em uma organização pode (e deve) ser tabu em outras. Um executivo da VMware, empresa de software, riu quando Sutton perguntou se usavam a abordagem "seja rápido e saia quebrando as coisas" do Facebook. Ele explicou que era mais interessante para a empresa adotar a crença oposta, especialmente na unidade de negócios dele, que desenvolve softwares para submarinos nucleares! Ou pense na questão do sigilo. Na Apple, o sigilo é reverenciado. Quando Steve Jobs voltou para liderar a empresa em 1997, vários colaboradores vazaram para a imprensa um e-mail escrito por ele. Jobs os demitiu imediatamente e fez questão de que todo mundo soubesse suas razões para fazer isso. Adam Lashinsky, colunista da *Fortune*, conta que uma lição aprendida na orientação de novos colaboradores e "que nenhum colaborador da Apple esquece" é o "silêncio temeroso". Os recém-chegados são informados que, se revelarem segredos da Apple, intencionalmente ou não, serão sumariamente demitidos[9]. Por sua vez, na Mozilla, o sigilo é em geral evitado. Essa empresa de software de código aberto é mais conhecida por seu navegador Firefox, usado por mais de 300 milhões de pessoas e traduzido em mais de 65 idiomas. Acompanhamos a Mozilla enquanto cresceu de 12 para mais de 500 colaboradores. Ficamos surpresos, em muitas ocasiões, ao ver como os altos executivos eram abertos em relação a falhas de design, ameaças competitivas, erros e divergências internas. O ex-CEO John Lilly disse a uma das nossas turmas de Stanford que aboliria as avaliações de desempenho na Mozilla, apesar de seu diretor de recursos humanos discordar!

Não existe uma receita de bolo também em outro aspecto. As melhores mentalidades proporcionam boas orientações, mas aplicá-las a todos os casos é uma garantia de que problemas ocorrerão mais tarde. Às vezes é interessante ignorar ou até virar de cabeça para baixo suas crenças mais sagradas. Um bom exemplo disso é como a Mozilla encara o sigilo. John Lilly nos contou que, "nos primeiros dez anos da história da Mozilla, todos os projetos, não importava em que estágio estivessem, ficavam basicamente abertos a todos no momento da criação. Mas aprendemos (em geral, a duras penas) que, quando as ideias estão nascendo, são flores frágeis. As ideias podem ser malucas, podem não dar certo, poderia ser idiotice tentar por muitas, muitas e muitas razões[10]". Para proteger essas ideias frágeis de serem mortas antes do tempo pelos milhares de colaboradores ativos (e críticos) da comunidade de código aberto da Mozilla, a administração lançou o Mozilla Labs, "com a orientação explícita de não abrir as coisas logo de cara. Isso ajudou muito, por possibilitar que os projetos ganhassem um pouco mais de definição, um pouco mais de força, e que mais ideias sobrevivessem, o que era exatamente o que precisávamos".

Por fim, manter e melhorar constantemente a mentalidade de uma organização é como estar num relacionamento de alta manutenção. É preciso se manter o tempo todo vigilante. Mesmo com as melhores intenções, é muito fácil estragar tudo. Quando as pessoas ficam presunçosas, criam o hábito de trabalhar no piloto automático, usar atalhos e escolher o caminho mais fácil; perdem de vista a essência da própria excelência. Em sua ânsia de fechar as contas e carimbar seu logotipo no maior número possível de pessoas, lugares e coisas, a tentação de se contentar com a mediocridade, ou algo ainda pior, muitas vezes é irresistível.

Quanto a isso, a Starbucks nos dá um exemplo a ser evitado. Em 2007, Sutton testemunhou em primeira mão como a mediocridade tinha se infiltrado na Starbucks, durante um seminário de gestão de três dias para 50 executivos em Abu Dhabi, que ele conduziu com Michael Dearing e Perry Klebahn, colegas do corpo docente da Stanford. O seminário fora organizado por dois colaboradores da Starbucks, que ficaram sentados nos fundos da sala. O café estava fraco, frio e sem gosto. O suco cheirava mal e tinha um sabor pútrido. Os pães doces estavam duros como pedras. E os dois colaboradores ainda passaram a metade do tempo cochilando. A Starbucks tem uma enorme influência, que se estende pelo mundo todo. No entanto, sua dedicação antes notória à contratação de pessoas excelentes e ao fornecimento de produtos de primeira linha evaporou à medida que se expandiram demais e com uma rapidez excessiva. Nós dois não somos os únicos a pensar assim. O CEO Howard Schultz se lamentou do fato de a Starbucks ter se desviado para a mediocridade em um memorando interno distribuído em fevereiro de 2007 – quando o memorando vazou para a imprensa, ele confirmou sua autenticidade. Schultz culpou uma série de decisões que levaram à "diluição da experiência Starbucks", à medida que a empresa cresceu de mil para 13 mil lojas[11]. Em seu livro *Em frente!*, de 2011, Schultz explica como a "comoditização da experiência Starbucks" os levou a perder aquele "clima acolhedor de bairro", as razões dessa "diluição" e o que a empresa está fazendo para "recuperar a magia"[12].

A principal lição a ser aprendida com o exemplo da Starbucks é que uma organização raramente perde simultaneamente uma mentalidade saudável e a excelência resultante. Isso geralmente acontece devido a uma série de pequenas e aparentemente inocentes decisões que vão desgastando as convicções sagradas da organização e acabando por transformar essas crenças em meras palavras vazias e hipócritas.

2. Mobilize os cinco sentidos

Em seu memorando, Howard Schultz acrescentou que, como a Starbucks tinha deixado de moer café nas lojas, a empresa "não tem mais a alma do passado", antes evocada pelos sons dos moedores e dos aromas do café moído na hora. Por isso, decidiu retomar a prática. A queixa de Schultz ecoa nosso segundo mantra. Mentalidades são difundidas e mantidas por meio de sinais sutis que ativam todos os sentidos. Muitos estudos mostram como estímulos que as pessoas não percebem, mal notam ou consideram triviais podem, mesmo assim, ter grandes efeitos na maneira como pensam e agem. Nossas crenças e comportamentos são reforçados – ou enfraquecidos – pelas cores e tipos de imagens que vemos, pelos sons que ouvimos, pelos cheiros que sentimos, pelos gostos que saboreamos e pelos objetos que tocamos. Também somos influenciados pelo tom de voz e pelas expressões faciais que acompanham as palavras que nos são ditas, pela postura das pessoas, pelo fato de elas nos olharem ou não nos olhos e muitos outros detalhes do mundo que nos cerca, aparentemente inconsequentes e irrelevantes.

Vejamos o que aconteceu quando pesquisadores examinaram o modo como uma música ambiente francesa ou alemã tocando num supermercado britânico afetou as compras de vinho. Quando a loja tocou músicas típicas francesas, os clientes compraram cinco vezes mais vinho francês que alemão. Quando músicas típicas alemãs foram tocadas, os clientes compraram o dobro de vinho alemão. Os clientes foram afetados pela música, mesmo sem perceber[13]. Os odores também afetam o comportamento de maneira similar. Psicólogos holandeses realizaram uma experiência estranha, na qual, durante 18 viagens de trem de duas horas, eles passaram um produto de limpeza com aroma cítrico nos vagões de passageiros[14]. Eles recolheram e pesaram o lixo deixado pelos passageiros nos vagões perfumados e compararam com a quantidade de lixo deixada nos vagões não aromatizados. Os passageiros deixaram cerca de três vezes mais lixo nos vagões não aromatizados do que nos aromatizados, talvez devido à "pré-ativação [*priming*] de temas e comportamentos relacionados à limpeza". Essas constatações são similares a outro estudo no qual as pessoas que sentiram o cheiro de um "produto de limpeza cítrico" tenderam a incluir "mais atividades relacionadas à limpeza em seus planos para o dia e deixaram cair menos migalhas ao comer um biscoito[15]".

Os objetos que nos cercam também têm enorme influência em nosso comportamento. A psicóloga Kathleen Vohs e seus colegas usaram vários *primes* (estímulos) relacionados ao dinheiro, colocando montes de notas falsas na frente dos participantes e lhes mostrando imagens de dinheiro[16]. Feito isso, os pesquisadores submeteram os participantes a uma série de situações para verificar, por exemplo, se pediam ajuda para resolver quebra-cabeças impossíveis ou se ajudavam uma pessoa (aparentemente) cega que derrubava um monte de lápis sem querer. Os resultados foram um tanto quanto assustadores. Os estímulos relacionados ao dinheiro diminuíram as chances de os participantes pedirem ajuda ou ajudarem os outros e aumentaram suas chances de trabalhar e se divertir sozinhas e de manter uma maior distância física de desconhecidos. No estudo com a pessoa "cega", os participantes passaram sete minutos jogando Banco Imobiliário. Independentemente do resultado do jogo, foram deixados com uma pilha de US$ 4 mil de dinheiro do Banco Imobiliário, US$ 200 ou nenhum dinheiro. Em seguida, uma pessoa (aparentemente) cega entrava na sala e derrubava alguns lápis "sem querer". Os participantes que foram deixados com grandes pilhas de dinheiro pegaram muito menos lápis do chão do que os que foram deixados com pouco ou nenhum dinheiro. O dinheiro, notado porém não conscientemente registrado, desencadeava associações relacionadas a trabalho, riqueza e capitalismo, levando as pessoas a serem menos prestativas, mais autocentradas e mais autossuficientes.

A temperatura e o tato também afetam nossas crenças e ações. Por exemplo, um pouco de calor ou frio que as pessoas mal notam pode ter efeitos surpreendentes. O psicólogo Lawrence Williams descreveu nos seguintes termos seu estudo engenhoso, no qual participantes foram aleatoriamente escolhidos para segurar copos de café quente ou gelado[17]:

> Orientamos uma cúmplice a receber os participantes no primeiro andar do prédio de psicologia e levar alguns livros, uma prancheta e um copo de café, quente ou gelado, no caminho para o laboratório. Ela perguntava casualmente aos participantes

se não se importariam de segurar o copo enquanto ela anotava algumas informações – o horário, o nome do estudo, o nome do participante –, pegava o copo de volta no elevador e levava o participante ao laboratório. Os participantes não tinham ideia de que segurar aquele copo era um aspecto crucial do experimento.

Os participantes que seguraram o café quente avaliaram a cúmplice como uma pessoa calorosa, sociável e generosa. Os que seguraram o café gelado avaliaram a mesma pessoa como fria, pouco generosa e antissocial. Os que seguraram o café quente se mostraram mais propensos a comprar um presente para um amigo do que para si mesmos. E os que pegaram o copo gelado preferiram comprar um presente para si mesmos e não para um amigo!

A conclusão é que você pode reforçar uma mentalidade usando sinais ou sugestões sutis, até quase invisíveis, envolvendo vários sentidos. Vejamos o exemplo dos designers dos parques temáticos da Disney. Karin Kricorian, que lidera as ações da Disney voltadas a estudar as experiências dos convidados, nos contou dezenas de pequenos sinais ou sugestões que a Disney usa para espalhar a felicidade, como aromas, cores, uniformes, linguagem e diretrizes simples que os colaboradores (chamados de "membros do elenco") aplicam quando não sabem ao certo o que fazer[18]. Por exemplo, quando os membros do elenco conversam com uma criança, são instruídos a se ajoelhar para se aproximar do nível dela e evitar serem vistos como uma ameaça. Kricorian deixou claro que, quando se trata de pequenos sinais ou sugestões, é especialmente crucial identificar e eliminar "detalhes dissonantes", que entram em conflito com a mentalidade desejada. Na Disneylândia, por exemplo, os convidados jamais podem ver o Mickey Mouse falando ao celular ou a Branca de Neve mascando chiclete. O conselho de Kricorian lembrou Sutton de uma grande companhia de energia que ele estudou nos anos 1990. Os gestores seniores não cansavam de expressar sua frustração com a dificuldade de convencer seu pessoal a cooperar, compartilhar informações e adotar uma visão para o futuro, em vez de se concentrar nos lucros imediatos. No entanto, todos os executivos que registraram essa queixa tinham a mesma proteção de tela no computador: o preço atualizado das ações da empresa. Esse "detalhe dissonante" entrava em conflito com a mentalidade que aqueles mesmos executivos afirmavam querer disseminar pela empresa.

3. Vincule suas realidades imediatas a seus sonhos para o futuro

Alguns anos atrás, assistimos uma palestra de Bill Campbell no Directors' College da Stanford, um programa para orientar membros de conselhos de administração de empresas de capital aberto. Campbell é o conselheiro e mentor mais venerado do Vale do Silício. Atua no conselho de administração da Apple e da Intuit e é famoso por ajudar a formar dezenas de executivos influentes, inclusive líderes do Google, da Apple e do Twitter. Todo mundo chama Campbell de "o *coach*", porque foi o técnico titular do time de futebol americano da Columbia University até completar 39 anos, antes de se mudar de Nova York para ir trabalhar no Vale do Silício. Na última década da vida de Steve Jobs, Campbell e o lendário CEO da Apple caminhavam – e conversavam – quase todo domingo. Quando um participante do Directors' College perguntou a Campbell qual era a habilidade mais importante para um executivo sênior, respondeu que é a rara capacidade (que Jobs tinha em abundância) de garantir que as tarefas imediatas sejam feitas, e bem-feitas, e ao mesmo tempo jamais perder de vista o quadro geral.

É um equilíbrio delicado e difícil de alcançar para nós, seres humanos. Uma pesquisa conduzida por Yaacov Trope, da New York University, e seus colegas demonstra que é bom pensar sobre eventos distantes, porque assim nos concentramos nas metas de longo prazo, mas ao mesmo tempo é ruim porque acabamos alimentando fantasias infundadas[19]. Não costumamos pensar muito nas medidas necessárias para atingir essas metas de longo prazo e, quando o fazemos, tendemos a subestimar o tempo e o esforço necessários. No entanto, pensar apenas nos prazos iminentes e metas imediatas também é uma faca de dois gumes. Nós nos concentramos no que é viável, nas medidas a serem tomadas neste exato momento, mas esquecemos ou não damos muito valor às metas de longo prazo.

Assim, direcionamos nossa energia a metas atingíveis, mesmo quando isso prejudica nossa capacidade de chegar ao destino final.

A potencialização da excelência requer que você e os outros se mantenham identificando o que é preciso fazer para vincular o interminável agora – o presente perpétuo no qual todos estamos presos – aos belos sonhos que desejam realizar no futuro. Quando entrevistamos Shannon May, a cofundadora da Bridge International Academies, ela fez questão de deixar claro que começaram "construindo para escalonar" já na primeira escola que abriram em Nairóbi. Embora sua equipe fundadora estivesse presente no local e fosse muito fácil se comunicar pessoalmente com os professores, alunos e pais, insistiram em fazer isso principalmente por celular, porque, como explica Shannon, "com tudo o que fizemos, ficamos em dúvida se daria certo em cem de escolas".

O Google usou uma abordagem similar. Shona Brown atuou como vice-presidente executiva de operações na empresa entre 2003 e 2011. Era o quarto cargo mais elevado da empresa, abaixo apenas dos fundadores, Sergey Brin e Larry Page, e do CEO, Eric Schmidt. Brown teve um papel importantíssimo na potencialização da excelência do Google, de mil colaboradores em Mountain View, na Califórnia, para 30 mil colaboradores em dezenas de escritórios ao redor do globo. Brown nos contou que, em todas as decisões que tomavam, os líderes do Google tentavam resistir a fazer o que era mais fácil no momento[20]. Faziam questão de se perguntar: "Como isso funcionará quando formos dez ou cem vezes maiores?". Eles pensavam: "Não vamos decidir com base no que é melhor agora, vamos decidir com base no que será melhor daqui a dois ou três anos".

Brown disse que essa mentalidade dificultou o processo de contratação. Sempre havia a tentação de "trazer a bordo pessoas prontas para dar conta do trabalho naquele momento". Normalmente se forçavam a resistir porque o Google não precisava só de pessoas que fossem capazes de fazer o trabalho no momento. Esperavam até encontrar pessoas de cabeça aberta e curiosas, capazes de crescer para assumir novas funções e mais responsabilidades e capazes de praticar e transmitir a "força vital", a cultura de inovação da empresa, aos outros. O Google sempre foi famoso pela lentidão na contratação, um processo que envolve um grande número de gestores, executivos, engenheiros e outros colaboradores entrevistando e selecionando todos os novos recrutas. Até hoje todas as novas contratações são aprovadas pelos níveis mais altos da organização. Brown ressaltou que em algumas ocasiões esse processo exigente desacelerou o crescimento, postergou lançamentos de produtos e criou cargas de trabalho mais pesadas para os Googlers que precisavam arregaçar as mangas e botar as mãos na massa *naquele exato momento*. No entanto, Brown acredita que esse disciplinado processo de contratação é uma das principais razões pelas quais a empresa da qual saiu em 2012 tinha uma cultura tão semelhante com a da empresa na qual entrara em 2003. A empresa continua mantendo um ambiente descentralizado repleto de pessoas espertas que não precisam de muita orientação para ter novos insights, tomar boas decisões e implementar as ideias.

Esse foco em ações imediatas facilita a potencialização da excelência no futuro e não se aplica apenas ao crescimento de uma organização. Essa postura pode ajudar pessoas e equipes a disseminar as melhores práticas por toda uma organização já grande e madura. Quando conversamos com Claudia Kotchka sobre a disseminação de práticas de inovação na Procter & Gamble, ela deixou claro que sua equipe precisou de algumas vitórias iniciais. Contudo, de uma maneira bem parecida com um jogo de xadrez, precisaram dos tipos de conquistas iniciais que preparassem o terreno para futuras vitórias, e não derrotas. As melhores ações imediatas ajudam as pessoas a entrar na jornada de escalonamento e persistir nela. Essas vitórias fomentam o otimismo e a empolgação, rendem histórias memoráveis e passam a mensagem de que o escalonamento proposto é viável. Também promovem a confiança e proporcionam uma camada protetora de legitimidade para ajudar sua equipe a enfrentar tempestades no futuro. Com esses objetivos em mente, a equipe de Kotchka se pôs a trabalhar com as marcas mais problemáticas da P&G, nas quais os sucessos rápidos pareciam possíveis e cujos executivos estavam famintos de soluções.

Os primeiros sucessos com o Mr. Clean, uma marca estagnada e bolorenta, foram cruciais. A equipe de Kotchka explorou as frustrações dos clientes com afazeres de limpeza chatos, bem como memórias e sentimentos associados à marca Mr. Clean. Essas lições levaram ao lançamento do Mr. Clean Magic Reach em 2005, que facilitava a limpeza de banheiros. O Magic Reach não foi um campeão de vendas, mas obteve bons resultados. O trabalho com o Mr. Clean instigou outros negócios da P&G a experimentar as novas práticas de inovação e a explosão de confiança ajudou a sustentar a equipe de Kotchka na jornada adiante. Aquela vitória inicial também preparou o terreno para uma grande recompensa. Os líderes do Mr. Clean aprenderam a pensar sobre a marca de uma perspectiva diferente, o que "os levou a testar novas ideias, além das associadas a produtos líquidos, incluindo o megassucesso Mr. Clean Magic Eraser".

4. Acelere a responsabilização

Esse mantra será repetido em várias formas e tamanhos nos próximos capítulos, especialmente quando estivermos falando dos talentos mais cruciais para impulsionar a potencialização da excelência[21]. A responsabilização ou prestação de contas requer uma organização repleta de pessoas que incorporam e protegem a excelência (mesmo quando estão cansadas, sobrecarregadas e distraídas), que trabalham vigorosamente para difundir a excelência aos outros e que identificam, ajudam, criticam e (quando necessário) afastam colegas incapazes de praticar e disseminar a excelência. O segredo – e um segredo nada fácil – é conceber um sistema no qual esse ímpeto de responsabilizar seja constante, intenso e seguido por todos, e no qual os preguiçosos, os vampiros de energia e os lobos solitários não têm onde se esconder.

Existem muitas maneiras de criar uma responsabilização imbuída de um senso de urgência e colaboração, mas o objetivo é sempre o mesmo: promover essa pressão constante para fazer a coisa certa. Michael Bloomberg buscou criar um ambiente de responsabilização como esse em sua longa gestão como prefeito da cidade de Nova York, trabalhando com sua equipe de 51 pessoas em um apertado "curral" que funcionava como o centro de sua administração – uma sala pequena e normalmente barulhenta na qual o prefeito tinha uma mesa no centro. As pessoas trabalhavam em pequenos cubículos com divisões baixas. Todo mundo podia ver, e até ouvir, o que os outros faziam e o peso de fazer a coisa certa, especialmente para fomentar o princípio sagrado da comunicação aberta, era sentido por todas as pessoas que trabalhavam naquela sala. Um "ex-morador" do curral contou à revista *New York*: "Ninguém acharia que um dia conseguiria se acostumar com aquele ambiente... Mas, quando você vê o prefeito conduzindo reuniões importantes à vista de todos, começa a entender que esse modelo de comunicação aberta não é só conversa para boi dormir. E funciona[22]".

Apinhar pessoas num espaço pequeno é só uma das maneiras de criar uma organização repleta de pessoas que não têm como escapar das incessantes pressões para fazer a coisa certa, pôr em prática uma mentalidade e exigir que os outros façam o mesmo. O método de Bloomberg não tem como ser aplicado quando as pessoas trabalham espalhadas em diferentes cidades ou países. Existem, contudo, outras maneiras de estruturar organizações como essas para que os colaboradores sintam a pressão constante da responsabilidade. Chuck Eesley e Amin Saberi, dois professores de Stanford, organizaram e conduziram um curso gratuito de empreendedorismo na universidade, batizado de Empreendedorismo Tecnológico (*Technology Entrepreneurship*), que atraiu aproximadamente 37 mil estudantes de mais de 75 países – um dos primeiros grandes MOOCs (cursos online abertos e massivos) de Stanford. Versões desse curso foram ensinadas durante décadas a turmas de 50 a 60 alunos pagantes de Stanford, que se reuniam numa sala de aula tradicional duas vezes por semana. O fator essencial para escalonar o curso e atingir um público mais amplo foi a plataforma tecnológica Venture Lab, desenvolvida por Eesley, Saberi e o doutorando Farnaz Ronaghi[23]. A plataforma foi usada para disponibilizar um conteúdo testado e comprovado a cerca de 37 mil alunos que se inscreveram no curso. O curso incluiu aulas de marketing, tecnologia e finanças; entrevistas com convidados interessantes, inclusive o presidente de Stanford e John Hennessy, membro do conselho do Google; e leituras e dicas para abrir uma empresa. A equipe de instrutores usou a plataforma para potencializar a excelência de uma organização temporária no decorrer das doze semanas de curso. Foi muito mais que um mero site na internet disponibilizando conteúdo. A equipe bolou vários recursos sociais engenhosos e fáceis de usar para criar uma rede alimentada pelos próprios alunos, capaz de conectar, organizar, avaliar e orientar os participantes.

A tecnologia possibilitou a realização de um teste prático preliminar para verificar até que ponto os alunos estariam dispostos a se empenhar e trabalhar em colaboração. Foram inicialmente distribuídos em grupos com base em sua localização geográfica – alunos das mesmas cidades e países foram alocados nos mesmos grupos. Depois, alunos com variadas habilidades, formações técnicas e experiência em diversos setores foram misturados. As novas equipes foram convidadas a coletar suas cinco melhores e piores ideias de *startup* e submeter um vídeo elaborado por eles, em uma semana. Essa simples tarefa bastou para separar os empenhados dos pouco empenhados. Os alunos de cada grupo foram solicitados a avaliar os colegas e qualquer um podia ver as avaliações dos outros. Depois disso, os alunos ficaram livres para formar novos grupos, entrar em grupos já formados ou recrutar novos integrantes – munidos das informações sobre os pouco empenhados e os empenhados.

A plataforma também disponibilizava tarefas de casa avaliadas pelos colegas: em vez de impor o fardo de corrigir as tarefas de 37 mil alunos à equipe de instrutores, os próprios alunos avaliaram uns aos outros (depois de fazer um tutorial online). Para sua grande satisfação, Eesley e Saberi constataram que esse sistema resultou em padrões de avaliação mais rigorosos. A equipe de instrutores avaliou as tarefas de um subconjunto aleatório de alunos para desenvolver diretrizes e verificar a qualidade das avaliações dos outros alunos e constatou que os alunos avaliavam uns aos outros com muito mais rigor que os instrutores de Stanford. Os instrutores e os alunos também recrutaram cerca de duzentos empresários veteranos para atuar como mentores, usando a plataforma para encontrar equipes adequadas às suas habilidades e interesses.

Visitamos o site no dia 23 de julho de 2012, às 10 horas da manhã. O site mostrou que 563 alunos ativos realizaram alguma atividade e que 190 equipes interagiram uma ou mais vezes naquele dia. Naveen Bagrecha, aluna de graduação em engenharia civil da Índia, submeteu uma tarefa naquele dia – um vídeo apresentando uma ideia de *startup*. Uma equipe trabalhava em sua apresentação final, intitulada *Redução de complexidade essencial*, uma ideia para uma empresa que desenvolveria ferramentas voltadas a criar "uma estruturação mais eficiente de organizações com base na análise das interações de seus integrantes". Essa equipe de nove pessoas foi criada por Roger Sen, um engenheiro de computação da Espanha. O resto da equipe era composto de quatro estudantes da Alemanha, mais quatro integrantes, da França, da Itália, dos Estados Unidos e da África do Sul. O mentor deles era Benson Yeung, fundador e sócio principal da Triware Network Systems, sediada na região de São Francisco.

A pressão exercida pela equipe de instrutores, mentores e alunos e o monitoramento ajudaram a assegurar a responsabilização naquele curso online. Os cerca de 37 mil alunos da turma inicial tiveram acesso ao desempenho uns dos outros, incluindo, por exemplo, se entregaram as tarefas, que notas tiraram, como as contribuições deles foram avaliadas pelos colegas de equipe, quando foi a última vez que "logaram" no sistema e quantas contribuições fizeram no fórum de discussão. Essas pressões de se empenhar e se manter ativo no curso reduziram o número de alunos para aproximadamente 10 mil no fim do curso. Esse afastamento dos alunos pouco empenhados e dos de desempenho insuficiente se acelerou na sexta semana de curso, quando os instrutores exortaram as equipes a confrontar os integrantes que não estivessem fazendo sua parte. A mensagem convenceu cerca de dois mil alunos a abandonar o curso e levou as equipes a afastar mais uns duzentos. Muitos desses alunos nunca se encontrariam pessoalmente com os colegas de grupo, mas a equipe de instrutores usou sua poderosa plataforma, extrema transparência, pressões sociais e políticas rigorosas para potencializar a excelência de uma organização de ensino de tamanho considerável, marcada pela responsabilização. No terceiro trimestre de 2013, pelo menos 55 cursos de Stanford e de outras universidades já usavam a plataforma e, com Saberi na posição de CEO, uma empresa chamada NovoEd foi criada para desenvolver, vender e difundi-la.

5. Tenha medo da "zona total"

Em 2011, tivemos um divertido jantar com Marc Hershon. O pretenso objetivo do encontro foi discutir o título deste livro e os melhores termos e expressões para descrever a potencialização da excelência. Hershon é extremamente qualificado para a tarefa, já que ganha a vida dando nome a coisas, inclusive a água Dasani, a vassoura mágica Swiffer e o BlackBerry. Hershon é um "criativo" completo, tendo escrito piadas para comediantes como Jay Carney e Jay Leno, incontáveis roteiros de TV e dois livros. Também é um cartunista contratado por agências de distribuição de conteúdo, além de ensinar improvisação e *stand-up comedy*. Depois de trocarmos ideias para o título do livro, voltamos a uma questão relacionada: qual palavra representa melhor um escalonamento horrível, o contrário da disseminação da excelência? Alguém logo sugeriu a expressão *zona total*. Rimos e concordamos que a expressão tem seu apelo, mas decidimos que "dê um fim à zona total" seria um título enganoso e até meio chocante. (Verdade seja dita, o termo que usamos por ocasião daquela conversa foi um pouco diferente, *clusterf*ck*, algo como "f*deu geral". Resolvemos nos censurar aqui porque alguns leitores podem considerar o termo ofensivo.)

Nunca nos esquecemos daquele jantar. À medida que avançávamos com nossas pesquisas, ia ficando cada vez mais claro que as definições daquele termo no *Urban Dictionary* incluíam muitos elementos das iniciativas de escalonamento mais desencaminhadas e equivocadas[24]. A palavra *clusterf*ck* aparentemente se originou como "um termo militar para se referir a uma situação causada pelo excesso de oficiais ineptos, com *cluster* se referindo à insígnia usada por majores e tenentes; coronéis usam *clusters* no formato de folhas de carvalho". Definições como essa se aproximavam ainda mais do nosso contexto: "situação resultante do número excessivo de colaboradores e da insuficiência de colaboradores treinados em um projeto". À medida que nos deparávamos com definições como essas e estudávamos casos nos quais a potencialização da excelência dava com a cara no chão, três elementos vinham à tona, vez após vez:

Ilusão: os tomadores de decisão acreditam que o que está sendo escalonado é muito melhor e fácil de disseminar do que os fatos justificam.

Impaciência: Os tomadores de decisão acreditam que o que está sendo escalonado é tão bom e fácil de disseminar que avançam apressadamente para a implementação, antes de o processo estar pronto, de eles mesmos estarem prontos e de a organização estar pronta.

Incompetência: Os tomadores de decisão não têm as habilidades nem o conhecimento necessários para entender direito o que estão disseminando e como deveriam fazê-lo, o que, por sua vez, transforma pessoas de outra forma competentes em incompetentes.

Quando esses três elementos colidem, você tem uma zona total clássica. Esse trio leva as iniciativas de escalonamento a fracassarem mais tarde e de forma monumental, em vez de logo e a um custo menor. Uma característica relacionada é que os tomadores de decisão não reconhecem quando estão à beira de submeter suas vítimas (e a si mesmos) a uma enorme pressão mental, uma angústia esmagadora e uma turbulência opressiva. Assim, pelo menos em um primeiro momento, não se responsabilizam quando a coisa fica feia e não conseguem resistir a culpar as vítimas de sua incompetência.

A tentativa da Stanford University de fazer o upgrade de seus sistemas de TI em 2003 ilustra lastimavelmente bem a ação desse terrível trio. Uma equipe de colaboradores internos de TI e consultores externos decidiu abandonar o sistema legado desenvolvido na própria instituição para dar suporte aos departamentos de contas a pagar, compras e RH e substituí-lo por um sistema chamado Oracle Financials. Os tomadores de decisão estavam impacientes porque seu plano original para implementar o sistema em etapas, no decorrer de 2002, estava um ano atrasado. Embora o novo sistema ainda estivesse inacabado e não tivesse sido testado, eles de alguma forma se iludiram e decidiram que uma implementação do tipo *big bang* era o melhor caminho a seguir. Descontinuaram o sistema legado e forçaram mais de quatro mil usuários, maltreinado e contando com pouco suporte, a começar a usar o novo sistema no dia 1º de setembro de 2003.

Pouco antes do *big bang*, os líderes começaram a admitir aos colaboradores de Stanford que algumas pedras seriam encontradas no caminho: alguns dados poderiam estar faltando, algumas transações poderiam ser atrasadas e não seria fácil aprender a usar o sistema. Chegaram a dar aos usuários um pequeno saco de pancada para aliviar a tensão e a frustração. Os líderes estavam tentando fazer graça e minimizar a situação, mas os colaboradores não acharam nada divertido. Na verdade, viram o presente (e, como se constatou mais tarde, eles tinham razão) como outro presságio de que seus superiores os estavam impelindo a entrar numa marcha forçada que logo se deterioraria, para em seguida se transformar numa colossal zona total. Sutton viu aqueles sacos de pancada pela primeira vez na sala de uma funcionária excepcionalmente leal e empenhada de Stanford. Ela mal conseguia conter as lágrimas, preocupada com a possibilidade de nunca ser capaz de dominar o sistema. Pelo que ela sabia, ninguém em Stanford era responsável por ajudá-la a sobreviver aos meses difíceis que a aguardavam.

Os líderes da universidade meio que sabiam que estavam prestes a desencadear a confusão e o caos na vida de quatro mil pessoas, mas não tinham medo suficiente da zona total. Estavam hipnotizados pelas *ilusões* coletivas referentes a quando o sistema seria concluído, o quanto o sistema estava longe de estar pronto para uma implementação do tipo *big bang*, a dificuldade de ensinar e aprender sua utilização e a rapidez com a qual seriam capazes de resolver desde pequenos detalhes até enormes dores de cabeça. Apesar de estarem cientes dos principais riscos e problemas (ao mesmo tempo em que ignoravam e tapavam o sol com a peneira para muitos outros), estavam tão impacientes que decidiram impor o sistema, mesmo assim, a quatro mil vítimas desprevenidas. Os sacos de pancada subentendiam uma atitude do tipo "sabemos que não estamos prontos, que vocês não estão prontos e que isso vai ser o caos na sua vida, mas vamos seguir em frente mesmo assim. Aguentem firme sem reclamar". A *incompetência* dos tomadores de decisão – inclusive sua incapacidade de prever o inferno que o *big bang* provocaria também para eles – teve o efeito propagador de transformar quatro mil pessoas, de outra forma competentes, em incompetentes, provocando nelas ansiedade e vergonha ao se verem incapazes de dar conta do trabalho.

O primeiro ano da implementação do Oracle Financials foi um pesadelo[25]. Em dezembro de 2003, os colaboradores da universidade já tinham mais de 500 solicitações pendentes de ajuda técnica. A equipe de TI ficou sobrecarregada enquanto davam assistência a centenas de colaboradores irritados e em geral inadequadamente treinados, ao mesmo tempo em que tentavam corrigir bugs e falhas que dificultavam ou impossibilitavam a utilização dos sistemas por parte até do pessoal mais qualificado. Nos fóruns públicos, tanto a equipe de TI quanto os colaboradores da Stanford afirmaram estar "em crise". Chris Handley, o diretor de tecnologia, foi arrastado para falar diante da administração da Stanford em fevereiro de 2004, seis meses depois do início da desastrosa implementação. Ele admitiu que a maioria dos processos administrativos ainda levava duas ou três vezes mais tempo que no sistema antigo. Dados desaparecidos e corrompidos "dificultavam, se não impossibilitavam, no momento" gerenciar o dinheiro. Handley também confessou: "O moral está baixo... O ônus sobre os administradores nas faculdades e nos departamentos é enorme no momento. São pessoas que se envaideciam de seu trabalho, pessoas que se orgulham de fornecer informações. E, no momento, estão se sentindo completamente impotentes, embaraçadas e envergonhadas porque não têm como fornecer as informações". Handley se reuniu com a administração da universidade pela última vez em outubro de 2004, reportando, desde o início, um "lento progresso na resolução dos vários problemas[26]". Ele pediu a demissão algumas semanas depois, mencionando a necessidade de "se concentrar na família".

6. A potencialização da excelência requer tanto adição quanto subtração

Como dissemos no Prefácio, a potencialização da excelência é um Problema do Mais. Pensando assim, não surpreende que o tema seja impregnado com a linguagem do Mais. Pergunte a qualquer grupo de executivos ou líderes de ONGs sobre o escalonamento; faça uma busca na internet pelos termos escalonamento ou *scale up*; leia artigos, estudos de caso e pesquisas acadêmicas sobre o tema. Você verá que todas as principais palavras e expressões remetem à adição e à multiplicação: *crescer, expandir, propagar, replicar, espalhar, acumular, clonar, copiar, ampliar, engrandecer, incubar, acelerar, multiplicar, estender às massas* e assim por diante. Ben Horowitz ecoou esse espírito quando publicou em seu blog, em 2010, um post sobre o escalonamento com a letra de "Get Big", do cantor de rap do Dorrough, na qual as palavras *get big* (cresça) são repetidas à exaustão[27].

Também usamos a linguagem do Mais ao longo deste livro. No entanto, a adição e a multiplicação que definem um bom escalonamento dependem de uma subtração igualmente implacável (bem como da divisão, como veremos no Capítulo 4). À medida que as organizações crescem e amadurecem, que a influência de um programa se expande e as consequências das ações passadas se acumulam, funções, regras, rituais, burocracia, produtos e serviços antes úteis, mas hoje desnecessários, se acumulam como cracas no casco de um navio. Para abrir o caminho para a disseminação da excelência, essas fontes de atrito desnecessário devem ser removidas.

Mais especificamente, a marca de um bom escalonamento é o fato de os líderes se manterem sempre de olho no que "nos trouxe até aqui, mas não nos levará até lá", como diria o autor Marshall Goldsmith[28]. Isso se refere a crenças, comportamentos e rituais que no passado impulsionaram a excelência, mas que hoje a enfraquecem. Reuniões que requerem a participação de todos em organizações em crescimento são um excelente exemplo disso. Quando uma organização é pequena a ponto de cada colaborador poder ter um relacionamento pessoal com todos os outros ou pelos menos reconhecer todos pelo rosto ou pelo nome, faz sentido convocar todo mundo para reuniões periódicas. Chega um momento, contudo, no qual a organização cresce tanto que ter uma conversa pessoal com, digamos, 500 "melhores amigos" deixa de ser viável. Sutton viu isso acontecer na famosa empresa de inovação IDEO[29]. Na década de 1990, quando a IDEO tinha 60 ou 70 colaboradores trabalhando em sua sede em Palo Alto, o fundador e então CEO David Kelley realizou um trabalho magistral orquestrando uma reunião com todos os colaboradores toda segunda-feira de manhã. Kelley é um facilitador tão habilidoso que praticamente todas as pessoas presentes tinham a chance de fazer pelo menos um comentário ou piada em cada um desses encontros de uma hora. Quando o número de colaboradores da empresa chegou à casa das centenas, contudo, nem Kelley foi mais capaz de manter esse clima de intimidade. Em consequência, as reuniões de segunda-feira se tornaram um vestígio do passado e foram substituídas por reuniões menores de cada estúdio ou voltadas a discutir práticas de design específicas. As reuniões com o comparecimento de todos em Palo Alto foram reduzidas a encontros mensais e com o tempo, à medida que a IDEO continuava a se expandir, a algumas vezes por ano.

A subtração estratégica abre o caminho para que as pessoas possam se concentrar em fazer as coisas certas. Como veremos, o Capítulo 4 mostra a importância de se manter sempre podando as arestas cognitivas e emocionais geradas pela potencialização da excelência. E veremos no Capítulo 7 que é absolutamente crucial extirpar maus comportamentos e crenças pela raiz, para abrir caminho para as coisas boas. Barry Feld, um veterano do setor do varejo, usou uma estratégia como essa quando assumiu, em 2005, o comando da Cost Plus World Market, na época uma rede de varejo em dificuldades. A Cost Plus tem hoje mais de 200 lojas no oeste e no meio-oeste dos Estados Unidos, dedicadas a vender alimentos e objetos de decoração especiais. Em 2005, a empresa estava à beira da falência. O preço das ações não subia para mais que US$ 1, as vendas estavam em queda livre e a reputação da marca estava em frangalhos – poucos consumidores sequer tinham ouvido falar da Cost Plus e a maioria dos que reconheciam o nome tinha percepções negativas da marca. As lojas eram desorganizadas, os melhores gestores pediam demissão aos bandos e os colaboradores estavam desmotivados. Feld visitou quase todas as lojas para dar orientação e encorajamento, decidir o que precisava ser mudado e ajudar a decidir quais lojas deveriam ser fechadas.

Convidamos o fascinante e realista senhor Feld para falar no nosso curso de potencialização da excelência[30]. Quando perguntamos a ele quais comportamentos dos colaboradores eram os mais destrutivos, Feld respondeu que é péssimo quando os colaboradores tratam os clientes como se fossem invisíveis. Quando ele percebeu que os colaboradores não cumprimentavam os clientes, ele os exortou (e a seus gestores) a criar o hábito de parar por um momento quando estiverem abastecendo as prateleiras, atendendo os clientes ou batendo papo com os colegas para olhar os clientes nos olhos e dizer "Oi" ou "Posso ajudar em alguma coisa?". Pequenos atos como esses são cruciais, de acordo com Feld, porque, quando são cumprimentados pelos colaboradores, os clientes são menos propensos a roubar e mais inclinados a comprar alguma coisa. Essa foi apenas uma das centenas de mudanças que a equipe de Feld promoveu para dar uma guinada no destino daquela problemática rede de varejo. As vendas, os lucros e o preço das ações foram se recuperando até a rede ser vendida por saudáveis US$ 22 por ação para a Bed Bath & Beyond, em 2012.

A conclusão é que o escalonamento não é apenas um problema do *mais*. O escalonamento também é um problema do *menos*, e a subtração costuma ser uma ferramenta essencial para facilitar o processo.

7. Desacelere para potencializar a excelência mais rápido – e melhor – no futuro

Daniel Kahneman, vencedor do Prêmio Nobel, demonstra que os seres humanos são ao mesmo tempo abençoados e amaldiçoados pela facilidade e rapidez com a qual somos capazes de formar opiniões e tomar decisões instantâneas e, em grande parte, impensadas – o Sistema 1, como ele o chama[31]. O mesmo costuma acontecer com organizações humanas, com suas histórias, regras, práticas, procedimentos operacionais padrão e, naturalmente, mentalidades arraigadas. Quando pessoas que trabalham juntas têm em comum as habilidades apropriadas e a motivação certa, o resultado pode ser uma ação coordenada (e em geral complexa) rápida e com poucos erros. No caso da potencialização da excelência, isso acontece quando uma organização está cheia de pessoas que aceitam e aplicam uma mentalidade compartilhada.

Pode ser perigoso, contudo, recorrer a comportamentos arraigados cedo demais e com frequência demais, embora pessoas e organizações tendam a fazer isso. Um estudo conduzido por Clifford Holderness e Jeffrey Pontiff analisou o destino de 122.765 prisioneiros de guerra americanos capturados durante a Segunda Guerra

Mundial – 93.666 pela Alemanha e 29.099 pelo Japão[32]. Analisaram se os oficiais superiores entre os prisioneiros de guerra replicaram a rigorosa hierarquia militar ou adotaram uma estrutura organizacional mais flexível e horizontal nos campos de prisioneiros. Os resultados foram impressionantes: os prisioneiros nos campos mais hierarquizados tiveram uma taxa de mortalidade cerca de 20% mais alta que os prisioneiros nos campos menos hierarquizados. As hierarquias tradicionais são mais eficazes diante da necessidade de ações rápidas e coordenadas no campo de batalha. No entanto, são rígidas demais diante da flexibilidade e das decisões individuais necessárias para sobreviver em um campo de prisioneiros. Os oficiais superiores capturados que replicaram automaticamente a mentalidade tradicional militar, se agarrando a ela, criaram estruturas organizacionais inferiores em comparação com os oficiais que perceberam a necessidade de estabelecer um modelo diferente (e agiram de acordo com essa crença).

A lição a ser aprendida é que dominar "a arte negra de potencializar a excelência de uma organização humana" requer aprender quando e como "mudar de marcha" e adotar uma mentalidade mais desacelerada. Como Kahneman sugere, desacelerar e pensar no que estamos fazendo e por que – passar para aquele laborioso, ponderado, deliberado e consciente Sistema 2, como Kahneman o chama – é a melhor estratégia quando estamos "em um campo minado cognitivo" ou, em outras palavras, quando não temos conhecimento suficiente, quando os riscos são altos ou quando estamos num beco sem saída. Passar para o Sistema 2 normalmente requer nos forçar a fazer uma pausa no que estamos fazendo, em vez de abaixar a cabeça e seguir em frente de qualquer jeito. Essa transição é demonstrada por alguns conselhos que Jerome Groopman recebeu quando ele, na época um jovem médico, não sabia ao certo como diagnosticar um paciente. A doutora e "artesã-mestre" Linda Lewis orientou Groopman: "Não precisa fazer nada, basta marcar presença[33]". No escalonamento, a mentalidade do Sistema 2 requer uma constante vigilância para que as respostas fáceis e automáticas que caracterizam a mentalidade do Sistema 1 não fiquem no caminho das suas tentativas de disseminar, manter e melhorar continuamente a excelência.

Carlos Ghosn, CEO da Nissan, explica bem essa ideia: "Você tem de ser como um piloto de corrida. Precisa saber quando acelerar, quando frear e quando mudar de marcha[34]". Lembre-se da abordagem usada por Chuck Eesley e Amin Saberi para ensinar empreendedorismo a cerca de 10 mil alunos pela internet. Eles usaram uma mistura interessante de mentalidade do Sistema 1 e do Sistema 2. Em muitas ocasiões, a equipe de instrutores desacelerou seu ritmo para ponderar, desenvolver e testar soluções que mais tarde facilitaram seu próprio trabalho, possibilitando aos alunos submeter e avaliar as tarefas, avaliar o empenho e a capacidade dos colegas e formar e trabalhar em equipes, além de permitir aos mentores escolher e orientar equipes. Segundo a analogia de Ghosn, Eesley e Saberi descobriram quando tirar o pé do acelerador, reduzir a marcha e pisar no freio para que eles (e seus alunos) mais tarde pudessem avançar com tudo e voar pela estrada.

A MENTALIDADE DA GUERRA TERRESTRE

Salientamos que potencializar a excelência requer o tipo de perseverança necessário para correr uma maratona e não uma corrida de velocidade. Essa analogia simplista pode, contudo, minimizar a gravidade do problema. Escalonar é algo semelhante a correr uma longa maratona na qual desconhecemos o caminho certo, muitas vezes o que nos parece ser o caminho correto acaba se revelando o errado e não sabemos quanto tempo a corrida durará, onde ou como acabará ou onde fica a linha de chegada. Esse, no entanto, é um dos desafios mais fundamentais enfrentados por toda organização, seja ela pequena ou grande, nova ou madura, ou em qualquer ponto entre esses extremos. E a boa notícia é que muitas pessoas e equipes encontram maneiras de domar esse caos, obtêm satisfação em seus feitos diários e se orgulham de disseminar crenças e comportamentos construtivos para os quatro cantos da organização. Os que têm sucesso pensam e agem como quem luta numa guerra terrestre, e não apenas em um conflito aéreo. Essa "mentalidade da guerra terrestre", aliada aos seis outros mantras, será uma presença constante nos próximos capítulos sobre as principais decisões e princípios de potencialização da excelência.

2
Budismo ou catolicismo
Escolha seu caminho

O Hasso Plattner Institute of Design de Stanford ou a d.school, como todo mundo o chama, foi fundado em 2005 para ensinar e divulgar o *design thinking*, uma abordagem prática à criatividade que se concentra em identificar e satisfazer as necessidades humanas. Nos primeiros dias da d.school, alguns professores de Stanford e eu nos pusemos a conversar sobre nossas filosofias de potencialização da excelência. A conversa esquentou quando Michael Dearing, um membro do corpo docente e capitalista de risco, levantou uma questão brilhante. Ele disse algo assim: "Qual é nosso objetivo? Seria mais como o catolicismo, no qual o objetivo é replicar as crenças e práticas de design predeterminadas? Ou seria mais como o budismo, no qual uma mentalidade básica orienta *porque* as pessoas fazem certas coisas, mas os detalhes *do que* fazem podem variar muito de uma pessoa à outra e de um lugar ao outro?".

A pergunta de Dearing levou a uma conversa sobre a "flexibilização" do *design thinking* para se adequar a pessoas e lugares específicos

— e sobre os perigos de modificá-lo ou diluí-lo a ponto de deixar de funcionar ou, mesmo se ainda funcionar, o conceito perder sua essência e precisar ser chamado de outra coisa. A pergunta ainda assombra a d.school. Com efeito, alguns elementos surgem em todo tipo de *design thinking* que aplicamos, inclusive a empatia (conhecer as emoções, metas e necessidades humanas que um design deve satisfazer) e a prototipagem rápida (desenvolver soluções rápidas e baratas e atualizá-las rapidamente em resposta a ações e sugestões dos usuários). No entanto, os professores da d.school foram se tornando cada vez mais "budistas" com o passar dos anos. Aprendemos, por exemplo, que os banqueiros confiam menos na própria criatividade que os escoteiros e, portanto, requerem mais orientação, lisonjas, instruções precisas e apoio emocional, de modo que usamos estratégias de ensino diferentes para os dois grupos. Também aprendemos a flexibilizar nossos métodos para outras culturas, considerando que a maioria desses métodos foi desenvolvida nos Estados Unidos.

No terceiro trimestre de 2010, Sutton e Perry Klebahn, da d.school, lideraram uma equipe de instrutores que ajudaram 24 gestores de nível médio do Ministério do Trabalho de Singapura a aprender e difundir o *design thinking*. Os gestores foram até Palo Alto, onde passaram o dia observando e conduzindo entrevistas no Hemocentro de Stanford. Usaram os insights coletados nas entrevistas para gerar ideias e fazer protótipos para melhorar a "experiência de doação de sangue". O primeiro dia terminou com a prática habitual da d.school de resumir o aprendizado usando a técnica "eu gostei, eu gostaria". Klebahn propôs que o grupo falasse sobre o que estava dando certo ("Eu gostei quando Perry veio nos ajudar a entrevistar aquele doador nervoso") e o que estava faltando ou deveria ser mudado ("Eu gostaria que Bob passasse mais tempo ajudando a equipe"). O exercício, contudo, foi um fiasco. Os cingapurianos, normalmente exuberantes, se contorceram e olharam para o chão enquanto todo mundo suportava um silêncio doloroso. A equipe de instrutores acabou tendo de admitir a derrota e foi se consolar num bar nas proximidades.

Foi o colega de equipe Yusuke Miyashita que encontrou a solução. Um designer talentoso, Miyashita nasceu e foi criado no Japão. Ele explicou que, ao contrário dos alunos ocidentais com os quais usávamos a técnica do "eu gostei, eu gostaria", os asiáticos ficavam muito constrangidos expressando abertamente opiniões pessoais fortes sem restrições ou regras. Não queriam passar vergonha e preferiam evitar criticar os instrutores de Stanford, que viam como figuras de autoridade. Miyashita sugeriu uma pequena mudança: pedir que cada gestor primeiro escrevesse as afirmações referentes a "eu gosto" e a "eu gostaria" em post-its e solicitar que cada um lesse suas observações em voz alta. Klebahn tentou aplicar a sugestão no dia seguinte. Os gestores riram e tiraram sarro uns dos outros, enquanto liam seus comentários ponderados e, em geral, francos e diretos. Aquela pequena adaptação resultou em, nas palavras de Miyashita, uma reversão da pressão da equipe de instrutores, de modo que o silêncio se tornou mais constrangedor do que se manifestar e deixar de criticá-la seria algo como contestar a autoridade dela. Desde então, aqueles 24 gestores (que se apelidaram de "os Alfas") ensinaram o *design thinking* a muitos colegas de Cingapura. A "flexibilização de Miyashita" foi incorporada à caixa de ferramentas deles, independentemente de perceberem isso ou não. Sutton os observou utilizando a técnica com eficácia, por exemplo, durante um workshop que conduziram para sessenta colaboradores da Biblioteca Central de Cingapura.

A "flexibilização de Miyashita" lembra tantas outras histórias de escalonamento devido à enorme importância do espectro do "catolicismo-budismo" proposto por Dearing. Toda vez que descrevemos esse espectro a pessoas que estão atoladas até o pescoço em suas iniciativas de potencialização da excelência, elas concordam com um sorriso e um aceno de cabeça e nos dizem que o conceito reflete bem um dos desafios mais importantes que estão enfrentando. Ouvimos isso de distribuidores da Budweiser, líderes de equipe do Twitter, administradores hospitalares em Cincinnati, gestores de nível médio da JetBlue, altos executivos da General Electric, diretores de escolas do ensino médio na Califórnia, o presidente da Corte Suprema de Wyoming e assim por diante. Em todos os casos, administrar a tensão entre replicar práticas consagradas e modificá-las (ou inventar novas práticas) para se adequar às condições locais pesa nos ombros dos tomadores de decisão, afeta importantes eventos e pode fazer a diferença entre o sucesso e o fracasso.

NAVEGANDO PELO ESPECTRO

Inúmeros casos e estudos corroboram os dois extremos desse espectro de "replicação-adaptação". No extremo "católico", onde as práticas em comum são replicadas com poucas alterações, é difícil contestar o sucesso da In-N-Out Burger e da See's Candies. Essas organizações banem qualquer customização regional. O *mix* de produtos, os uniformes dos colaboradores, o treinamento e os procedimentos (e praticamente todos os outros detalhes) em todas as lojas da In-N-Out e da See's são réplicas fiéis umas das outras. Ou veja o exemplo da filosofia Copy Exactly! da Intel, implementada pela primeira vez pela gigante dos semicondutores na década de 1970: "Dito nos termos mais simples possíveis, tudo o que pode afetar o processo, ou sua execução, deve ser copiado nos mínimos detalhes, a menos que seja fisicamente impossível fazê-lo ou se uma mudança produzir um enorme benefício[1]". Depois que a Copy Exactly! tornou-se uma rotina na Intel, os índices de rendimento e qualidade melhoraram acentuadamente em instalações de produção existentes e novas. Essa filosofia funciona porque o sistema de produção é exato e uniforme, e a Intel foi capaz de rapidamente identificar todas as fontes inesperadas de discrepância e aprender com elas. Um vendedor de um fornecedor da Intel nos falou de uma máquina de fabricação de chips que os produzia com índices superiores – ao esperado – de rendimento em uma fábrica. Depois de uma meticulosa investigação, a Intel descobriu que o fornecedor acidentalmente instalou a máquina um pouco deslocada (uma diferença de 0,6 centímetro) naquela fábrica. A Intel copiou a posição exata daquela máquina em suas outras vinte e poucas instalações de produção... e os índices de rendimento melhoraram em todas as fábricas.

A eficácia da clonagem é corroborada por evidências de uma empresa com 2.444 lojas franqueadas que foram monitoradas por Sidney Winter, da Wharton, e seus colegas entre 1991 e 2001. Os pesquisadores não revelam a marca, mas poderia muito bem se tratar de lojas da Mail Boxes Etc. ou da UPS, já que as lojas analisadas prestam serviços de envio de encomendas e fotocópias, além de vender material de escritório. Quando os franqueados que operavam essas lojas começaram a incluir serviços "fora do padrão" como fotos de passaporte ou envio de dinheiro, a situação degringolou. Essas ações budistas dissidentes foram associadas a uma queda das receitas das lojas e um maior risco de ter de fechar as portas. Os pesquisadores concluíram que a melhor prática era "copiar elementos do modelo original com a maior precisão possível[2]".

No entanto, apesar do sucesso da filosofia Copy Exactly! da Intel e do incentivo da pesquisa de Winter recomendando que todos os colaboradores, equipes, unidades de negócio ou locais de trabalho reproduzissem exatamente as mesmas práticas ou modelo de negócio, essa abordagem nem sempre é uma receita para o sucesso. Pesquisas pedagógicas sobretudo, desde o programa CATCH para melhorar a saúde cardíaca de alunos do ensino fundamental, até como fazer pesquisas mais eficazes na internet, levaram Martha Stone Wiske e David Perkins a protestar contra a "armadilha da réplica", a crença equivocada de que "em geral é possível obter o mesmo resultado simplesmente fazendo a mesma coisa por toda parte[3]".

Empresas inteiras também podem cair na armadilha da réplica. Basta perguntar aos líderes da Home Depot. "Você consegue e nós podemos ajudar" foi o slogan das 12 lojas da Home Depot abertas na China em 2006. Essa abordagem do tipo "faça você mesmo" funciona muito bem nos Estados Unidos, mas entra em conflito com a mentalidade do tipo "faça por mim" dos chineses. A maioria dos chineses não tem espaço nem as ferramentas necessárias para fazer melhorias em casa e não são criados com a mentalidade do "faça você mesmo". A mão de obra também é muito mais barata na China, de modo que os clientes que têm condições financeiras de fazer compras na Home Depot normalmente podem se dar ao luxo de pagar uma pessoa para executar seus projetos. A abordagem "faça você mesmo" da Home Depot foi um fiasco na China, e a última loja de Pequim fechou as portas em 2011 e as outras sete foram encerradas no fim de 2012[4]. Conhecedores da cultura chinesa – e até um porta-voz da Home Depot – atribuíram o fracasso à inflexibilidade da empresa e à sua ignorância a respeito do mercado chinês. Steven Kirn, da University of Florida, explicou que é essencial estar em sintonia com a cultura local: "Não dá para simplesmente cair de paraquedas". Por sua vez, a Yum!, um conglomerado proprietário de redes de fast-food como o KFC, a Pizza Hut e a Taco Bell, adotou uma abordagem muito mais budista. A Yum! usufrui de um grande sucesso na China, com mais de 4 mil KFCs e Pizza Huts, por ser "o melhor exemplo de uma empresa que consegue adaptar sua estratégia para a China". Por exemplo, o KFC vende "pasteis de nata★, leite de soja e outros produtos que não são oferecidos nos cardápios da rede em qualquer outro país".

As abordagens budistas também oferecem alternativas para clientes que se veem diante um mar de réplicas aparentemente idênticas e sem alma. Chip Conley, fundador e CEO da rede de hotéis Joie de Vivre, usou uma estratégia budista para promover o crescimento da rede e incluir 35 hotéis variados – rede essa que Conley acabou vendendo para a Geolo Capital por US$ 300 milhões, em 2010. Conley usou uma técnica engenhosa para decidir a aparência e a atmosfera de cada um de seus hotéis: pegar uma revista que define melhor as aspirações dos clientes-alvo, escolher cinco palavras que descrevem a essência do hotel e encontrar maneiras para os clientes e colaboradores vivenciarem esse conceito usando os cinco sentidos[5].

Conley inventou essa técnica em 1987, depois de levantar um milhão de dólares para comprar seu primeiro imóvel. Naquela época, o Phoenix Hotel não passava de um prédio dilapidado no decadente bairro de Tenderloin, em São Francisco, que alugava quartos por hora para prostitutas. A primeira reunião da equipe gerencial de Conley degringolou para se transformar numa discussão dispersa sobre como transformar o lugar. Então, teve uma inspiração: por que cada um de nós não escolhe uma revista que personifica melhor nosso cliente-alvo? Todos os membros da equipe, com a exceção de apenas um, voltaram com a *Rolling Stone*. A equipe pensou em cinco adjetivos para representar a essência do Phoenix – estiloso, irreverente, aventureiro, descolado e jovem – e trabalhou no conceito tendo em vista músicos de rock 'n' roll. Os adjetivos ajudaram a orientar todo tipo de decisão, inclusive a respeito dos objetos de arte (como a estátua de um sapo tocando guitarra), dos serviços (estacionamento

---

★ N.T.: doces conhecidos no Brasil como pastéis de Belém.

para os ônibus de turnê dos músicos, oportunidades de doar dinheiro para músicos que sofrem de perda auditiva) e do pessoal (descolado, irreverente e amantes da música, em geral tatuados). O hotel de rock 'n' roll, hoje lendário, tem atraído hóspedes como o Nirvana, Linda Ronstadt e Johnny Depp. Em 2010, esse "método da revista" ajudou o Joie de Vivre a se transformar na maior rede de *boutique hotels* da Califórnia. Por exemplo, em 2002, a equipe de Conley escolheu a revista *New Yorker* para representar o Hotel Rex na Union Square, em São Francisco. As cinco palavras escolhidas pela equipe não poderiam ser mais diferentes dos adjetivos selecionados para o badalado Phoenix: inteligente, culto, artístico, cosmopolita e sofisticado.

Os melhores líderes e equipes conseguem encontrar o equilíbrio certo entre a replicação e a customização, entre o catolicismo e o budismo, agindo como quem brinca com peças de Lego. Replicam, vez após vez, para cada tipo de pessoa e lugar, alguns elementos – não apenas peças individuais, mas "subconjuntos pré-montados" formados de várias peças –, mesmo quando outros fatores podem variar muito. Por exemplo, a Apple ensina e impõe a cultura de sigilo entre todos os colaboradores, desde os "gênios" das lojas da Apple até os vice-presidentes seniores da empresa. De forma similar, as batatas fritas do McDonald's são preparadas da mesma maneira com os mesmos ingredientes no mundo todo, mesmo quando o cardápio, o design das lojas, as políticas trabalhistas e os preços variam enormemente de um país ao outro.

Até os líderes que se vangloriam de sua postura budista padronizam muitos elementos. Os executivos do Four Seasons se orgulham de transformar sua rede de hotéis de luxo em um camaleão cultural que é "italiano na Itália, francês na França", porque "se você quiser se globalizar, não dá para ser de um jeito só[6]". Como explica o vice-presidente David Crowl, "Não somos uma empresa toda igualzinha... Quando você acorda no nosso hotel de Istambul, sabe que está na Turquia. Nossos hóspedes sabem que podem contar com serviço de quarto 24 horas, um colchão feito sob encomenda e um banheiro de mármore, mas também sabem que farão parte da comunidade local". Além do banheiro de mármore e outras amenidades encontradas em todos os hotéis da rede, o Four Seasons especifica 270 "padrões de cultura de atendimento" (eram 800 padrões na década de 1990) que representam as melhores práticas dos hotéis espalhados pelo mundo todo, que orientam gestores e colaboradores da linha de frente e garantem previsibilidade de comportamento aos hóspedes. No entanto, dada a inclinação budista do Four Seasons, esses padrões foram flexibilizados para se adequar a cada local: "Todos os uniformes devem estar impecavelmente passados, limpos e bem-ajustados", mas os colaboradores usam bermudas em Bali e calças compridas em Chicago.

O desafio não é saber se, em geral, é melhor tender a uma abordagem católica ou budista. É muito mais interessante decidir quando se aproximar de um extremo ou de outro, para cada organização, pessoa, local ou ponto de decisão. Embora não exista uma fórmula mágica ou uma cura instantânea para se livrar definitivamente das tensões incômodas e das decisões problemáticas, os melhores líderes e equipes ficam sempre de olhos abertos em busca de sinais de exagero. Procuram sinais de excesso de "adaptação local" ou "padronização", sinais de que chegou a hora de se aproximar, um pouco ou muito, da outra extremidade do espectro. Identificamos três perguntas de diagnóstico para decidir quando é interessante fazer uma mudança, em qual direção e como fazer isso acontecer.

1. Você sofre de delírios de exclusividade?

Em algumas situações, a necessidade de customização local não pode ser mais clara. Uma equipe de pesquisadores liderada por Pamela Hinds, de Stanford, passou vários anos acompanhando uma empresa de software com escritórios nos Estados Unidos e na Índia[7]. O primeiro escritório foi aberto no Vale do Silício. De maneira bem parecida com os escritórios do Facebook, Twitter, IDEO e outras empresas da Califórnia famosas pela criatividade, o escritório dessa empresa de software no Vale do Silício tinha pisos de concreto e outras superfícies rústicas e inacabadas. O escritório da Índia também foi aberto com pisos de concreto. No entanto, para os indianos, as instalações pareciam grosseiras e de terceira categoria, para os padrões da região. Os pisos sujavam rapidamente porque o entorno tinha mais terra e pó do que no Vale do Silício. Isso criou problemas na Índia, porque as funcionárias usavam saris, que se sujavam no chão empoeirado. Diante disso, a empresa tomou a decisão razoável de deixar sua abordagem católica de lado e colocar carpetes.

Já vimos como a Home Depot foi um fiasco na China porque sua abordagem americana do tipo "faça você mesmo" não pôde ser transferida à cultura chinesa do tipo "faça por mim". A IKEA enfrentou problemas similares quando abriu suas lojas enormes na China: os móveis da IKEA são famosos por serem difíceis de montar e não é fácil levar para casa os produtos grandes e volumosos vendidos na loja[8]. Além da cultura "faça por mim", muitos chineses não têm carro e, mesmo quando têm, a maioria dos carros é pequena. Para usar a analogia do Lego, a IKEA manteve a maioria de seus "subconjuntos pré-montados" testados e aprovados, mas ajustou alguns dos mais antigos e construiu novos "subconjuntos" para se adequar melhor à cultura. Customizaram um pouco a linha de produtos (por exemplo, camas menores são mais vendidas na China), incluíram alimentos típicos chineses ao cardápio da lanchonete, além das famosas almôndegas, e aumentaram o número de colaboradores treinados para atender a multidão de visitantes – inclusive as 60 mil pessoas que visitam a loja de Pequim todo fim de semana – que vão à IKEA como se fosse uma atração turística (as lojas oferecem café de graça e camas para dormir). Como descreve o *China Business Review*, "A IKEA abriu suas lojas chinesas perto de linhas de transporte público, oferece entrega em domicílio na cidade e entrega de longa distância nas principais cidades da China, por uma taxa, mantém vias de táxi e oferece serviços pagos de montagem". Mais especificamente, "na China, onde a mão de obra é barata, o conceito do 'faça você mesmo' não pegou e os clientes chineses usam mais os serviços de montagem da IKEA do que os clientes de outros países".

A IKEA trata essa adaptação como uma via de mão dupla, instigando os consumidores chineses a também mudar seus padrões de compra. Anúncios, livretos e colaboradores se voltam a modificar aos poucos a abordagem chinesa do tipo "tudo ou nada" voltada às reformas domésticas, transmitindo a mensagem de que "pode ser fácil mudar os móveis e que não tem problema ir fazendo pequenas mudanças, aos poucos". Um anúncio mostra um senhor idoso usando shorts e camiseta em "uma típica varanda de cimento e ladrilhos na

China, com plantas e roupas no varal, lendo o jornal" sentado numa nova cadeira vermelha da IKEA. Essa dupla estratégia tem dado certo até agora. As 11 lojas da IKEA que operam na China continental abocanharam 950 milhões em vendas em 2012, representando um aumento de 21% em comparação com 2011.

O contraste entre o fiasco da Home Depot e o sucesso da IKEA demonstra que boas adaptações a restrições locais são fundamentais para expandir a influência da organização. Mas cuidado com equipes de liderança que se recusam a replicar, alegando que os clientes ou o ambiente são "especiais" ou "diferentes" demais. Eles podem estar sofrendo de delírios de exclusividade, que promovem um budismo desencaminhado. Muitas vezes nós, humanos, nos convencemos de que as normas ou tecnologias comprovadas não se aplicam a nós ou a nosso local ou contexto supostamente inigualável, quando na verdade só estamos nos iludindo.

Esse tipo de ilusão explica por que muitos dos franqueados estudados por Sidney Winter não conseguiram resistir a se afastar da linha de produtos padrão da empresa, apesar de a decisão ter prejudicado os lucros e forçado alguns franqueados a fechar as portas. De maneira similar, Atul Gawande mostra como os delírios de exclusividade podem aumentar os custos dos cuidados de saúde e prejudicar a qualidade[9]. Gawande argumenta que hospitais e médicos têm muito a aprender com as abordagens padronizadas utilizadas em redes de restaurantes como o The Cheesecake Factory. Cada um dos 160 restaurantes do The Cheesecake Factory tem o mesmo cardápio, mas os colaboradores preparam cada prato, na hora, com ingredientes frescos. Ressalta que a conjuntura econômica da área da saúde está forçando muitos médicos a seguir uma direção similar. Gawande, ele próprio um cirurgião, tende a evitar administradores e seguradoras que passaram a ser rigorosos demais na replicação e na padronização, de maneira similar a como o The Cheesecake Factory faz com seus cozinheiros. Mesmo assim, aponta para as virtudes de adotar uma abordagem padronizada nas cirurgias.

Mesmo com todos os conhecimentos médicos, Gawande teve dificuldade de escolher um médico para fazer a cirurgia de prótese de joelho de sua mãe. Em Boston, sua cidade natal, não há estatísticas disponíveis para saber qual dos cirurgiões dos três maiores hospitais da região apresentaram o melhor (e o pior) desempenho. As comparações ficavam ainda mais confusas porque os cirurgiões locais variavam enormemente no que se refere ao tipo de próteses, técnicas de fisioterapia e métodos de anestesia utilizados por eles. No fim, Gawande acabou escolhendo o neozelandês John Wright, de seu hospital, o Brigham and Women's. Wright não era o cirurgião de joelho mais famoso da cidade, mas sua abordagem lembrou Gawande do The Cheesecake Factory. Wright tinha passado uma década inteira padronizando a cirurgia de próteses no hospital. Sua mentalidade era que, desde a cirurgia até a fisioterapia, "a customização deve abranger 5%, e não 95%, do que fazemos". Wright passou um bom tempo discutindo com outros oito cirurgiões de prótese do Brigham and Women's sobre quais tipos e marcas de implante deveriam usar. No começo, os colegas repudiaram os argumentos de Wright porque "os cirurgiões de joelho são tão detalhistas com os implantes utilizados quanto os tenistas profissionais o são com suas raquetes". Wright não desistiu; os dados simplesmente não deixavam dúvida. O preço médio de um implante de joelho é de US$ 8 mil, mas algumas marcas chegam a custar até o dobro, mesmo sem qualquer evidência de serem superiores. Muitos de seus colegas cirurgiões também gostavam de testar novas marcas e modelos nos pacientes. No entanto, Wright os pressionou a se ater aos modelos conhecidos porque os mais novos custavam mais e tinham mais chances de dar problema.

Wright venceu sua batalha contra o budismo excessivo. Hoje, o Brigham and Women's Hospital usa próteses do mesmo fabricante em 75% das cirurgias. O maior poder de barganha com o fornecedor ajudou o hospital a reduzir pela metade o custo das cirurgias. Essa e outras medidas padronizadas (inclusive aumentar o número de sessões de fisioterapia de uma a duas vezes por dia) ajudaram os pacientes de prótese de joelho a ficar de pé antes, caminhar mais no dia seguinte à cirurgia, precisar de menos analgésicos e voltar para casa cerca de um dia antes em comparação com quando Wright deu início à sua batalha. Para a mãe de Gawande, as implicações dessas mudanças foram que, apesar de ela ter insistido, antes da cirurgia, que precisaria ficar cinco dias internada para se recuperar, ela concordou em voltar para casa depois de apenas três dias. Em três dias ela já conseguia sair da cama sozinha, andar sem dor e subir escadas... tudo sem precisar tomar analgésicos narcóticos.

Apesar de todas essas boas notícias, metade dos colegas de Wright só toleram as mudanças e "um ou dois" continuam abertamente hostis. Eles aparentemente se consideram pessoas especiais diante de muitas circunstâncias especiais e acham que deveriam ter a liberdade de tomar decisões como quiserem, apesar de ficar claro que esse tipo de ilusão mais atrapalha do que ajuda. Não gostam muito, mas a insistência de Wright na padronização os arrastou para o caminho da excelência.

Essa história também ilustra uma lição mais geral sobre a responsabilização. O escalonamento depende de pessoas como o doutor Wright, aqueles heróis muitas vezes anônimos que lutam para convencer as pessoas a adotar ações e mentalidades melhores. Gawande explica bem a ideia: "A maior queixa que as pessoas têm sobre os cuidados de saúde é que ninguém assume a responsabilidade pela experiência total do atendimento, pelos custos, pelos resultados. Minha mãe teve a chance de se beneficiar em primeira mão do que acontece na medicina quando alguém assume o comando".

2. Você tem um modelo de sucesso para usar como um protótipo?

Encontrar a combinação certa de "padronização" e "customização" durante o escalonamento numa organização muitas vezes requer um processo confuso, demorado e dispendioso de tentativa e erro. No entanto, algumas estratégias podem ser utilizadas para acelerar essa aprendizagem. Se você não tiver certeza, uma boa regra geral é começar com um modelo ou um template completo que já está dando certo em algum outro lugar e ficar atento a sinais de que determinados aspectos do modelo não estão dando certo e precisam ser reconstruídos, substituídos ou removidos. Recomendamos resistir, se possível, à tentação de lançar uma mixórdia não comprovada de melhores práticas.

Gabriel Szulanski, da Wharton School, nos contou um exemplo de uma ação ser evitada. Na década de 1990, a operação europeia da Xerox (então chamada Rank Xerox) teve um grande sucesso inicial quando "receitas" precisas e completas que deram certo em um país foram transferidas para outros. Por exemplo, uma abordagem integrada para a venda de copiadoras coloridas que teve sucesso na Suíça foi transferida para vários outros países. Custou cerca de US$ 1 milhão para escalonar esses programas, mas pouparam cerca de US$ 200 milhões. Os executivos ficaram tão empolgados que lançaram um "processo de vendas de melhores práticas" mais amplo, no qual "escolhiam seletivamente pedaços e partes de melhores práticas de diferentes empresas". Essa colcha de retalhos não testada nem comprovada nunca conseguiu ser implementada com sucesso em nenhum país porque os líderes e as equipes da Xerox, por mais que tentassem, não tinham "exemplos funcionais demonstrando a viabilidade do processo" e, em consequência, "não tinham uma boa ideia do que esperar e de como agir". Szulanski explica: "A Rank Xerox violou uma das regras básicas da replicação: é essencial identificar um modelo que pode ser 'visto' e 'tocado' em algum local específico[10]".

Foi exatamente o que as Bandeirantes do Norte da Califórnia fizeram quando trabalharam em parceria com a Thrive Foundation for Youth entre 2010 e 2013[11]. As Bandeirantes foram uma das várias organizações sem fins lucrativos escolhidas pela Thrive para traduzir pesquisas na área das ciências sociais em programas para ajudar crianças e jovens entre 11 e 18 anos a atingir seu pleno potencial. Os materiais da Thrive se baseavam no revolucionário livro *Por que algumas pessoas fazem sucesso e outras não*, de Carol Dweck, no best-seller *A guinada*, de Chip e Dan Heath, e em outras pesquisas rigorosas. Em primeiro lugar, a metodologia foi testada e aperfeiçoada durante um programa-piloto em Redwood City, na Califórnia, para jovens de 14 e 15 anos de idade que correm o risco de abandonar o ensino médio. O programa incorporou aulas para ensinar os jovens a identificar "faíscas" ("aquelas coisas que fazem seus olhos brilhar e os mobilizam mais do que qualquer outra coisa na vida"), desenvolver uma "mentalidade de crescimento" (ver suas habilidades como mutáveis e não gravadas em pedra), bem como definir objetivos e buscar atingi-los.

Nos três primeiros anos, o pessoal da Bandeirantes e a equipe da Thrive aprenderam muito sobre como adaptar o programa sem prejudicar ou diluir as metas de aprendizagem da Thrive. A instituição das Bandeirantes do Norte da Califórnia atende cerca de 50 mil garotas por ano, e a maioria delas participa de grupos e acampamentos liderados por voluntários. Muitos voluntários adultos começam a trabalhar com os grupos de bandeirantes quando suas filhas ainda estão no jardim de infância e, quando as meninas entram na adolescência, os voluntários precisam de novas ferramentas de ensino, que a Thrive se propõe a oferecer. Quando Heather Vilhauer, a diretora do programa Thrive da Bandeirantes, apresentou pela primeira vez o programa para 40 voluntários adultos em 2010, eles adoraram os conceitos, mas acharam que os materiais "lembravam demais a escola". Vilhauer explicou que "lembrar demais a escola" significava "passar muito tempo escrevendo e pensando, em um processo que envolve muitas planilhas. Não tinha muita mão na massa, ação, agitação, conversa". Outro problema era que os materiais foram desenvolvidos em grande parte por pesquisadores que insistiam na repetição exata das etapas e da linguagem utilizada em estudos controlados e programas-piloto. Nas duas primeiras vezes que Vilhauer apresentou o programa, os colaboradores da Thrive aconselharam: "Você está usando as palavras erradas para apresentar o conceito" ou "Seria melhor dizer assim". Insistiram para que ela repetisse os materiais à perfeição, mesmo quando essas palavras sem graça entravam por um ouvido dos voluntários e saíam pelo outro. Vilhauer acreditava que os conceitos da Thrive, se bem traduzidos, poderiam ajudar as milhares de garotas que seus programas atendiam. Mas ela ficou preocupada: "Cresci com as Bandeirantes, fui uma líder das bandeirantes e uma voluntária antes de entrar na organização. Eu sabia que aquilo provavelmente não seria viável, que nossos líderes não pegariam um roteiro e o leriam palavra por palavra, que prefeririam passar o espírito da coisa".

Vilhauer e seus colegas das Bandeirantes trabalharam com a equipe da Thrive para fazer com que o programa ficasse menos "parecido com a escola", o que implicava "falar menos" e deixar que as garotas "fizessem elas mesmas as atividades". O enorme contraste entre as salas de aula, onde os materiais foram apresentados no programa-piloto, e o contexto dos acampamentos e eventos das bandeirantes foi outra razão pela qual seria melhor evitar uma replicação inflexível. Uma aula sobre a ciência do cérebro pode parecer interessante em comparação com aulas de leitura e matemática. Mas pareceria uma chatice quando outras atividades envolviam cantar, fazer caminhadas, escaladas e montar um robô com peças de Lego. O pessoal da Bandeirantes encurtou os módulos de ensino e incluiu jogos que envolviam atividades e risadas, mas que também transmitiam os conceitos. Por exemplo, para demonstrar fatos científicos envolvendo neurônios e sinapses, "as meninas jogam bola de uma para a outra para demonstrar que, se isso for feito sempre no mesmo padrão, é possível ir mais rápido a cada rodada".

Desenvolver e disseminar o programa da Thrive nas Bandeirantes mostrou-se, em algumas ocasiões, um processo confuso e difícil. A jornada foi pontuada de conversas saudáveis entre os voluntários adultos, as garotas, o pessoal das Bandeirantes, a equipe da Thrive e líderes do campo do desenvolvimento infantojuvenil, especialmente para decidir quais elementos são essenciais para os conceitos da Thrive e quais poderiam ser omitidos, simplificados ou reforçados com atividades. Num dos primeiros programas de treinamento, os voluntários adultos resistiram a avaliar as habilidades das alunas usando uma escala, na qual 1 indicava "habilidades insuficientes" e 5 indicava "maestria". Por exemplo, eles foram solicitados a avaliar as garotas quanto à sua capacidade de se adaptar às dificuldades. Os voluntários se opuseram porque "a filosofia das Bandeirantes sempre foi muito positiva e dar notas às habilidades das meninas parecia uma crítica". Shari Teresi, diretora sênior de voluntários das Bandeirantes, acalmou os ânimos propondo que, se os voluntários trocassem as notas por estágios de desenvolvimento de uma borboleta, "a sensação poderia ser diferente". Eles gostaram da ideia.

O programa Thrive continua em desenvolvimento, mas os principais participantes concordam que está ficando cada vez melhor e mais atraente para as garotas e para os adultos e está ajudando-as a identificar suas "faíscas", desenvolver uma mentalidade de crescimento e definir e administrar metas. Em 2012, cerca de 600 adultos e 5 mil bandeirantes participaram do programa. Para usar a analogia do Lego, alguns "subconjuntos pré-montados" foram descartados e muitos foram reconstruídos. Mas alguns "subconjuntos" mudaram pouco ou nada. Vilhauer nos contou que, desde o começo, conselhos sobre fazer elogios com base na "mentalidade de crescimento" foram recebidos com entusiasmo tanto pelos voluntários quanto pelas garotas. Por exemplo, as instruções para elogiar o empenho de uma garota por tirar a nota máxima numa prova ou chegar até o fim da pista de arvorismo (e não por alguma habilidade natural) são fáceis de lembrar e aplicar e – como demonstram os estudos de Carol Dweck –, podem estimular a coragem e a confiança de uma garota.

A abordagem das Bandeirantes à Thrive nos lembra como Howard Schultz desenvolveu o que acabou se tornando o império do café da Starbucks[12]. Em 1986, ele abriu uma pequena rede de cafés, a Il Giornale, na região de Seattle. No começo, todas as lojas eram réplicas fiéis de um típico café italiano, mas Schultz não parou de fazer ajustes para adequá-las às preferências americanas. Por exemplo, quando os clientes reclamaram de tomar café de pé no balcão e disseram que não gostavam da ópera tocando alto, dois elementos que importou da Itália, Schultz incluiu cadeiras e trocou a ópera pelo jazz e outras melodias mais adequadas às preferências americanas. Tanto as Bandeirantes quanto Schultz tomaram o cuidado de replicar um modelo completo que se mostrou eficaz em outros contextos. No entanto, quando surgiram evidências de que alguns elementos não estavam dando muito certo, demonstraram humildade e mostraram-se flexíveis o suficiente para remover, rever e substituir esses elementos por soluções melhores.

3. Será que reforçar o budismo vai resultar nos fatores cruciais do entendimento, comprometimento e inovação?

Contar com "subconjuntos pré-montados" comprovados e replicáveis normalmente leva a soluções mais baratas, mais rápidas e mais confiáveis. Como vimos no caso dos cirurgiões de Boston, em algumas ocasiões, por mais que as pessoas possam bater o pé e reclamar, a replicação é uma estratégia superior. O delírio de que cada um de nós é uma pessoa especial num lugar especial pode prejudicar muito o trabalho. No entanto, incluir uma dose de budismo tem vantagens (além de oportunamente promover a customização), que devem ser levadas em consideração nas decisões de potencialização da excelência.

Para começar, empenhar-se para criar a expressão local de uma mentalidade reforça a sensação de que "eu sou dono do lugar e o lugar é meu dono". A pesquisadora Cynthia Coburn conclui que a maioria dos estudos de potencialização da excelência conduzidos nas faculdades se concentra na "expansão dos números" e em manter a "fidelidade" (em outras palavras, a replicação exata do modelo original)[13]. O papel do "espírito de participação na reforma" local costuma ser ignorado. No entanto, dar às pessoas o poder de customizar o modelo implementado pode reforçar o conhecimento por parte de toda a equipe ou organização. Se, digamos, uma equipe de uma rede americana de lojas de calçados estiver abrindo sua primeira loja em Moscou, eles desenvolverão um conhecimento mais profundo das práticas de atendimento ao cliente se forem convidados a refletir sobre os ajustes necessários para satisfazer as preferências e expectativas dos russos e a testar esses ajustes do que se fossem solicitados a meramente implementar práticas pré-construídas e padronizadas exatamente como são utilizadas em todas as lojas norte-americanas. Como explicou o renomado psicólogo Kurt Lewin: "Se você quer entender alguma coisa, tente mudá-la". O espírito de participação local também gera comprometimento, porque os ajustes que a equipe local escolhe fazer ajudarão a decidir o sucesso ou o fracasso. Uma responsabilidade como essa – e a culpa ou os louros que em geral a acompanham – reforçam o sentimento de que a iniciativa de escalonamento pertence a todos nós e a cada um de nós.

Essa mistura de entendimento e comprometimento ajuda a explicar as constatações de um estudo de três anos que acompanhou cerca de mil alunos do ensino fundamental no programa CATCH, que ensinava as crianças sobre a saúde cardíaca. Os professores que ajustaram a linguagem, os exercícios e o cronograma de apresentação dos materiais preparados afetaram de maneira mais positiva a "autoeficácia da dieta e do conhecimento" dos alunos que os professores que apresentaram os materiais exatamente como foram instruídos. Os pesquisadores sugerem que os professores que modificaram os materiais estavam e eram "mais motivados e criativos"[14]. O espírito de participação local também ajuda a explicar o sucesso do programa Thrive das Bandeirantes. Embora Heather Vilhauer e seus colegas admirassem os conceitos da Thrive, quanto mais trabalhavam para customizar os materiais, mais sentiam que o programa Thrive era em parte uma criação "deles", mais do que meras palavras proferidas por especialistas que eram obrigados a repetir automaticamente, como um papagaio.

Inclinar-se ao budismo é especialmente interessante quando você tem a mentalidade correta em sua organização ou projeto, mas ainda não possui um modelo completo que já deu certo em outros lugares. Sem um modelo comprovado para começar, você precisa experimentar soluções diferentes para descobrir o que funciona. Um bom exemplo disso é a abordagem adotada por pesquisadores da University of California at San Francisco (UCSF) para reduzir erros de tratamentos medicamentosos em hospitais. Já existem evidências convincentes de que distrações e interrupções levam os enfermeiros a administrar medicamentos errados e doses incorretas em momentos equivocados. É muito menos claro, contudo, o que deve ser feito para combater essas distrações e interrupções. Assim, os pesquisadores da UCSF trabalharam com equipes de enfermeiros de nove hospitais da região de São Francisco para desenvolver soluções sob medida[15]. Enfermeiros de vários hospitais usaram coletes ou faixas amarelo-canário para alertar as pessoas de que estavam ocupados contando ou administrando medicamentos. Os enfermeiros do St. Rose Hospital, em Hayward, passaram a separar os medicamentos e planejar o tratamento em uma "sala de isolamento". No hospital San Francisco General, os enfermeiros cobriram as janelas depois de perceber que "eram constantemente interrompidos na sala de medicação porque os colegas podiam vê-los". Em consequência, os erros nos tratamentos medicamentosos caíram 88% nesses hospitais, entre 2006 e 2009.

Mesmo uma pequena dose de budismo pode estimular a motivação e a inovação. O McDonald's nos proporciona um estudo de caso instrutivo[16]. Embora a empresa seja conhecida pela padronização, os franqueados locais ainda têm margem de manobra para introduzir variações e testar novas práticas e itens do cardápio, o que se provou essencial para a expansão da gigantesca influência da rede de fast-food. É possível encontrar diferenças expressivas entre um país e outro: o McDonald's serve bebidas alcoólicas na França e carne de cordeiro na Índia, em vez de carne bovina. Também conhecemos uma história de experimentação local. Nos Estados Unidos, algumas das inovações de maior sucesso se originam em franqueados locais, e não só nos laboratórios corporativos. O Big Mac foi feito e vendido pela primeira vez pelo franqueado Jim Delligatti, de Pittsburgh, em 1967. Ele se baseou num hambúrguer vendido pela rede de fast-food Big Boy. Delligatti desenvolveu o sanduíche porque se cansou de perder clientes para o Big Boy. No início, os executivos da matriz se opuseram ao Big Mac porque, sendo vendido por 45 centavos de dólar, custava o dobro do preço de um hambúrguer normal do McDonald's e os executivos temiam que o preço alto afastasse os clientes. Também receavam que a montagem desse complexo hambúrguer "fosse jogar areia no sistema tão meticulosamente ajustado das operações, adotado nas lojas". Fred Turner, vice-presidente do McDonald's e guru de operações, acabou permitindo, a contragosto, que Delligatti tentasse vender os hambúrgueres duplos em suas lojas. As vendas decolaram 12%. Em 1968, os Big Macs já tinham sido lançados em todos os McDonald's dos Estados Unidos e, em 1969, já respondiam por 19% das vendas das franquias, no país.

A lição a ser aprendida com a história do Big Mac é que as inovações que devem ser escalonadas não ocorrem *em todos os lugares*, mas podem ocorrer *em qualquer lugar*. É bem verdade que pode haver conflitos e incerteza. Isso sempre acontece, até nas melhores organizações. Mas o McDonald's foi budista o suficiente para tolerar a inovação *bottom-up* (de baixo para cima). E, quando os executivos descobriram que o Big Mac era um sucesso, a empresa deu uma guinada na direção do catolicismo para garantir que todo Big Mac tivesse a mesma aparência e o mesmo sabor.

SOZINHOS *VERSUS* JUNTOS

A dimensão do budismo-catolicismo tem um papel importante em todas as histórias de potencialização da excelência. O sucesso só dificulta as coisas porque escolhas como essas vão ficando cada vez mais difíceis – e colocam mais pessoas e locais em risco – à medida que a influência se expande. Naturalmente, existem inúmeras outras importantes decisões de escalonamento, inclusive a cultura nacional *versus* a mentalidade organizacional (que peso você deveria dar aos dois na expansão para um novo país?); planejar meticulosamente *versus* aprender fazendo (como e quando fazer o *trade-off*?); centralização *versus* descentralização (quanto poder deve ficar nas mãos de algumas poucas pessoas do topo ou nas mãos de muitas pessoas espalhadas por toda a organização?); e a decisão de "fazer", "comprar" ou "alugar" (é melhor criar seu próprio bolsão de excelência, arregimentar uma equipe existente ou organização menor que tem o que você precisa ou "alugar" consultores para desenvolver e divulgar a excelência para seu pessoal?). Em certo ponto, chegamos a compilar uma lista de mais de 50 decisões de escalonamento diferentes.

Dedicamos muitas horas a estudar essas escolhas, ponderando-as com pessoas que estavam no olho do furacão das iniciativas de escalonamento e catalogando estudos a respeito. A ideia original era reduzi-las a uma breve lista de decisões e elaborar conselhos para lidar com cada uma delas. Depois de passar alguns anos avançando com dificuldade nessa tarefa, percebemos, como diria o jogador de beisebol e popular filósofo americano Yogi Berra, que era "um *déjà vu*, tudo de novo"... e de novo, e de novo... Apesar de cada decisão levar a resultados diferentes, nossa análise sempre parecia acabar no mesmo lugar: os *trade-offs* e as tensões entre encorajar *versus* banir desvios de algum modelo, prática ou comportamento sempre ocupavam o centro do palco. Em outras palavras, acabávamos voltando ao espectro do catolicismo-budismo, não importava onde nossa jornada tivesse começado.

Vejamos a escolha entre fazer sozinho *versus* trabalhar em parceria. Um parceiro pode ajudar com recursos, conhecimento e a capacidade de atingir mais pessoas e se estabelecer em mais locais, o que permitiria a você expandir sua influência (e mais rapidamente). No entanto, manter a pureza de algum modelo original é mais difícil quando seu parceiro tem uma história ou ideias diferentes, além de preferências, habilidades e informações diferentes das suas, como sempre é o caso. As parcerias resultam em pressões budistas. A In-N-Out Burger está entre as redes de fast-food de maior sucesso e entre as mais admiradas dos Estados Unidos, com os colaboradores mais orgulhosos (no bom sentido) que já encontramos entre as redes de fast-food[17]. Ao contrário dos principais concorrentes, inclusive o McDonald's, o Burger King e a Wendy's, a empresa é proprietária de todas as suas lojas e se encarrega ela mesma de suas operações, o que a ajuda a manter um controle rigoroso da qualidade dos alimentos, do design físico e da experiência do cliente. A In-N-Out foi fundada em 1948, mas 30 anos depois, em 1978, tinha apenas cerca de 20 restaurantes, todos na Califórnia. Por outro lado, depois que Ray Kroc começou a vender franquias do McDonald's na década de 1950, a entrada de caixa e conhecimento local permitiu que a empresa abrisse seu 5.000º restaurante em 1978 (em Kanagawa, Japão). Em 2013, a In-N-Out já contava com uma reputação muito melhor entre os clientes americanos que o McDonald's. No entanto, sua decisão de seguir em frente sozinha levou a empresa a abrir apenas cerca de 300 restaurantes, todos em cinco estados do oeste dos Estados Unidos, com cada um sendo um clone quase idêntico dos outros. Enquanto isso, em 2013, o McDonald's já tinha, em mais de uma centena de países, cerca de 34 mil restaurantes que, apesar de uma considerável padronização, variavam muito mais que os restaurantes da In-N-Out, especialmente de um país ao outro.

A In-N-Out evitou trabalhar em parceria, em parte porque acreditam que a perda do controle necessariamente resultaria em perda de excelência, e não em adaptações interessantes às preferências locais ou a uma enxurrada de ideias excelentes. A Pixar, a famosa criadora de filmes de animação, como *Vida de Inseto, Ratatouille, Up, Valente, Os Incríveis* e os três filmes da série *Toy Story*, tem evitado parceiros de produção de filmes por razões similares. Bem no início, fizeram uma parceria com a Disney, para distribuir e promover seus filmes. Mas são fanáticos por criar e controlar eles mesmos todos os detalhes dos filmes[18]. Quando entrevistamos Tom Porter, um executivo da Pixar, em 2011, ele deixou claro que todas as partes de todos os filmes que a Pixar tinha feito até então (e todos os filmes que tinham no *pipeline*) foram criadas por colaboradores fixos da Pixar, trabalhando em período integral, na sede da empresa em Emeryville, na Califórnia. Esse fosso protetor cavado ao redor de Emeryville se manteve mesmo depois que a Pixar foi adquirida pela Disney, em 2006. Os executivos da Pixar, Steve Jobs, John Lasseter e Ed Catmull, tomaram o cuidado de estruturar o acordo para que a Pixar permanecesse no controle de seu destino, o que foi possível, em parte, porque Jobs se tornou o maior acionista da Disney, como consequência da venda.

A variação ou as novas ideias que acompanham uma parceria também podem encorajar, e não necessariamente engessar, a inovação, como exemplifica o sucesso do McDonald's em países como a Índia e a China. A chance de misturar ideias, suas e as dos outros, é um dos apelos para trabalhar em parceria. Em 2000, A. G. Lafley, o CEO da Procter & Gamble, decidiu que sua empresa gigantesca precisava ser mais criativa – vender mais produtos inovadores e difundir o pensamento criativo por toda a empresa[19]. Para sustentar essa iniciativa, a P&G firmou inúmeras parcerias chamadas "Connect & Develop" com outras empresas, chegando até a trabalhar com a concorrente Clorox para desenvolver uma película protetora de alimentos chamada Glad Press'n Seal★, que rapidamente assumiu a liderança do mercado.

MAIS *VERSUS* MELHOR

Os puristas e os perfeccionistas desprezam esse *trade-off*. No entanto, em algumas ocasiões, vale a pena conviver até mesmo com um budismo ruim, pelo menos por um tempo. Para expandir mais e com maior rapidez sua influência, às vezes vale a pena sacrificar um pouco, ou muito, da excelência em curto prazo. Perdas de excelência são efeitos temporários e previsíveis da curva de aprendizagem. Como um médico do Stanford Hospital explicou a Rao, quando o hospital difunde práticas de uma unidade exemplar às outras (como métodos para reduzir os índices de infecção), alguma "perda de tensão" (pense numa queda de tensão elétrica) é inevitável

---

★ N.T.: um produto similar a um filme de PVC, com a vantagem de ser mais econômico e ter muitas outras utilizações possíveis, como embalar escovas de dente para viagens, proteger teclados de notebook para usar na cozinha, guardar colares evitando que fiquem emaranhados etc.

no início. Estudos de curvas de aprendizagem em montadoras de automóveis, fábricas de semicondutores, hospitais, pizzarias e estaleiros constataram que novas instalações quase sempre apresentam um desempenho inferior em comparação com as instalações existentes e que pode levar meses ou anos até o desempenho subir para o mesmo patamar. Na Segunda Guerra Mundial, 16 estaleiros navais dos Estados Unidos construíram mais de 2.600 navios de carga do modelo Liberty Ship[20]. Esses navios de carga com mais de três toneladas eram desesperadamente necessários para transportar suprimentos e levar soldados para lutar contra alemães e japoneses. Linda Argote, da Carnegie Mellon, mostra que, quando os Liberty Ships foram construídos pela primeira vez em janeiro de 1941, levava-se cerca de seis meses para completar cada um. No fim de 1943, esse tempo já tinha sido reduzido para cerca de 30 dias. No entanto, sempre que um novo estaleiro começava a construir Liberty Ships, continuava levando um ano ou mais até ficar tão eficiente quanto os primeiros.

Infelizmente, a aprendizagem nem sempre acontece tão rapidamente ou tão bem. Os fardos da expansão podem ser prolongados e desastrosos, especialmente quando pressupostos equivocados são atribuídos a novos locais, colaboradores ou clientes. A demanda de arcar com a carga adicional ou aprender novas habilidades podem levar as pessoas ao ponto de ruptura ou até mesmo ir além desse ponto. Errar em decisões como essas pode espalhar o caos em organizações de qualquer tamanho. O John Bentley's, um restaurante chique nas proximidades da Stanford University, teve grandes dificuldades em operar com um segundo restaurante. Sobrecarregados, o *chef* e o proprietário – o próprio senhor Bentley – acabaram vendendo um dos restaurantes para os colaboradores porque "eu não tenho como estar em dois lugares ao mesmo tempo[21]". Em uma escala maior e mais trágica, uma escalada de fúria e acusações varreu a Inglaterra depois que autoridades revelaram que 43 dos 181 bebês submetidos à cirurgia cardiovascular no Bristol Hospital tinham morrido, constituindo uma taxa de mortalidade entre 50% e 100% superior à de hospitais similares[22]. Os administradores do Bristol Hospital atribuíram essas 43 mortes entre 1991 e 1995 em grande parte à "curva de aprendizagem".

Ou vejamos o exemplo do fiasco do Walmart ao abrir lojas na Alemanha, em 1997. O Walmart acumulou enormes perdas ano após ano e saiu com o rabo entre as pernas em 2006, depois de vender 85 lojas a preço de banana para uma rede de varejo alemã[23]. Uma dupla de pesquisadores alemães concluiu que o fracasso do Walmart resultou da arrogância da administração, que achou que seria fácil entrar no mercado alemão, ignorou as condições locais e foi incapaz de executar a lendária proposição de valor da empresa: "Vendemos por menos... sempre" aliada a um "excelente atendimento". Em sua ânsia de expansão, em 1998 o Walmart pagou quase um bilhão de dólares por 76 hipermercados da rede Spar na Alemanha, apesar de a maioria dessas lojas estar em más condições, variar enormemente em tamanho e formato e estar localizada em "áreas residenciais urbanas menos que abastadas". O desempenho financeiro dessas lojas foi classificado como o pior de todas as grandes lojas de varejo alemãs, tanto antes quanto depois da aquisição. Quando o Walmart saiu da Alemanha em 2006, ainda não tinham conseguido "fazer o upgrade da maioria dessas lojas e implementar um padrão uniforme de design para promover o reconhecimento da marca".

Apesar de lições como essas, sobre o que não fazer, em algumas ocasiões uma imitação ruim de uma boa solução continua sendo muito melhor do que nada ou do que a organização tinha antes. Em momentos como esse, para citar Rod Park (o finado sogro de Sutton), "É melhor ter uma bola de neve do que nenhuma bola". Sutton ouviu essa expressão pela primeira vez na década de 1980 num dia de vento forte na Baía de São Francisco, no veleiro de Park, o *Jazz*. Uma parte do mecanismo de direção do veleiro (a extensão do timão) tinha quebrado. Park agarrou o emaranhado, fez um reparo rápido com fita adesiva e entregou o barco de volta ao filho, Malcolm, que não estava conseguindo manejá-lo direito. Park disse: "Tente isso aqui. Às vezes é melhor ter uma bola de neve do que nenhuma bola". Era uma imitação feia e tosca do original, mas era muito melhor que tentar manobrar o barco sem ela.

A mesma lógica se aplica à disseminação de soluções que são meras imitações inferiores de algum modelo magnífico ou solução esplêndida existente em algum outro lugar, mas que é muito dispendioso ou difícil de reproduzir em toda sua glória, pelo menos por enquanto. Xiao Wang, um ex-administrador de escolas da cidade de Nova York, nos explicou que em geral é impossível replicar a verba e o comprometimento dedicados às melhores escolas autônomas★ em novas unidades, com base em mentalidades e métodos similares, especialmente quando contam com menos dinheiro que as escolas originais. É difícil impedir a "queda de tensão", e menos recursos podem, provavelmente, levar as novas escolas a ficar para trás. Dito isso, Wang levantou uma excelente questão: "Mas não seria melhor disseminar imitações inferiores se, digamos, as novas escolas forem apenas *"metade"* tão boas que as melhores escolas autônomas, mas *duas vezes* melhores que as que temos agora?". Em outras palavras, em algumas situações, praticar um catolicismo morno não produz a excelência, mas mesmo assim é o melhor caminho a seguir porque, como Rod Park teria dito, "É melhor ter uma bola de neve do que nenhuma bola".

ENCONTRANDO O EQUILÍBRIO: A UTILIZAÇÃO DE "BARREIRAS DE SEGURANÇA" NA KAISER PERMANENTE

O gigantesco grupo hospitalar Kaiser Permanente (KP) empreendeu uma prolongada jornada de escalonamento que mostra como as escolhas – e muitas das lições específicas – que vimos neste capítulo se encaixam. Essa jornada nos mostra, em especial, como o espectro do catolicismo-budismo é fundamental para influenciar as decisões sobre o que é a excelência e como difundi-la. Nos dez anos que precederam o ano de 2002, a KP empreendeu uma série de tentativas fracassadas de desenvolver e implementar sistemas informatizados de registros médicos. O ponto de virada foi quando os líderes da KP perceberam que, para escalonar um sistema de registros médicos que melhorasse a vida dos pacientes e dos colaboradores (e também fosse capaz de conter os custos), a organização precisaria

---

★ N. T.: nos Estados Unidos, as escolas autônomas (*charter schools*) constituem um sistema de ensino alternativo no qual uma escola recebe fundos públicos, mas mantém operações independentes.

se desviar de sua história de budismo radical e silos regionais que operavam em grande parte como unidades de negócio autônomas.

A Kaiser Permanente é o maior sistema de saúde integrado dos Estados Unidos, com mais de nove milhões de clientes e cerca de 170 mil colaboradores (incluindo aproximadamente 17 mil médicos e 49 mil enfermeiros) trabalhando em 37 hospitais e cerca de 600 consultórios médicos. As oito regiões da KP cobrem nove estados norte-americanos, bem como o Distrito de Colúmbia. Entre 2004 e 2010, a KP escalonou um enorme sistema informatizado de registros médicos chamado KP HealthConnect[24]. O sistema foi implementado pela primeira vez em uma das menores regiões, o Havaí, entre 2004 e 2006. A implementação na maior região, o sul da Califórnia, foi concluída em 2008 e o sistema já tinha sido disponibilizado em todas as regiões em 2010. Em 2012, cerca de 4,3 milhões de pacientes utilizaram o MyHealthManager (a interface pessoal do sistema de registros médicos) mais de 100 milhões de vezes, marcando cerca de três milhões de consultas e solicitando 12 milhões de receitas médicas.

Ficamos sabendo da jornada da KP pela doutora Louise Liang em uma conferência de potencialização da excelência no Children's Hospital de Cincinnati, no início de 2013. Vice-presidente sênior da KP, Liang liderou a KP HealthConnect entre 2002 e 2009. Fomos atrás de nos informar sobre essa iniciativa, conversando com Liang e outros líderes da KP e lendo o livro de Liang, *Connected for Health*, que documenta o programa de mudança (com capítulos escritos por muitos outros importantes players). A perseverança e a persistência da Equipe Tiger, que liderou a prolongada implementação, reforça nossa mensagem do Capítulo 1: a eficácia do escalonamento requer, sobretudo, uma guerra terrestre, não apenas uma guerra aérea. Antes de o CEO George Halvorson recrutar Liang em 2002, a KP já tinha enfrentado nada menos que uma década de iniciativas regionais fracassadas de implementar um sistema informatizado de registros médicos. A Equipe Tiger, trabalhando com milhares de colaboradores da KP e milhões de pacientes, levou mais quase uma década e consumiu mais de US$ 4 bilhões para desenvolver e implementar o KP HealthConnect.

A Equipe Tiger de Liang começou "com o destino em mente". A mentalidade que desenvolveram no início de 2003 para orientar o desenvolvimento do KP HealthConnect constituiu uma grande mudança no modo como os pacientes e os prestadores interpretavam e se envolviam com o sistema de saúde da KP. O pilar central desse nova mentalidade foi "O Lar Como o Centro de Tudo", a ideia de que "o lar e outros ambientes não tradicionais" se tornariam os principais locais onde os pacientes receberiam atendimento médicos e a noção de que "a equipe de atendimento de saúde se expandiria para além do médico". Liang explicou que a KP acolheu, antes da maioria dos outros prestadores de saúde americanos, "a guinada de 180 graus na forma como os cuidados de saúde são vistos no mundo todo". Ela explica: "[O atendimento médico] antes era visto como um encontro que ocorria em alguns locais limitados e em alguns poucos momentos específicos. Percebemos que nem tudo gira ao redor de nosso umbigo [dos prestadores de cuidados de saúde] ou de nossos prédios. O importante é atender os pacientes onde quer que estejam e quando queiram".

Um dos maiores obstáculos à disseminação dessa mentalidade e à implementação do KP HealthConnect foi, nas palavras de Liang, o fato de a KP trabalhar com base em um "paradigma de oito silos regionais mantendo um relacionamento distante com a matriz". Para ter sucesso, o KP HealthConnect precisaria de uma colaboração maior entre as regiões e uma abordagem mais "católica" do que nunca na potencialização da excelência. Contudo, diante da história e da cultura de autonomia regional da KP, a Equipe Tiger não podia insistir na implementação do mesmo exato sistema da mesma precisa maneira em todas as regiões. Precisariam encontrar um equilíbrio entre o comprometimento, a criatividade e a customização que permeavam os princípios operacionais budistas da KP, ao mesmo tempo em que persuadiriam os líderes regionais a se aproximar um pouco do catolicismo.

Para ter sucesso, o KP HealthConnect precisaria que os líderes regionais aprendessem com as outras regiões e as imitassem. A vitória inicial no Havaí criou dificuldades porque, no passado, grandes regiões como o sul da Califórnia é que tinham definido o rumo das mudanças por todo o sistema. No entanto, como explica Liang, "O pequeno Havaí assumiu a liderança e ensinou todas as outras regiões" e o sistema foi disponibilizado em 2004. No fim de 2006, a implementação no Havaí já tinha sido concluída, os receios e a resistência inicial já tinham se dissipado e médicos, enfermeiros e pacientes da região relatavam que o sistema estava lhes facilitando a vida. Como vimos nos exemplos da Thrive, da Starbucks e da Xerox, o risco diminui e a eficiência aumenta quando, no início, líderes e equipes têm acesso, em algum local específico, a um modelo completo que podem ver e tocar (mesmo quando alguns elementos precisarem ser adaptados mais adiante para se adequar às necessidades e sensibilidades locais). Outra razão para o sucesso no Havaí foi que, diferentemente de muitos fracassos da KP no passado, não fizeram a implementação sozinhos. A Equipe Tiger, bem como dezenas de líderes do KP HealthConnect de outras regiões, foram ao Havaí para observar e ajudar, acumulando lições e experiência prática que orientaram e aceleraram as implementações mais para a frente.

A Equipe Tiger encontrou um equilíbrio entre o budismo e o catolicismo, especificando algumas restrições cruciais para cada região à medida que implementava o sistema. Essas restrições ganharam o apelido de "barreiras de segurança". Os líderes regionais ainda tinham muita liberdade para decidir o que e como fazer. No entanto, uma pequena lista de "critérios não negociáveis" ajudou a garantir que todas as implementações fossem eficientes, que as regiões pudessem aprender umas com as outras, que o sistema integrado funcionasse corretamente e que os pacientes e os colaboradores da KP pudessem aprender e usar uma única versão em vez de oito. O primeiro "critério não negociável" foi o nome. Diferentemente das iniciativas de mudança do passado (incluindo muitos projetos fracassados de registros eletrônicos), a Equipe Tiger insistiu que todas as regiões chamassem o sistema de KP HealthConnect. Você até pode achar que um nome não faria muita diferença. Mas Liang observou que essa restrição entrava em confronto com uma cultura na qual, durante décadas, "as questões operacionais ficavam a critério dos gestores regionais" e a "variação era a norma, não a exceção".

A segunda barreira de segurança foi a "interoperabilidade". Nenhuma alteração poderia ser feita no KP HealthConnect que prejudicasse a capacidade da KP de manter um sistema único e integrado. Qualquer software desenvolvido por uma região, hospital ou departamento teria de se integrar bem ao resto do sistema.

A terceira barreira de segurança não negociável foi "um modelo de dados compartilhado". Todos os sistemas de software regionais teriam de usar elementos de dados uniformes e definições em comum. Essa orientação permitiu que todas as regiões gerassem dados uniformes e comparáveis, de modo que a KP pudesse identificar diferenças de desempenho, detectar problemas, fazer melhorias e gerar relatórios inteligíveis para os líderes e reguladores da KP.

A quarta barreira de segurança foi "a configuração, não a customização". A equipe de Liang percebeu que "atrasos, complexidade e custos desnecessários" surgiam quando um software existente era customizado para a KP ou um software completamente novo era desenvolvido. E essas soluções geralmente eram regionais, não de âmbito nacional. Quando Liang assumiu o comando, mais de 300 fornecedores trabalhavam em customizações como essas. Para usar a analogia de um restaurante, em vez de pedir uma refeição do "cardápio" de "pratos" disponíveis dos fornecedores de software, as regiões estavam modificando radicalmente os pratos existentes ou preparando pratos completamente novos, só para elas. A Equipe Tiger aboliu essa prática. Permitiram que as regiões escolhessem a própria "configuração" de um software existente, do tipo "pronto para usar", mas que não comprometessem tempo e dinheiro em programas desenvolvidos ou acentuadamente customizados só para elas.

A última barreira de segurança determinava que a aparência, a experiência e o funcionamento de qualquer parte "voltada para o cliente" do KP HealthConnect deveriam ser uniformes em todas as regiões. À medida que o projeto se desenrolava, a Equipe Tiger foi incluindo restrições relacionadas para oferecer experiências mais uniformes para os pacientes, como atender à expectativa de que os prestadores de serviço responderiam os e-mails dos pacientes dentro de 24 a 48 horas. Algumas regiões resistiram a essa norma, inclusive uma região que antes informava os pacientes que levaria uma semana para responder os e-mails, mas acabaram cedendo a pressões de outras regiões e dos pacientes.

Essa estratégia de definir "barreiras de segurança" eliminou muitos aspectos dispendiosos, arrastados e destrutivos da customização local e, ao mesmo tempo, se beneficiou do espírito de participação e da motivação gerados pelo budismo tradicional da KP. A customização regional continuou existindo. No entanto, o KP HealthConnect acabou sendo muito mais uniforme entre as regiões do que a maioria dos líderes esperava. Isso aconteceu em parte porque as barreiras de segurança restringiram as escolhas e em parte devido ao empenho incansável da Equipe Tiger para derrubar fronteiras regionais. Por exemplo, quando o sistema era disponibilizado em uma nova região, dezenas de colaboradores de regiões que já tinham concluído as implementações eram "tomados de empréstimo", bem como colaboradores de regiões que ainda não tinham implementado o sistema. Ficavam à disposição para botar as mãos na massa, não só para ensinar e aprender. Nos primeiros dias depois que o sistema entrou no ar, a meta era ajudar, em questão de minutos, qualquer colaborador da KP que tivesse dificuldade de usar o sistema.

Como os líderes regionais da KP descobriram, era mais fácil, mais rápido e mais barato imitar soluções que deram certo em outros lugares do que reinventar a roda a cada vez. A equipe de Liang também encorajou esses líderes com o uso de incentivos. Adotaram a política de que, se uma região optasse por usar um software não compartilhado por toda a KP, eles mesmos teriam de desenvolver e pagar por ele, bem como as atualizações anuais necessárias. Por outro lado, se adotassem um software padrão da KP, as atualizações seriam desenvolvidas e pagas pela matriz.

Guiar, em vez de forçar as pessoas a mudar, também implicou em dar ao pessoal da KP a liberdade de formar as próprias opiniões. Depois de analisar os fatos, conversar com os colegas e ficar sabendo do sucesso das implementações de TI, muitos líderes regionais decidiram que era melhor seguir por um caminho menos budista. Richard Fitzpatrick, um consultor do projeto, descreveu um momento decisivo ocorrido em um encontro em Sonoma, na Califórnia, para 40 médicos que atuavam como líderes do KP HealthConnect nas oito regiões. "Foi então que aconteceu. Um médico se levantou e disse: 'Olha só, até agora a regra era que tudo variava, a não ser que você conseguisse mostrar um argumento convincente de que alguma coisa precisa ser padronizada, e tudo bem. Até agora. Agora a regra é que tudo é padronizado, a não ser que você consiga mostrar um argumento convincente de que a coisa precisa variar'".

O KP HealthConnect também se beneficiou de uma decisão dos executivos seniores e do conselho de administração da KP de levar o tempo que fosse preciso, gastar o dinheiro que fosse preciso e mobilizar as pessoas necessárias para evitar *trade-offs* de longo prazo entre o escalonamento para mais regiões e o escalonamento mais eficaz. No entanto a KP, sem dúvida, fez muitos *trade-offs* de curto prazo, preferindo o "melhor" ao "mais" (e ao "mais rápido"). Depois da conclusão da primeira implementação no Havaí, em 2004, levou seis anos antes que os pacientes e os colaboradores da última região da KP tivessem acesso ao sistema completo. Como Liang explica em *Connected for Health*, a contenção de gastos foi incentivada, mas a economia pobre em pessoal, treinamento, equipamentos e outras despesas que pudessem prejudicar a qualidade ou o cronograma foi considerada inaceitável.

Em consequência, o KP HealthConnect hoje é o maior sistema informatizado não governamental de registros médicos dos Estados Unidos (e sem dúvida um dos melhores). O sistema inclui cerca de 80% das tarefas realizadas pelos colaboradores da KP. Em 2003, 95% do atendimento prestado aos pacientes pela KP foi por meio de encontros presenciais, 5% por telefone e praticamente nenhum por e-mail. Em 2011, 28% das interações de atendimento com os pacientes foram por e-mail e 17% foram por telefone. Além disso, o número de contatos dos pacientes com os prestadores aumentou mais de 10%. Uma série de indicadores demonstra que a comunicação mais fácil e as informações mais precisas (tanto para pacientes quanto para os prestadores) aumentaram a qualidade do atendimento, incluindo uma redução de 50% de internações de diabéticos no hospital. Como os colaboradores da KP passaram a ter acesso instantâneo aos registros médicos dos pacientes, inclusive informações sobre exames e tratamentos feitos no passado, também houve uma grande redução de testes desnecessários. Liang relata que, desde a implementação, os médicos passaram a trabalhar mais tempo, mas que agora estão mais satisfeitos com o trabalho e passam uma parcela maior do tempo ajudando os pacientes, não em tarefas administrativas. O mais notável é que praticamente nenhum médico da KP se mostrou disposto a voltar ao sistema antigo.

O KP HealthConnect, aliado a outras mudanças culturais e operacionais, produziu melhorias marcantes na satisfação de colaboradores e pacientes, bem como na qualidade do atendimento da KP. Em 2013, o National Center for Quality Assurance (Centro Nacional de Controle de Qualidade) classificou as oito regiões da KP entre os 25 melhores planos privados de saúde dos Estados Unidos (entre um total de 484 planos) e classificou a Kaiser Permanente em primeiro lugar do país em 13 critérios de eficácia do atendimento médico, inclusive exames de câncer de mama, exames de câncer do colo do útero e controle de pressão alta.

O segredo para usar a estratégia de barreiras de segurança é definir o mínimo possível de restrições, escolhendo aquelas mais preciosas, que farão a maior diferença e causarão o maior impacto, e deixando que as pessoas naveguem por essas restrições e até contorná-las como acharem melhor. Manter curta a lista de restrições também reduz a carga sobre os ombros dos líderes e das equipes responsáveis pela potencialização da excelência e do pessoal de linha de frente que precisa colocar em prática os novos comportamentos e crenças. Como veremos no Capítulo 4, reduzir a complexidade e a carga cognitiva desnecessárias promove a eficácia do escalonamento. Por fim, a estratégia de barreiras de segurança oferece um meio-termo promissor para as iniciativas de escalonamento vítimas do excesso de padronização e replicação. Ao contrário da situação enfrentada pela Equipe Tiger da KP, nesses casos a estratégia de barreiras de segurança passa a ser um exercício de subtração e não de adição. O desafio é reduzir ao máximo as restrições desnecessárias – selecionando algumas poucas barreiras de segurança cruciais, dizendo e (especialmente) mostrando a todas as pessoas que ignorar essas barreiras levará a consequências desagradáveis –, mas, fora elas, permitir que as pessoas tomem o caminho que acharem mais adequado.

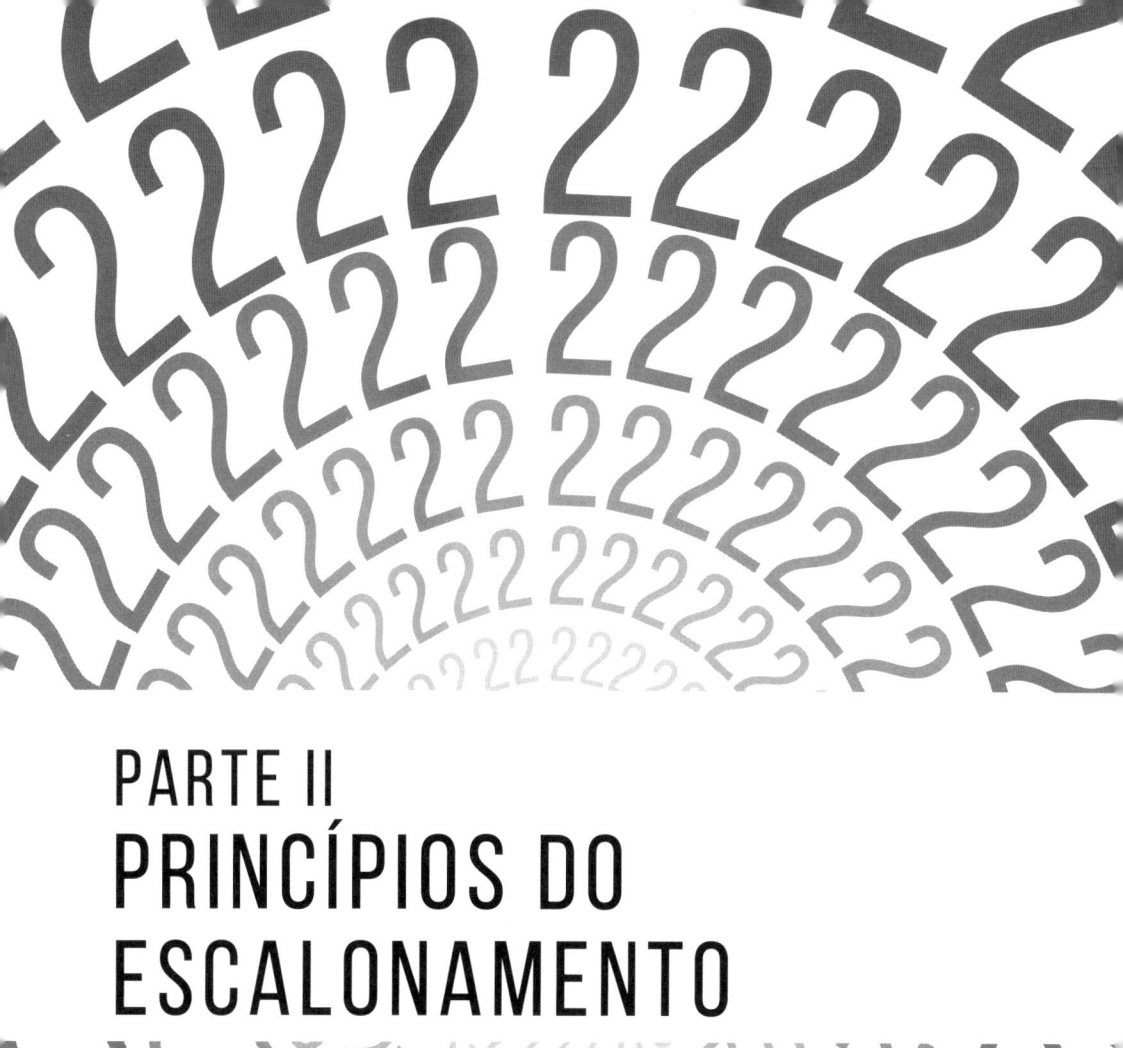

PARTE II
PRINCÍPIOS DO ESCALONAMENTO

3
Boas soluções para boas causas

Abasteça o motor do escalonamento

Damos um curso de pós-graduação em Stanford chamado *"Scaling Up Excellence"*. No curso, os alunos estudam alguns dos casos apresentados aqui e aprendem nossos princípios de escalonamento. Também os convidamos a resolver um difícil desafio de escalonamento, porque nada substitui o aprendizado prático. Em 2012, os alunos do nosso curso trabalharam para estimular os estudantes de Stanford a usar capacetes de ciclismo. As bicicletas são o principal meio de transporte dos estudantes para cruzar o amplo campus. Ciclistas distraídos, muitas vezes falando ao telefone ou enviando mensagens de texto, estão sempre provocando pequenos acidentes ou escapando por pouco de algum desastre. Na maioria das semanas, pelo menos um estudante sai ferido, a ponto de ser levado ao pronto-socorro. O uso do capacete reduz em 85% as chances de um grave traumatismo craniano resultante de um acidente, mas menos de 10% dos estudantes universitários de Stanford usa capacete (as porcentagens aumentam para estudantes de pós-graduação e o pessoal da instituição[1]). Muitos alunos da graduação usavam o capacete antes de ir para Stanford. Param de usar o capacete porque: poucos colegas usam, parece seguro pedalar no campus tranquilo e, como Ariadne Delon Scott, coordenadora dos programas de ciclismo de Stanford (e uma integrante da nossa equipe de instrutores), explicou, os capacetes são pouco práticos, estragam o penteado e "não são descolados".

Muitos alunos do nosso curso também não usavam capacete. Então pedimos a Kali Lindsay, sobrevivente de um grave acidente de bicicleta, que contasse sua história para a turma. Kali usava capacete nas primeiras semanas em Stanford, mas parou de usar quando os colegas começaram a chamá-la de "menina-capacete" e nerd. Naquele mesmo ano, foi de bicicleta para a biblioteca (sem usar capacete, é claro). A próxima coisa que lembra "foi meus pais chegando ao hospital lá pelas 2h da manhã... mais de 12 horas depois do acidente". Kali tinha caído da bicicleta e teve uma hemorragia intracraniana (entre o crânio e o cérebro). A tontura, perda de memória e fadiga resultantes a forçaram a perder um semestre de faculdade. Kali achou que não levaria muito tempo para se recuperar: "Sou uma aluna de Stanford e achava que seria capaz de fazer qualquer coisa". Mas demorava para ler e passou a ter ataques de pânico. Levou um ano e meio para voltar ao que era antes do acidente. Nossa turma se emocionou com a história de Kali. Vários alunos choraram. Ela enfatizou que nada daquilo que estavam sentindo teria qualquer utilidade se não fosse acompanhado de uma mudança. Cabia a eles ajudar a difundir o hábito de usar capacete. A história de Kali era uma "boa causa" que chamou a atenção, mobilizou energia emocional e promoveu o comprometimento de nossos alunos. Muitos compraram um capacete e começaram a usá-lo.

DE BOAS CAUSAS A BOAS SOLUÇÕES

Dividimos os alunos em grupos e demos a cada equipe a tarefa de aumentar a utilização de capacetes entre os estudantes de determinado dormitório, fraternidade, irmandade ou time esportivo. Por exemplo, Carolin Christiansson, Sarah Chou, Ivan Chua, Aaron Ng e Jim Tomczyk ficaram encarregados de convencer os 14 ciclistas do time de futebol masculino de Stanford a usar capacete. Só um jogador usava capacete antes da intervenção, de modo que foi uma iniciativa para disseminar crenças e comportamentos "pró-capacete" de um ciclista para muitos. O grupo ficou sabendo que os atletas são especialmente resistentes a essa e outras medidas de segurança. Eles se consideram durões e coordenados demais para precisar usar capacete. Nossos alunos enfrentaram o desafio de mudar a mentalidade do time e criar a responsabilização necessária para mantê-la – aquele impulso de fazer a coisa certa mesmo quando ninguém está olhando. Também esperavam que, uma vez imbuídos dessa mentalidade de segurança, os jogadores do time de futebol masculino difundissem o conceito aos outros atletas de Stanford.

De maneira bem similar aos líderes que se empenham para mudar a mentalidade de equipes ou organizações, esse grupo teve de decidir se deveria se concentrar em mudar primeiro as crenças ou o comportamento dos jogadores – chamamos isso de "escolha crença-comportamento". A batalha para decidir o melhor caminho para promover a ação e a mudança tem sido travada furiosamente ao longo de centenas de anos. Ralph Waldo Emerson, escritor americano do século 19, escreveu: "O ancestral de toda ação é um pensamento[2]", enquanto seu contemporâneo, o primeiro-ministro britânico Benjamin Disraeli gracejou: "O pensamento é o filho da ação[3]".

A questão de saber se as crenças são em grande parte as causas ou as consequências do comportamento tem implicações importantíssimas para qualquer processo de escalonamento da mudança. Muitos estudos mostram, e Emerson teria concordado, que começar alterando as crenças das pessoas com a utilização de slogans, histórias e argumentos persuasivos e carregados de emoção induz uma mudança de comportamento. Foi o que vimos quando a história de Kali emocionou alguns alunos, a ponto de convencê-los a começar a usar capacete. Já outros estudos, como Disraeli concordaria, constataram que é melhor começar mudando o comportamento, não importa quais sejam as crenças das pessoas. Em outras palavras, o que elas *fazem* afeta seus pensamentos e emoções. Esses estudos mostram que, não importam quais sejam as convicções iniciais, quando as pessoas são instigadas a se comportar de acordo com alguma crença (por exemplo, argumentar a favor de um ponto de vista no qual não acreditam ou se oferecer para comer um alimento do qual não gostam), essas pessoas muitas vezes mudam suas crenças para se adequar ao comportamento e evitar ver a si mesmas – e serem vistas pelos outros – como hipócritas[4].

Diante dessa controvérsia, qual é a melhor escolha para começar uma iniciativa de potencialização da excelência? Nossa pesquisa sugere que a resposta é *a melhor que for possível*. Embora essa discussão tenda a se perpetuar, se é mais eficaz ou lógico começar mudando crenças ou, em vez disso, o comportamento, as duas estratégias reforçam-se mutuamente. Assim, por uma questão prática, você pode dar a partida no motor do escalonamento se voltando a crenças, ao comportamento ou aos dois ao mesmo tempo. O segredo está em criar e alimentar um círculo virtuoso.

Comunicar uma boa causa implica criar e compartilhar histórias, símbolos, vocabulário, razões... enfim, as crenças e as emoções que fluem de uma mentalidade. Uma boa causa eficaz leva a sentimentos intensos, como orgulho ou indignação justiceira. Sentimentos como esses levam as pessoas a se sentir poderosas e no controle do mundo ao seu redor, o que, por sua vez, desencadeia uma ação assertiva e confiante[5]. O modo como a boa causa é comunicada é tão importante quanto o conteúdo da mensagem, e os comportamentos não verbais são especialmente cruciais. Embora as palavras de Kali, sem dúvida, tivessem emocionado a turma, a apresentação não teria tido tanto impacto sem suas intensas expressões de raiva, tristeza e alegria, bem como os altos e baixos de tensão em sua voz. Por exemplo, a postura física de Kali se abateu um pouco quando falou dos meses difíceis que se seguiram ao acidente. No entanto, Kali assumiu uma postura ereta e confiante, com os ombros para trás e o queixo para cima, ao contar suas vitórias ao se recuperar da contusão e convencer os colegas a usar capacete. As emoções são contagiosas. A psicóloga Elaine Hatfield mostra que "sentimentos expressos", como os exibidos por Kali (expressões faciais, tom de voz e linguagem corporal), se difundiam com mais prontidão em interações presenciais. Para convencer as pessoas a apoiar uma boa causa, o segredo é criar experiências que gerem "comunidades de sentimento[6]".

O ATAQUE DAS MELANCIAS

Os alunos que trabalharam com o time masculino de futebol de Stanford aprenderam como – e como não – mobilizar as pessoas para uma boa causa. Começaram apresentando uma ladainha de estatísticas relativas à segurança, que não tiveram absolutamente qualquer efeito. Depois de realizar sessões de *brainstorming* e prototipagem de possíveis maneiras de despertar profundos sentimentos nos jogadores, o grupo constatou que melancias esmagadas proporcionariam uma metáfora vívida, embora caricata, de um crânio rachado... e voltaria a atenção e a energia dos atletas ao uso do capacete.

Assim nasceu o Ataque das Melancias. Antes de se encontrar com os jogadores, o grupo espalhou melancias esmagadas pelo campo de futebol e cartazes mostrando estudantes sem capacete e aparentemente inconscientes, caídos no chão com melancias esmagadas a título de cabeça. Eles imprimiram versões menores das imagens, plastificaram-nas e penduraram-nas na bicicleta de cada jogador. Em seguida, reuniram os jogadores, riram com eles das melancias e esmagaram mais algumas. Apelidaram a cruzada de "Amai vossos miolos", um jeito abreviado de dizer "Ame sua vida e ajude seu time cuidando do próprio cérebro", e concluíram contando a história de Kali e voltando a recitar aquelas estatísticas de segurança. O mix de técnicas mobilizou a energia e o comprometimento do time de futebol e despertou as intensas emoções compartilhadas – as comunidades de sentimento –, características de uma boa causa eficaz.

Em seguida, o grupo precisou vincular esses sentimentos e intenções à ação. Convenceram os jogadores a assinar um termo se comprometendo a usar capacete, postar fotos de si mesmos e dos colegas de time usando capacete, na página do Ataque das Melancias (*Watermelon Offensive*) do Facebook e fazendo o juramento: "Se eu pegar um colega do time pedalando sem capacete, vou jogar uma melancia nele, com provas fotográficas, se possível". O grupo forneceu aos jogadores um suprimento de melancias, que jogaram nos colegas sem capacete, e esmagaram e espalharam-nas pelo campo de futebol para reforçar a mentalidade do "Amai os vossos miolos".

Os jogadores que fizeram e cumpriram a promessa se comprometeram mais com a causa, porque o fizeram na presença dos colegas de time e de nosso grupo de alunos. É mais difícil violar um compromisso proclamado em público (em vez de anunciado a apenas uma ou duas pessoas). O juramento, os posts no Facebook e a imbecilidade de jogar melancias reforçaram a responsabilização porque os atletas passaram a fazer parte de uma pequena comunidade que se comprometeu com a prática da mentalidade do capacete e a pressão social resultante os levou a cumprir a promessa.

Todos os jogadores de futebol usaram o capacete durante a intervenção, até um jogador que inicialmente insistia: "Vocês nunca vão me convencer a usar um capacete". Os jogadores passaram a conhecer as táticas do Ataque das Melancias tão bem quanto os alunos do grupo de escalonamento e mostraram tanto a disposição quanto à capacidade de ajudar a executar a próxima etapa: difundir a mentalidade aos outros times. Em pouco tempo, as dez ciclistas do time feminino de hóquei sobre a grama e sete das nove ciclistas do time de futebol feminino também já estavam usando capacete.

O MASSACRE DO DIA DOS NAMORADOS[7] E A JETBLUE: CONCENTRANDO-SE PRIMEIRO NAS BOAS SOLUÇÕES

O Ataque das Melancias é um exemplo simples de como um grupo encontrou uma boa causa, vinculou-a a uma boa solução e manteve o ciclo virtuoso em movimento, para que o comportamento e as crenças dos jogadores se reforçassem mutuamente. Por outro lado, estudamos uma iniciativa mais complexa conduzida na JetBlue Airways que demonstra como acionar o círculo virtuoso concentrando-se primeiro nas soluções. Tudo começou quando Bonny Simi, uma executiva de nível médio da JetBlue, se encarregou da tarefa de influenciar os colegas a mudar o comportamento de maneira que, por sua vez, ajudaria a fomentar a crença em uma mentalidade melhor.

No dia 14 de fevereiro de 2007, num fatídico Dia dos Namorados, uma tempestade de gelo atingiu o Aeroporto Internacional John F. Kennedy, na cidade de Nova York, fechando-o por seis horas. A

JetBlue, que tem uma grande operação naquele aeroporto, foi pega de surpresa e seus sistemas e infraestruturas não se mostraram à altura do desafio. A companhia aérea deixou centenas de passageiros presos, por mais de dez horas, em nove aviões na pista de decolagem do aeroporto naquele dia e cancelou mais de mil voos em seis dias. A companhia aérea foi ridicularizada pela imprensa e satirizada em *talk shows* por expor ao ridículo sua missão de "recuperar o elemento humano nas viagens". O pesadelo acabou contribuindo para o afastamento do fundador e CEO David Neelemaneven, apesar de ter assumido a responsabilidade pelo fiasco com elegância e franqueza e ter anunciado ações para reparar o sistema.

Não seria fácil corrigir os problemas operacionais e culturais que levaram ao Massacre do Dia dos Namorados. Russell Chew, um ex-executivo da American Airlines, liderou uma iniciativa *top-down* (de cima para baixo) para resolver os problemas da JetBlue em 2007 e 2008, que inicialmente pareceu promissora. No entanto, uma violenta sucessão de temporais com relâmpagos e trovões em julho e agosto de 2008 levou a JetBlue a cancelar 814 voos. Reações discrepantes da JetBlue a essas tempestades revelaram que problemas sistêmicos de coordenação e comunicação continuavam a assolar a empresa. Fundada em 1999 como uma *startup* feita de sucata, a JetBlue crescera de alguns aviões a mais de cem em parte porque, quando problemas inesperados e cabeludos surgiam, colaboradores heroicos se apresentavam para ir além de sua obrigação, mantendo os voos dentro do cronograma e encantando os clientes. Infelizmente, a mentalidade heroica que no passado impeliu o sucesso da empresa já não era mais suficiente em 2007. A JetBlue enfrentou um exemplo clássico do problema "o que nos trouxe até aqui não nos levará até lá", que vimos no Capítulo 1. O que antes impulsionou a potencialização da excelência hoje precisa ser alterado ou descartado devido ao tamanho maior e à complexidade da organização.

Para entender melhor como funcionava essa mentalidade "heroica" e suas deficiências, pense no que aconteceu quando Bonny Simi, uma capitã da JetBlue e diretora de experiências do cliente, foi uma passageira num voo da empresa partindo do Aeroporto Kennedy no dia 10 de agosto de 2008. Por coincidência, Joel Peterson, presidente do conselho da JetBlue, também estava a bordo do voo para San Jose. Condições climáticas ruins atingiram Nova York e fecharam o Aeroporto Kennedy por algumas horas. Simi conversou com a tripulação do voo e entrou em contato com integrantes do grupo de "Gestão de Tripulação" da JetBlue que ela conhecia. Ficou sabendo que muitos voos atrasados do Aeroporto Kennedy seriam cancelados porque os pilotos estavam se aproximando do "tempo-limite", excedendo as normas da FAA (Agência Federal de Aviação) relativas ao tempo máximo que podiam trabalhar. Infelizmente, o grupo de Operações de Sistema da JetBlue (que coordenava os voos) não tinha essa informação porque os sistemas utilizados pelos coordenadores de tripulação, despachantes e controladores de voo não eram vinculados.

Depois de passar mais algumas horas esperando em uma longa fila de aeronaves, após a abertura do Aeroporto Kennedy, Simi percebeu que a tripulação de seu voo estava prestes a atingir o tempo-limite e entrou em contato com o controlador da JetBlue (quem ela também conhecia) e perguntou se ele poderia falar com o Controle de Tráfego Aéreo do Aeroporto Kennedy para tentar liberar um horário de partida antecipado. Alguns minutos depois, o Controle de Tráfego Aéreo instruiu o capitão do voo dela a entrar na frente da fila. Decolaram para San Jose em cima da hora. Apesar de aquele voo ter conseguido partir, Simi explicou a Peterson que intervenções voo a voo como aquelas deixaram de ser viáveis, agora que a JetBlue operava mais de 800 voos diários. A JetBlue continuaria avançando com dificuldades sem processos padronizados melhores, sistemas atualizados e integrados e uma nova maneira de gerenciar as chamadas "operações irregulares" em condições climáticas ruins. Simi estava convencida de que a melhor maneira de resolver os problemas com as operações irregulares era deixar de depender do heroísmo de colaboradores individuais ou de uma abordagem *top-down* e recrutar membros da tripulação que atuam na linha de frente para erradicar e reparar pontos problemáticos e desenvolver uma comunicação melhor tanto dentro da JetBlue quanto entre a JetBlue e os passageiros.

Peterson, o presidente do conselho, o CEO David Barger e o diretor de operações Rob Maruster concordaram em apoiar a abordagem de "sabedoria das multidões" proposta por Simi. No terceiro trimestre de 2008, Simi reuniu, para encarar o desafio, cerca de 120 gestores e colaboradores de linha de frente – um grupo diversificado que incluiu agentes de reserva, pilotos, despachantes e coordenadores de tripulação. Simi afirmou que a JetBlue precisava integrar funções e ações isoladas e dar uma folga à tão adorada mentalidade "heroica" da empresa. Ela os convidou a se unir para resolver o problema das operações irregulares e incutir uma mentalidade de "sistemas" e "melhoria contínua" por toda a JetBlue. O mantra da equipe Integrity do projeto de operações irregulares era melhorar o modo como a JetBlue "cancelava, se recuperava e se comunicava". Ela propôs uma meta ambiciosa: quando o mau tempo atingisse o Aeroporto Kennedy ou outro aeroporto que precisasse ser fechado, a JetBlue deveria ser capaz de conter grandes fatores desestabilizadores no dia do evento. O sistema deveria se recuperar completamente dentro de um dia depois da passagem do mau tempo.

O diretor operacional Maruster perguntou aos integrantes daquele primeiro grupo quantos deles acreditavam que essas mudanças seriam possíveis. Só alguns levantaram a mão. A maioria estava cética e muitos eram abertamente pessimistas. Suas dúvidas eram justificadas. Afinal, uma enorme iniciativa de melhoria tinha acabado de morrer na praia. E essa nova iniciativa exigiria que pessoas de toda a empresa mapeassem os passos necessários para abrir e fechar um aeroporto (incluindo lidar com tripulações, passageiros, aeroportos, normas, milhares de pequenos detalhes) e identificassem e reparassem todas as práticas deficientes. Simi não perdeu tempo com o ceticismo ou os obstáculos que encontrariam pelo caminho. Em vez disso, adotou uma abordagem "faça agora e só fale depois". Em outras palavras, pediu a colaboração do grupo, apesar do ceticismo, e propôs que passassem só um dia mapeando, com post-its, as ações necessárias para fechar e reabrir as operações da JetBlue no Aeroporto Kennedy em caso de mau tempo. Ela também pediu que eles incluíssem um post-it cor de rosa em cada ponto no qual o sistema precisava ser alterado. Em questão de horas, o grupo já tinha criado um mapa enorme com vários milhares de post-its, inclusive mais de mil post-its cor de rosa indicando mais de mil pontos problemáticos.

Esse exercício de "mapeamento de processos" revelou inúmeras falhas no sistema e muitos colaboradores daquele primeiro grupo continuaram céticos. No entanto, todos concordaram em tentar seguir um pouco mais a abordagem de Simi e recrutar outros colaboradores da JetBlue para aderir à iniciativa. Simi, com o apoio dos executivos seniores, persistiu nessa abordagem "faça agora e só fale depois" à medida que o projeto das operações irregulares se expandia para 12 equipes. Cada equipe trabalhou na melhoria de partes diferentes do sistema (para condições climáticas tanto boas quanto ruins). Essas equipes identificaram e implementaram soluções resultantes de sua profunda compreensão das pessoas, atividades e conexões que constituíam as engrenagens das operações das JetBlue. Concluíram mais de cem projetos de melhoria, criando mudanças como: informações mais precisas e atualizadas para os passageiros e a tripulação sobre o mau tempo, cancelamento de voos e atrasos; uma linguagem clara e livre de jargões no site da empresa para os clientes; e uma comunicação melhor durante as transferências de responsabilidades e tarefas entre os colaboradores que exerciam funções diferentes e trabalhavam em turnos diferentes. As operações começaram a melhorar e os membros da tripulação começaram a aceitar a nova mentalidade, que enfatizava o conhecimento, o desenvolvimento e o reparo de conexões entre diferentes partes do sistema, algo menos dependente do heroísmo dos colaboradores.

A JetBlue enfrentou a primeira prova de fogo quando uma tempestade de gelo atingiu o Aeroporto Kennedy no dia 10 de fevereiro de 2010, que se mostrou muito mais grave que a tempestade do Dia dos Namorados, em 2007. No entanto, exatamente como Simi propôs a todos aqueles céticos em 2008, as interrupções foram em grande parte limitadas ao dia da tempestade, e o sistema já tinha se recuperado completamente um dia depois. Em comparação, a empresa levou seis dias após a tempestade mais fraca de 2007 até as operações voltarem ao normal, o que custou à JetBlue cerca de US$ 41 milhões. Já a tempestade de 2010 custou à empresa cerca de US$ 500 mil. Fato ainda mais impressionante: o custo de *todos* os atrasos resultantes do mau tempo em 2010 totalizou apenas cerca de US$ 10 milhões.

A empresa enfrentou um teste muito mais difícil durante o Furacão Sandy em 2012, quando, com todas as outras companhias aéreas, a JetBlue cancelou quase todos os voos (mais de mil) no decorrer de três dias, enquanto o maior furacão da história do Atlântico varria violentamente a costa leste dos Estados Unidos. Os líderes e colaboradores de vários departamentos da JetBlue se reuniram nos dias que antecederam a chegada do furacão para se precaver, tendo em vista os melhores e os piores cenários possíveis. Como um resultado do projeto Integrity de operações irregulares, já tinham desenvolvido uma boa ideia de como suas funções e responsabilidades individuais se encaixam no todo. O mantra das operações irregulares, "cancelar, se recuperar e se comunicar", se evidenciou em milhares de pequenas e grandes ações interligadas realizadas pelo pessoal da JetBlue, desde uma gigantesca campanha de mídia social para informar o público sobre os aeroportos fechados e o cancelamento de voos até ações heroicas por parte dos colaboradores da JetBlue espalhados por todo o país para ajudar passageiros e colegas a lidar com os contratempos, a angústia e os danos materiais causados pela tempestade. A JetBlue retomou os voos dentro de uma hora depois que a Agência Federal de Aviação deu permissão para reabrir os aeroportos que tinham sido fechados com a passagem do Furacão Sandy. Os membros da tripulação ficaram especialmente orgulhosos porque, quando o Aeroporto Kennedy foi reaberto, a JetBlue foi a primeira a decolar.

E todo esse sucesso começou com um grupo que não acreditava que a "mentalidade de sistemas", ou qualquer outra coisa, poderia melhorar a resposta da JetBlue às operações irregulares. No entanto, aqueles céticos pioneiros se dispuseram a ouvir, a testar a mentalidade proposta e realizar algumas ações. Brian Towle, diretor geral do Aeroporto de San Diego e um integrante de uma das primeiras equipes de operações irregulares descreveu sua reação nos seguintes termos: "Na primeira vez que botei os olhos naquilo [o mapa de operações irregulares da equipe Integrity], pensei: 'Vai dar um trabalho do cão botar ordem nessa casa'. Quando ouvi a proposta da Bonny, pensei: 'O sujeito precisa ser doido para dividir um troço tão enorme até chegar num post-it cor de rosa'. É incrível a diferença que um papelzinho cor de rosa pode fazer. Aquilo me ensinou que nada é impossível".

NÃO BASTA FALAR SOBRE A MENTALIDADE

A vida organizacional raramente é tão ordenada que a potencialização da excelência possa ser lançada com uma estratégia puramente de "crença" ou de "comportamento". Não importa qual seja o ponto de partida, se as pessoas se limitarem a falar sobre alguma causa boa ou a respeito da mentalidade, mas não conseguirem executar boas soluções, o comprometimento se dissipará e a responsabilização, aquela pressão de colocar a mentalidade em prática e pressionar os outros a fazer o mesmo, se enfraquecerá. Se a ênfase se limitar a fazer valer apenas as crenças, um discurso convincente pode até se difundir pela organização, mas as ações construtivas características de um escalonamento de sucesso normalmente ficarão estagnadas. Lembre-se do antigo provérbio: "Esqueço o que ouço, lembro o que vejo e entendo o que faço".

Lastimavelmente, ao longo dos anos, nós dois nos envolvemos com inúmeras organizações nas quais paladinos internos ensinam centenas, ou até milhares, de colaboradores a discursar sobre técnicas "enxutas" ou para promover a "qualidade", o *design thinking* ou o atendimento centrado no cliente. No entanto, quando perguntamos onde e como essa excelência é ou será praticada na organização, apresentam planos vagos ou fantasias sobre iniciativas que ainda não foram lançadas (e provavelmente nunca serão) ou histórias de sucesso irrelevantes para o tipo de excelência em questão. São sintomas daquilo que Sutton e Jeffrey Pfeffer chamam de "a armadilha da conversa fiada", na qual as pessoas tratam o planejamento, conferências, retiros corporativos, sessões de *brainstorming*, *storytelling* e outros tipos de conversa como substitutos da ação, e não meros motivadores. Por exemplo, no auge do movimento da gestão da qualidade total no início dos anos 1990, Sutton e o então estudante de doutorado Mark Zbaracki conversaram com um executivo do Vale do Silício sobre as ações de sua empresa para utilizar técnicas, como controle estatístico de processos, fluxogramas, diagramas de Pareto, planejamento de experimentos e outras ferramentas básicas do controle de qualidade. Quando os dois perguntavam sobre as ações da empresa, o executivo mudava de assunto e se punha a falar sobre as conferências das quais participou, os gurus que conhecia, coisas incríveis que estavam acontecendo em outras empresas e a empolgação que sua equipe de gestão da qualidade estava gerando na empresa. Sua arrogância caiu por terra quando Zbaracki apresentou uma lista de métodos de gestão da qualidade total e perguntou onde eram aplicados na empresa. O executivo timidamente admitiu que a equipe estava focada em difundir o entusiasmo sobre a gestão da qualidade total, mas não em aplicar as práticas.

Não seja como esse sujeito. Aprenda uma lição com o Ataque das Melancias e a JetBlue: dê a partida no motor do escalonamento vinculando crenças e comportamentos. Lembre-se da crença sagrada do Facebook: "Seja rápido e saia quebrando as coisas". Como Chris Cox explicou, os veteranos conversam a respeito com os recém-chegados, mas o compromisso desses novos recrutas com essa mentalidade e a compreensão dela só são galvanizados quando começam a colocá-la em prática: depois que um engenheiro novo faz uma mudança no site em sua primeira semana no trabalho, seguida de dez ou mais mudanças, e mostra aos colegas, amigos e parentes, "Olha, fui eu que fiz isso".

BOTANDO LENHA NA FOGUEIRA DO CÍRCULO VIRTUOSO

Para potencializar a excelência, líderes e equipes precisam se manter buscando e encontrando maneiras de reforçar a crença em uma boa causa (e a mentalidade que fundamenta essa crença), convencendo os outros a praticar essa mentalidade (não importa se esses líderes e equipes acreditam ou não nela) ou, melhor ainda, se voltar tanto à crença e ao comportamento ao mesmo tempo. Veja algumas estratégias para iniciar, manter e acelerar esse círculo virtuoso da potencialização da excelência.

1. Dê um nome ao problema

No fim de 2004, uma pequena organização sem fins lucrativos chamada Institute for Health Improvement (IHI) lançou uma iniciativa de 18 meses para reduzir mortes evitáveis em hospitais norte-americanos[8]. O IHI identificou seis pacotes simples de práticas baseadas em evidências que os hospitais (em especial os enfermeiros) poderiam empregar para reduzir as taxas de mortalidade. Essas práticas incluíam lavar as mãos quando necessário e outras medidas de higiene para reduzir a propagação de infecções, formar equipes de resposta rápida para tratar pacientes apresentando sinais de declínio rápido e usar uma lista de verificação para reduzir o risco de pneumonia em pacientes em aparelhos de respiração artificial. Os hospitais que aderiram a essa "Campanha das 100.000 vidas" (o número de hospitais chegou a 3.200, representando mais de 75% dos leitos hospitalares dos Estados Unidos) concordaram em implementar pelo menos um pacote. O IHI estimou que os hospitais americanos já tinham salvado 122.300 vidas em junho de 2006, em grande parte devido à campanha.

Antes da campanha, o CEO Donald Berwick e sua equipe aprenderam uma lição valiosa com a autora feminista e ativista Gloria Steinem. Ela explicou que, para despertar as emoções e chamar a atenção do público para uma causa, é interessante "dar um nome ao problema". Os americanos têm a expressão *date rape* para se referir ao estupro cometido, normalmente em um encontro, por uma pessoa conhecida da vítima. Segundo Steine, o *date rape* sempre ocorreu, mas só foi reconhecido como um problema nos Estados Unidos quando ganhou um nome que fez que o distúrbio parecesse mais preocupante, concreto e específico. O nome certo proporciona um resumo compacto que ajuda as pessoas a entender um problema, explicá-lo aos outros e encontrar boas soluções. Um bom nome como *date rape* também pode instigar um imperativo moral e transmitir a mensagem de que a inação é eticamente suspeita, pressionando as pessoas a se responsabilizarem pelo problema.

Inspirado por Steinem, o IHI decidiu dar um nome ao problema dos "erros evitáveis que estão matando muitas pessoas". O problema das "mortes desnecessárias" compeliu líderes dos hospitais e outros poderosos players do setor a agir porque, se não o fizessem, correriam o risco de serem vistos como insensíveis, imorais ou incompetentes. Isso abriu o caminho para o discurso de uma freira e CEO de um grande sistema hospitalar, na conferência de 2004 que deu o pontapé inicial à "Campanha das 100.000 vidas". A irmã Mary Jean Ryan, CEO de um grande sistema hospitalar católico dos Estados Unidos, contou às quatro mil pessoas da plateia que "'nenhuma morte desnecessária' é um fator fundamental para qualquer organização de saúde, então acho que os CEOs deveriam se preocupar mais se não declararem seu compromisso com esse objetivo do que se declararem seu compromisso", sugerindo que o comprometimento com a causa era um imperativo moral. Ao que parece, estava dizendo nas entrelinhas que os prestadores que não aderissem à campanha estariam se arriscando a cair em danação eterna! O apelo da irmã Ryan emocionou a plateia, bem como a história de Sorrel King sobre como sua filha Jodie, de 18 meses, morreu em consequência de erros evitáveis cometidos pelo Johns Hopkins Hospital. King não só levou muitas pessoas às lágrimas como também pressionou a plateia a transformar aqueles sentimentos em ação, aderindo à campanha, porque Jodie ainda estaria viva se o Johns Hopkins Hospital tivesse usado as práticas que o IHI buscava difundir.

O IHI mobilizou a atenção, a energia e o comprometimento iniciais despertados na conferência para convencer os líderes de centenas de hospitais a aderir imediatamente à campanha. O próximo passo foi direcionar essas crenças, sentimentos e boas intenções a práticas baseadas em evidências – boas soluções derivadas da boa causa de "prevenir mortes desnecessárias". E assim teve início um círculo virtuoso que salvou milhares de vidas em mais de 3.200 hospitais em todos os 50 estados norte-americanos.

Dar um nome ao problema é uma marca de um escalonamento eficaz em muitas empresas e setores. O CEO Alan Mulally usou essa estratégia nos primeiros dias da célebre revitalização da Ford. A fabricante de automóveis se via assolada pela má comunicação. Os executivos da Ford tinham passado décadas alimentando um clima de rivalidade. Não havia muito incentivo para compartilhar informações na empresa ou usar o conhecimento individual para ajudar os outros a ter sucesso. Em geral, a concorrência interna na Ford, especialmente entre diferentes marcas e regiões da empresa, era mais acirrada que a disputa contra outras fabricantes de automóveis que a Ford deveria estar se empenhando para vencer no mercado. Mulally deu um nome a esse problema quando, depois de entrar na empresa em 2006, ele decidiu "criar uma só Ford[9]". Quando perguntaram se a Ford estava pensando em uma fusão, ele respondeu: "É isso mesmo. Vamos fazer uma fusão da Ford com a Ford".

Mulally deu início a esse processo com reuniões semanais de avaliação na qual pediu que todos os executivos seniores apresentassem os dados de desempenho de seu grupo e baniu a concorrência interna nesses encontros. Transformou aquelas reuniões de quinta-feira em um lugar seguro para compartilhar informações (inclusive sobre fracassos e obstáculos) e para pedir ajuda aos executivos de outros departamentos. Mulally promoveu inúmeras outras mudanças simbólicas e estruturais que lhes possibilitou "fazer a fusão da Ford com a Ford", como dar um único nome às operações na Europa, Ásia e várias outras subsidiárias e divisões da empresa. Quando os gestores perceberam que a cooperação não lhes prejudicaria a carreira, as decisões baseadas em fatos e a transparência começaram a se espalhar e se consolidar. Até hoje essas reuniões de quinta-feira contam com a participação de uma pessoa de fora, encarregada de garantir que os executivos se tratem como colaboradores e não como inimigos, se mantenham abertos para falar sobre contratempos e problemas potenciais e ajam com base na mentalidade do "Uma Só Ford".

2. Nomeie o inimigo

Esse é um tipo mais radical de "dar nome ao problema", injetando uma boa dose de espírito de equipe e indignação justiceira. A boa causa é despertada apontando para algum inimigo externo vil, que as pessoas devem se unir para derrotar. Pesquisas sobre times esportivos, equipes de combate, corporações, movimentos políticos e países em guerra mostram que, quando as pessoas se sentem intimidadas por uma ameaça externa, a solidariedade e a cooperação geralmente decolam. Saul Alinsky, um famoso ativista social, aconselhou: "Escolha um alvo, congele-o, personalize-o e polarize-o[10]".

O finado Steve Jobs foi um mestre nessa tática. Ele costumava arregimentar e focar a atenção de colaboradores e clientes, evocando imagens dos inimigos corporativos malignos, caretas e mentecaptos da Apple. No início da Apple, Jobs comparava a IBM com uma ditadura do mal, decidida a dominar o mundo com seus produtos desalmados. Demonizava e desprezava a Microsoft e Bill Gates, ficando famoso por dizer: "O único problema da Microsoft é que eles simplesmente não têm bom gosto. E não estou falando de detalhes, estou falando em geral... no sentido de que não têm ideias originais e não incorporam cultura aos produtos deles[11]". Posteriormente, voltou suas duras críticas à Disney, especialmente o CEO Michael Eisner (até Jobs vender a Pixar para a Disney e se tornar o maior acionista da empresa), e, nos seus últimos meses de vida, ele se pôs a recriminar o Google e o CEO Larry Page pela falta de criatividade e por imitar as ideias da Apple.

A capacidade de Jobs de demonizar e ridicularizar os inimigos e usá-los para incitar emoções e gerar o comprometimento entre seus seguidores é constatada em um relato de John Lilly, o investidor de risco e ex-CEO da Mozilla que conhecemos no Capítulo 1[12]. Lilly trabalhou na Apple em 1997, logo depois do retorno de Jobs para atuar como CEO interino da empresa. Ele participou de um encontro no qual Jobs estava "todo animado" falando de "como a Apple ia virar a mesa e se tornar uma empresa notável":

> Era um momento difícil na Apple – as ações estavam sendo negociadas no mercado abaixo do valor contábil – e o valor do empreendimento chegava a ser menor que o dinheiro em caixa. Alguém na plateia fez uma pergunta sobre a sugestão que Michael Dell fez na imprensa alguns dias antes, de que a Apple deveria simplesmente fechar as portas e devolver o dinheiro aos acionistas e, se bem me lembro, a resposta de Steve foi: "O Michael Dell que se foda".
>
> Meu Deus, que mensagem vinda de um CEO! Ele admitiu que o preço das ações estava péssimo (estava a menos de US$ 10, acho que estava a US$ 2 ajustado para o desdobramento de ações) e que eles reemitiriam as opções sobre as ações de todo mundo ao preço mais baixo, mas com um novo prazo de três anos para serem realizadas. Ele disse, explicitamente: "Se vocês quiserem fazer que a Apple volte a ser uma empresa notável, então vamos lá. Caso contrário, caiam fora daqui". Acho que não é um exagero dizer que quase todo mundo presente caiu de amores por Jobs naquele ponto e o teria seguido até o abismo se ele quisesse.

Esse é um exemplo clássico de "nomear o inimigo" para despertar as emoções, a inspiração e o compromisso – uma energia que Jobs mobilizou para instigar os colaboradores da Apple a acolher um nova mentalidade, na qual o orgulho e a persistência ocupavam o centro do palco. Com o novo prazo de realização das opções sobre as ações, Jobs reforçou sua ênfase na perseverança e em olhar para o futuro, dando aos colaboradores da Apple um incentivo para pensar em termos de três anos adiante. E exigiu que os colaboradores se responsabilizassem, insistindo que, se não se empenhassem em fazer que a Apple voltasse a ser uma empresa notável, seria melhor "cair fora" dali.

A estratégia de "nomear o inimigo" pode ser extremamente eficaz. Mas também pode sair pela culatra. Ela perde o efeito quando você tenta aplicá-la vez após vez sem conseguir vencer os inimigos. Essa estratégia pode mais atrapalhar do que ajudar se suas propostas forem consideradas delirantes ou inautênticas. E pode ser perigoso quando as pessoas as adotam com tanta convicção que farão de tudo para destruir um rival. Como demonstra a pesquisa clássica sobre o pensamento de grupo (em inglês, *groupthink*) conduzida por Irving Janis, em que um grupo coeso enfrenta um inimigo real ou imaginário, e eles se iludem achando que sua causa é tão justa e o inimigo é tão intrinsecamente mau que se sentem no direito de se envolver em ações antiéticas e ilegais[13]. Por exemplo, na década de 1990, a Virgin Atlantic Airways venceu um processo judicial por difamação contra a rival British Airways, depois que esta última admitiu ter feito uma campanha de "truques sujos". Os colaboradores da British Airways ligavam para os clientes da Virgin mentindo que os voos haviam sido cancelados e "hackearam" as bases de dados da Virgin para que "a British Airways pudesse usar as informações para inundar as rotas da concorrente com voos alternativos e preços ridiculamente baixos[14]". Os colaboradores da British Airways também espalharam boatos falsos de que Richard Branson, o CEO da Virgin, tinha o vírus da AIDS e que os lixeiros se recusavam a coletar o lixo da casa noturna de Branson porque o lixo estava repleto de agulhas infectadas com HIV[15].

3. Faça onde todo mundo possa ver

Em 1930, Mahatma Gandhi liderou a Marcha do Sal, caminhada de protesto de 380 quilômetros e 23 dias contra o monopólio britânico do sal na Índia colonial. Gandhi queria que os manifestantes aderissem aos mais rigorosos princípios da desobediência civil não violenta, de modo que deu início à caminhada com os devotos de seu próprio *ashram*★, comprometidos a viver de acordo com essa mentalidade. Enquanto Gandhi percorria vilarejo após vilarejo em sua jornada em direção ao mar, dezenas de milhares de pessoas o aplaudiam e se congregavam para ouvi-lo falar. Cinquenta mil defensores foram recebê-lo quando chegou ao vilarejo costeiro de Dandi. Lá, ferveu um pouco de lama na água do mar para produzir um pouco de sal, violando as leis britânicas que exigiam que todos os residentes indianos só comprassem o sal vendido (e tributado) pelo monopólio controlado pelo governo. Gandhi exortou seus seguidores a também fazer o próprio sal e, independentemente do que os britânicos fizessem a eles, se envolvessem apenas em protestos não violentos. O movimento se espalhou como fogo de palha, apesar de cerca de 60 mil manifestantes terem sido presos por violar as leis de sal. As manifestações posteriores sentiram na pele todo o poder da violência dos soldados britânicos e da polícia, mas os manifestantes mantiveram seu comprometimento com os princípios da não violência.

Depois que Gandhi foi preso por planejar uma marcha até uma fábrica de sal e o protesto continuou sem ele, um jornalista ocidental relatou:

> Nenhum dos manifestantes chegou a levantar um único dedo para se defender dos golpes. Caíram como pinos de boliche. De onde eu estava, dava para ouvir o som nauseante dos cassetetes se abatendo sobre crânios desprotegidos. A multidão de observadores gemia e fechava os olhos, solidários com a dor dos manifestantes a cada golpe. Os manifestantes golpeados caíam ao chão, inconscientes ou se contorcendo de dor, com o crânio

---

★ Nota do Editor: *Ashram* é uma comunidade conduzida por um líder religioso e que visa promover a evolução espiritual de seus membros.

fraturado ou os ombros quebrados. Em dois ou três minutos, o chão estava forrado de corpos. Grandes manchas de sangue se espalhavam em suas roupas brancas. Os sobreviventes seguiam ordenadamente, em silêncio, obstinadamente marchando até serem golpeados e derrubados[16].

A Marcha do Sal e manifestações relacionadas não levaram os britânicos a mudar imediatamente as leis ou abolir os revoltantes impostos, muito menos dar à Índia a independência que Gandhi e seus seguidores buscavam. Mesmo assim, foi uma estratégia brilhante que levou dezenas de milhares de pessoas a agir publicamente, demonstrando seu compromisso com os princípios e os objetivos do movimento da independência, que logo se espalhou para outras dezenas de milhões de pessoas. Cada uma dessas pessoas fez e disse coisas na presença de parentes, amigos e colegas para apoiar o movimento, que, por fim, acabou conquistando a independência para a Índia.

Convencer as pessoas a agir publicamente, demonstrando seu comprometimento com uma mentalidade ou uma crença, é uma maneira extremamente eficaz de alimentar o ciclo de comportamento-crença. Como argumenta o psicólogo Robert Cialdini: "Sempre que alguém se posiciona com visibilidade aos outros, essa pessoa é motivada a manter essa posição para *ser vista* como uma pessoa coerente[17]". Compromissos públicos promovem pressões especialmente intensas a se responsabilizar em relacionamentos de longo prazo. Quando os outros nos veem agir de uma determinada maneira, ficamos rodeados de testemunhas que nos pressionam a nos manter fiéis ao novo comportamento. Esse tipo de pressão social foi abundante no Ataque das Melancias e no projeto de operações irregulares da JetBlue. Os jogadores de futebol compraram capacetes, assinaram termos de compromisso e saíram pedalando do treino usando o capacete na presença dos colegas de time. De forma similar, naquela primeira reunião que Bonny Simi conduziu na JetBlue e em dezenas de encontros posteriores do projeto de operações irregulares, os colaboradores se reuniram para pôr em prática a mentalidade: mapear o processo, marcar com post-its cor de rosa os problemas identificados e pensar em maneiras de melhorar o sistema. A lição que podemos aprender com esses e muitos outros exemplos de escalonamento é que as mentalidades são difundidas com mais potência quando as pessoas não têm onde se esconder.

4. Promova a transgressão dos pressupostos

O sociólogo Harold Garfinkel era obcecado por normas sociais, aquela lista em geral tácita de coisas a fazer e a evitar imposta por todo grupo, organização e sociedade. As normas podem contagiar tão completamente a alma das pessoas que mal as percebem, mesmo quando as praticam por meio de uma série de sentimentos, pensamentos e ações. Garfinkel planejou uma série de "experimentos de transgressão" para revelar essas premissas aceitas como naturais que orientam o comportamento das pessoas[18]. Em um desses experimentos, seus alunos passaram a agir como se fossem pensionistas na casa dos pais, agindo com extrema cortesia e concordando com tudo o que os pais diziam. Esse estranho comportamento provocou choque, confusão e raiva. Os pais perguntavam: "Qual é seu problema?", "Você está doente?", "Você enlouqueceu ou caiu e bateu com a cabeça no chão?". As mães e os pais, nervosos, só se acalmaram quando os filhos revelaram que tinham sido instruídos pelo doutor Garfinkel a pregar aquela peça. Em outro experimento, os estudantes foram a supermercados negociar o preço de alimentos enlatados com os atendentes... e em sua maioria conseguiram um desconto de alguns centavos sobre os preços anunciados.

Os experimentos de transgressão revelam os contornos das regras sociais tácitas. Garfinkel os considerava "estímulos à imaginação letárgica" e acrescentou que "[os experimentos] produzem reflexos nos quais a estranheza de um mundo obstinadamente conhecido pode ser detectada[19]". Esses "estímulos" revelam – e questionam – mentalidades existentes. A Marcha do Sal de Gandhi foi um experimento de transgressão que levou milhões de indianos a questionar o domínio britânico e todas as premissas aceitas como naturais sobre como deveriam agir que acompanhavam esse domínio.

A transgressão também pode ser uma ferramenta bastante eficaz para reforçar mentalidades e ações desejáveis. Sutton viu um caso como esse quando visitou a sede da IDEO em Palo Alto alguns anos atrás.

Assim que entrou no piso principal, Sutton viu o CEO Tim Brown sentado exatamente onde esperava encontrar uma recepcionista. Ficou de queixo caído. Sutton lembrou que Brown tinha um escritório privado. Mesmo assim, lá estava ele, trabalhando no que seria considerado um local de baixo status na maioria das empresas, sem qualquer privacidade e ninguém para impedir colegas e visitantes como Sutton de interrompê-lo. Sutton perguntou por que não estava em sua sala. Brown respondeu que tinha abandonado a sala e decidiu tornar-se "a pessoa mais pública do andar[20]". Brown nunca teve um escritório privado na IDEO antes de se tornar o CEO, cerca de cinco anos atrás, e considerou o isolamento "vagamente constrangedor e frustrante". Então, Brown e vários outros líderes da IDEO converteram suas salas em locais de conferência e se mudaram para o "campo aberto". Brown explicou que, apesar de usar as salas de conferência para tratar de assuntos confidenciais, quando visita outros escritórios da IDEO, como em Londres, Chicago, Nova York, Boston, Xangai e São Francisco, prefere ficar no centro da ação porque, "quando eu estou lá para visitar e conhecer as pessoas e ver como trabalham, não dá para aprender muito sentado num escritório privado".

Percebemos que a transgressão de Brown reforçava alguns elementos cruciais, e em geral tácitos, da mentalidade da IDEO tanto para os veteranos (que às vezes se esquecem desses elementos) quanto para os recém-chegados (que deveriam conhecer esses elementos, mas normalmente os desconhecem). Na IDEO, Brown e outros guardiões da cultura acreditam que as melhores ideias surgem quando são ponderadas, ajustadas e criticadas por muitos talentos interligados. Diferenças de status irrelevantes para o problema em questão e barreiras físicas entre as pessoas são consideradas danosas ao processo criativo. A ação de Brown lembrou todos a continuarem colocando as regras em prática e encontrando novas maneiras de reforçar um pouco mais aquelas pressões sociais.

5. Crie experiências de portais de entrada e rampas de acesso

Os Acordos de Paz de Paris de 1973 resultaram na chamada "paz com honra", que pôs um fim à Guerra do Vietnã e rendeu a Henry Kissinger e Le Duc Tho, do Vietnã do Norte, o Prêmio Nobel da Paz.

Antes do início das discussões sobre os acordos, as partes passaram meses regateando detalhes aparentemente sem sentido, sendo o mais famoso o formato da mesa de negociação. Os sul-vietnamitas insistiam numa mesa quadrada, enquanto os norte-vietnamitas não abriam mão de uma mesa redonda. Acabaram concordando em usar uma mesa redonda para negociações mais amplas e mesas quadradas para as equipes. Por que essa questão absolutamente trivial ocupou uma parcela tão grande do valioso tempo das negociações? A questão sem dúvida era simbólica: adversários em lados opostos de uma mesa quadrada ou sentados em pé de igualdade em torno de uma mesa circular. Outro fator importante, contudo, foi que as negociações para decidir o formato da mesa constituíram uma "experiência de portal".

Donald Winnicott, um pediatra e psicólogo do desenvolvimento, descreveu os portais como experiências ou objetos de transição aos quais as crianças podem transferir sentimentos de apego enquanto se desprendem da mãe ou de outros cuidadores. Os portais podem incluir um cobertorzinho ou ursinho de pelúcia levado à creche. Winnicott avaliou que os ursos de pelúcia e cobertores criam "ambientes de cuidados" (*holding environments*[21]) que promovem a segurança e o consolo e permitem que as crianças desenvolvam a confiança necessária para se tornar mais independentes. Para os negociadores dos Acordos de Paz de Paris, a mesa era o ursinho de pelúcia deles. Vincularam a esse objeto de transição muitos dos mesmos sentimentos que viriam a vincular às negociações sobre o fim da Guerra do Vietnã. As discussões sobre a mesa também serviram como um trampolim que ajudou os negociadores a desenvolver relacionamentos entre si e estabelecer precedentes relativos à tomada de decisões e às concessões feitas.

Os objetos e experiências de portal são igualmente valiosos para abrir o caminho para a excelência, especialmente para orientar as transições para novos comportamentos e crenças. Vejamos o que Serge Marchionne, o CEO da Fiat, fez quando assumiu o comando da Chrysler. Em 2009, o governo dos Estados Unidos emprestou à Chrysler mais de US$ 6 bilhões, na esperança de resgatar a empresa. No processo, a Fiat adquiriu mais de 50% da empresa e Marchionne tornou-se o CEO da Chrysler. A Chrysler era a mais assediada das "três grandes" fabricantes de automóveis dos Estados Unidos e inúmeros especialistas a declararam condenada. Mesmo assim, Marchionne e sua equipe conseguiram recuperar a empresa e, no fim de 2010, as fábricas da Chrysler já operavam a todo vapor e as dívidas já tinham sido quitadas. Em 2011, a empresa já tinha recuperado a lucratividade e produzia carros muito mais desejáveis do que apenas alguns anos antes.

Quando assumiu o comando, Marchionne sentiu "o cheiro do medo" entre os colaboradores da Chrysler, um aroma que tinha sentido ao liderar a revitalização da Fiat vários anos antes: medo da morte da empresa, da perda da renda, da camaradagem e do controle sobre o próprio destino. Marchionne decidiu que a principal prioridade seria restaurar o orgulho e a confiança dos colaboradores. Por exemplo, a fábrica Jefferson North, em Detroit, estava em frangalhos, cheia de goteiras e com banheiros decrépitos, e suas operações tinham sido reduzidas a um único turno. Em vez de fechar as instalações para a reforma e afastar os operários nesse meio-tempo, a Chrysler pagou os colaboradores para limpar e reformar a fábrica (pela primeira vez desde 1991). Pintaram o prédio, instalaram novos vestiários e construíram um pátio de lazer. Consertaram os sistemas de transporte de peças e automóveis por toda a fábrica. Em seguida, em vez de contratar engenheiros industriais para dizer a esses trabalhadores horistas como planejar e fazer o trabalho, Marchionne trouxe da Itália duas dúzias de operários da Fiat para ensinar métodos de Manufatura de Classe Mundial. Esses métodos incluíram "usar ferramentas analíticas para ajudá-los a conhecer melhor cada processo das cerca de 400 estações de trabalho no chão de fábrica, como: 'Qual é o jeito mais eficiente e ergonômico de apertar o parafuso de uma porta?'".

O trabalho de limpeza e reforma da Jefferson North foi um projeto de transição para os operários, um portal para desenvolver e orientar muitas das mesmas motivações que precisavam para revitalizar a Chrysler. O orgulho dos operários era palpável e fizeram o trabalho com pouca supervisão, preparando o terreno para a maior responsabilização – e menos supervisão – necessária para fazer a transição para o programa de Manufatura de Classe Mundial da Fiat. A gratidão que sentiram a Marchionne aumentou o peso da obrigação de fazer a coisa certa, bem como a confiança de que poderiam contar com o apoio do CEO e a confiança deles no futuro[22]. O exemplo da limpeza e reforma da fábrica Jefferson North demonstra como a experiência certa de transição pode servir como um trampolim para disseminar um nova mentalidade e transformar a esperança em realidade[23].

6. Novos e melhores rituais

Os rituais podem servir como rampas de acesso para criar ou reforçar uma mentalidade, especialmente quando as ações são feitas em público, por todos e repetidamente. Não é fácil retirar ou reverter demonstrações públicas de comprometimento como essas e, ao ser repetidas pelas pessoas, vão se transformando em hábitos arraigados. Rao conversou com o CEO e fundador Randall Lipps sobre as pequenas coisas que promoveu para despertar e difundir a excelência na Omnicell[24], um dos principais fornecedores de sistemas dedicados a ajudar prestadores de cuidados de saúde a encomendar, armazenar, proteger e distribuir produtos farmacêuticos. Lipps contou que, nos primeiros anos da Omnicell, ele quis lembrar sua equipe sênior de se concentrar em fatos e não em alimentar o próprio ego. Ele criou um pequeno ritual no qual usavam cabides não só para pendurar os casacos mas também para simbolicamente deixar o ego para fora do escritório. O cabideiro e o ato rotineiro de usá-lo rapidamente se transformaram em um símbolo da mentalidade que a equipe sênior buscava manter e difundir. Toda vez que esses executivos penduravam o casaco, passavam pelo cabideiro ou viam os casacos nos cabides, eram lembrados de quais crenças e comportamentos eram sagrados ou tabus na Omnicell.

De forma similar, quando um novo líder ou equipe assume o comando, eles podem ajudar a modificar a mentalidade vigente alterando os rituais de interação. Em um grupo de professores do qual fizemos parte, um novo líder queria mudar as normas existentes para que todos os integrantes fossem ouvidos e não apenas aqueles de status mais elevado ou de personalidade mais dominante. Assim, criamos a um ritual no qual, quando uma decisão importante precisava ser tomada, todos os cerca de 30 integrantes eram limitados a uma declaração curta (menos de um minuto). O líder ia chamando as pessoas por ordem de tempo de casa (e não deixava ninguém interromper a fala deles). Essa mudança exigiu que os integrantes se empenhassem para pôr em prática um nova mentalidade: o status deixou de fazer tanta diferença e a opinião de todos deveria ser ouvida nas decisões importantes. O ritual também exigiu que os professores demonstrassem em público seu compromisso com essas novas crenças e comportamentos, o que intensificou a pressão de se responsabilizar pelas novas normas. No fim, todos os professores, com a exceção de apenas um ou dois, aceitaram a nova rotina. Uma verdadeira montanha de estudos demonstra que o empenho para fazer alguma coisa, fazer na frente dos outros e fazer voluntariamente resulta numa receita eficaz para mudar corações e mentes – e foi exatamente o que aquele novo ritual conseguiu fazer[25].

7. Conte com a ajuda de pessoas que não conseguem se contentar com pouco

Quando Serge Marchionne assumiu o comando da Fiat em 2004, a empresa estava no vermelho e se aproximando de um colapso tenebroso e irreversível. Ele precisava de pessoas com disposição e capacidade de mudar as coisas e acelerar o avanço da empresa. Assim, passou pela empresa selecionando jovens e talentosos executivos, que até então tinham sido confinados aos cantos mais afastados, e lhes atribuiu grandes responsabilidades. Deu sua bênção ao pessoal que comandava pequenas marcas ou trabalhava em pequenos mercados como a América Latina e os colocou em papéis de liderança mais importantes[26]. Descobriu que aqueles executivos "tinham liberdade de tomar a iniciativa" porque "a matriz ficava longe e o pessoal da matriz não ia lá toda semana para fazer alguma pergunta idiota". Ele afastou os gestores seniores da Fiat, que se isolaram em panelinhas nas quais cargos e tapinhas nas costas nem sempre sinceros eram mais valorizados que a competência. Na Chrysler, repetiu a mesma abordagem, preferindo premiar o mérito ao tempo de casa, a excelência (em vez da mediocridade) e especialmente os líderes que eram atraídos aos objetivos mais grandiosos e ousados e não tinham medo de correr riscos.

Identificar pessoas dispostas a agarrar a chance de colocar em prática a nova mentalidade e deixar de lado ou até afastar os que resistem a essa mudança costuma ser o primeiro passo para difundi-la. Shaul Oreg, um professor da Cornell, desenvolveu um levantamento para identificar a resistência à mudança e revelar os tipos de pessoas mais e menos adaptados a acolher e praticar um nova mentalidade. Quatro características distintivas dos resistentes à mudança se evidenciaram nas pesquisas de Oreg:

- Os "buscadores da rotina", que concordam com afirmações como "Eu prefiro o tédio a surpresas".
- Pessoas que têm intensas reações emocionais negativas à mudança, que ficam "tensas", "estressadas" e "pouco à vontade" com a perspectiva de realizar novas tarefas ou encarar novos desafios.
- Os imediatistas, que concordam com afirmações como "Quando alguém me pressiona para mudar alguma coisa, tendo a resistir, mesmo se achar que a mudança pode me beneficiar mais para a frente".
- Pessoas "propensas à rigidez cognitiva", que concordam com afirmações como: "Quando chego a uma conclusão, tenho poucas chances de mudar de ideia".

Oreg descobriu que pessoas que concordaram com esse tipo de afirmação não eram mais nem menos inteligentes que as outras. Eram, contudo, mais resistentes à mudança. Os estudantes que tiraram pontuações mais altas em medidas de resistência foram menos propensos a alterar o cronograma dos cursos depois do início do semestre. Os professores de Cornell com pontuações mais altas nessa métrica se mostraram menos propensos a adotar uma nova tecnologia para disponibilizar o conteúdo dos cursos na internet, em comparação com professores com pontuações de resistência mais baixas. Esses professores resistentes à mudança lembram-nos de uma história contada pela CEO de uma organização sem fins lucrativos sobre uma funcionária aflita que encontrou no estacionamento. A organização tinha acabado de passar por uma grande fusão, os papéis e responsabilidades estavam sendo alterados, alguns dos clientes estavam em pé de guerra com a organização e os custos estavam sendo agressivamente cortados. A funcionária perguntou: "Pode me dizer uma coisa? Quando é que a mudança vai terminar?". A CEO deu um sorriso cordial, porém cauteloso, e respondeu: "Sinto muito, mas as mudanças nunca vão terminar".

Esses são os tipos de pessoas que devem ser afastados da iniciativa de potencialização da excelência, pelo menos no começo. Elas desacelerarão as ações e, pior ainda, o medo e a má vontade dessas pessoas podem infectar os outros como uma doença contagiosa. O melhor é recrutar pessoas que se entediam com rotinas estáveis, que não se estressam com novos desafios (ou até gostam deles), tendem a pensar com a vista voltada para o futuro e são propensas a mudar de ideia diante de novas informações. Você quer pessoas que, mesmo quando expressam abertamente ceticismo ou descrença, não conseguem resistir à tentação de tentar algo novo, de melhorar um pouco a própria vida e a dos outros e que não surtam e congelam diante da confusão e dos becos sem saída que são inevitáveis à medida que vamos aprendendo novas maneiras de pensar e agir.

Foi exatamente o que Charlotte Beers fez quando se tornou CEO da icônica agência de publicidade Ogilvy & Mather, no início dos anos 1990. Na ocasião, a agência passava por tamanha turbulência financeira e emocional que Beers determinou que sua principal função seria "livrar nosso nome das críticas e das atenções negativas". Afinal, todos os relatos da imprensa sobre a agência pareciam se focar nas dificuldades da empresa, e a maior parte dos sete mil colaboradores da Ogilvy & Mather também se sentia assim. A recente perda de clientes importantes, como a American Express e a Campbell's Soup, fora especialmente devastadora. A abordagem que Beers usou para reviver e disseminar a excelência por toda a agência foi por vezes "dolorosa, confusa e caótica[27]". Mas um nova mentalidade começou a criar raízes: "A finalidade do negócio é desenvolver a marca de nossos clientes" ou, mais resumidamente, "administrar a marca deles". Beers e sua equipe pressionaram e convenceram os colaboradores dos 272 escritórios da Ogilvy & Mather em todo o mundo a aceitar e pôr em prática esse nova mentalidade. Por exemplo, Beers trabalhou na implementação de "auditorias de marca" por toda a empresa, "uma série de perguntas concebidas para revelar a importância emocional e racional de um produto na vida dos usuários". Respostas a perguntas como "Quais memórias ou associações essa marca lhe traz à mente?" foram utilizadas, nas palavras de Beers, para "guiar cada equipe de marca até chegar à verdade nua e crua da marca".

Os clientes receberam a ideia da administração de marcas e as novas ferramentas como a auditoria de marca com tanto entusiasmo que a agência parou de perder clientes existentes, atraiu novos clientes como a Jaguar Motors e reconquistou a American Express. A imprensa deixou de publicar relatos negativos sobre a empresa, chegando a anunciar que "a Ogilvy & Mather voltou aos trilhos".

Uma das primeiras e mais cruciais manobras de Beers foi selecionar nove executivos para "o grupo sedento de mudanças". Beers propôs: "Unam-se a mim... para reinventar nossa querida agência. Escolhi vocês porque me parecem francos, impacientes com a situação e capazes de liderar esta agência aprimorada e revigorada". Em outras palavras, foram escolhidos por Beers em virtude de sua inquietação com a situação, seu entusiasmo por enfrentar novos desafios, sua propensão a pensar a longo prazo, sua flexibilidade e sua impaciência para começar logo a reconstruir a empresa. O grupo que revitalizou a Ogilvy & Mather tiraria pontuações extremamente baixas no levantamento de resistência à mudança do professor Oreg.

POESIA, ENCANAMENTO E POTENCIALIZAÇÃO DA EXCELÊNCIA

Vimos como gestores, líderes e equipes podem vincular boas causas a boas soluções. As pessoas são motivadas a compatibilizar o que dizem com o que fazem em parte porque nos sentimos hipócritas diante de diferenças gritantes entre crenças e comportamentos. No entanto, em algumas situações, não é prático nem sensato buscar a correspondência perfeita entre comportamento e crença.

James March, um professor emérito de Stanford e possivelmente o mais prestigiado teórico organizacional do planeta, sugere que uma raiz dessa inconsistência necessária é que todo bom executivo, gestor e supervisor é ao mesmo tempo um poeta e um encanador[28]. O lado da poesia envolve principalmente a comunicação das boas causas: a criação de crenças por meio de palavras, histórias, cerimônias, declarações de missão, metas e planos estratégicos para inspirar e orientar as pessoas. O lado do encanamento diz respeito principalmente às boas soluções, especialmente o comportamento detalhista necessário para garantir que aviões ou trens partam e cheguem na hora, aparelhos eletrônicos ou carros sejam produzidos, uvas sejam cultivadas e vinho seja engarrafado ou, no nosso caso, alunos sejam ensinados e livros e artigos sejam escritos. Segundo March, os líderes e seus seguidores têm um profundo desejo de uma boa poesia e do prazer que a acompanha mesmo quando isso leva a implicações pouco claras e pouco práticas para as crenças ou os comportamentos concretos. Às vezes as pessoas precisam ouvir palavras inspiradoras e de consolo, ouvir uma bela música e comer, beber, dançar, brincar e rir juntas, mesmo quando esses prazeres não têm qualquer relação tangível com o atingimento da vitória ou do sucesso. Ficam felizes por estarem vivas, desfrutam da companhia dos colegas e desenvolvem os vínculos e a confiança necessários para seguir em frente juntos.

A arte de potencializar a excelência envolve saber quando criar uma forte conexão entre poesia e encanamento e quando estender, flexibilizar ou até deixar de lado suas crenças mais preciosas. Vimos o poder da bela, porém aparentemente irreal poesia, tais como as exortações de Gandhi para os indianos se envolverem em ações de resistência não violenta e a paixão e impaciência de Donald Berwick para salvar 100 mil vidas em hospitais americanos. Como March explicou, uma poesia como essa reflete a "capacidade de se recusar a aceitar as restrições da realidade", uma capacidade por vezes útil. Bons e experientes poetas às vezes são capazes de liderar as pessoas "para realizar coisas grandiosas que não seriam consideradas possíveis em um mundo 'racional'".

No entanto, a poesia também tem seu lado negro. A aplicação dogmática, impensada e inflexível de uma mentalidade qualquer pode botar você ou sua organização em grandes apuros. Uma mentalidade deve ser tratada como uma bússola ou o sistema de posicionamento global de seu carro ou de seu celular ou, em outras palavras, algo que na maioria das vezes aponta a direção certa. No entanto, é melhor não seguir a orientação às cegas ou você pode dar de cara com obstáculos que deveria ter contornado ou pode não enxergar o destino. Como vimos no Capítulo 1, os melhores líderes resistem a uma abordagem do tipo "receita genérica para tudo" e se mantêm sempre alertas, em busca de situações que devam ignorar ou que exijam a reescrita de sua poesia favorita.

Veja, por exemplo, a propensão obsessiva da Apple de proteger sua propriedade intelectual. A Apple é famosa pela sua cultura de sigilo e ataca agressivamente qualquer concorrente ou pessoa que colocar em risco qualquer coisa que a empresa considerar de sua propriedade. Ao explicar por que a empresa estava buscando processar judicialmente a HTC, Steve Jobs respondeu com uma poesia típica da Apple: "Podemos ficar sentados de braços cruzados, vendo os concorrentes roubarem nossas invenções patenteadas ou podemos fazer alguma coisa a respeito. Decidimos fazer alguma coisa a respeito". Essa postura beneficiou a empresa em muitas ocasiões, como o processo multibilionário que a Apple venceu contra a Samsung em 2012 por violar as patentes dos smartphones da Apple[29]. Em outras ocasiões, contudo, essa devoção irracional levou a Apple a ser vista como um bando de *bullies* (brigões, em português) toscos, como quando Shea O'Gorman, uma menininha de 9 anos, enviou a Jobs uma carta com algumas sugestões para melhorar seu iPod. Os advogados da Apple responderam com uma carta declarando que "a empresa não aceita ideias não solicitadas e orientando [a menina] a não mandar mais qualquer outra sugestão". Isso levou a menina a cair no choro e a publicidade resultante para a Apple não foi nada positiva, lhe rendendo um lugar na lista dos "101 Momentos mais idiotas do mundo dos negócios", compilada pela revista *Fortune*[30]. A Apple queria se proteger de uma possível ação judicial por parte de Shea, caso a empresa um dia resolvesse usar a ideia da menina de mostrar as letras das músicas no *display* (para que ela pudesse cantar junto suas músicas preferidas). Talvez devessem ter flexibilizado sua política antes de enviar uma carta ameaçando uma menina de 9 anos que adorava seu iPod. A revolta provocada pelo incidente levou os advogados da Apple a pedir desculpas a Shea e ajustar o "juridiquês" para evitar constrangimentos como esse no futuro.

4
Reduza a carga cognitiva
Mas lide com a complexidade necessária

"Regras, ferramentas e tolos". Robert Kahn, da University of Michigan, brincou que esses fatores importantes impelem todas as organizações. A definição de Kahn é instrutiva para os responsáveis pela potencialização da excelência. O processo requer incluir novas regras, processos e tecnologias; acrescentar mais pessoas e alocá-las em funções, equipes, regiões, divisões, instalações de produção, lojas de varejo, empresas, navios etc. Esses acréscimos são partes inevitáveis e necessárias da difusão da excelência. No entanto, a mecânica e a agitação mental associadas podem forçar pessoas e sistemas até o ponto de ruptura. Este capítulo investiga por que o "mais mais mais" do escalonamento pode passar causando estragos em toda uma equipe ou organização. E propõe soluções para evitar armadilhas previsíveis.

Não importa se o desafio for disseminar melhores maneiras de abastecer carros em quatro equipes de *pit stop* da Hendrick Motorsports, trazer a bordo centenas de novos recrutas do Facebook ou da Bridge International Academies, implementar novas práticas de "operações irregulares" na JetBlue ou disseminar o design centrado no cliente por toda a Procter & Gamble, o escalonamento implica submeter as pessoas a um furacão de mudanças e tarefas desconhecidas, difíceis e inquietantes. O grande volume e complexidade em geral sobrecarregam a "memória de trabalho" das pessoas envolvidas na iniciativa, o que resulta em pontos cegos e más decisões e consome a força de vontade das pessoas.

Os pesquisadores chamam essa condição de "sobrecarga cognitiva" e seus efeitos lastimáveis já foram bem documentados. Por exemplo, Baba Shiv, pesquisador da área de marketing, dividiu aleatoriamente os estudantes, participantes do estudo, em dois grupos: um grupo foi encarregado de memorizar dois dígitos (por exemplo, 16) e o outro, sete (por exemplo, 2257324). Antes de dizer o número memorizado a um experimentador, os estudantes caminharam por um corredor onde tiveram de escolher entre salada de frutas e bolo de chocolate com uma cereja por cima. Os estudantes que trabalharam para memorizar os sete dígitos tiveram 50% mais chances de escolher o bolo. Por quê? O esforço mental necessário para lembrar aqueles cinco dígitos adicionais os induziu a pegar o caminho mais fácil e devorar o bolo apesar de ser a opção menos saudável[1].

Não foi por acaso que Shiv usou sete dígitos. Sete é o "número mágico" para os pesquisadores da memória. Em 1956, o psicólogo George Miller demonstrou que as pessoas são capazes de guardar "sete, mais ou menos dois" dígitos na memória de curto prazo. No entanto, os designers organizacionais raramente dão importância às implicações da Lei de Miller[2] ou de milhares de estudos realizados posteriormente sobre os perigos de sobrecarregar nosso cérebro. À medida que as organizações se expandem e amadurecem, em vez de racionar ou subtrair a carga, líderes e equipes muitas vezes acumulam tantas métricas, procedimentos e tarefas que as pessoas perdem a capacidade e a força de vontade para fazer as coisas certas.

Kevin Peters, presidente da Office Depot, nos dá um exemplo esclarecedor. Quando Peters assumiu o cargo em 2010, ele se viu diante de dois fatos conflitantes: a organização usava medidas como avaliações feitas por "clientes misteriosos" (que observam em segredo e registram as ações dos colaboradores), mas mesmo assim as vendas na loja estavam em queda. Depois de visitar 70 lojas em 15 estados, Peters descobriu que colaboradores e gestores se sentiam tão pressionados para fazer tarefas como varrer o chão e abastecer prateleiras, que costumavam ignorar os interesses e as necessidades dos clientes. Em outras palavras, ficavam de frente para as prateleiras e de costas para os clientes[3]. As métricas dos clientes misteriosos da Office Depot desviavam a atenção dos compradores, apesar de todos os colaboradores acreditarem que atendê-los deveria ser sua principal prioridade.

Como a Office Depot descobriu, quanto maior for o número de tarefas que as pessoas deveriam fazer, pior tendiam a ser a execução dessas tarefas. Pesquisas sobre a multitarefa revelam uma lição similar. A ascensão das tecnologias da informação, especialmente os smartphones, nos transformou em criaturas que fazem muitas coisas ao mesmo tempo. Enviamos mensagens de texto, escrevemos e-mails ou navegamos na internet ao mesmo tempo que tentamos ouvir e conversar com colegas, professores ou entes queridos e, como se isso não bastasse, talvez até fazer tarefas domésticas, escrever um relatório ou dirigir um carro. Apesar das alegações de que os jovens que cresceram com essas parafernálias são mais habilidosos nesse malabarismo que seus pais ou avós, inúmeros estudos mostram que a multitarefa prejudica a competência de todos. O finado Cliff Nass e seus colegas de Stanford também descobriram que as habilidades de multitarefa não são desenvolvidas com a prática. Os "praticantes pesados da multitarefa" apresentaram um desempenho pior que os "praticantes leves" em todas as tarefas analisadas. Em outras palavras, eles eram piores na multitarefa! Nass concluiu: "São fanáticos pela irrelevância...Tudo e qualquer coisa os distrai[4]".

Um estudo realizado em 23 unidades de terapia intensiva neonatal ressalta os perigos de sobrecarregar as pessoas com tarefas extras. Aquelas UTIs neonatais exigiam que o pessoal de linha de frente, inclusive enfermeiros, médicos e fisioterapeutas respiratórios se envolvessem mais no compartilhamento de informações e na tomada de decisões. Quando o pessoal colaborava para melhorar os cuidados de saúde – aprendendo e ensinando maneiras de controlar infecções, por exemplo –, as taxas de mortalidade infantil caíam. No entanto, o pessoal envolvido na administração ("governança compartilhada") foi associado a taxas de mortalidade mais altas. Quando participavam da contratação, avaliações de desempenho e planejamento do orçamento, mais bebês morriam! Conversamos sobre esses resultados, observados pela primeira vez em 2002, com Anita Tucker, de Harvard, que participou da equipe de pesquisa. Ela conduziu análises adicionais em 2003 e 2004 para este livro e descobriu que as taxas de mortalidade mais elevadas nas UTIs neonatais com "governança compartilhada" se mantiveram em todos os três anos analisados[5]. Tucker nos escreveu dizendo que "os médicos com quem conversamos sobre governança compartilhada e resultados clínicos acharam que os resultados da análise eram bastante precisos, porque [a governança compartilhada] afastava os enfermeiros dos pacientes e desviava sua atenção do atendimento clínico".

MAIOR E MAIS BURRA?

Em resumo, a carga cognitiva é outra razão pela qual a potencialização da excelência é o Problema do Mais. Ela pode sobrecarregar as mentes e organizações humanas além do que são capazes de suportar. Quando isso acontece, as pessoas ignoram suas melhores intenções, trabalham nas tarefas erradas, se distraem com frequência e apresentam um desempenho pior em tudo o que tentam fazer. O escalonamento oferece um possível antídoto para esse problema: acrescentar pessoas para dividir a carga. A maioria das aventuras de escalonamento, seja abrir uma rede de restaurantes ou difundir as melhores práticas em hospitais, começa com uma ou duas pessoas ou talvez uma pequena equipe. E, se os outros farejarem o sucesso, os projetos atrairão mais ajuda.

Infelizmente, apesar de mãos e mentes adicionais poderem aliviar o fardo, esses acréscimos vêm acompanhados de desagradáveis efeitos colaterais. À medida que as equipes crescem, o desempenho individual padece. Bradley Staats e seus colegas documentaram esse declínio em um experimento que comparou equipes de duas e quatro pessoas. As equipes foram solicitadas a montar uma figura humana com 50 peças de Lego. As equipes maiores foram mais rápidas para montar o boneco, levando uma média de 28 minutos contra 36 minutos das equipes menores. No entanto, a "eficiência da mão de obra" das equipes de duas pessoas foi maior: 72 "minutos por pessoa" de trabalho contra 112 minutos das equipes de quatro pessoas. As equipes maiores perderam 40 minutos, porque cada membro delas precisava coordenar e tomar decisões com três pessoas, em vez de uma. Ouvimos uma história parecida envolvendo o estudo de Jennifer Mueller com 26 equipes de projetos de inovação (com três a 19 membros) que acompanhou durante dois a oito meses. As avaliações feitas por líderes e colegas revelaram que, quanto maior a equipe, pior é o desempenho de cada integrante. Os colaboradores de equipes maiores deram menos apoio e ajuda uns aos outros porque era mais difícil manter tantas relações sociais e coordenar o trabalho com mais pessoas[6].

Depois de dedicar quase 50 anos a estudar a eficácia de grupos, o finado J. Richard Hackman concluiu que, para a maioria das tarefas, o tamanho ideal da equipe é de quatro a seis pessoas: "Minha regra geral é que nenhuma equipe de trabalho deve ter mais de nove pessoas... O número de problemas de desempenho encontrado por uma equipe aumenta exponencialmente à medida que a equipe cresce[7]". Aqui voltamos a ver o número mágico de Miller (sete, mais ou menos dois): quando uma equipe tem mais de nove integrantes, os problemas começam. Como Miller e Hackman concordariam, James H. Webb Jr., capitão aposentado da marinha americana e ex-senador dos Estados Unidos, explicou por que a "esquadra", a unidade de combate básica, encolheu de 12 para 4 integrantes durante a Segunda Guerra Mundial. Webb escreveu no *Marine Corps Gazette* que era "imensamente difícil" para os líderes de esquadra da marinha controlar aquela "multidão de 12 homens" no estresse e confusão da batalha[8]. Problemas de coordenação corriam soltos e relacionamentos próximos, nos quais os soldados lutam pelos companheiros, eram mais difíceis de manter em equipes de 12 homens.

Como diz Brad Smith, o CEO da Intuit, "Para criar uma cultura de inovação, menos costuma ser melhor". Como fazem as equipes da Amazon, a gigante do varejo online, a Intuit põe em prática essa filosofia com a Regra das Duas Pizzas: "Nossa equipes de desenvolvimento não podem ser maiores que o número de pessoas que podem ser alimentadas com duas pizzas", o que ajuda as pessoas a "manter a agilidade e tomar decisões rapidamente[9]". Essa lição também se aplica a organizações minúsculas. A Pulse News, app "agregador de notícias" para smarphones e tablets, foi fundada em meados de 2010. A pequena *startup* se viu assolada por falhas de comunicação e mal-entendidos assim que cresceu um pouco, de três para oito pessoas. Os fundadores Akshay Kothari e Ankit Gupta nos contaram que, depois que dividiram essas oito pessoas em três equipes, passaram a produzir um software melhor, com desempenho mais rápido e requerendo menos discussões. Quando a Pulse se expandiu para cerca de 12 pessoas (trabalhando em quatro equipes, todas na mesma sala), cada equipe mantinha um quadro de avisos com os trabalhos que estavam sendo feito, para ajudar todos da empresa a se informar dos acontecimentos[10]. Todo dia, lá pelas 15h30min, as equipes também faziam uma breve apresentação para a empresa toda sobre o que estavam fazendo e como precisavam de ajuda. A Pulse continuou usando equipes pequenas quando cresceu para 25 colaboradores e 30 milhões de usuários. Hoje, a Pulse faz parte do LinkedIn, que comprou a empresa por US$ 90 milhões em abril de 2013.

A constatação de que grupos maiores podem sobrecarregar a mente é ecoada na pesquisa de Robin Dunbar, um antropólogo de Oxford, popularizada por Malcolm Gladwell. Dunbar afirmou que o tamanho de um grupo de primatas é limitado pela capacidade cognitiva dos integrantes de manter laços sociais. Gladwell explica:

> Se você pertence a um grupo de cinco pessoas, Dunbar observa, precisa manter-se a par de dez relacionamentos distintos: seus relacionamentos com os outros quatro integrantes do círculo e os seis outros relacionamentos mútuos entre os outros integrantes... Se você pertence a um grupo de 20 pessoas, contudo, precisa acompanhar 190 relacionamentos mútuos: 19 envolvendo você e 171 envolvendo o resto do grupo. Isso representa um aumento de cinco vezes no tamanho do grupo, mas um aumento de 20 vezes no volume de processamento das informações necessárias para "conhecer" os outros integrantes do grupo[11].

Como Hackman, Dunbar acredita que os desafios de comunicação e coordenação aumentam exponencialmente: quando mais de quatro ou cinco pessoas se reúnem, a comunicação direta e pessoal começa a ficar complicada. Dunbar acredita que esses limites explicam estudos que revelaram que as reservas em restaurantes são feitas por grupos de, em média, 3,8 clientes e que a maioria dos comitês de grandes corporações americanas têm entre cinco e oito membros. Dunbar calculou que quando um número suficiente de pessoas e grupos pequenos compõe uma organização para que tenha mais que cerca de 150 pessoas (entre 100 e 230), as demandas excedem a capacidade de retenção da mente humana.

Dunbar se concentra no ônus das "atividades de higiene pessoal", que envolvem cuidar uns dos outros. Babuínos e outros primatas não humanos passam muitas horas com os integrantes de seu grupo, coçando e afagando uns aos outros e tirando folhas e piolhos do pelo uns dos outros. Atividades como essas promovem a higiene, mas seu maior valor está na manutenção dos laços sociais. Dunbar argumenta que fofocas e bate-papos têm uma função semelhante para os seres humanos. Ele calcula que, numa organização de 150 pessoas, as pessoas dedicam cerca de 42% do tempo a cuidar uns dos outros. Com 200 pessoas, essa proporção salta para 56%. É por isso que, segundo ele, as organizações deveriam, como muitas fazem, se dividir em unidades menores de aproximadamente 150 pessoas. Com cerca de 200 ou 250 pessoas, a organização é varrida por conflitos e problemas de coordenação e desempenho. Esses limites parecem explicar por que, remontando a pelo menos os romanos de 104 a.C., os exércitos usavam unidades militares de aproximadamente 150 membros (nunca mais que 230) e essa prática se mantém hoje apesar de termos tecnologias de comunicação muito melhores. Estudos modernos de comportamento na internet confirmam o número de Dunbar. Uma análise conduzida em 2012 com 1,7 milhão de usuários do Twitter publicada no *Bulletin of the American Physical Society* revelou que os usuários só conseguiam manter entre 100 a 200 relacionamentos on-line, simultaneamente[12].

Pesquisas relacionadas mostram que, à medida que as organizações crescem e amadurecem, os custos de "manutenção", "coordenação" e "higiene pessoal" se aceleram conforme os tomadores de decisão acrescentam camadas hierárquicas, criam equipes e departamentos e acumulam regras e processos. Em geral, gestores são adicionados mais rapidamente que as pessoas que realizam o trabalho principal da organização[13]. As universidades parecem ser particularmente amaldiçoadas por essa propensão ao inchaço administrativo[14]. Segundo o *The Economist*: "Entre 1993 e 2007, os gastos com burocratas universitários em 198 das principais universidades dos Estados Unidos aumentaram em uma velocidade muito maior que os gastos com o corpo docente. Por exemplo, Harvard aumentou 300% seus gastos administrativos por aluno... Em algumas universidades, como a Arizona State University, quase a metade dos colaboradores de período integral é composta de administradores".

O Departamento de Educação dos Estados Unidos relata que, em 1976, as universidades americanas tinham cerca de 50 "profissionais não docentes" por cem membros do corpo docente[15]. Em 2009, essa proporção já tinha chegado a 98 para 100, um inchaço administrativo bem parecido com o constatado na Arizona State University. Northcote Parkinson, historiador naval e satirista da gestão, observou um padrão semelhante décadas antes[16]. Em 1914, a marinha britânica tinha 62 navios de grande porte, 146 mil oficiais e marinheiros e dois mil "oficiais do almirantado" (servidores públicos contratados para dar suporte ao trabalho). Em 1928, a marinha pós-Primeira Guerra Mundial tinha apenas 20 navios grandes e 100 mil oficiais e marinheiros, mas o número de oficiais do almirantado quase dobrou, passando a 3.569. Entre 1935 e 1954, a porcentagem de oficiais do almirantado aumentou ano após ano (de 5% a 7%), não importava se o resto da marinha estivesse se expandindo ou encolhendo.

À medida que organizações e programas se expandem e amadurecem, em geral procedimentos e processos cada vez mais complicados são propagados. Brigadas infladas de administradores devem justificar sua existência, de modo que se ocupam de elaborar mais regras e exigir que os colegas façam mais malabarismos, furtando o trabalho mais essencial da capacidade, do empenho e da força de vontade dos colaboradores. No pior dos casos, o resultado é a doença da "empresa grande e burra", na expressão de John Greathouse[17]. Rao viu essa doença vitimando uma rede de postos de gasolina da costa oeste dos Estados Unidos com a qual trabalhou vários anos atrás. Quando Rao perguntou aos colaboradores de linha de frente como resolviam os problemas de atendimento ao cliente, disseram que não valia a pena se dar ao trabalho. Eram obrigados a obter nove aprovações até para pequenos atos de boa vontade, como reembolsos ou substituição de mercadorias danificadas. A empresa não confiava nos colaboradores, os gestores não confiavam uns nos outros e a consequência era que até pequenas reclamações dos clientes levavam meses para ser resolvidas nas raras ocasiões em que os colaboradores se dispunham a encarar toda a burocracia.

Geoffrey West, um físico do Santa Fe Institute, afirma que essa propensão das organizações de dedicar cada vez mais recursos a manter e alimentar a burocracia e cada vez menos recursos ao trabalho em si acaba levando à sua ruína. West e seus colegas estudaram 23 mil empresas e descobriram que, à medida que as empresas cresciam, os lucros por colaborador encolhiam. Eles argumentam que as pequenas empresas se concentram em fornecer excelentes produtos e serviços. À medida que crescem, "a administração começa a se voltar aos resultados financeiros e um batalhão de pessoas é contratado para monitorar os clipes de papel". West argumenta que burocracias inchadas erodem as vantagens da maior escala. Custos indiretos inchados e lucros reduzidos significam que até as menores perturbações do mercado podem levar a perdas catastróficas. Ele conclui: "As empresas são destruídas pela necessidade de continuar crescendo[18]".

Apesar dos riscos, o maior pode de fato ser melhor, ou pelo menos muito bom, nas condições certas. Para começar, a maioria das organizações é pequena demais para sofrer da doença da Empresa Grande e Burra. Em 2008, das seis milhões de empresas americanas com colaboradores, mais da metade tinha quatro ou menos colaboradores e só 981 tinham mais de 10 mil[19]. De forma similar, em 2012, 1,6 milhão de organizações sem fins lucrativos foram cadastradas na Receita Federal americana (o Internal Revenue Service), apenas 25% tiveram um faturamento superior a US$ 100 mil e só 4% excederam a marca dos US$ 10 milhões[20]. Várias centenas de organizações sem fins lucrativos têm um faturamento acima de US$ 50 milhões, inclusive cerca de

200 fundadas desde 1975, como a Habitat for Humanity e a Teach for America, de modo que muitas boas ações estão sendo feitas por recém-chegados de rápido crescimento[21]. Multinacionais gigantescas como a Apple, a General Electric, o Walmart, a Yum! e o McDonald's podem até acabar caindo sob o próprio peso, mas esses gigantes conseguiram passar décadas resistindo e crescendo. Mesmo assim, essas empresas não passam de bebês em comparação com a Igreja Católica, que tem mais de dois mil anos de idade, mais de um bilhão de membros e foi liderada por 266 papas. A Igreja enfrenta muitos problemas, inclusive escândalos sexuais e acusações de rigidez extrema. No entanto, apesar do enorme tamanho, a Igreja se mostrou repetidamente, no decorrer de sua longa história, à altura dos desafios de disseminar a excelência e reverter o mau comportamento[22].

Furiosos embates têm sido travados sobre os limites e os perigos do tamanho de uma organização desde a crise financeira de 2008. Executivos, políticos e acadêmicos discutem os "megabancos", tentando decidir se gigantes como o Bank of America e o Citibank, com trilhões de ativos, são "grandes demais para fracassar" e se não deveriam ser fragmentados. Alguns gigantes podem de fato ser grandes demais para proteger os mercados financeiros e sua própria viabilidade de longo prazo, como até Sandy Weill, ex-CEO do Citibank, passou a admitir. No entanto, até os críticos mais severos dos megabancos, inclusive Simon Johnson, do MIT, sugerem que as economias de escala se evidenciam em bancos com menos de US$ 100 bilhões em ativos, o que significaria que mais de seis mil bancos americanos são pequenos o suficiente para ainda ter muito espaço para crescer[23].

A conclusão é que, sim, crescer pode ser ruim. Contudo, por uma questão prática, em organizações de todos os setores e de todos os portes, alguns líderes e equipes conseguem lidar bem com o crescimento e a expansão e outras não. Além disso, a maioria das organizações é pequena a ponto de possibilitar aos líderes manter o foco certo na expansão eficaz da influência da organização e não em crescer demais. Para nós, isso significa que os maiores desafios em decidir a melhor maneira de acrescentar regras, ferramentas e pessoas sem criar burocracias inchadas e dominadoras, repletas de pessoas sobrecarregadas e irresponsáveis. Falaremos sobre isso no restante deste capítulo.

"O TRABALHO DA HIERARQUIA É DERROTAR A HIERARQUIA"

Muitas organizações e projetos são engessados e paralisados por uma burocracia e hierarquia social contraprodutentes. Ainda assim, rejeitamos sugestões de gurus, inclusive Gary Hamel, de que "a burocracia deve morrer" e que o controle *top-down* (no qual todos obedecem à hierarquia) é "tóxico". Nem as pequenas organizações conseguem funcionar sem hierarquias e funções, grupos e divisões especializadas. Regras e processos bem-elaborados criam previsibilidade, reduzem conflitos, facilitam a coordenação e diminuem a carga cognitiva porque munem as pessoas (muitas vezes com a ajuda de computadores) de reações comprovadas em situações de rotina, em vez de forçá-las a reinventar a roda a cada vez. É impossível promover o crescimento de uma organização ou disseminar a excelência sem controles, restrições e elementos constitutivos testados e comprovados como esses[24].

Muitos têm uma relação de amor ou ódio com essas armadilhas burocráticas. Desprezamos os limites que impõem sobre nossa liberdade, mas adoramos o que nos permitem realizar. Depois de analisar uma montanha de estudos, as psicólogas Deborah Gruenfeld e Larissa Tiedens concluíram que as pessoas são especialmente contraditórias no que se refere às hierarquias[25]. A maioria dos colaboradores diz que prefere organizações participativas e democráticas e criticam locais de trabalho nos quais algumas poucas pessoas exercem seu poder sobre o restante delas. No entanto, equipes e organizações não conseguem operar sem uma hierarquia social. Esses estudos também mostram que, embora as pessoas digam que não gostam de hierarquias, elas são mais felizes, mais tranquilas e mais produtivas quando as diferenças de poder e de status estão presentes e são bem-compreendidas.

Grupos humanos (e animais) não podem evitar as hierarquias porque as diferenças de poder e status melhoram a eficácia coletiva de incontáveis maneiras. As hierarquias esclarecem quem toma e quem não toma as decisões, quando elas são finais, e definem milhares de detalhes, como onde se sentar, quem deve falar mais ou menos, o que vestir e quando as reuniões começam e terminam. Vejamos um experimento fracassado proposto por Larry Page, cofundador e CEO do Google, "obcecado em fazer o Google funcionar como uma empresa pequena". Em 2001, quando o Google cresceu para cerca de 400 pessoas, Page decidiu que os gestores de nível médio estavam gerando complexidade e atrito desnecessários. Ele se livrou de todos eles e mais de cem engenheiros passaram a reportar a um único executivo sobrecarregado. Frustração e confusão correram soltas. Sem aqueles gestores de nível médio, era quase impossível para os engenheiros fazer seu trabalho e para os executivos se informar sobre os acontecimentos e fazer alguma coisa a respeito. Page aprendeu a duras penas que uma hierarquia pode ser achatada demais e que os gestores de nível médio muitas vezes são uma complexidade necessária[26].

O desafio, então, é incorporar essa complexidade em um sistema que maximize os benefícios e minimize os danos. Chris Fry e Steve Greene seguiram um lema intrigante nos anos que passaram ajudando a escalonar a organização de desenvolvimento de software da Salesforce.com de 40 para 600 pessoas. Aos nossos ouvidos, aquele lema pareceu um pouco maluco no início: "O trabalho da hierarquia é derrotar a hierarquia[27]". No entanto, quando ficamos sabendo da história deles, percebemos que o lema fazia muito sentido. Aqueles executivos usaram a hierarquia da Salesforce para reparar a burocracia da organização. Nas palavras de Greene, eles a usaram para construir "um sistema operacional organizacional melhor".

Em 2006, embora seus 40 engenheiros fossem muito talentosos e ainda estivessem criando excelentes produtos, a organização de desenvolvimento da Salesforce estava diante de sérios problemas. Segundo Fry, "começamos a ver que o progresso das equipes estava ficando cada vez mais lento e nossos lançamentos começaram a ficar cada vez mais espaçados. Nossa capacidade de atender os clientes estava piorando. São coisas que costumam acontecer com um monte de empresas que estão crescendo".

Fry e Greene acreditavam que grande parte do problema era que o sistema deixava muito controle (bem como a culpa pelos fracassos e os créditos pelas vitórias) nas mãos de alguns poucos executivos seniores. Um lastimável efeito colateral foi que a maioria dos engenheiros de software tinha pouca influência ou responsabilidade pessoal sobre o software desenvolvido pela Salesforce. Fry e Greene substituíram esse sistema por outro, que usava equipes menores e atribuía um maior nível de responsabilização a líderes de equipe e engenheiros. Esperava-se que todas as equipes de desenvolvimento concluíssem um novo "demo" (um protótipo funcional do software) a cada 30 dias e que a empresa como um todo lançasse um novo produto a cada quatro meses (uma meta que só não foi atingida uma vez em seis anos). Fry e Greene também criaram um mercado interno de trabalho aberto a todos que reforçou a responsabilização. Todos os engenheiros tinham a liberdade de mudar de equipe sem precisar da autorização do líder. Todo ano, cerca de 20% dos engenheiros optaram por mudar de equipe, o que encorajou os líderes a tratar bem seu pessoal e desenvolver uma boa reputação, expôs os líderes incapazes de reter um bom pessoal e deixou aos engenheiros o encargo de encontrar equipes adequadas à sua índole e seus talentos.

Este capítulo tem por base a visão de Fry e Greene de que a hierarquia é, ao mesmo tempo, uma causa dos males resultantes da potencialização da excelência e uma cura para esses males. Apresentamos cinco táticas para construir sistemas operacionais organizacionais melhores. A maioria desses conselhos se fundamenta no mantra que apresentamos no Capítulo 1: o escalonamento é um problema do *mais* e do *menos*, porque, à medida que mais é acrescentado, a subtração (e a divisão) ajuda a combater e conter a complexidade necessária. Muito cuidado, contudo, com a tentação de simplificar demais, extirpando valiosos músculos e ossos. O escalonamento requer uma propensão à parcimônia, a conhecer as nuances de uma organização e de seu pessoal para simplificar o máximo possível, mas não mais que isso.

1. A subtração como um estilo de vida

O célebre romancista americano Ernest Hemingway disse que o dom mais essencial de um bom escritor é "um detector de porcarias embutido e à prova de choque"[28] ou, em outras palavras, a capacidade de identificar um texto ruim ou desnecessário, a habilidade de consertar o que é aproveitável e a força de vontade de jogar fora o que não puder ser consertado ou que for desnecessário. Os líderes e as equipes que disseminam a excelência agem da mesma forma, detectando e extirpando implacavelmente regras, ferramentas e tolos que atravancam o trabalho e impedem as pessoas de pensar com clareza.

David Kelley, da IDEO, nos contou uma velha história bastante ilustrativa sobre como Steve Jobs colocava em prática a mentalidade da subtração. Na década de 1980, a Apple contratou a empresa de inovação de Kelley para ajudar a criar o design de seu primeiro mouse. Os designers da Kelley toparam o desafio quando Jobs decidiu que o mouse teria apenas um botão e não dois. Os engenheiros da Apple argumentaram com veemência que o mouse deveria ter dois botões porque os usuários poderiam fazer muito mais coisas do que com um dispondo apenas de um botão. Esses engenheiros não ficaram nada contentes quando Jobs acabou sendo convencido pela redatora técnica, provavelmente a pessoa de mais baixo status presente na sala. Ela disse que seria muito mais fácil escrever um manual de instruções simples se o mouse só tivesse um botão e que os usuários aprenderiam a usá-lo com mais facilidade.

Essa decisão se encaixa perfeitamente na eterna missão de Jobs de reduzir a carga cognitiva e simplificar as experiências para os clientes e colaboradores da Apple, uma mentalidade que se mantém até hoje na empresa. O autor Adam Lashinsky, que passou anos acompanhando a Apple, observa: "No resto do mundo corporativo, dizer que você administra uma declaração de lucros e perdas é proclamar seu domínio[29]". Essa observação de Lashinsky nos inspirou a perguntar aos top 60 executivos seniores de uma grande empresa de bebidas: "Quantos de vocês têm responsabilidades de P&L?". Mais de 50 pessoas levantaram a mão. Por outro lado, apesar do enorme valor de mercado e reservas de caixa da Apple, Lashinsky relata que naquela empresa só um executivo tem responsabilidades de P&L – Peter Oppenheimer, o diretor financeiro da empresa –, porque remover esse tipo de tarefa permite que os outros executivos "se concentrem em seus pontos fortes".

A subtração não é só para os executivos seniores. Os melhores gestores e equipes têm o hábito de identificar impedimentos desnecessários e se livrar deles. Foi o que o diretor de marketing Dan Markovitz fez quando liderou uma equipe de sete pessoas em uma grande empresa. No livro de Matthew May, *The Laws of Subtraction*, Markovitz descreve como sua equipe estava sobrecarregada e irritada com um intricado sistema para administrar pedidos de férias[30]. Ele decidiu ignorar o sistema e disse à sua equipe que "se eles fizessem o trabalho, para mim não fazia diferença alguma quantos dias de férias eles tiravam no ano". O conceito funcionou maravilhosamente. Ele deixou de perder tempo com a papelada, sua equipe se sentiu respeitada e não viu mais necessidade de tentar manipular o sistema: "O número de dias de férias que tiraram na verdade *diminuiu*". O experimento de Markovitz foi um sucesso porque criou responsabilização. "O foco da minha equipe passou de descobrir como burlar o sistema a descobrir corresponder à nova responsabilidade".

Experimentos de subtração também são realizados em uma escala maior. Em 2012, executivos da Adobe conduziram um desses experimentos que afetou todos os 11 mil colaboradores da empresa, conhecida por programas de computador como o Photoshop, o Acrobat, o Creative Cloud e o Digital Marketing Suite. Eles mataram uma das vacas corporativas mais sagradas de todas: as tradicionais avaliações de desempenho anuais. Os especialistas em gestão passaram décadas questionando o valor essas avaliações. O guru da qualidade W. Edwards Deming explodiu: "Isso fomenta a performance imediatista, acaba com o planejamento de longo prazo, gera medo, destrói o trabalho em equipe, alimenta a rivalidade e as disputas de poder[31]". Sam Culbert, da University of California em Los Angeles (UCLA), caracterizou as avaliações de desempenho como meras imposturas e exortou as empresas a aboli-las[32]. Às vezes, nós dois brincamos que, se a avaliação de desempenho (como normalmente é feita) fosse um medicamento, ela não seria aprovada pelo governo porque em geral é ineficaz e tem inúmeros e terríveis efeitos colaterais.

Apesar dessas críticas virulentas, a Adobe foi uma das poucas empresas que tiveram a coragem e o bom senso de abandonar as avaliações de desempenho. Em 2012, passaram de avaliações anuais de desempenho a "checagens" frequentes nas quais os gestores dão aos colaboradores orientações e conselhos pontuais. Essas conversas não têm um formato ou frequência fixos e os superiores não precisam preencher nenhum formulário nem usar nenhuma tecnologia para orientar ou documentar o que acontece nas sessões de checagem. A empresa só espera que façam checagens corriqueiras para comunicar o que se espera dos colaboradores, dar e receber feedback e ajudar seu pessoal a crescer e se desenvolver. O objetivo é informar as pessoas no momento em que essas informações são necessárias e não meses depois de passada a ocasião de orientá-las. Os gestores fazem ajustes anuais na remuneração dos colaboradores e contam com muito mais liberdade de decisão do que no passado. Têm autoridade quase total de alocar sua verba entre os colaboradores como bem entenderem. Além disso, os colaboradores passaram a ser remunerados com base em seu sucesso no atingimento das metas e as avaliações formais foram abolidas. Na fase de implementação, os gestores foram treinados nas nuances de dar e receber feedback e conduzir outras conversas difíceis por meio de palestras e exercícios de *role playing* nos quais interpretaram papéis para praticar cenários potencialmente problemáticos.

Donna Morris, vice-presidente sênior de pessoas e lugares da Adobe, explicou o que levou a empresa a fazer essas mudanças. Os líderes da Adobe decidiram que as desvantagens (que todo mundo já está careca de saber) do antigo sistema de avaliação eram simplesmente inaceitáveis[33]. A complexa infraestrutura necessária para sustentar o sistema e o tempo roubado do pessoal atarefado da Adobe todo mês de janeiro e fevereiro já bastariam para motivar a decisão. A equipe de Morris calculou que as avaliações anuais tomavam 80 mil horas do tempo de dois mil gestores da Adobe todos os anos, o equivalente a 40 colaboradores trabalhando em período integral. Mesmo depois de tudo aquilo, levantamentos internos revelavam que os colaboradores se sentiam menos inspirados e motivados e a rotatividade tinha aumentado.

Diante disso, Morris e seus colegas decidiram que era hora de fazer uma grande mudança. Ela enfatizou que o novo sistema de "checagens", no qual gestores e colaboradores diretos criariam o hábito de conversar sobre o desempenho e outras questões (em vez de passar por um processo formal uma vez por ano), fazia parte de uma iniciativa mais ampla voltada a incutir uma maior responsabilização por toda a empresa. Por exemplo, agora os gestores têm mais poder de decisão no que se refere aos aumentos salariais de seu pessoal por mérito. O objetivo da Adobe é oferecer aos gestores habilidades, autoridade e responsabilidade para que possam agir praticamente como quem comanda o próprio negócio. A responsabilização é reforçada por um "levantamento de clima organizacional", um questionário continuamente distribuído a uma amostra aleatória de colaboradores da Adobe e que inclui métricas que possibilitam à empresa saber se os gestores estão sabendo definir bem as expectativas, dar e receber feedback e ajudar seu pessoal a crescer e se desenvolver. Além disso, Morris enfatizou que um de seus principais objetivos foi subtrair a tecnologia do processo de feedback. Ela não queria que os gestores se escondessem por trás de formulários e computadores, mas que tivessem conversas francas e naturais com seu pessoal.

Morris nos deu notícias em agosto de 2013, cerca de 15 meses depois da implementação da mudança. A ousada manobra da Adobe parece estar funcionando. Um colaborador informou à equipe de Morris que um sentimento de alívio se espalhou por toda a empresa porque o antigo sistema de avaliação anual era um "exercício sem alma e destruidor dela". O levantamento de clima organizacional indica que a maioria dos gestores e colaboradores da Adobe considera o novo sistema menos trabalhoso e mais eficaz que o antigo, de classificação e pontuação. Por exemplo, 78% dos colaboradores relataram que seu gestor se mostrou aberto ao feedback deles, constituindo uma melhoria considerável em comparação com as pesquisas de opinião anteriores. Como Morris e sua equipe esperavam, ao eliminar um sistema que supunha que os gestores só conversavam uma vez por ano sobre problemas de desempenho com seu pessoal e ao adotar um sistema que envolvesse checagens regulares, os melhores gestores estão aproveitando para aprimorar suas habilidades. Também importante, muitos outros gestores estão aprendendo a conversar com seus colaboradores diretos sobre o que se espera deles, como estão indo e o que podem fazer para serem mais eficazes.

A mudança no que se refere à perda de pessoal da Adobe foi especialmente reveladora. Desde que o novo sistema foi implementado, os afastamentos involuntários aumentaram 50%. Isso aconteceu porque, como Morris explicou, o novo sistema requer que executivos e gestores tenham "conversas difíceis" regulares com os colaboradores que apresentam problemas de performance, em vez de adiar essas conversas até o próximo ciclo de avaliação de desempenho. Por outro lado, as demissões voluntárias na Adobe caíram 30% desde que as "checagens" foram introduzidas. Além disso, dos colaboradores que optam por sair da empresa, uma porcentagem maior é de saídas "não lastimáveis" ou, em termos menos delicados, ninguém vai sentir falta deles.

Em resumo, o experimento de subtração da Adobe parece estar tendo o efeito desejado. A carga cognitiva desnecessária está sendo reduzida e, ao mesmo tempo, o novo sistema está incitando os gestores a se envolver com mais frequência e mais franqueza com seus colaboradores diretos para ajudá-los a desenvolver suas habilidades e planejar melhor a carreira. O novo sistema reforça a sensação de que "eu sou dono do lugar e o lugar é meu dono", porque agora cabe aos gestores e seus colaboradores fazer ajustes regulares para melhorar o desempenho individual e da equipe. O sistema também reforça a responsabilização, porque os gestores agora são muito mais responsáveis por decidir a remuneração de seu pessoal, em comparação com o sistema antigo. Como Morris explicou, a velha desculpa de que "você merece um aumento maior, mas o RH não deixou" não cola mais.

Apesar desse início promissor, mesmo se o experimento não vingar, aplaudimos Morris e seus colegas pela coragem de matar essa prática tão odiosa, apesar de ainda ser considerada sagrada em tantos lugares. No final, as "checagens" da Adobe podem se revelar mais danosas que as avaliações tradicionais. No entanto, sem experimentos como esse, as organizações correm o risco de ficar presas em premissas equivocadas e práticas destrutivas, mesmo quando existe um jeito melhor de fazer a coisa.

Nós não defendemos a subtração desenfreada nem a adoração irrefletida da simplicidade. No processo de escalonamento, às vezes é necessário dar uma grande injeção de complexidade para passar por algumas etapas e ir retirando a complexidade quando não for mais necessária. Mais ou menos como os andaimes que os operários usam para construir ou consertar edifícios, que embora tenham sido essenciais, devem ser removidos mais cedo ou mais tarde. A complexidade e a confusão muitas vezes são inevitáveis nas fases iniciais, quando você não sabe ao certo o que ou como escalonar. O psicólogo William Schutz observou que "o conhecimento evolui por três etapas: simplista, complexo e profundamente simples[34]". À medida que as pessoas dedicadas a difundir a excelência vão aprendendo o que dá certo e o que não dá certo e quais são os elementos mais e menos importantes, vão

Reduza a carga cognitiva

se aproximando da "profunda simplicidade", quando grande parte da complexidade, antes necessária (como os andaimes), começa a atrapalhar e pode ser removida.

Kaaren Hanson, vice-presidente de inovação de design da Intuit, uma empresa de software financeiro, liderou sua equipe por um processo como esse durante uma iniciativa de escalonamento chamada "Design for Delight" (também chamada de D4D, algo como "design para encantar"). Hanson e Scott Cook (fundador e CEO da Intuit e presidente do comitê executivo) lançaram o D4D para ajudar os colaboradores a se tornar mais criativos, desenvolver produtos e serviços de utilização mais fácil e lançar esses produtos e serviços mais rapidamente no mercado. A equipe de Hanson começou com o que hoje consideram um modelo D4D excessivamente complexo. Era repleto de caixas e setas e continha mais de 150 palavras. Até o título era intricado: "Evocar emoções positivas superando as expectativas dos clientes e oferecendo facilidades e benefícios ao longo de toda a jornada do cliente".

Depois de passar mais ou menos um ano usando esse modelo para treinar e orientar os colaboradores da Intuit, a equipe de Hanson percebeu que a complexidade estava prejudicando o avanço do programa. Eles o substituíram por um modelo muito mais simples (veja a Figura 1), contendo apenas 13 palavras, inclusive um título de uma

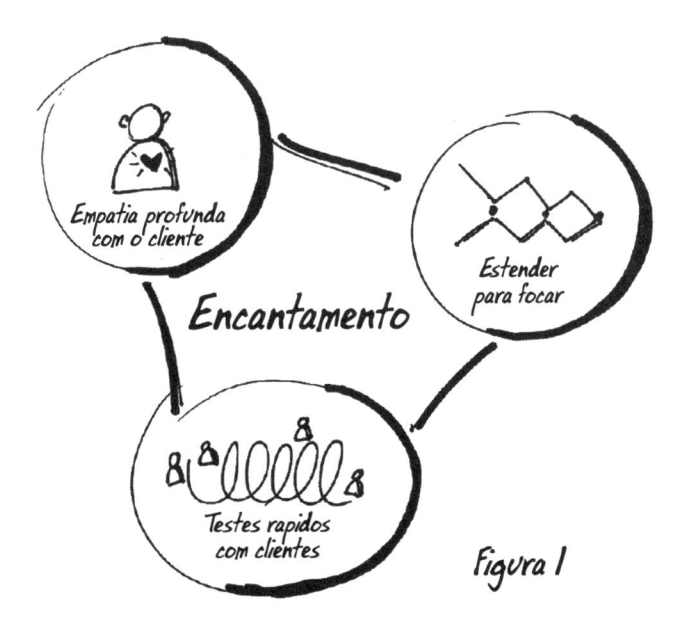

Figura 1

só palavra: "Encantamento". Apenas três métodos do D4D são destacados nas 12 palavras restantes: empatia profunda com o cliente, estender para focar e testes rápidos com os clientes. Depois que a equipe de Hanson simplificou os princípios e fez os ajustes relevantes na orientação e treinamento, o número de praticantes do D4D na Intuit saltou de dezenas para milhares. E, ainda mais importante, uma série de novos produtos está sendo desenvolvida com os métodos do D4D. A revista *Macworld* rasgou a seda para a empresa, dizendo que um desses produtos, o SnapTax, funciona "quase perfeitamente" para acelerar enormemente o preenchimento da declaração de imposto de renda para "59 milhões de americanos que poderiam preencher as próprias declarações simplificadas[35]". Em vez de passar horas diante do computador, os usuários podem preencher a declaração em um dispositivo móvel em menos de dez minutos, usando a câmera para tirar fotos dos documentos fiscais.

Olhando para trás agora, é fácil culpar a equipe de Hanson por aquele primeiro e intricado modelo, e ela chega a ser um pouco irônica quando conta essa história. No entanto, sua equipe precisava que aquele primeiro modelo percorresse a etapa "complexa" da jornada de Schutz antes de chegar à "profunda simplicidade". Eles não tinham como diferenciar os "andaimes" do "prédio" quando entraram na jornada do D4D. Depois passar um tempo trabalhando com o modelo, contudo, descobriram quais partes do D4D teriam maior impacto e seriam mais fáceis de escalonar. Com efeito, a própria jornada deles reflete três das 13 palavras que descrevem o modelo: "Estender para focar".

Costumamos repetir o conselho que tanto admiramos de A. G. Lafley, CEO da Procter & Gamble, para manter as coisas "simples como na Vila Sésamo". No entanto, a jornada de Hanson inclui uma reviravolta crucial: atingir essa "profunda simplicidade" muitas vezes requer avançar arduamente por alguma complexidade extremamente conturbada ao longo do caminho[36].

2. Faça as pessoas se contorcerem

Temos uma regra geral para a prática da subtração: se você não estiver incomodando as pessoas, deve pressionar mais. Você se lembra de como os engenheiros da Apple se irritaram quando a redatora técnica quis remover o segundo botão do mouse? Aquilo foi um indício promissor. A subtração em geral implica remover o antigo e conhecido e substituí-lo por algo novo e estranho (ou absolutamente nada). A subtração é irritante porque nós, seres humanos, temos reações emocionais positivas ao conhecido e reações negativas ao desconhecido.

O finado Robert Zajonc, um renomado psicólogo, analisou centenas de estudos mostrando que "o gosto pelo estímulo crescerá com exposições repetidas e crescerá algoritmicamente[37]". Esse "efeito da mera exposição" se manifesta já antes do nascimento. Por exemplo, a frequência cardíaca do feto no útero aumenta quando ele ouve a voz da mãe e diminui quando ouve a voz de estranhos[38]. Além disso, Daniel Kahneman, ganhador do Prêmio Nobel, descobriu, com sua "teoria da perspectiva", que as pessoas se tornam avessas ao risco e se incomodam com a "perspectiva" de perder algo que já tem, mesmo se for para obter algo mais valioso no lugar[39]. Essas reações negativas à perda de algo conhecido são intensificadas quando as pessoas investem tempo e esforço em alguma coisa, seja um detalhe de um produto, uma experiência do cliente ou um ritual corporativo. Afinal, trabalharam tanto e não querem ver seu trabalho na lata de lixo.

Nos anos que passamos ensinando e analisando na Stanford equipes criativas, da IDEO, HP, Interval Research, SAP e outras organizações, vimos incontáveis casos nos quais uma pessoa ou equipe investe tanto numa ideia que é incapaz de descartá-la, mesmo quando não dá certo, quando muitos usuários ou experts estão dizendo que a ideia não presta ou quando ela até que é razoável, mas não justifica o custo ou a complexidade adicional. Às vezes perguntamos se precisam de ajuda, nossa ou de outras pessoas, porque, como disse o escritor Stephen King, "é sempre mais fácil matar a menina dos olhos dos outros do que a nossa[40]". Esse processo nunca é fácil ou divertido. Por mais delicados que tentemos ser, às vezes as pessoas se ressentem de quem tenta descartar suas tão adoradas criações. As melhores pessoas e equipes, contudo, aprendem a aceitar a derrota com elegância, ou pelo menos a contragosto.

Brad Bird, da Pixar, o diretor vencedor do Oscar pelos *Os Incríveis* e *Ratatouille*, é admirado pelos colegas por equilibrar suas opiniões fortes com sua abertura às críticas construtivas, especialmente em suas discussões constantes porém cordiais com o produtor John Walker. Nos filmes que fizeram juntos, Walker ajudou Bird a perceber, em muitas ocasiões, que uma de suas ideias favoritas, que todo mundo adorava e que arrancava risadas de todos, precisaria ser descartada para o bem do filme. Quando fizeram *Os Incríveis*, Bird se apaixonou por uma cena na qual Zezé, o bebê super-herói, se transforma em uma gosma viscosa numa série de transformações testemunhadas apenas pelo vilão da história. Walker nos explicou que, apesar de Bird ter adorado a cena, Walker e outras pessoas da Pixar finalmente o convenceram de que a gosma teria de ser descartada. A cena demandaria muito dinheiro e tempo, o que prejudicaria outras cenas mais importantes. Quando fazem um filme juntos, discutem todos os dias, e parte do trabalho de Walker é questionar as ideias de Bird, obrigá-lo a se contorcer ao se ver confrontado com coisas que podem não dar certo, que são caras demais ou que vão demorar tempo demais para terminar. Em outras palavras, ajudar Bird a matar algumas de suas meninas dos olhos[41].

3. Traga os exterminadores de carga: a subtração pela adição

O escritor Austin O'Malley disse: "A memória é uma velha louca que acumula trapos coloridos e joga comida fora". Os seres humanos não só têm uma péssima memória como as coisas que lembramos, sobre as quais ruminamos e que nos levam à ação em geral, são triviais e inúteis, meros "trapos coloridos" que obstruem nossa consciência, minando nossa capacidade de lembrar questões mais importantes e fazer alguma coisa a respeito. Felizmente, existem maneiras de dar um curto-circuito nesse problema. Muitas delas são simples adições – objetos, atividades e tecnologias – que reduzem a carga cognitiva, em geral voltando a atenção ao que mais importa e a afastando do que menos importa. Alguns pesquisadores chamam isso de *affordances*, ou "propiciamentos", a qualidade de um objeto ou ambiente que nos possibilita realizar uma ação. Nós o chamamos de "exterminadores de carga".

Denis Bugrov, vice-presidente sênior do Sberbank, nos contou de um inspirado exterminador de carga que ajudou a empresa a se focar e potencializar a excelência[42]. O Sberbank é o maior banco comercial da Rússia e da Europa Oriental, com 19 mil agências, 100 milhões de clientes e 240 mil colaboradores. O banco lançou um programa para melhorar a experiência do cliente, que como Bugrov admitiu, sempre foi "muito ruim". Os executivos do banco escolheram 40 "agências-laboratório" e ofereceram à gestão e ao pessoal dessas agências treinamento em técnicas de inovação, eficiência e atendimento ao cliente. Um *coach* foi alocado em cada agência, e elas foram encorajadas a experimentar abordagens que não estavam no livro de regras da empresa. Cada agência-laboratório foi vinculada a dez a 15 "agências de teste" para que, quando desenvolvessem uma ideia promissora, pudessem testá-la, criar maneiras de implementá-la em outras agências e receber sugestões de melhorias. Se o teste tivesse sucesso, a ideia seria difundida a mais agências.

Um grande sucesso foi o "sistema de semáforos" inventado pela agência-laboratório de Norlisk, cidade mineradora russa ao norte do Círculo Ártico. Em resposta ao apelo do CEO para reduzir o tempo de espera dos clientes e melhorar as vendas e os serviços, a agência fez experimentos "variando os procedimentos-padrão, dependendo do número de clientes que estivessem esperando na fila". Começaram com uma maquete de papel e depois criaram luzes verdes, amarelas e vermelhas exibidas na tela do computador dos caixas. Os gerentes da agência ativavam a luz verde quando as filas estavam curtas, e os caixas eram instruídos a dar explicações detalhadas, responder as perguntas cuidadosamente e tentar fazer a venda cruzada de serviços. A luz amarela significava que as coisas estavam esquentando e esperava-se que os caixas apressassem um pouco os clientes e não se concentrassem tanto nas vendas cruzadas. Já a luz vermelha indicava "caos total". Nesses casos, como Bugrov explicou, "o tempo-padrão para atender um cliente é bastante reduzido. Todos os clientes com transações 'demoradas' eram transferidos a um caixa especial. Os caixas eram proibidos de fazer vendas cruzadas e desencorajados a responder demoradamente as perguntas. Os clientes recebem um folheto ou são direcionados ao site ou à central telefônica do banco".

Essa inovação simples reduziu a carga de todos os colaboradores e amenizou o atrito entre caixas e gerentes por reduzir mensagens conflitantes sobre como tratar os clientes. Os procedimentos de "luz vermelha" reduziram o estresse dos caixas, cortaram custos trabalhistas e agradaram os clientes com um atendimento mais rápido. A invenção de Norlisk foi testada e ajustada em 15 agências de teste, mais ou menos uma semana depois de sua criação. E o banco levou só dois meses para implementar a ideia "em efeito dominó" em outras milhares de agências. Esse exterminador de carga reduziu o tempo de espera em 35% nos horários de pico a um "custo incremental desprezível". Os semáforos foram uma das muitas inovações de atendimento desenvolvidas, testadas e escalonadas por meio das "agências-laboratório" e de "teste". Bugrov nos contou que essas mudanças pouparam ao Sberbank quase um bilhão de dólares por ano e, de acordo com levantamentos internos, levou a maiores índices de satisfação tanto de clientes quanto de colaboradores.

Os semáforos funcionam como qualquer outro exterminador de carga. Focam a atenção no que mais importa quando as demandas mentais são altas, as prioridades entram em conflito e é fácil perder ou deixar passar informações importantes. O psicólogo Karl Weick mostra como os exterminadores de carga certos são especialmente cruciais durante transferências de responsabilidades e tarefas, momentos críticos na vida organizacional e nos quais uma tarefa ou responsabilidade é transferida de uma pessoa ou grupo ao outro[43]. Weick estudou as atividades de transferência de responsabilidade e tarefas em equipes de bombeiros do Serviço Florestal americano, que volta e meia enfrentam problemas de sobrecarga e prioridades pouco claras quando uma equipe que vinha combatendo um incêndio termina seu turno e é substituída por outra. Líderes de equipe desenvolveram um protocolo de briefing para ajudar a comunicar os fatos básicos da "história como um todo". Como os checklists que pilotos usam nos pousos e decolagens e que médicos e enfermeiros empregam durante uma cirurgia, esse procedimento reduz acentuadamente os erros. Durante incêndios florestais, o líder da equipe que está de saída é responsável por cinco etapas durante sua conversa com o líder da nova equipe:

1) A situação que estamos enfrentando, na minha opinião.
2) O que eu acho que deveríamos fazer.

3) Aqui está o porquê.
4) No que eu acho que deveríamos ficar de olho.
5) Agora é sua vez de falar (em outras palavras, me diga se você: a) não entendeu alguma coisa; b) não tem como fazer o que estou propondo; c) sabe de alguma coisa que eu não sei).

Essa última etapa atribui aos líderes da equipe a responsabilidade de se certificar de que as mensagens são recebidas (e não apenas enviadas) e resolver conflitos de percepção e opinião. Além disso, as equipes "nunca são trocadas no auge do calor da batalha", uma lição aprendida a duras penas. Em 1990, durante o incêndio apelidado de "Dude", em Payson, no estado do Arizona, seis bombeiros morreram queimados depois de uma troca de comando mal-executada "às 13h00 de um dia quente, com temperaturas beirando os 37 graus e muito vento, quando o fogo avançava de maneira espetacular". Agora as equipes só fazem as transferências de responsabilidades à noite, com "pouco vento, alta umidade e temperaturas amenas que estabilizam o fogo e o deixam mais previsível" e quando é mais fácil ver os incêndios. As transferências noturnas de responsabilidade dão às equipes mais tempo para entender a situação e as equipes têm menos chances de caírem de paraquedas em incêndios avassaladores e perigosos, com uma ideia melhor dos desafios a serem enfrentados.

4. Divida e conquiste

Vimos como dividir organizações em grupos menores levou a uma melhor coordenação e maior responsabilização e reforçou os vínculos pessoais entre os fuzileiros navais dos Estados Unidos, na Pulse News e na Salesforce.com. Melissa Valentine e Amy Edmondson, de Harvard, analisaram meticulosamente um projeto de mudança conduzido em um grande hospital que revela como e por que dividir as organizações em partes menores pode trazer benefícios surpreendentes[44].

Antes da mudança no Pronto-Socorro Municipal, a qualquer momento a unidade hospitalar contava com mais ou menos 25 profissionais da saúde. Essa grande equipe de enfermeiros, residentes (médicos em formação) e plantonistas (médicos responsáveis) trabalhavam de maneira pouco coordenada. Os sintomas clássicos de um grupo grande demais – problemas de coordenação e laços sociais fracos – eram agravados ainda mais porque médicos e enfermeiros trabalhavam em turnos flexíveis de quatro a 12 horas. As implicações disso é que o "elenco de personagens" se mantinha em um fluxo constante. Um ou dois enfermeiros, um residente e um plantonista eram alocados para atender cerca de trezentos pacientes que passavam pela unidade ao longo do dia. Confusão e ineficiência corriam soltas enquanto os médicos esqueciam quais enfermeiros trabalhavam em quais casos ou quando ninguém os informava (ou ao paciente) que um enfermeiro tinha terminado o turno e tinha sido substituído por outro. O caos pesava ainda sobre os ombros dos enfermeiros, que contavam com menos prestígio e autoridade que os médicos. Eles ficavam constrangidos de interromper ou se impor aos médicos, mesmo quando tinham perguntas urgentes sobre algum paciente ou precisavam informar atualizações importantes.

Diante disso, adotando uma prática que tinha começado a se difundir nos hospitais americanos na última década, os executivos dividiram os profissionais do Pronto-Socorro Municipal em quatro grupos, e cada equipe recebeu o próprio local físico com seus computadores, balcões, suprimentos, leitos e salas de descanso para cuidar dos pacientes. Cada paciente era alocado para um grupo durante toda sua estadia na unidade. Cada grupo era composto de três enfermeiros, um ou dois residentes e um médico plantonista. Quando médicos e enfermeiros começavam o turno, não sabiam com quem trabalhariam e eram alocados em um grupo quando chegavam ao hospital. Os grupos eram "estruturas estáveis que persistiam com o tempo", mas, como Valentine e Edmondson explicaram, "em apenas cinco horas todos os membros do grupo podiam ser trocados (mas não ao mesmo tempo), em consequência da mudança de turno de enfermeiros, residentes e plantonistas".

A divisão em grupos teve grandes efeitos positivos. Médicos e enfermeiros relataram ter mais informações, e informações melhores, sobre cada paciente. Os pacientes eram mantidos em uma área física menor, o que facilitava a observação e o atendimento por parte dos colegas de grupo. As equipes menores reduziram a confusão e o constrangimento de seus integrantes em pedir ajuda e dar atualizações.

De acordo com um enfermeiro, antes da divisão em grupos, "você tinha de cruzar a unidade todo tímido" e juntar coragem para dizer ao médico, "Er, posso interromper um pouquinho...?". Com a divisão em grupos, "agora eles estão nas trincheiras com a gente". Também ficou mais fácil saber quais colegas são responsáveis por determinadas tarefas e merecem crédito ou críticas quando as coisas vão bem ou mal. Em consequência, médicos e enfermeiros disseram a Valentine e Edmondson que a responsabilização aumentou. Uma enfermeira explicou:

> Agora a gente presta muito mais contas uns aos outros. Eu posso dizer: "Meu grupo não vai bem. Cadê meu médico?". E ele precisa prestar contas para mim. E os médicos podem dizer: "Onde estão meus enfermeiros, com quem vou trabalhar hoje?". Antes da divisão em grupos, era bem raro acontecer, ou quase nunca ocorria, de as pessoas se responsabilizarem desse jeito, mesmo quando trabalhavam juntas em muitos casos. Um residente teria usado uma linguagem mais distanciada como "Quem é o enfermeiro desse paciente?", ignorando que o enfermeiro tinha qualquer relação com ele, em vez de dizer "Onde estão meus enfermeiros?".

A formação em grupos resultaram em enormes ganhos de eficiência. Valentine e Edmondson analisaram dados de 160 mil pacientes atendidos pela unidade nos seis meses que precederam a divisão do trabalho em grupos e no ano seguinte. Depois da divisão, o tempo de estadia dos pacientes na unidade despencou aproximadamente 40%, de cerca de oito horas (8,34) para aproximadamente cinco horas (5,29) por paciente. Essa queda reflete não apenas um uso mais eficiente do pessoal, mas também uma melhor experiência do paciente no hospital. Afinal, cinco horas no hospital é bem melhor que oito.

A mudança foi eficaz, em parte, porque reduziu a necessidade de médicos e enfermeiros de cada grupo lidar com os outros três grupos. No entanto, como Melissa Valentine nos disse em um e-mail, "o trabalho deles envolvia uma grande coordenação com outras unidades do hospital... porque a maioria dos pacientes precisava de exames laboratoriais, de imagem ou ambos. Assim, o pessoal do grupo entrava em contato constante com esses departamentos, para ver se podiam apressar um exame, para saber o porquê da demora e para obter mais informações sobre os resultados". E, quando o paciente precisava de um leito no "andar de cima", em uma unidade de enfermaria, o pessoal do grupo precisava coordenar e negociar com ela para encontrar um lugar para o paciente no hospital superlotado. Na verdade, a eficiência dos grupos acabou agravando a superlotação: o Pronto-Socorro Municipal estava processando os pacientes mais rapidamente (incluindo pacientes que requeriam um leito), mas o resto do hospital não estava mais eficiente.

Como sempre, uma vez que as organizações são divididas por funções, em equipes, níveis, departamentos, localizações físicas e assim por diante, surge o desafio de coordenar e integrar o trabalho como um todo, com todos os problemas cabeludos que o acompanham. Lembre-se de como a fraca integração dos diferentes grupos e sistemas da JetBlue levou ao fiasco do Dia dos Namorados em 2007, quando milhares de passageiros passaram horas presos em aviões da empresa, como vimos no Capítulo 3. A abordagem de Bonny Simi para mobilizar a "sabedoria das multidões" e resolver o problema das "operações irregulares" possibilitou que pessoas de diferentes partes da empresa mapeassem como o sistema se encaixava, identificassem vínculos fracos e problemas de transferência de responsabilidades e tarefas (com post-its cor de rosa) e concebessem e implementassem ações por toda a JetBlue.

A divisão do trabalho sempre cria demandas de integração, especialmente quando, como no caso da JetBlue, várias equipes e departamentos em diferentes locais precisam compatibilizar as atividades em estreita coordenação e nos momentos certos. Mesmo quando a coordenação necessária é menos intimidadora, todas as equipes e organizações dependem de pessoas com um bom conhecimento geral, o suficiente para entender como o sistema se encaixa, bem como um bom conhecimento específico, o suficiente para cada um realizar bem suas tarefas. Esse desafio sem fim é uma das razões pelas quais o Facebook se empenha tanto no Bootcamp para os novos engenheiros. Depois de trabalhar em dez ou 12 projetos de diversas equipes, um engenheiro sai com uma noção muito melhor de como o próprio trabalho se encaixa no código-fonte a cada momento, bem como seu lugar na estratégia global de negócios do Facebook.

As abordagens adotadas pela JetBlue e pelo Facebook também reduzem um problema relacionado e igualmente incômodo: a doença do "adaptar-se a uma cultura estrangeira" ou da "otimização local", na qual, depois de se tornarem peritas em alguma especialidade ou função, como finanças ou P&D, as pessoas começam a acreditar que só seu pequeno canto do mundo importa e perdem de vista o melhor para a organização ou o projeto. Essa tendência pode ser saudável quando o espírito competitivo resultante impele a iniciativa e não destrói a cooperação e o compartilhamento de informações. Mas todos os líderes e organizações devem ficar atentos para detectar e extirpar a atitude dos integrantes da organização de ver as pessoas de outros grupos e departamentos como inimigos a serem derrotados (em vez de aliados com quem trabalhar e conquistar vitórias).

As organizações usam antídotos variados para enfrentar esse problema. O dinheiro é um deles: pagar as pessoas pelo sucesso global de uma iniciativa, e não só pelo desempenho individual ou regional, pode motivar pessoas e equipes a cooperar, coordenar as ações e se ajudar a aprender e fazer um trabalho melhor. Os incentivos ajudam a explicar por que o pessoal de *startups*, como o Pulse News, costuma cooperar tão bem uns com os outros: os colaboradores recebem ações da empresa e todos ganham com o sucesso global. Outra abordagem, como vimos no caso da JetBlue, é propor às pessoas desafios que as obriguem a cooperar com outros grupos e departamentos, o que ajuda a criar um espírito de "todo mundo no mesmo barco". Um terceiro antídoto possível é encontrar um inimigo em comum e arregimentar pessoas de equipes diferentes para combater juntas as forças do mal. Como vimos no Capítulo 3, foi exatamente o que Steve Jobs fez, logo depois de seu retorno à Apple na década de 1990, quando se pôs a espinafrar Michael Dell.

A "Técnica de gestão da sexta-feira muito louca", do capitalista de risco Ben Horowitz, talvez seja o antídoto mais bizarro e divertido que encontramos[45]. Certa vez, ele liderava uma empresa na qual os departamentos de suporte ao cliente e engenharia de vendas estavam em pé de guerra. Não cooperavam entre si, sabotavam o trabalho uns dos outros e "simplesmente não se gostavam". Horowitz ficou perplexo, porque as duas equipes tinham pessoas talentosas e não queria demitir ninguém, mas o sucesso da empresa dependia da cooperação entre elas. Foi então que viu o filme *Um dia muito louco* (em inglês, *Freaky Friday*, que ganhou uma refilmagem em 2003 sob o título *Sexta-feira muito louca*), estrelado por Barbara Harris e Jodie Foster, no qual "mãe e filha que não se entendiam se viram desejando poder trocar de lugar, o que acabou acontecendo. Tendo trocado de corpo, cada personagem compreendeu bem os desafios enfrentados pela outra. Quando voltam ao corpo original, elas se tornam grandes amigas". Horowitz decidiu aplicar a técnica: "No dia seguinte, informei o diretor de engenharia de vendas e o diretor do suporte ao cliente de que deveriam trocar de função um com o outro. Expliquei que, como Jodie Foster e Barbara Harris, manteriam a mente, mas trocariam de corpo. Para sempre".

Os dois gestores ficaram indignados no início. Mas a Sexta-Feira Muito Louca funcionou maravilhosamente: "Depois de apenas uma semana na pele do outro, os dois executivos diagnosticaram rapidamente os principais problemas que estavam causando o conflito. Foram ágeis na implementação de um conjunto simples de processos que dissiparam a animosidade e botaram as duas equipes trabalhando em harmonia". Daquele dia em diante, os dois departamentos passaram a trabalhar com uma magnífica cooperação.

5. Promova a inteligência coletiva: aumente a capacidade cognitiva em vez de incluir mais pessoas

Os designers organizacionais às vezes presumem que trazer "sangue novo" impulsiona a inovação e a performance. Em algumas situações, pessoas vindas de fora de fato contribuem com ideias novas que ajudam organizações e projetos problemáticos a abandonar mentalidades obsoletas e destrutivas. O *outsider* Lew Gerstner transformou a IBM na década de 1990. Depois que a General Motors abriu falência em 2009, Ed Whitacre, ex-CEO da AT&T, dedicou 18 meses cruciais a fazer uma faxina geral no lugar. Whitacre saiu subtraindo feito um louco. Ele se livrou das marcas Saturn e Saab e reduziu drasticamente o número de relatórios de rotina gerados pelo departamento de P&D, de 94 para apenas quatro. Ele atacou a infame cultura do "Não temos como fazer isso" da GM e forçou níveis abaixo da hierarquia a se responsabilizar e prestar contas. O *Financial Times* relatou que "quando os colaboradores pedem a Whitacre verba para uma nova iniciativa, ele normalmente responde perguntando se o montante cabe no orçamento existente do departamento. Se for o caso, o colaborador é informado que cabe a ele decidir gastar ou não a verba[46]".

No entanto, muitos contos de *outsiders* que entram galopando em seu cavalo branco para salvar a empresa não terminam com um final feliz. As organizações e equipes forçadas a fazer malabarismos com um fluxo de entrada constante de *outsiders* tendem a ter os mesmos problemas de coordenação, fracos laços sociais, amargos conflitos e outros problemas cabeludos relacionados que vimos em equipes e organizações grandes demais. Sim, como vimos no caso do Pronto-Socorro Municipal, existem maneiras de melhorar a performance, mesmo quando os integrantes do grupo se mantêm em um fluxo de constante rotatividade. Mas é melhor evitar uma instabilidade como essa, se possível. Não importa se você estiver escolhendo um líder, escalonando uma nova equipe ou função ou administrando uma equipe de projeto existente, é muito mais interessante manter *insiders* experientes e equipes estáveis e misturar pessoas que já trabalharam juntas. Equipes estáveis estão mais capacitadas a mobilizar os pontos fortes umas das outras e combater seus pontos fracos, além de incorporar diferentes ideias e ações com mais eficiência e de maneira mais confiável.

Como vimos acima, J. Richard Hackman dedicou quase 50 anos ao estudo da eficácia de equipes. Rejeitou o "mito" de que "é bom misturar as coisas", porque, "quanto mais tempo os membros da equipe atuam juntos como um grupo intacto, melhor é seu desempenho. Por mais que isso possa parecer absurdo, as evidências das pesquisas são inequívocas[47]". Essa constatação se aplica, por exemplo, a quartetos de cordas, tripulações de cabine de aviões, times de basquete, equipes de desenvolvimento de produto, projetos de arquitetura e equipes cirúrgicas. Se você quiser aumentar as chances de sucesso da sua cirurgia cardíaca, escolha um cirurgião que faz muitas cirurgias no hospital onde o procedimento será feito e já realizou muitas delas com outros cirurgiões e anestesistas da equipe. Felizmente, como Hackman observa, os criadores de algumas das equipes mais potencialmente poderosas e destrutivas do planeta conhecem as virtudes de equipes estáveis. O Comando Aéreo Estratégico dos Estados Unidos (U.S. Strategic Air Command) exige que aviões levando bombas nucleares sejam mantidos e pilotados por equipes "intactas" ou fixas. Os membros da equipe treinam, trabalham e voam juntos constantemente, o que lhes possibilita um desempenho melhor em uma série de métricas, inclusive acertar bombas nos alvos em exercícios de treinamento.

Se vocês estiverem formando uma nova equipe, ou consertando uma já existente, é interessante tentar incluir pelo menos duas ou três pessoas que trabalharam bem, juntas[48]. Kathleen Eisenhardt, uma colega de Stanford, acompanhou 98 *startups* de semicondutores por sete anos. Constatou que as organizações de maior sucesso normalmente tinham equipes seniores com dois ou três integrantes que já haviam trabalhado juntos no passado. Ficamos sabendo de uma história semelhante quando Boris Groysberg, de Harvard, e seus colegas examinaram o destino dos ex-executivos da General Electric que foram contratados como CEOs de 20 outras organizações. Três anos depois que esses antigos executivos da GE assumiram o comando, as empresas apresentaram, em média, um desempenho 20% inferior ao dos concorrentes (liderados, em grande parte, por *insiders*). No entanto, esse padrão se inverteu quando os novos CEOs levaram ex-colegas para ajudar a compor sua equipe sênior. Os CEOs que levaram consigo dois ou mais ex-executivos da GE lideraram empresas com um desempenho cerca de 16% superior à média do setor.

Relacionamentos duradouros fundamentaram muitos sucessos. Bill Gates e Paul Allen, fundadores da Microsoft, foram bons amigos no ensino médio, assim como Steve Jobs e Steve Wozniak, da Apple. Os dois fundadores da Pulse News, Ankit Gupta e Akshay Kothari, decidiram que queriam abrir um negócio juntos por terem se dado tão bem nos trabalhos em grupo que os dois fizeram juntos nos cursos de engenharia de Stanford. Warren Buffett e Charlie Munger, o vice-presidente do conselho da Berkshire Hathaway, passaram quase

50 anos trabalhando juntos. Nas palavras de Buffett, "um mais um com Charlie e eu sem dúvida dá mais do que dois[49]". A estabilidade também fez toda a diferença para a seleção feminina de futebol dos Estados Unidos, que venceu inúmeros campeonatos, inclusive duas das quatro Copas do Mundo e dois de três torneios olímpicos entre 1991 e 2004. A equipe contou com jogadoras talentosas, como Mia Hamm, Brandi Chastain, Kristine Lilly, Julie Foudy e Joy Fawcett. No entanto, todas acreditam que os fatores decisivos para o sucesso do time foram a comunicação, o conhecimento dos pontos fortes e fracos umas das outras, o respeito e a capacidade de jogar juntas que desenvolveram durante todos esses anos nos quais o grupo principal permaneceu junto.

E por falar em mulheres talentosas, para ter uma equipe mais inteligente, não deixe de incluir muitas delas. Anita Williams Woolley, da Carnegie Mellon, e seus colegas estudaram 669 pessoas em grupos de dois a cinco membros. Os grupos com maiores porcentagens de mulheres apresentaram maior "inteligência coletiva", com um desempenho melhor em tarefas que exigiram grande capacidade cognitiva, incluindo "quebra-cabeças visuais, negociações, *brainstorming*, jogos e tarefas complexas de design baseadas em regras". A equipe de pesquisa de Woolley queria estudar a inteligência coletiva em geral, sem estabelecer relação com o sexo dos participantes. No entanto, constataram, vez após vez, que grupos com mais mulheres apresentavam um desempenho melhor em testes de "inteligência coletiva"[50]. Grupos com mais mulheres em geral tinham uma sensibilidade social superior, de modo que seus integrantes colaboravam e coordenavam seus talentos com mais eficácia. As mulheres se sintonizavam mais que os homens com emoções alheias. Ouviam com mais atenção, permitiam que os outros se revezassem para falar e o grupo não era sufocado por um ou dois membros dominantes, o que aumentava a capacidade coletiva de realizar tarefas complexas e difíceis. Os pesquisadores também descobriram que "ter um bando de pessoas inteligentes em um grupo não necessariamente faz que o grupo seja inteligente", porque a "inteligência média e máxima" dos integrantes individuais não está vinculada à performance. Homens socialmente sensíveis também ajudam a tornar as equipes mais inteligentes. Se vocês não tiverem como testar essa característica antes de formar um grupo ou incluir novos membros, vale lembrar, contudo, que os homens costumam ser, nesse aspecto, o sexo mais fraco.

Vocês também podem reforçar a inteligência coletiva recrutando pessoas normalmente tratadas como meros espectadores ou receptores passivos. Com isso em mente, a Campanha das 100.000 Vidas do Institute for Health Improvement usou medidas preventivas. Manter a cabeça do paciente elevada em um ângulo de pelo menos 45 graus reduz o risco de pneumonia nos pacientes em aparelhos de respiração artificial. Em muitos hospitais, o pessoal traçou uma linha ou colou uma fita adesiva na parede atrás dos pacientes entubados para marcar os 45 graus. O pessoal informou a todos – familiares, faxineiros e outros pacientes – que, se a cabeça do paciente caísse abaixo da linha, eles deveriam levantar a cama do paciente ou pedir a ajuda de alguém. A obrigação de notar e evitar esse perigoso erro já não era exclusivamente dos médicos e enfermeiros. Pessoas antes tratadas como espectadores passivos, ou até invisíveis, foram recrutadas para fazer a coisa certa e para incentivar os outros também.

As pessoas também se mostram mais capazes quando não estão estafadas pelo excesso de trabalho e de preocupação. Quando as pessoas dormem bem, são mais hábeis em tarefas difíceis, são mais sensíveis nos relacionamentos interpessoais, tomam decisões melhores e são menos propensas a ter um comportamento desagradável. É bem verdade que, em algumas situações, emergências e prazos agressivos impossibilitam uma boa noite de sono. Mas lembre-se de que o escalonamento é uma maratona, não uma corrida de velocidade. As pessoas que impulsionam a iniciativa serão mais inteligentes e gentis se conseguirem dormir bem, inclusive tirando um cochilo no trabalho. O primeiro-ministro britânico Winston Churchill adorava tirar seus cochilos: "A natureza não criou a humanidade para trabalhar das oito da manhã até a meia-noite sem o alívio do doce esquecimento do sono profundo que, mesmo se durar apenas 20 minutos, já basta para renovar todas as forças vitais". Muitas pesquisas corroboram a afirmação de Churchill: um cochilo de 15 a 60 minutos proporciona uma injeção de vigilância, aumenta a capacidade de detectar erros e melhora o humor[51]. Por exemplo, o pesquisador Mark

Rosekind resumiu nos seguintes termos um estudo da NASA que liderou: "Enquanto dois pilotos pilotavam o avião, o terceiro tinha 40 minutos para tirar uma soneca. Descobrimos que dormiam por 26 minutos, [em média,] o que melhorava a performance deles em 34% e seu estado de vigilância em 54%".

Se você preferir não encorajar seus funcionários a dormir no trabalho, pelo menos lhes dê muitos intervalos. O cansaço que a maioria de nós sente, naturalmente, ao longo de um dia de trabalho nos deixa mais irritados – e mais burros – com o passar das horas. O psicólogo Shai Danziger e seus colegas estudaram 1.112 decisões de concessão de liberdade condicional tomadas por oito juízes israelenses. Os prisioneiros que se apresentaram diante desses juízes de manhã cedo tinham uma chance de aproximadamente 65% de receberem a liberdade condicional. Perto do intervalo da manhã dos juízes, a porcentagem de prisioneiros em liberdade condicional já tinha caído para praticamente zero, apesar de o mix de casos não ter mudado em nada (ou seja, o tempo de pena cumprida e a gravidade dos crimes[52]). Esse padrão se repetia ao longo do dia. Logo depois da pausa para o lanche matinal de 30 minutos, os juízes voltavam perdoando cerca de 65% dos prisioneiros e essa porcentagem caía acentuadamente à medida que a hora do almoço se aproximava. Os juízes voltavam do almoço colocando em liberdade condicional 65% dos prisioneiros, mas essa porcentagem ia caindo com o passar das horas, despencando para quase zero no final do dia.

Essas descobertas refletem outros estudos que mostram que "analisar situações ou tomar decisões repetidamente esgota a função executiva e os recursos mentais dos indivíduos", fazendo que as pessoas tendam a simplificar, aceitar a situação, ponderar as decisões com menos profundidade e apresentar um desempenho inferior em tarefas que "exigiam mais recursos mentais". Uma das razões pelas quais os juízes cansados tenderam a tomar decisões desfavoráveis foi que redigir essas decisões exigia menos esforço mental: em média, sentenças favoráveis tinham 90 palavras e decisões desfavoráveis tinham 48 palavras.

A implicação disso é que, se você quiser tomar boas decisões ao longo do dia, preste atenção aos sinais de fadiga. Até níveis aparentemente triviais prejudicam o desempenho. Incorpore maneiras, para si mesmo e para seu pessoal, de fazer intervalos, seja para tomar um lanche ou tirar alguns minutos para esticar as pernas. Parece uma medida fácil de implementar. No entanto, muitos líderes agressivamente determinados e equipes atarefadas deixam de fazer isso.

CEDA TERRENO COM RELUTÂNCIA

O escalonamento requer um jogo de malabarismo. O objetivo é avançar pelo fio da navalha entre complexidade demais e complexidade de menos à medida que sua influência se expande para atingir mais pessoas e lugares. E sem sobrecarregar as pessoas.

O risco de adicionar complexidade de menos, tarde demais, é reforçado por um ponto cego humano já bastante documentado. Apelidado de "negligência da coordenação" ou a "falácia do escalonamento", esse ponto cego implica que os tomadores de decisão são propensos a subestimar a porcentagem cada vez maior de tempo, recursos e pessoal necessários para orquestrar a ação à medida que um grupo ou organização se expande. A tentativa de Larry Page de banir os gerentes de nível médio é um exemplo clássico: ele queria que o Google fosse exatamente como era nos bons e velhos tempos, quando não precisavam de muitos chefes ou procedimentos. Page não demorou a aprender que o crescimento do Google significava que ter uma hierarquia saudável, incluindo gerentes de nível médio, aumentava as chances da empresa de derrotar os piores elementos da burocracia. Líderes de organizações em crescimento costumam resistir a implementar os processos e tecnologias necessárias por temerem a doença da "Empresa grande e burra". Depois do crescimento acelerado da Nike na década de 1990, em 2001 a gigantesca fabricante de roupas, acessórios e equipamentos esportivos sofreu com a escassez de alguns produtos, excesso de oferta de outros e entregas atrasadas[53]. O fundador Philip Knight admitiu que isso aconteceu, em parte, porque esperaram demais para implementar um sofisticado sistema de cadeia de suprimento e, quando finalmente tomaram essa decisão, foi mais difícil implementar o sistema do que previram. À medida que as organizações e programas crescem, a mesma hierarquia achatada e sistemas superleves que promoveram sucesso no início podem jogar areia no mecanismo como um todo.

Às vezes o escalonamento é retardado pelo problema oposto: as pessoas se apaixonam tanto pelos processos, estrutura e *grooming* (os rituais sociais), que o trabalho fica em segundo plano. Vimos como a Marinha Britânica do século 20 e as universidades do século 21 incharam com o excesso de burocracia. O risco de acrescentar patrões e armadilhas burocráticas demais, demasiado cedo, pode assolar organizações com recursos excessivos, sobretudo quando os líderes querem expandi-las em demasia e rápido demais. Lindsay Trout, da Egon Zehnder, uma consultoria de liderança, nos contou que "pré-povoar a equipe de gestão" costuma ser irresistível para *startups* bem financiadas. Trout ajuda os fundadores a montar suas equipes[54]. Ela alerta os clientes que devem evitar criar, cedo demais, uma equipe sênior excessivamente grande, porque pessoas adicionais criam atritos desnecessários e consomem a atenção que deveria estar voltada ao desenvolvimento e às vendas. Trout diz que esses problemas se agravam ainda mais quando uma equipe é "pré-povoada" com executivos que, baseados em sua experiência em grandes organizações, instalam sistemas complexos para administrar cadeias de suprimento, RH e outras operações, anos antes de esses sistemas serem necessários.

Em suma, defendemos a "Teoria cachinhos dourados da burocracia"★. De maneira muito similar ao conto infantil, o escalonamento requer a injeção de estrutura, hierarquia e processos apenas suficientes, no momento certo. O maior desafio, então, é saber quando adicionar mais complexidade, quando é "o momento certo" e quando esperar um pouco mais. Ben Horowitz (que já nos ensinou algumas lições neste livro) oferece conselhos inspirados no futebol americano:

> Uma das funções de um atacante é proteger o *quarterback* da ofensiva dos adversários. Se o atacante tentar fazer isso mantendo sua posição, o atacante adversário o contornará com facilidade e

---

★ N.T.: No conto, Cachinhos Dourados entra na casa de três ursos, encontra tigelas de mingau, cadeiras e camas de tamanhos variados (pequenas, médias e grandes) e escolhe o tamanho deles de acordo com sua necessidade.

esmagará o *quarterback*. Assim, os atacantes são instruídos a perder a batalha lentamente ou a "ceder terreno com relutância". São instruídos a recuar e permitir o avanço dos atacantes adversários, mas só um pouco de cada vez.

Ao escalonar uma organização para a excelência, você também precisará ceder terreno com relutância. Especialização, estrutura organizacional e processos, tudo isso complica bastante as coisas e sua implementação dará a sensação de afastamento do conhecimento compartilhado e da comunicação de qualidade. É uma situação bem parecida com o atacante que dá um passo para trás. Você vai perder terreno, mas impedirá sua empresa de cair no caos[55].

Horowitz explica, por exemplo, que os engenheiros podem ser "paus para toda obra" em uma organização de cinco ou dez pessoas "porque todo mundo sabe tudo e a necessidade de comunicação é minimizada. O trabalho não envolve transferências complicadas de responsabilidades e tarefas porque as pessoas não têm a quem transferir nada". À medida que uma empresa se expande para 30 ou 40 pessoas, vai ficando cada vez mais difícil para os engenheiros conhecer o código fonte e o emaranhado de equipes, funções e personalidades. Quando essa curva de aprendizagem terrivelmente íngreme faz que seja difícil demais para os engenheiros aprender o trabalho e os melhores deles começam a discutir e pisar na bola, "é preciso se especializar". Mas a especialização é como um remédio potente com efeitos colaterais desagradáveis. O remédio precisa ser ministrado em pequenas doses, tomando-se as devidas precauções. Afinal, ele cria mais transferências de responsabilidades e tarefas para administrar (mesmo que atabalhoadamente) a organização, aumenta os conflitos entre grupos que podem se concentrar no que é bom para eles e não no que é melhor para todos e cria uma distância entre os líderes seniores e o resto da organização.

Horowitz enfatiza que "ceder terreno" com eficácia também implica, antes de mais nada, acrescentar processos que evitem o máximo de caos possível para o maior número de pessoas possível. Ele sugere que o processo de entrevista é uma boa opção inicial porque "geralmente é executado cruzando fronteiras organizacionais – o grupo de contratação, de recursos humanos (ou qualquer outro departamento dos recrutadores) e os grupos de apoio –, envolve pessoas de fora da empresa (o candidato) e é extremamente importante para o sucesso da empresa".

A arte de ceder terreno com relutância requer esperar o momento certo e se manter vigilante ao surgimento de problemas claros porém ainda não catastróficos, como alguns erros na transferência de responsabilidades e tarefas, pequenas pisadas de bola dadas por pessoas bem-intencionadas ou um conflito inesperado. Recebemos conselhos parecidos de Chris Fry e Steve Greene, aqueles executivos que ajudaram a escalonar a Salesforce.com para a excelência (e hoje lideram o desenvolvimento do departamento de engenharia do Twitter). Segundo Greene: "Gostamos de forçar um pouco a barra", levar as coisas mais para o lado enxuto, mas não forçar tanto a ponto de entrarem em colapso. Fry contou à nossa turma de escalonamento que isso implica adicionar um pouco menos de estrutura e processo e fazê-lo um pouco depois que parecer necessário. Isso ajuda as pessoas a se sentir menos sobrecarregadas e as encoraja a assumir a responsabilidade pelas coisas, o que em geral resulta em "soluções *bottom-up*" e "orgânicas" que anulam a necessidade de ceder terreno. Por outro lado, Fry disse que, quando uma organização tem processos e regras demais, mesmo se for só um pouco, as pessoas se sentem entravadas e frustradas, "como se estivessem avançando com lama até os joelhos". Fry e Greene acreditam que é interessante "forçar um pouco a barra" porque, à medida que uma organização se expande e amadurece, ela pode avançar com um "sistema operacional" complexo o suficiente, mas não mais que suficiente.

Fry e Greene também enfatizaram que "forçar um pouco a barra" não significa empurrar os funcionários até seus limites cognitivos e emocionais. Operar uma organização no máximo da capacidade viável pelo maior tempo possível é um caminho garantido para um desastre de escalonamento. Isso é verdade, argumentaram, apesar do que pensam todos os experts apaixonados pela ideia de "100% de utilização dos recursos". Quando se faz isso, ninguém tem tempo para respirar. As pessoas já estão sobrecarregadas e tomando decisões questionáveis. Em uma situação como essa, a menor surpresa ou contratempo pode levar ao caos. Veja como Fry descreve o problema: todo mundo sabe que não é legal tratar uma máquina assim e ninguém roda um computador a 100% da capacidade entra dia e sai dia porque todo mundo sabe que isso fará com que ele quebre. Por que as organizações, grandes ou pequenas, não deveriam aplicar a mesma lógica a seu pessoal e suas equipes?

5
As pessoas que impulsionam a potencialização da excelência

Crie organizações nas quais "eu sou dono do lugar e o lugar é meu dono"

Perry Klebahn, um colega nosso de Stanford, e sua esposa Annie, tiveram uma experiência angustiante no dia 30 de junho de 2012, quando enviaram Phoebe, sua filha de 10 anos, em um voo da United Airlines de São Francisco para Grand Rapids, Michigan, com uma baldeação em Chicago, para um acampamento de verão. Os Klebahns pagaram à United US$ 99 adicionais para cuidar de Phoebe, que viajaria como uma "menor não acompanhada". Ninguém se apresentou em Chicago para ajudar Phoebe com a baldeação. A United terceirizava o serviço e o pessoal terceirizado "se esqueceu" de dar as caras. Embora o avião de Phoebe tenha chegado a Chicago no horário programado, ela perdeu a conexão. Isso aconteceu apesar de ela ter insistido para que os funcionários da United a ajudassem. Eles simplesmente a instruíram a esperar. Recusaram pelo menos três pedidos dela para usar o telefone e ligar aos pais e para avisar o acampamento que ela se atrasaria.

Quando viram que Phoebe não tinha desembarcado em Grand Rapids, o pessoal do acampamento de verão deu telefonemas histéricos para Perry e Annie, que contataram a United Airlines para se informar. Perry e Annie, cada um falando num telefone diferente, imploraram a vários funcionários para que ajudassem a encontrar sua filha, mas todos se recusaram a fazê-lo. Finalmente, uma funcionária da United em Chicago disse a Perry que estava terminando seu turno e não tinha tempo para ajudar. Perry perguntou se ela tinha filhos. Ela respondeu que sim. Então ele perguntou: "Se você tivesse passado 45 minutos sem saber do paradeiro da sua filha, o que você faria?". Aquela pergunta a instigou a agir e ela encontrou Phoebe em 15 minutos. Em sua função como uma funcionária da United, ela se recusara a ajudar. Ela só fez a coisa certa quando foi lembrada de seu papel como mãe.

Quando Sutton postou essa história em seu blog no dia 13 de agosto de 2012, a mídia se interessou e muitas pessoas se revoltaram com a United[1]. Os Klebahns foram acossados por jornalistas de programas como *Good Morning America*, *The Today Show*, *CBS This Morning* e *Fox News* e dezenas de estações de rádio e de TV. Também receberam mais de cem contatos de jornais e revistas. Variações do incidente foram publicadas em mais de duzentos canais de comunicação. Os Klebahns deram uma única entrevista para Diane Dwyer, da NBC, e recusaram outros convites. O frenesi de interesse no caso terminou para eles em mais ou menos uma semana, mas o infortúnio da United se manteve quando o Departamento de Transportes dos Estados Unidos classificou a companhia aérea em último lugar entre as 15 maiores operadoras americanas de transporte aéreo no critério de atendimento ao cliente (com mais reclamações de clientes em julho de 2012 que as outras 14 companhias aéreas juntas). Notícias de uma *golden retriever* chamada Bea que tinha morrido sob os cuidados da United também foram muito divulgadas. A dona da cadela, a modelo Maggie Rizer, informou que a United Airlines havia demonstrado extrema indiferença e falta de sensibilidade. Quando ela perguntou onde seus dois cães estavam, um "funcionário frio que parecia mais interessado nas mensagens de texto no celular dele" respondeu: "Um deles morreu".

Muitos dos 93 comentários no blog de Sutton e as centenas de e-mails que recebeu foram de clientes revoltados contando outras histórias do péssimo atendimento da United. O mais preocupante, contudo, foram as pessoas que escreveram contando que eram funcionários da United ou ex-funcionários, especialmente um comentário postado por uma pessoa que mas informou que era um piloto ativo da empresa:

> Eu costumava ser o capitão que descia correndo as escadas para ver se o ar-condicionado da ponte de embarque estava devidamente ligado e na temperatura certa. Que ajudava o mecânico a abrir e fechar a porta de acesso ao motor e segurava a lanterna para ele. Costumava escrever bilhetes a meus passageiros e agradecê-los por escolher a United. Fazia relatórios, centenas de relatórios, sobre tudo, desde um café ruim até técnicas mais eficientes para taxiar na pista de decolagem. Não faço mais esse tipo de coisa. Fui instruído a fazer meu trabalho e só meu trabalho. Meu amor pela aviação virou pó. Depois de 15 anos sendo enganado, iludido, ignorado, culpado injustamente e vendo os mesmos erros cometidos vez após vez por um "administrador profissional" que nunca parecia aprender com os copiosos relatórios dos nossos novos "observadores", eu desisto. Não é fácil. Sou um escoteiro condecorado, um empresário e um oficial aposentado da Força Aérea com mais de 22 anos de serviço.

A reação de Sutton foi "Quanta dor. 'Eu costumava ser... Eu costumava ser...'Eu costumava ser...'" As palavras daquele piloto, a história da família Klebahn, da dona daquele cão morto e as evidências do Departamento de Transportes mostram o que acontece quando ninguém se responsabiliza por nada. Até pessoas bem-intencionadas e talentosas caem no silêncio, ficam na moita, se esquivam da responsabilidade, tratam clientes e colegas com indiferença e não se apresentam para fazer a coisa certa porque foram vencidas pelo sistema[2].

Não precisa ser assim, mesmo considerando as pressões financeiras enfrentadas pelas grandes companhias aéreas. Você se lembra de Bonny Simi, que liderou o projeto de operações irregulares da equipe Integrity na JetBlue, que resultou em um sistema melhor para lidar com as "operações irregulares" em condições climáticas ruins? Simi acredita que disseminar a responsabilização é uma grande parte de seu trabalho na JetBlue. Seja pilotando um voo da JetBlue (Simi ainda pilota vários dias por mês) seja fazendo seu trabalho como uma executiva da JetBlue (atualmente é a vice-presidente de talentos), seu objetivo é ajudar o pessoal da JetBlue (e ela mesma) a se sentir como se fôssemos "cidadãos, e não consumidores, e a cuidar da empresa como se fosse nossa". O projeto de operações irregulares foi um exemplo perfeito dessa mentalidade: todas as pessoas, incluindo agentes de portão de embarque, controladores de voo, pilotos e comissários de bordo se uniram para resolver um problema que melhorou o atendimento ao cliente, poupou dinheiro e os ajudou a se orgulhar de seu trabalho e da empresa.

A lição a ser aprendida com o projeto de operações irregulares da JetBlue e com outras histórias e estudos apresentados aqui é que um escalonamento eficaz depende tanto de trazer os talentos certos (pessoas com a formação e as habilidades certas) quanto de ter pessoas que se sentem compelidas a agir para promover os interesses da organização (o que chamamos aqui de "responsabilização") e que pressionam umas às outras para também agir dessa forma. Todo empreendimento, privado, público e do terceiro setor, fundação ou equipe que tenha como objetivo disseminar as melhores práticas, abrir novos escritórios ou filiais ou produzir produtos e serviços superiores precisa criar essas duas condições.

Conversamos sobre o que é preciso fazer para escalonar a responsabilização com Paul Purcell, o CEO da Baird, empresa de serviços financeiros de grande sucesso e rápida expansão sediada em Milwaukee e que tem marcado presença na lista das "100 Melhores Empresas para se Trabalhar" da *Fortune* desde 2004. Purcell enfatizou que não basta contratar as pessoas mais talentosas[3]. Quando os funcionários colocam suas necessidades antes das dos clientes, colegas e da empresa – não importa se essa atitude resulta de traços de personalidade, maus exemplos ou incentivos insuficientes –, a excelência sai prejudicada porque não sentem qualquer obrigação de orientar os recém-chegados ou ajudar os colegas a fazer um bom trabalho. Essa mesma questão foi salientada por Leslie Dixon, diretora de capital humano da Baird. Quando perguntamos quais comportamentos eram "sagrados" na empresa, respondeu: "Acreditamos que o trabalho é um esporte praticado em equipe. Nós não enfatizamos muito a individualidade[4]". Quando perguntamos sobre os "tabus", ela respondeu: "Agir como quem pratica um esporte individual. Ganância. Temos uma regra de não sermos imbecis".

Talento ou responsabilização sozinhos não bastam. Sem doses saudáveis dos dois, bolsões de excelência não têm como sobreviver, conforme vimos com aquele piloto talentoso, porém desmoralizado, da United. É uma futilidade discutir sobre o que é mais importante, colaboradores com as habilidades e experiências certas ou colaboradores que se responsabilizam pelos colegas e pela organização. É como perguntar o que é mais importante para nos manter vivos, o coração ou o cérebro. Os dois precisam funcionar bem para levarmos uma vida saudável. E há muitos caminhos para atingir essa dupla condição.

DENSIDADE DE TALENTOS: ESTRELAS EM TODAS AS POSIÇÕES NA NETFLIX

Reed Hastings, o CEO da Netflix, tenta manter uma alta "densidade de talentos" em sua empresa[5]. Hastings acredita que a devoção da empresa em alocar pessoas altamente qualificadas em todas as posições, que se responsabilizam pessoalmente por fazer um bom trabalho para ajudar a empresa, e não tendo em vista apenas os próprios interesses, é a principal razão pela qual a Netflix consegue se manter como uma provedora dominante de filmes e séries de TV. A Netflix deixa claro para os colaboradores, desde o primeiro dia deles no trabalho, que uma "performance [meramente] adequada" resultará num "generoso pacote de indenização por afastamento". O compromisso inabalável da Netflix com a contratação de pessoas capazes de apresentar performances estelares entra dia e sai dia – e afastar rapidamente aquelas que não se mostram à altura desses rigorosos padrões – impulsionou um escalonamento rápido, inteligente e confiável: a empresa cresceu de uma pequena equipe de fundadores em 1997 para cerca de 2.500 funcionários em 2013.

Hastings compara a Netflix a um time esportivo profissional. Ele quer estrelas em todas as posições e gasta o que for preciso para atraí-las e mantê-las. A Netflix paga os melhores salários do mercado, até para os padrões do Vale do Silício, e ajusta a remuneração para manter a empresa no topo. As avaliações anuais de remuneração são tratadas como decisões de recontratação. Os gestores perguntam: quanto a pessoa ganharia em outra empresa? Essa pessoa é tão boa que seria difícil ou impossível de substituir? Quanto pagaríamos a um substituto? Quanto pagaríamos para manter a pessoa? Em consequência, com a guerra por talentos assolando o Vale do Silício, os colaboradores da Netflix recebem grandes aumentos sem ter de procurar emprego em outras empresas ou atrair ofertas de emprego. Um executivo da Netflix nos explicou como isso funciona: ele ofereceu a um novo engenheiro da Costa Leste cerca de US$ 150 mil por ano e a proposta foi aceita. Antes de o engenheiro chegar à Califórnia para começar a trabalhar na empresa, no entanto, um estudo de mercado indicou que ele seria pago abaixo do topo do mercado. Em vista disso, a Netflix elevou seu salário para cerca de US$ 250 mil anuais.

A empresa abomina o microgerenciamento. A filosofia de Hastings é que a densidade de talentos – ter uma escalação de estrelas que também sabem jogar em equipe – leva à necessidade de menos regras e chefes do que em empresas que não se concentram em contratar o melhor dos melhores. Esse compromisso se mantém mesmo com o crescimento da empresa. Eis toda a política da Netflix no que se refere a despesas, entretenimento, viagens e presentes: "Aja tendo em vista os interesses da Netflix". Essa abordagem minimalista à gestão alimenta um ciclo virtuoso. Os colaboradores com excelentes competências e uma grande motivação são atraídos pelo salário. Eles ficam na empresa – e trabalham feito camelos – devido à autonomia que recebem, ao orgulho que sentem pelo trabalho e ao baixo nível de atrito.

A desvantagem para os funcionários é que, se não estiverem apresentando um desempenho satisfatório, a empresa raramente lhes oferecerá um processo de avaliação e reabilitação e eles provavelmente serão convidados a fazer as malas. O mesmo executivo da Netflix que deu ao engenheiro recém-contratado um aumento de US$ 100 mil descreveu como essa abordagem darwiniana funcionou na prática, no grupo dele. Em 24 meses, 25 pessoas de sua equipe de 75 integrantes foram parar no olho da rua. As pessoas raramente eram afastadas devido a competências técnicas fracas. Foram demitidas por "falta de características pessoais", que incluíam "não ser proativo o suficiente, limitar-se a cumprir ordens sem contribuir com as próprias ideias ou não mostrar curiosidade suficiente para questionar as coisas[6]". O objetivo desse executivo era liderar 75 pessoas que se sentissem compelidas a se impelir e impelir os outros a atingir os mais elevados níveis de desempenho.

DESISTENTES DO ENSINO MÉDIO NA TAMAGO-YA

O sistema da Netflix não funciona na maioria dos lugares. Para começar, poucas organizações têm dinheiro para atrair os melhores talentos disponíveis no mercado. A maioria dos líderes não se dispõe a se livrar de colaboradores imperfeitos com tanta rapidez (ou é incapaz de fazer isso), especialmente sem antes tentar corrigir seus pontos fracos e desenvolver suas habilidades. Muitas das organizações, talvez a maioria, que sabem escalonar bem faz o que precisa ser feito dependendo menos da contratação estrelas já formadas e mais da seleção de um pessoal promissor para depois ensiná-los e motivá-los a fazer um excelente trabalho.

Por exemplo, a Tamago-Ya adotou uma abordagem radicalmente diferente em relação à contratação e ao desenvolvimento de pessoas, em comparação com a Netflix. Essa empresa japonesa produz almoços ("bentôs") orgânicos e os vende aos trabalhadores de escritório de Tóquio por cerca de US$ 4. A Tamago-Ya monta os almoços perto do Aeroporto de Haneda, que fica entre 60 a 90 minutos de carro dos clientes do bairro comercial de Shinjuku, no centro de Tóquio. Uma encomenda típica inclui de 20 a 40 almoços para um grupo de trabalho todos os dias da semana. Cada almoço contém seis ou mais itens e os clientes podem escolhê-los de uma lista relativamente longa de opções. Os almoços são feitos no mesmo dia e entregues quentes. Exemplos de opções incluem carne refogada com molho de ostra, espinafre cozido com molho de gergelim, salada de repolho e arroz. A empresa recebe os pedidos entre as 9h e as 10h30 da manhã, todos os dias. Os almoços são entregues até o meio-dia do mesmo dia, o que deixa pouca margem para erros na montagem dos almoços ou na entrega. Dos 60 mil a 75 mil almoços que a Tamago-Ya entrega todos os dias, os atrasos nas entregas são raros e menos de 50 almoços são desperdiçados (eles têm uma taxa de falhas de 0,006%).

Jin Whang, um especialista de Stanford em gestão da cadeia de suprimento, perguntou ao fundador Isatsugu Sugahara se a empresa tinha algum sofisticado sistema informatizado para prever a demanda e cuidar da programação. Sugahara explicou que a Tamago-Ya era uma empresa decididamente low-tech[7]. A empresa conta com a expertise dos motoristas das vans de entrega, em sua maioria pessoas que largaram a escola no ensino médio, muitos deles tendo sido presos na adolescência ou juventude. Esses motoristas entrevistam e escolhem os clientes de seu território. Eles rejeitam clientes quando percebem que seria difícil demais entregar o almoço a tempo, como os que trabalham em um local que requer fazer uma manobra complicada para chegar ou que fica em uma rua movimentada. Cada motorista responde pela própria rota e a remuneração deles depende do número de almoços que seus clientes compram e de sua capacidade de conter o desperdício. Nesse sistema, podem ganhar até US$ 80 mil por ano.

Os almoços são entregues em embalagens reutilizáveis que os motoristas recolhem mais ou menos às 2h da tarde, o que lhes dá a chance de descobrir do que os clientes gostaram e não gostaram naquele dia e ter uma ideia do que os clientes vão encomendar no dia seguinte. Todas as noites, cada motorista conversa com o gerente da área, encarregado de supervisionar a equipe. As previsões coletadas nessas conversas são enviadas ao escritório central e são usadas para planejar a produção do dia seguinte. Os fornecedores entregam ingredientes como espinafre, peixes e ovos na instalação de produção de Haneda até as 5h00 da manhã do dia seguinte. Os pedidos feitos aos fornecedores são decididos de acordo com um palpite baseado nas informações coletadas dos motoristas na noite anterior e das experiências relativas à quantidade que os clientes costumam encomendar conforme a época do ano, dia da semana e o clima. Os clientes pedem mais almoços quando está chovendo, por exemplo. A Tamago-Ya também depende dessas estimativas para começar a fazer almoços e carregar as vans antes mesmo de as encomendas começarem a chegar às 9h da manhã. Logo depois, as vans já começam a partir para Tóquio. As primeiras vans começam a chegar antes das 10h30 e veículos com almoços extras ficam à disposição em Tóquio para o caso de surgirem ajustes de última hora. Se mais almoços do que o previsto forem encomendados, os fornecedores entregam rapidamente os ingredientes necessários e a Tamago-Ya os monta e distribui sem demora.

O fundador da Tamago-Ya também largou a escola no ensino médio. Ele está convencido de que os métodos que a empresa usa para motivar e inspirar a responsabilização dos funcionários, especialmente os motoristas, explicam o crescimento e o bom desempenho da empresa. Informando-se sobre as necessidades dos clientes e suas preferências pessoais, os motoristas desenvolvem o conhecimento necessário para lhes prestar um serviço exemplar. Os motoristas também se sentem em dívida com a empresa: são bem pagos e se esforçam, apresentando um desempenho superior, para retribuir a fé que Sugahara depositou neles.

RESPONSABILIZAÇÃO: EU SOU DONO DO LUGAR E O LUGAR É MEU DONO

Como a Netflix e a Tamago-Ya demonstram, a responsabilização é mais eficaz quando é uma via de mão dupla. Por um lado, como explica David Novak, o CEO da Yum!, cada colaborador deve sentir e agir como se fosse um "dono do lugar"[8]. Por outro lado, os colaboradores também devem sentir que a organização é "dona" deles. Cria-se, assim, uma pressão de obrigação mútua porque ser um "dono" dá, ao mesmo tempo, autoridade e incentiva os colaboradores a impelir a si mesmos, aos colegas, gestores, colaboradores, fornecedores e às vezes os clientes para apresentar um desempenho excepcional. E, se a organização for "dona" deles, os colaboradores tendem a esperar e seguir altos padrões e trabalhar duro para atingi-los, pois são perseguidos por superiores, colegas, clientes e fregueses, que também zelam por sua aplicação pelos demais. Na Netflix, as estrelas têm uma autonomia considerável ou, em outras palavras, são "donas" do modo como fazem o trabalho. Por outro lado, a empresa também é "dona" deles, porque ganham salários altos e espera-se que se mostrem à altura dos rigorosos padrões da empresa. Na Tamago-Ya, os motoristas sentem e agem como se fossem donos, como terceirizados independentes, porque têm a autoridade para escolher clientes e rotas. Ao mesmo tempo, eles se sentem em dívida com clientes, colegas, o gestor da área e, é claro, ao CEO Sugahara, que deu a muitos a chance de reconstruir a vidas.

A Netflix pode parecer mais implacável que a Tamago-Ya. Afinal, um colaborador não demora a ser demitido da Netflix se apresentar uma performance meramente adequada. No entanto, é contratado para ser uma estrela, para ser o melhor dos melhores e sabe disso assim que entra pela porta. Também tem mais espaço de manobra para decidir como realizar seu trabalho e não terá todas as ações monitoradas por gestores e colegas. A empresa é organizada para colaboradores extremamente talentosos que dão tudo de si. A Netflix faz questão que cada colaborador saiba exatamente quais são os termos do acordo: recebem muito da empresa e a empresa espera que deem muito em troca... ou acabam no olho da rua. A Tamago-Ya compele os colaboradores de uma maneira diferente. Clientes, colegas e superiores raramente dão qualquer momento de folga aos motoristas. O método utilizado pela Tamago-Ya, um sistema no qual os colaboradores jamais podem escapar dos olhares vigilantes, pode ser extraordinariamente eficaz... e bastante estressante.

Pesquisas com equipes que deixam de ser lideradas por um único supervisor e são "autogeridas" têm muito a nos ensinar no que diz respeito a esse tipo de responsabilização. O termo *autogerenciamento* pode evocar imagens de colaboradores fazendo corpo mole, porque são livres para fazer o que quiserem. No entanto, vários estudos mostram que as pessoas se sentem mais comprometidas – e responsáveis – em sistemas como esse. É mais difícil escapar das pressões para seguir as regras e apresentar um bom desempenho porque cada colaborador sente que deve prestar contas a todos os outros membros da equipe e não a apenas um único gestor ou gestor. O pesquisador James Barker descreve como uma equipe autogerida cedeu às pressões, numa tarde de sexta-feira, para se responsabilizar por algo que haviam se comprometido a fazer. Quando a fábrica deles trabalhava com uma hierarquia tradicional, se os colaboradores não tivessem terminado o trabalho e não quisessem fazer hora extra, simplesmente pediam ao gestor, que os deixava ir embora. Quando os membros da nova equipe autogerida perceberam que estavam algumas horas atrasados, vários tentaram explicar por que tinham de ir para casa, como um jantar, uma peça teatral da filha na escola e assim por diante. Depois de muitos suspiros, gemidos e bate-boca, acabaram concordando: "Mas nós prometemos à Howard Bell [o cliente] que enviaríamos o material hoje. É responsabilidade nossa... Vamos ter de ficar. Precisamos fazer direito".

Os líderes e consultores que implementaram equipes autogeridas na fábrica não tinham se dado conta – inicialmente – do quanto o empenho, a qualidade e a produtividade aumentariam devido à criação de pequenos mundos nos quais todos os colaboradores se sentiam responsáveis, uns em relação aos outros. Em outras palavras, a mudança gerou aquele sentimento de enorme eficácia – por vezes angustiante – de que "eu sou dono do lugar e o lugar é meu dono[9]".

NÃO BASTA SIMPLESMENTE ACUMULAR TALENTOS

Contratar as pessoas certas é crucial para impelir a potencialização da excelência, mas não basta. Infelizmente, muitos líderes e gurus acreditam que basta "comprar" os colaboradores mais qualificados e motivados que o desempenho excepcional inevitavelmente se seguirá. Esquecem-se de que a eficácia da equipe e da organização requerem mesclar pessoas com conhecimentos e habilidades diversas e não apenas juntar um bando de pessoas talentosas na esperança de que sejam capazes de descobrir por conta própria como trabalhar bem juntas. Muitas organizações tropeçam porque não ajudam as pessoas a mesclar seus talentos, a desenvolver as habilidades dos colaboradores que contratam e a proporcionar os incentivos necessários para que compartilhem os truques do ofício aos colegas e se ofereçam para ajudar os outros a concluir os projetos.

Tentar potencializar a excelência meramente "comprando" várias pessoas que realizaram um trabalho estelar em alguma outra empresa também é uma manobra arriscada porque a maioria das estrelas não é "portátil". Boris Groysberg, de Harvard, e seus colegas passaram anos acompanhando alguns *top performers*, inclusive CEOs, pesquisadores, desenvolvedores de software e estrelas em bancos de investimento, empresas de publicidade, empresas de relações públicas, consultorias de gestão e escritórios de advocacia. Groysberg relata que, vez após vez, "descobrimos que os *top performers* de todos esses grupos eram mais parecidos com cometas que com estrelas. Foram sucessos fulgurantes por um tempo, mas perdiam o brilho rapidamente quando trocavam de empresa[10]". Por exemplo, os pesquisadores coletaram dados de 1.052 brilhantes analistas do mercado de ações que trabalharam em 78 bancos de investimento americanos entre 1988 e 1996, pessoas que analisam e fazem recomendações de compra e venda de ações para sua empresa e seus clientes.

Groysberg encontrou poucas evidências de que esses bem-remunerados "escolhedores de ações" fossem "portáteis". Quando as estrelas mudaram de empresa, "seu desempenho despencou em média 20% e só eles retomaram os níveis antigos cinco anos depois". O desempenho de suas novas equipes e novas empresas de investimento também sofreu. Esse desempenho em queda livre provavelmente foi causado, em parte, pelo que os estatísticos chamam de regressão à média ou, em termos menos gentis, uma reversão à mediocridade. Com o tempo, as probabilidades em geral alcançam as pessoas que passaram um tempo usufruindo de um desempenho excepcional, que acaba voltando naturalmente aos níveis de desempenho médio dos colegas. No entanto, outras forças também atuavam contra essas estrelas. Groysberg descobriu que, quando chega uma estrela de fora, os *insiders* ficam desmoralizados. Os analistas seniores muitas vezes começam a procurar emprego em outro lugar e "os gestores juniores interpretam a contratação da estrela externa como um sinal de que a organização não tem interesse em mobilizar o potencial deles".

A dinâmica também degenera na equipe que recebe os "salvadores" de fora. "Ressentidos com a celebridade externa (e com o salário que a estrela chega recebendo), outros gestores evitam o recém-chegado, engavetam informações e se recusam a cooperar". E, enquanto as empresas de investimento anunciam com grande alarde que atraíram analistas estrelados, seus próprios investidores têm a reação oposta. Groysberg descobriu que "os preços das ações dos bancos de investimento que estudamos caíram em média 0,74% e os investidores perderam uma média de US$ 24 milhões a cada vez que as empresas anunciaram que tinham contratado uma estrela".

Essas constatações, corroboradas por evidências de outros setores, levaram a equipe de Groysberg a desestimular os executivos a contratar salvadores estrelados de outras empresas, um conselho reforçado por um estudo conduzido em 2011 por Matthew Bidwell em um grande banco de investimento. Ele comparou os *insiders* do banco promovidos internamente com *outsiders* contratados para ocupar cargos similares: os *outsiders* receberam cerca de 20% a mais que os *insiders*, mas apresentaram um desempenho pior e tiveram mais chances de pedir demissão ou ser demitidos que os *insiders*[11]. Em consequência, Groysberg aconselha os líderes a gastar mais tempo e dinheiro encorajando a cooperação e o compartilhamento de informações entre os colaboradores existentes – sobre as tecnologias em desenvolvimento e os procedimentos que possibilitam um bom trabalho – e investindo em treinamentos e orientação para desenvolver suas próprias estrelas.

Em outras palavras, como constatamos vez após vez, soluções rápidas raramente funcionam na potencialização da excelência. Sim, ter dinheiro para gastar em talentos pode ser útil. Mas tome cuidado para não gastar dinheiro tentando substituir a reflexão profunda e o trabalho duro necessário para incutir, disseminar e manter a excelência.

Aprendemos uma lição semelhante com estudos de setores que não têm condições de pagar aos colaboradores qualificados e motivados os altos salários concedidos aos analistas estelares do mercado de ações, como é o caso de organizações de manufatura e serviços. Peter Cappelli, da Wharton, mostra que as empresas americanas cada vez mais tratam os colaboradores talentosos como algo que podem contratar completamente formados e que devem precisar de pouco cultivo, orientação ou treinamento. Essa tendência se fortaleceu nos últimos 30 anos, apesar de evidências de que as empresas ganham uma vantagem competitiva pensando em longo prazo, quando dedicam tempo e dinheiro para desenvolver as habilidades dos colaboradores, mantendo-os motivados e encorajando-os a passar adiante suas crenças e conhecimentos aos colegas e às outras equipes[12].

Nas piores organizações que Groysberg e Cappelli descrevem, a remuneração e o prestígio dos colaboradores se baseiam quase exclusivamente nas realizações individuais. Os colaboradores têm poucas razões para ajudar os colegas ou as outras equipes, muito menos para sacrificar sua glória ou sucesso pessoal pelos interesses da organização. Eles podem trabalhar no mesmo prédio e sob a mesma bandeira, mas pensam e agem como se fossem agentes livres – e não hesitam em abandonar o barco assim que receberem uma proposta melhor. A responsabilização como uma via de mão dupla é rara ou inexistente. A premissa operacional é tácita porém absolutamente clara: "o que é meu é meu, não seu". Muitas organizações como essas não começam assim, mas acabam desse jeito quando líderes impacientes e ambiciosos cedem à perigosa tentação de escalonar para a excelência com base na contratação de estrelas egocêntricas.

A história da Dewey & LeBoeuf nos dá uma excelente lição sobre o que não fazer. Em 2007, a fusão de duas empresas antes orgulhosas, a Dewey Ballantine e a LeBoeuf, Lamb, Greene & MacRae, refletiu a cobiça, por parte de líderes e *partners*, de estender e acelerar a extensão de sua influência no mundo do direito societário e ganhar mais dinheiro imediatamente. A nova empresa, rebatizada de Dewey & LeBoeuf, de fato estendeu sua influência, com 26 escritórios e 2.500 advogados. Mas o *timing* acabou se revelando péssimo porque a crise financeira de 2008 estava começando a ganhar força. Os líderes da Dewey & LeBoeuf decidiram que o melhor caminho para sobreviver à crise seria roubar estrelas de outras empresas que trariam carteiras gordas de clientes e jogar montanhas de dinheiro nas próprias estrelas internas. Cerca de cem estrelas receberam garantias descomunais, de vários anos e multimilionárias, das quais várias excediam a marca dos US$ 5 milhões anuais. De acordo com a *American Lawyer*, os *partners* mais seniores e poderosos da Dewey & LeBoeuf se presentearam com essas gordas remunerações "à custa dos *partners* mais juniores"[13]. A teoria era que essas grandes e suculentas cenouras levariam os lucros a decolar. As dificuldades econômicas jogaram esse plano terra abaixo, mas a empresa ainda precisava pagar suas estrelas. A Dewey & LeBoeuf não só estava repleta de *partners* com pouco ou nenhum interesse emocional na empresa, como as enormes diferenças salariais entre essas estrelas e centenas de "*partners* de serviço" menos bem pagos acabaram desgastando ainda mais a lealdade por toda a empresa. Os chamados *partners* de serviço não fecham contratos com muitos clientes lucrativos, mas sem eles é impossível atender os clientes trazidos pelas estrelas. Com a confusão resultante, a empresa não tinha como pagar as contas. Notícias das dificuldades financeiras da empresa assustaram os clientes e tanto os *partners* estelares quanto os de serviço abandonaram o barco para se refugiar em escritórios de advocacia rivais. O resultado foi que 75% dos 300 *partners* saíram da empresa antes de a Dewey & LeBoeuf declarar falência no dia 28 de maio de 2012.

Todos os outros grandes escritórios de advocacia tiveram dificuldade de sobreviver à crise financeira. Muitos se voltaram para a contratação de estrelas vindas de outras empresas como parte de sua estratégia de sobrevivência. Mas a Dewey & LeBoeuf talvez tenha sido a mais radical. Eles simplesmente acumularam talentos onerosos e ainda por cima criaram um sistema que incentivava a desigualdade e o ressentimento. Apesar dos esforços de alguns bravos líderes para reverter a maré, os *partners* da Dewey & LeBoeuf sabiam que qualquer discurso de lealdade e de responsabilidade à empresa não passava de conversa para boi dormir. A ganância da empresa era a principal "liga" social a unir as pessoas. De acordo com a descrição de um ex-partner, o presidente do conselho Steve Davis e o diretor executivo Stephen DiCarmine "sabiam que a empresa toda girava ao redor do dinheiro... O que nunca conseguiram entender é que, se o dinheiro é tudo o que mantém uma empresa unida, não sobra pedra sobre pedra quando o dinheiro acaba".

Depois de dar uma palestra sobre a disseminação da excelência em outra grande firma de advocacia em 2013, Sutton ficou sabendo que vários advogados presentes tinham abandonado o navio pelos gordos salários da Dewey & LeBoeuf e voltaram à firma anterior após o colapso. Esses advogados explicaram que, apesar de o dinheiro continuar sendo uma parte importante da equação, eles se autodenominam "O clube da grama mais queimada"*, porque agora aprenderam a valorizar o apoio dos colegas e o senso de responsabilização compartilhada que permeia a empresa. Um partner contou que passou a elogiar a mesma pressão para agir, tendo em vista os interesses da empresa (mesmo se não for de seu interesse pessoal), que "me irritava tanto" antes da derrocada da Dewey & LeBoeuf.

TALENTO × RESPONSABILIZAÇÃO = ESCALONAMENTO DA CAPACIDADE

Assim, a questão passa a ser como potencializar a excelência de organizações e projetos repletos de pessoas talentosas que sentem e agem como se fossem donas do lugar e o lugar fosse dono delas e nos quais os laços entre as pessoas são fortes e resistentes. Nossas pesquisas nos levaram a identificar sete maneiras de fazer isso.

1. Extirpe o parasitismo

Quando as pessoas se sentem responsáveis perante os colegas e clientes, elas se sentem obrigadas a se empenhar mais e fazer

---

* N.T.: Referência à expressão "A grama do vizinho sempre parece mais verde".

sacrifícios pelo bem de todos. Não é fácil gerar e manter esse sentimento. O economista Mancur Olson Jr. identifica poderosos "incentivos perversos" que comprometem uma "ação coletiva" como essa[14]. O problema é que o fato de uma única pessoa agir desinteressadamente ou não, em geral tem um pequeno, e muitas vezes minúsculo, impacto sobre a performance global da maioria dos sistemas sociais. Como resultado, cada membro de uma organização ou projeto tem um incentivo relativamente menor para se empenhar e fazer sacrifícios pessoais e um incentivo um pouco maior para "pegar carona" no empenho alheio. Olson demonstra que, mesmo quando todas as pessoas do sistema se beneficiam, cada uma costuma racionalizar que, quando os custos pessoais da ação superam os benefícios pessoais, é razoável contribuir com nada ou com muito menos do que é capaz de fazer.

Os economistas chamam isso de "problema do carona". Quanto maior for o número de pessoas que devem se unir, mais difícil é superar esse problema. Se você for um dos dois milhões de colaboradores do Walmart, por exemplo, por mais que se empenhe ou ajude os colegas, seu impacto sobre os resultados financeiros, a reputação global e a cultura do Walmart será insignificante. Da mesma forma, as eleições estaduais ou nacionais são realizadas para o bem de todos, mas o efeito de qualquer voto individual é trivial, de modo que economistas, inclusive Patricia Funk, argumentam que "um indivíduo racional deveria se abster de votar[15]". Até em pequenos projetos, equipes e organizações, o problema do carona, ou do parasitismo, revela seus aspectos mais desagradáveis. Nosso colega de Stanford e investidor de risco Michael Dearing já financiou mais de 60 *startups*, desde 2006. Ele observa que, uma vez que a *startup* cresce para cerca de 20 pessoas, se as devidas precauções não forem tomadas, os recém-chegados começam a "sentir-se meramente como colaboradores e não como proprietários" ou donos do lugar.

Se vocês não encontrarem maneiras de compensar e reverter o parasitismo, é melhor se preparar para a praga da mentalidade do "eu não me importo, nem a maioria dos meus colegas se importa" que vimos na United Airlines e na Dewey & LeBoeuf. Os melhores líderes e equipes incluem em seu kit de ferramentas todos os incentivos que conseguirem encontrar, tomar de empréstimo e inventar e os misturam para estimular a ação coletiva e extirpar o parasitismo. O dinheiro não é a única ferramenta para impulsionar a responsabilização, mas ajuda, especialmente quando reforçado por práticas de contratação, demissão e promoção.

Os líderes da Netflix estão muito cientes do problema do parasitismo e mobilizam os altos salários que pagam aos colaboradores para exterminar essa praga. A Netflix insiste que, para ser uma estrela, um colaborador deve "buscar o que é melhor para a Netflix e não o que é melhor para ele mesmo ou para seu grupo" e "arranjar tempo para ajudar os colegas". A Netflix também enfatiza que todos os colaboradores devem banir o parasitismo e pecados relacionados, tais como um "comportamento do tipo 'ou vai ou racha'" e o comportamento "brutal" que os impedem de se ajudar a "atingir a excelência". No início, lemos essas alegações com ceticismo. É muito mais fácil falar do que colocar essas ideias em prática. No entanto, depois de longas conversas com aquele executivo da Netflix sobre como tomam decisões de contratação, demissão e promoção – bem como várias conversas com ex-engenheiros da Netflix que foram demitidos (apesar de suas robustas habilidades técnicas) devido à sua incapacidade ou falta de disposição para contribuir para o bem de todos (alguns dos quais ainda estavam furiosos com a demissão) –, percebemos que aquelas alegações eram mais que apenas um discurso vazio. Na Netflix, quando o CEO Reed Hastings diz: "temos estrelas em todas as posições", isso não significa que a empresa estimula ou até tolera atos individuais egoístas, mas sim que têm pessoas que fazem um excelente trabalho e ajudam os outros a fazer o mesmo.

Encontramos definições semelhantes de colaboradores estelares – bem como sistemas de recompensa propícios a essa mentalidade – em dezenas de organizações que abolem sistematicamente o parasitismo e cultivam a responsabilização, inclusive a McKinsey, Google, Yum!, Pixar, IDEO, JetBlue, Procter & Gamble e General Electric. A. G. Lafley, CEO da P&G, não usa nenhum sistema complicado para vincular a remuneração à colaboração dos colaboradores. Como relatou a revista *Fortune*: "Os gestores que não conseguem compartilhar ideias simplesmente não são promovidos[16]". A McKinsey e a IDEO usam o mesmo padrão para decidir a quais consultores oferecer uma participação financeira, uma parceria, na empresa.

Susan Peters, vice-presidente para o desenvolvimento de executivos da GE, nos explicou como a GE reforça a responsabilização por toda a organização. A GE avalia todos os empregados em termos tanto de performance quanto de liderança. O critério da liderança inclui cultivar a cultura da GE e outros fatores essenciais para o sucesso do negócio. As cinco principais categorias de avaliação são: foco externo, inclusão, lucidez, expertise e imaginação e coragem. Os detalhes do comportamento esperados em cada categoria são atualizados com frequência para se adequar a mudanças no mercado e na estratégia da GE. Os padrões aplicados também variam de acordo com a função de cada colaborador: coisas diferentes são esperadas de um estagiário administrativo de 27 anos de idade e de um alto executivo responsável por comandar uma das maiores unidades de negócio da GE.

Peters ressaltou duas questões especialmente instrutivas. Em primeiro lugar, quando perguntamos se a GE dá mais peso à performance ou à liderança, ao avaliar seu pessoal, Peters reformulou a pergunta. Na opinião dela, as duas categorias estão tão interligadas e reforçam tanto uma à outra que costuma ser impossível separá-las. Quando um líder da GE, por exemplo, fica tendo ideias promissoras, mas não tem coragem suficiente (e persistência) para transformá-las em produtos ou serviços, o desempenho sai prejudicado. Por outro lado, como vimos na "Série Aventura" que Doug Dietz e seus colegas da GE desenvolveram para os pacientes mirins, quando os líderes têm tanto imaginação quanto coragem, o sucesso vem naturalmente. Em segundo lugar, Peters salientou que a liderança na GE não é uma exclusividade dos executivos seniores. "Espera-se que [os colaboradores da GE de todos os níveis] assumam a responsabilidade" pela melhoria constante de suas habilidades e pela atualização de seu estilo de liderança para se adequar às mudanças em suas funções e no ambiente de negócios. Além disso, na GE, liderança implica encorajar e orientar os colegas e colaboradores para se responsabilizarem também. Também nesse caso vemos que a responsabilização e a prestação de contas aos outros desempenham um papel central na disseminação da excelência.

Não é preciso sair por aí distribuindo gordos incentivos financeiros para extirpar o parasitismo e criar responsabilização. Os incentivos só precisam ser atraentes o suficiente para motivar os colaboradores de acordo com suas necessidades e outras opções de emprego. A cofundadora Shannon May (que conhecemos no Capítulo 1) nos explicou como uma modesta remuneração na Bridge International Academies motiva mais de mil professores em mais de 210 escolas na África. A Bridge seleciona e treina meticulosamente os candidatos para que desenvolvam as habilidades necessárias para ensinar o conteúdo do currículo (altamente padronizado) a alunos do ensino fundamental e para manter o controle na sala de aula. A Bridge também usa o monitoramento intensivo – que inclui avaliações do desempenho de professores e alunos e a observação regular dos professores – para assegurar que todos os professores estejam colocando as necessidades dos estudantes e da Bridge em primeiro lugar.

A família dos alunos só paga à Bridge cerca de US$ 5 por mês, de modo que a empresa não pode se dar ao luxo de pagar grandes salários aos professores ou aos administradores das escolas. No entanto, a Bridge paga o salário mínimo legal e também banca o acesso ao sistema nacional de saúde em todos os países, a todos os colaboradores, o que muitos outros empregadores não fazem. Os professores e administradores das escolas também são motivados com bônus baseados no desempenho. Uma das principais métricas da Bridge, além do desempenho dos alunos, é o "tempo passado na tarefa": o número de horas que os alunos passam em sala de aula e aprendendo (em média 42 horas por semana). Os professores precisam trabalhar duro: além dos rigorosos padrões que a Bridge exige que atendam, os alunos ficam na escola das 7h30 às 17h todos os dias da semana e meio período aos sábados. No entanto, os professores se orgulham imensamente de seu trabalho e a rotatividade voluntária é baixa, em parte porque a Bridge oferece uma opção de emprego mais atraente que a maioria das pessoas tem nos países pobres onde a instituição atua.

Abordagem "Academy-in-a-Box" da Bridge, ao estilo da Starbucks, representa uma mudança radical em comparação com as escolas tradicionais. Mesmo assim, essa empresa com fins lucrativos parece estar tendo sucesso e tem escalonado para a excelência numa velocidade vertiginosa (de oito escolas em 2009 para mais de 210 em 2013). A Bridge atraiu milhões de dólares em fundos de capital de risco e já é a maior rede de escolas particulares da África. De acordo com testes padronizados aplicados por um grupo de avaliação independente, os alunos da Bridge apresentaram um desempenho melhor que os alunos de outras escolas particulares em grandes margens, de 24% (em habilidades de adição) a 205% (em fluência de leitura).

As recompensas financeiras são mais eficazes quando são compatíveis com as práticas de contratação e demissão. É fundamental contratar as pessoas certas, como acabamos de ver no caso da Bridge. Mas também é fundamental desfazer uma contratação mal-efetuada. Mancur Olson Jr. salienta que até uns poucos aproveitadores podem comprometer a disposição dos colegas de se empenhar e fazer sacrifícios tendo em vista os interesses da organização como um todo. Quando até mesmo algumas poucas pessoas pegam carona no trabalho dos colegas e conseguem se safar disso, os colaboradores empenhados e altruístas se sentem ludibriados. Quando isso acontece, o egoísmo e a ganância podem se espalhar como fogo de palha. Na Bridge, Shannon May enfatizou que, se um professor não estiver fazendo sua parte (o que não acontece com frequência), a equipe de liderança da empresa não demora a afastá-lo porque fazer corpo mole pode infectar os outros professores com grande rapidez. A mesma filosofia é aplicada na Netflix e na Baird. Quando Sutton entrevistou Paul Purcell, o CEO da Baird, em 2008, perguntou como a empresa executava a "regra de banir os parasitas individualistas" ou, em outras palavras, o tabu de aproveitar-se do trabalho alheio ou colocar as próprias necessidades à frente dos interesses dos colegas, dos clientes e da empresa. "Paul disse que a maioria dos parasitas era identificada e afastada por meio de verificações de antecedentes e entrevistas antes de [esses parasitas] irem falar com ele. Mas ele também fazia a própria seleção. "Durante a entrevista, olhava nos olhos deles e dizia: 'Se eu ficar sabendo que você é um parasita, vai ser demitido'[17]".

2. Dê uma injeção de orgulho e indignação justiceira

Mancur Olson Jr. deixa claro que o orgulho coletivo e a agressividade (especialmente direcionada a *outsiders* que ridicularizam e podem prejudicar um grupo) são medidas eficazes de combate ao parasitismo. Essas emoções voltam a atenção das pessoas a interesses mais elevados que seus próprios interesses pessoais, unem os membros do grupo ou da organização e são contagiantes. Quando estamos cercados de pessoas que se orgulham de disseminar a excelência, que se enfurecem com outros que impedem ou podem impedir suas ações virtuosas ou que têm esses dois sentimentos ao mesmo tempo, nos voltamos menos a nossos desejos e interesses egoístas. E também ficamos mais dispostos a tomar decisões difíceis e até nos arriscar pessoalmente pelo bem de todos.

A Netflix combina seus generosos incentivos financeiros com orgulho e agressividade, tratando a empresa como um time esportivo, e não uma família, para concentrar os colaboradores em vencer e superar a concorrência. A agressividade, especialmente aquela indignação justiceira voltada a algum inimigo real ou imaginário, pode instigar a competitividade quando aliada a outros incentivos. Os executivos da divisão de varejo da British Petroleum contaram a Rao como aplicaram essa abordagem. Eles queriam transferir o foco das equipes internas de "brigar uns com os outros" a superar a concorrente Shell Oil. Para isso, desenvolveram um lema memorável: "*Slam the clam*" (algo como "fechar o marisco"), em referência ao logotipo de concha da Shell. Insistiram que todas as decisões envolvendo recursos – construção de postos de gasolina, alocação de *staff* de P&D, publicidade ou qualquer outra decisão – fossem direcionadas a "fechar o marisco". Todas as ações deveriam ter como objetivo competir com a Shell Oil e superar a concorrente.

A revitalização comandada pelo general Matthew Ridgway no Exército dos Estados Unidos, na Guerra da Coreia, também demonstra como uma injeção de orgulho e agressividade ajudou a voltar a atenção dos soldados ao bem de todos, lhes deu coragem e restaurou a moral perdida. Quando Ridgway assumiu o comando das tropas norte-americanas no fim de 1950, a situação era desesperadora. As tropas tinham acabado de fazer uma enorme retirada diante de uma grande ofensiva chinesa. Seus homens estavam com medo e confusos. Os soldados e seus comandantes se amontoavam nos *bunkers*. Os generais não tinham planos coerentes para combater o inimigo e se falava seriamente em uma evacuação "ao estilo de Dunkirk", na qual todas as forças americanas fugiriam da Coreia de uma só vez, derrotadas e em pânico. Ridgway não podia se dar ao luxo de substituir suas tropas exaustas e emocionalmente derrotadas. Ele não tinha como lhes pagar mais para terem mais coragem e orgulho. Mas de alguma forma precisaria reenergizar seu exército sitiado. Seu objetivo era evitar uma evacuação vergonhosa das tropas americanas, conter o avanço norte-coreano e chinês e levar os chineses e norte-coreanos à mesa de negociação.

O desafio mais premente de Ridgway era recuperar o orgulho de seus soldados e reforçar sua coragem – compeli-los a lutar por si e por seu país. Uma das primeiras medidas que tomou foi sobrevoar o território das batalhas. Ele se enfiou no nariz de Plexiglass transparente de um bombardeiro B-17, abriu um mapa no colo e mandou o piloto voar baixo e lentamente sobre o terreno para que pudesse ver com os próprios olhos o que suas forças enfrentariam. Ele passou as 48 horas seguintes visitando cada um de seus comandantes. Ridgway ficou sabendo que muitos oficiais superiores desconheciam o terreno, sem saber o nome de rios ou a altura das montanhas. Como consequência de sua ignorância, postavam tropas em estradas e não em pontos altos estrategicamente vantajosos. Em uma de suas primeiras reuniões com os comandantes, ouviu uma longa apresentação do coronel John Jeter sobre as posições defensivas planejadas, enquanto as tropas recuavam cada vez mais. Ridgway perguntou: "Quais são seus planos de ataque?". Jeter não tinha nenhum. Ele disse: "Senhor, estamos nos retirando[18]". Ridgway o afastou do comando sumariamente, um gesto que transmitiria aos outros oficiais a mensagem de que não toleraria líderes tímidos ou mal-informados. Ridgway escreveu a seus superiores: "Não é possível executar meus planos com os líderes existentes" e afastou cinco dos seis comandantes de divisão e 14 dos 19 comandantes regimentais, porque, na opinião dele, faltava-lhes confiança e competência.

Quando Ridgway visitou as linhas de frente e as tropas lhe mostraram mapas das posições inimigas, descobriu que se baseavam em relatos de vários dias atrás. Os mapas estavam desatualizados porque os soldados tinham medo de sair em patrulhas a pé para coletar novas informações. Ridgway sabia que informações desatualizadas levavam a más decisões sobre onde alocar as tropas. Os soldados não tinham confiança para arriscar a vida pelo bem das forças americanas com um todo. Ele os pressionou a fazer patrulhas mais frequentes em vez de ficarem entrincheirados nos *bunkers*. As patrulhas geraram informações melhores, o que permitiu que os líderes de combate de todos os níveis desenvolvessem melhores planos de batalha. Como resultado, não só os soldados sentiram mais orgulho e coragem, como também passaram a confiar mais nas ordens vindas de cima sobre como combater o inimigo.

Ridgway rescindiu uma ordem de defender o terreno "custe o que custar" para que seus homens soubessem que ele se preocupava com a segurança deles e que não queria baixas desnecessárias. Percorreu repetidamente as linhas de frente e assegurou às tropas de que nenhuma unidade seria abandonada em face de um ataque chinês. Ele se expôs ao fogo inimigo quase todos os dias. Visitou hospitais para se certificar de que os feridos estavam sendo bem-tratados e viajava com pares extras de luvas (para dar aos soldados que estivessem com as mãos congelando). Aproximou seu posto de comando da frente de batalha, viajava em um jipe aberto no frio intenso e insistia que seus comandantes fizessem o mesmo. Ridgway simbolizava a nova atitude de coragem e compaixão levando sempre consigo uma granada de mão e um kit de primeiros socorros.

Como Ridgway explicou: "Antes de partirmos para a ofensiva, tínhamos trabalho a fazer, fraquezas a sanar, erros com os quais aprender, procedimentos falhos a corrigir e um senso de orgulho a restaurar[19]". Na primavera de 1951, o mesmo exército que tinha fugido dos chineses alguns meses antes já os empurrava para o norte do paralelo 38, que até hoje continua marcando a fronteira entre a Coreia do Norte e a Corcia do Sul. Walter Winton, assessor de Ridgway, resumiu a abordagem do gestor nos seguintes termos: "Ele não recuperou o Oitavo Exército sendo cruel com as pessoas, atirando nelas, afastando-as, decepando-as ou amedrontando-as. Ele injetou humanidade na operação e garantiu que seus homens estivessem aquecidos, devidamente alimentados e que fossem devidamente liderados".

Ridgway enfrentou o desafio de restaurar a excelência que tinha sido destruída por uma torrente de más decisões e líderes fracos. Ao insistir que seus soldados fossem mais agressivos, substituindo líderes desmoralizados e incompetentes e exemplificando pessoalmente a coragem que esperava de cada soldado, Ridgway restaurou a confiança e o orgulho de suas tropas. Com isso, foi capaz de disseminar a responsabilização por todas as forças norte-americanas.

3. Traga líderes propensos à culpa

Quando Ridgway afastou os oficiais fracos, ele garantiu que os substitutos deles colocassem sempre o bem-estar dos soldados em primeiro lugar. O motivo para isso, Ridgway explicou, foi que "as decisões difíceis não são as que se toma no calor da batalha. Muito mais difíceis são as decisões envolvidas em expressar sua opinião sobre algum maluco temerário que se propõe a enviar tropas para a ação em condições nas quais o fracasso é quase certo e o único resultado será o sacrifício desnecessário de vidas de valor inestimável[20]".

Um estudo de 2012 sugere que, quando os líderes tendem a se sentir culpados, são especialmente propensos a se preocupar com os outros e colocar o bem de todos à frente de suas metas e glória pessoal. Becky Schaumburg e Francis Flynn, de Stanford, descobriram que os líderes propensos à culpa têm um forte senso de responsabilidade pessoal por suas ações e se mantêm sintonizados com o modo como suas decisões afetarão os outros. Eles se sentem especialmente mal com os erros do passado e estão sempre preocupados com possíveis erros futuros, o que compensam sendo orientados para a ação, adotando constantemente medidas preventivas para evitar erros futuros e tomando providências para reparar os danos causados por seus erros anteriores. Schaumburg e Flynn propõem que pessoas propensas à culpa costumam chegar à liderança porque – para evitar se sentir mal por não ficar à altura de suas responsabilidades ou por prejudicar os outros – eles se empenham com abnegação para ajudar seu grupo e organização a atingir os objetivos. Os líderes propensos à vergonha são diferentes. Quando cometem erros, sentem pena de si mesmos, são tomados pela preocupação de serem pessoas más e ficam paralisados, fugindo da confusão que criam.

Schaumburg e Flynn realizaram uma série de estudos que confirmaram que as pessoas propensas à culpa têm mais chances de chegar à liderança e de se tornar líderes mais eficazes do que os outros. Em um desses estudos, os pesquisadores avaliaram 144 estudantes universitários e membros da equipe da universidade no que se refere à propensão à vergonha e à culpa e os dividiram em grupos de três ou quatro sem designar nenhum líder. Os grupos passaram cerca de uma hora trabalhando em exercícios de tomada de decisões em grupo, como desenvolver uma campanha de marketing para produtos do site "Como Visto na TV". Depois dos exercícios, os participantes relataram repetidamente que as pessoas propensas à culpa acabaram liderando as equipes. Inclusive, "a propensão à culpa foi um fator ainda mais preditivo da liderança que a extroversão, um indicativo bem conhecido de liderança[21]". Os participantes não usaram a propensão à culpa, por si só, como um indicativo de potencial de liderança, mas admiraram as ações resultantes, especialmente a preocupação que esses líderes demonstravam pelos outros. Por exemplo, os participantes propensos à culpa se preocupavam com a possibilidade de os colegas se sentirem ignorados ou desrespeitados e faziam de tudo para garantir que a opinião de todos os membros do grupo fosse ouvida.

Schaumburg e Flynn também conduziram um estudo de acompanhamento com 141 estudantes do primeiro ano do MBA. As habilidades de liderança dos alunos foram avaliadas por antigos supervisores, colegas, colaboradores diretos e clientes. A propensão à culpa acabou se revelando uma característica distintiva dos alunos avaliados como os líderes mais eficazes. A análise de Schaumburg e Flynn mostra que o forte senso de responsabilidade desses alunos em relação aos outros foi uma grande razão pela qual esses líderes foram descritos em termos elogiosos, como "excede os resultados esperados", "dá um excelente exemplo aos outros", "adapta a mensagem para comunicá-la com eficácia a públicos diversos", "expressa emoções de forma produtiva". A propensão à culpa parece ser uma vacina contra o interesse pessoal descarado que pode infectar os líderes. Muitos estudos mostram que, quando as pessoas ganham poder, tendem a colocar as próprias necessidades em primeiro lugar. Ignoram as necessidades dos outros, agem impulsivamente e comportam-se como se as regras se aplicassem só aos colaboradores, não a elas mesmas. Líderes tomados pela culpa são menos propensos a manifestar esse tipo de "envenenamento de poder", o que os levaria a se sentir mal consigo mesmos.

Craig Good, um veterano da Pixar, contou a Sutton uma história que demonstra como os líderes propensos à culpa agem, por que são tão admirados e como criam lealdade e a pressão da obrigação nos outros[22]. Em 1985, Ed Catmull e Alvy Ray Smith lideravam a divisão de computação da Lucasfilm, o grupo que acabou se transformando na Pixar. Catmull e Smith tinham muita fé no trabalho de animação por computador realizado pelo grupo. Acreditavam e esperavam que um dia aquela tecnologia lhes possibilitaria fazer filmes de qualidade que lembram clássicos da Disney, como *Dumbo* e *Branca de Neve*. George Lucas, criador da série *Guerra nas Estrelas* (e fundador da Lucasfilm), via com ceticismo os fatores econômicos da divisão de computação, mas a tolerava porque considerava o trabalho deles intrigante e não faltava dinheiro na empresa. No entanto, quando a Lucasfilm entrou numa fase difícil e se viu sob pressão financeira, em 1985, Lucas nomeou Doug Norby como presidente com a missão de conter os gastos. Norby exigiu grandes demissões na divisão de computação. Catmull e Smith tentaram apresentar argumentos financeiros para manter o grupo intacto, alegando que, se a Lucasfilm um dia decidisse vender a divisão, seu valor seria reduzido caso perdesse talentos técnicos. Norby não se convenceu. Nas palavras de Craig Good: "Ele ficou no pé de Ed e Alvy para eles apresentarem uma lista de nomes da divisão de computação para ele demitir e Ed e Alvy não davam bola para as exigências. Finalmente veio a ordem: quero ver vocês dois na minha sala amanhã de manhã às nove com uma lista de nomes".

No dia seguinte, Catmull e Smith apresentou a Norby uma lista com apenas dois nomes: Ed Catmull e Alvy Ray Smith. Mais de 25 anos depois, Craig Good continua grato. "Ninguém perdeu o emprego. Nem eu, que estava no pé da base da pirâmide. Quando a gente ficou sabendo, fizemos uma vaquinha para dar para Ed, Alvy e suas esposas numa festa de agradecimento". Depois disso, a Pixar foi vendida para Steve Jobs e o resto da história todo mundo sabe. Catmull e Smith fizeram o que os líderes propensos à culpa fazem: mesmo quando saem prejudicados, colocam os outros em primeiro lugar e fazem o que é melhor para o bem de todos. Catmull continua sendo o presidente da Pixar; Smith saiu depois de alguns anos, mas desempenhou um papel crucial como um dos primeiros líderes da empresa e um gênio técnico.

A história da Lucasfilm é uma das muitas histórias que ouvimos sobre a tendência de Catmull a se preocupar com os outros e colocar as necessidades alheias à frente das suas. Ouvimos essas histórias com frequência em nossas entrevistas e conversas informais com pessoas da Pixar ao longo dos anos. As ações de Catmull refletem e reforçam a mentalidade da Pixar, criando sentimentos de responsabilização entre os colaboradores, desde diretores ganhadores do Oscar até a base da pirâmide, motivados a retribuir o favor com o próprio empenho e sacrifício (e, naturalmente, às vezes Catmull se sente culpado também por isso!). Em nossas visitas à Pixar, sempre notamos o espírito de participação e orgulho que permeia o lugar, que se manifesta em todas as pessoas, desde recepcionistas a assistentes executivos, animadores, diretores e executivos seniores.

Em 2011, quando Sutton pediu que Catmull verificasse a história que compilamos sobre a Lucasfilm, ele deixou claro que não se opõe a todas as demissões – às vezes algumas pessoas precisam ser demitidas, pelo bem de todos. Essa postura aponta para outra constatação das pesquisas de Schaumberg e Flynn: "Os gestores propensos à culpa tiveram mais chances de apoiar demissões para manter a empresa lucrativa do que os gestores menos propensos à culpa[23]". Os líderes propensos à culpa naturalmente se sentem mal com as demissões. Mas, como Schaumberg explica, "Se as pessoas se sentem culpadas em relação à sua organização, elas se comportarão de modo a se manter à altura das expectativas da organização... [apesar de] esses comportamentos poderem não parecer com o que normalmente consideramos um comportamento culpado".

4. "Estou de olho em você": use sinais sutis para instigar a responsabilização

Nosso mantra da potencialização da excelência, que vimos no Capítulo 1, "Mobilize os cinco sentidos", salienta como crenças e comportamentos são reforçados por pequenos sinais, aparentemente triviais e que muitas vezes passam despercebidos. Sinais como esses podem ser mobilizados para acionar a responsabilização. Por exemplo, alguns estudos engenhosos mostram que, se as pessoas recebem lembretes sutis de que podem estar sendo observadas, tendem a fazer a coisa certa. Melissa Bateson e seus colegas da Newcastle University descobriram um jeito simples de encorajar os 48 colaboradores de sua "divisão de psicologia" a pagar pelo café, chá e leite que cada um consumia. A divisão colocou uma "caixinha da honestidade" e um cartaz solicitando contribuições voluntárias ao lado das bebidas[24]. Os pesquisadores alternaram aleatoriamente dois cartazes da "caixinha da honestidade" em um período de dez semanas: flores bonitinhas ou um par de olhos olhando diretamente para os colaboradores. Aqueles olhos aparentemente lembravam as pessoas de que estavam em dívida com os outros e as contribuições foram três vezes maiores em comparação com o cartaz florido. Bateson também participou de uma segunda equipe de pesquisa que alternou cartazes com "olhos" e "flores" em um grande refeitório da Newcastle University. Os pesquisadores analisaram se as pessoas recolhiam suas bandejas sujas ou as deixavam na mesa quando terminavam as refeições. Mais uma vez, os olhos se mostraram mais eficazes que as flores: as pessoas foram 50% menos propensas a deixar as bandejas sujas na mesa em comparação com os cartazes floridos. E os olhos tiveram um impacto muito maior que cartazes pedindo às pessoas: "Por favor, coloque as bandejas nas prateleiras ao terminar a refeição".

O *India Times* descreve outra imagem visual que encorajou as pessoas a se comportar de maneira menos egoísta[25]. Fazia tempo que os usuários de trem reclamavam de homens que saíam cambaleando de um bar das proximidades e urinavam nos muros da Estação Ferroviária Guindy, resultando em um cheiro insuportável. Os 50 motoristas de riquixá motorizado "fizeram uma vaquinha e pintaram os muros com imagens de todos os deuses hinduístas. Isso deu um fim aos homens abrindo a braguilha diante dos muros da estação de trem". A decisão dos motoristas de pagar pelas imagens também foi motivada por sentimentos de responsabilização. Como um deles explicou: "No fim das contas, nosso ponto fica lá. A gente paga 1.200 à Southern Railway para estacionar nossos riquixás na entrada da estação, onde pegamos a maioria dos passageiros".

5. Crie o *pool* genético certo

Vinod Khosla foi o fundador e CEO da Sun Microsystems e hoje é um dos mais renomados investidores de risco do Vale do Silício. Khosla usou sua experiência para escrever, em 2012, um artigo intitulado "Gene Pool Engineering for Entrepreneurs". O principal argumento de Khosla é ecoado por pesquisas acadêmicas sobre o *imprinting* ou, em outras palavras, "a empresa se transforma nas pessoas que contrata" porque os fundadores e os primeiros contratados criam a cultura. Assim, os fundadores devem se concentrar em contratar o mix certo de pessoas para dar conta dos primeiros riscos enfrentados pela empresa. Todo mundo, de CEOs estelares, a gurus da administração e psicólogos industriais confirmam a afirmação de Khosla de que "as pessoas fazem o lugar" e abundantes evidências demonstram que as pessoas que uma organização escolhe contratar têm efeitos profundos e duradouros sobre a cultura e a performance[26].

Michael Dearing, um investidor de risco e um colega nosso de Stanford, desenvolveu uma opinião forte no que se refere aos "*pools* genéticos" depois de avaliar mais de três mil fundadores e financiar mais de 60 empresas desde 2006. Dearing notou que os fundadores de maior sucesso são propensos a certas "distorções cognitivas": maneiras tendenciosas, até objetivamente imprecisas, nas quais veem a si mesmos e filtram as informações que lhes permitem tomar decisões mais rápidas e melhores, se recuperar de contratempos e atrair talentos. Uma dessas distorções é a "excepcionalidade pessoal", a crença de que você está "no topo da sua corte" e é destinado à grandeza. Dearing acredita que a excepcionalidade ajuda os fundadores a serem resilientes, persistentes e persuasivos ao atrair colaboradores, clientes e investidores para trabalhar com eles. Outra distorção é o "pensamento dicotômico" ou, na descrição de Dearing, a mentalidade de que "X é uma merda, Y é um gênio"[27]. Essas decisões rápidas e opiniões fortes ajudam as *startups* a decidir em que se focar e o que ignorar. Isso as impede de tentar incluir todos os recursos possíveis em um produto ou agradar todos os clientes. O principal risco, segundo Dearing, é que o perfeccionismo que os fundadores em geral exibem pode ser desgastante e exasperante. Steve Jobs levava as pessoas à loucura, por exemplo, recusando-se a aceitar parafusos deselegantes que ficavam escondidos no interior dos computadores da Apple ou demitindo 67 enfermeiros antes de encontrar três de seu agrado.

A Netflix e a Tamago-Ya ilustram como a mentalidade de "as pessoas fazem o lugar" se manifesta em grandes organizações. A estratégia de Reed Hastings, o CEO da Netflix, é encher o lugar de talentos brilhantes e altruístas que requerem pouca supervisão ou treinamento. Na Tamago-Ya, o fundador Isatsugu Sugahara procura pessoas como ele, que largaram o ensino médio, e as motiva a se destacar oferecendo uma remuneração baseada no desempenho, o que instiga o desejo de retribuir a crença de Sugahara nelas. Quando grandes organizações ou projetos tentam se escalonar adotando novas mentalidades – e descartando as velhas –, eles fazem algo semelhante à "reengenharia" do *pool* genético. Isso pode ter grandes benefícios. É exatamente o que Ridgway fez quando substituiu oficiais superiores que prejudicavam a moral por oficiais que estimulavam o orgulho e colocavam os soldados em primeiro lugar. No Capítulo 3, vimos como a CEO Charlotte Beers escolheu a dedo o "grupo sedento de mudanças" para transformar a Ogilvy & Mather. A irritação dessas pessoas com a situação, a propensão a pensar em longo prazo, a flexibilidade e a impaciência desse grupo ajudou sete mil colaboradores da empresa a passar de sentir-se acuados e agir de forma indisciplinada a serem "intensamente focados no cliente e na marca", levando a um aumento de US$ 2 bilhões no faturamento durante o reinado de quatro anos de Beers.

No entanto, há limites para tratar o "*pool* genético" de uma organização como se as qualidades humanas, a experiência e as habilidades fossem aspectos fixos. Mesmo quando as pessoas certas são contratadas, as experiências e o treinamento oferecidos pela organização são importantíssimos para difundir as crenças, comportamentos e habilidades corretas. Em outras palavras, as pessoas fazem o lugar e o lugar faz as pessoas! Muitas organizações usam programas formais para "criar" as pessoas necessárias. Uma abordagem testada e comprovada é alocar "altos potenciais" a funções diversas e cada vez mais desafiadoras. É assim que a sofisticada loja de departamentos Neiman Marcus desenvolve potenciais gerentes de loja. O caminho inclui tornar-se primeiro um excelente vendedor e depois um dos melhores compradores de mercadorias. Um colaborador da Neiman só pode se tornar um gerente de loja depois de dominar a compra e a venda em determinada loja, porque cada uma delas é operada e abastecida para atender um mercado específico[28].

As organizações também podem ser reestruturadas de modo a multiplicar o talento. Vejamos o exemplo da Tata Consultancy Services, ou TCS, uma empresa indiana de software com mais de 280 mil colaboradores e US$ 11,6 bilhões em faturamento anual. Os executivos seniores se preocupavam com a possibilidade de a empresa estar crescendo tão rápido que poderia demorar a reagir às demandas de seus 400 principais clientes. Mais especificamente, os clientes estavam recebendo mensagens contraditórias de diferentes divisões da TCS. O CEO Natarajan Chandrasekaran (conhecido como Chandra) acreditava que precisava de uma "fábrica de CEOs" para garantir a velocidade e uma boa capacidade de resposta. Ele dividiu a empresa em 60 unidades de negócios focadas no setor, com cada uma reportando-se a um presidente e a um diretor financeiro (que supervisionam até três unidades). Cada unidade começa empregando entre três mil e cinco mil pessoas e com um faturamento máximo de US$ 250 milhões. Mas pode crescer e se transformar em um negócio bilionário antes de ser considerada grande demais e ser dividida em partes menores. Cada unidade recebe uma autonomia considerável: por exemplo, elas podem negociar individualmente o preço de contratos com fornecedores e clientes sem precisar consultar o departamento financeiro da matriz.

Chandra diz que a nova estrutura tem muitas vantagens. Como ele esperava, os clientes da TCS relatam que as unidades, mais ágeis e mais autônomas, estão reagindo às necessidades com mais rapidez e eficácia do que na antiga estrutura. A nova estrutura também livra Chandra para se concentrar em questões estratégicas mais amplas e, como a *Forbes* relatou, "talvez o próximo CEO surja desse grupo. É uma excelente maneira de testar o temperamento deles[29]".

O escalonamento de uma organização também requer uma reavaliação constante dos tipos de talentos que tem, precisa e deve contratar e incubar. A rede americana de farmácias Walgreens conseguiu abrir 261 novas lojas em 2011 porque os executivos seniores tomaram a decisão consciente de desenvolver um banco de talentos mais "profundo" e, sobretudo, mais "amplo' entre os gestores, de modo que pudessem já começar com a corda toda e criar lojas que replicassem a cultura da Walgreens. Para melhorar o atendimento ao cliente, a Walgreens também reformulou a função dos farmacêuticos, tirando-os da função tradicional atrás do balcão que envolvia providenciar os medicamentos de receitas médicas e lidar com as seguradoras e transferindo-os a uma nova função focada em ajudar os clientes a entender, escolher e usar os medicamentos e outros produtos de saúde. A Walgreens também criou "*concierges* de saúde*"*, colaboradores especializados em ajudar clientes com doenças crônicas[30]. Essa ênfase na ampliação das velhas funções e na criação de novas funções multiplicou o número de colaboradores que "sacam" a perspectiva do cliente, os detalhes da operação de uma loja e a mentalidade da Walgreens.

6. Use outras organizações como seu departamento de RH

Usar outras organizações para selecionar e treinar talentos é uma abordagem testada e comprovada. Por mais de 75 anos, as Forças Armadas dos Estados Unidos selecionaram e treinaram pilotos... que depois eram contratados por companhias aéreas comerciais. Segundo o *Air Force Times*, "45% dos 6.100 pilotos da

Southwest Airlines são veteranos ou reservistas[31]". O gestor de contratação de pilotos da empresa é Rocky Calkins, um ex-piloto de F-15. No Vale do Silício, muitas empresas de alta tecnologia usam a Stanford University como uma espécie de departamento de RH. Essa estratégia não é nova. Depois que Bill Hewlett e David Packard fundaram a HP em 1938 (com um empréstimo de US$ 500 de Frederick Terman, um professor de Stanford), a HP contratou principalmente recém-formados em engenharia de Stanford. Centenas de empresas mantêm essa tendência. Os fundadores do Google, Larry Page e Sergey Brin, que largaram o programa de doutorado em ciência da computação de Stanford, receberam o primeiro financiamento de um sujeito que também abandonou o programa de doutorado, só que, no caso dele, em engenharia elétrica (Andy Bechtolsheim, cofundador da Sun Microsystems). O conselheiro líder do Google é o John Hennessy, presidente de Stanford (e um cientista da computação que, para variar, concluiu seu programa de doutorado pela Stanford).

O Google usa a Faculdade de Engenharia de Stanford, especialmente o departamento de ciência da computação, para estocar a empresa com engenheiros de software que possuam robustas habilidades técnicas, interpessoais e de liderança. Um dos cursos mais populares da engenharia é o curso introdutório de ciência da computação. Centenas de alunos fazem esse curso, chamado CS 106, todos os anos[32]. O curso é ministrado por uma equipe que inclui um professor, dois assistentes da pós-graduação chamados de "coordenadores" e mais ou menos 20 bons alunos da graduação, chamados de "líderes de seção", encarregados de ensinar pequenas "seções" do conteúdo. O papel do coordenador implica entrevistar, selecionar e contratar novos líderes de seção, dar a esses recém-chegados um curso de dez semanas sobre como ensinar ciência da computação e organizar e orientar os líderes de seção no decorrer do CS 106. O Google contrata o maior número possível desses "coordenadores", uma prática que se mostrou especialmente valiosa nos primeiros anos da empresa. Um desses coordenadores foi Marissa Mayer, a vigésima funcionária do Google e a primeira engenheira mulher da empresa. Mayer liderou muitas das iniciativas de desenvolvimento de produtos da empresa, inclusive o Google Maps e o Google Mail e, aos 37 anos, se tornou a CEO do Yahoo!

Outras empresas do Vale do Silício têm seguido o exemplo do Google. John Lilly, investidor de risco e ex-CEO da Mozilla (que também foi um coordenador de Stanford) ficou impressionado com o modo como "Schrep", o diretor de tecnologia do Facebook, Mike Schroepfer, transformou o recrutamento e o aproveitamento dos coordenadores em "uma forma de arte". Poucos anos depois de se formar, Lilly cofundou uma empresa chamada Reactivity, que acabou sendo vendida para a Cisco por US$ 135 milhões. Lilly acredita que ser um coordenador "mudou tudo" para ele. Ser um coordenador implicava que ele "aprendeu a entrevistar e recrutar pessoas. Você faz mais de 50 entrevistas todo trimestre para contratar os dez a 20 melhores. Os coordenadores tendem a ser os mais capazes de escalonar para a excelência em uma organização, depois de fazer a faculdade".

Algumas redes de escolas autônomas americanas usam uma estratégia de recrutamento similar[33]. As escolas autônomas podem vir em muitas formas e tamanhos, mas a ideia básica é que essas escolas, em geral menores e mais focadas, são livres de muitas regras e restrições enfrentadas por outras (embora a maioria ainda seja financiada por um governo local ou estadual e deva prestar contas a ele). As escolas autônomas costumam ser mais responsabilizadas que as escolas públicas tradicionais pelo desempenho dos alunos, em métricas como notas em provas e a porcentagem de estudantes que vão para a faculdade. Muitas dessas escolas são administradas por organizações de gestão autônoma, ou "redes sem fins lucrativos de escolas autônomas operadas por um escritório central". Por exemplo, o KIPP (Knowledge Is Power Program) administra mais de 140 escolas em 20 estados americanos. A YES Prep administra 11 escolas de Houston, no Texas, que ensinam mais de sete mil alunos. A Rocketship Educação foi lançada em San Jose, na Califórnia, em 2006, e hoje administra sete escolas em San Jose e abriu a Rocketship Milwaukee em setembro de 2013.

Essas três redes se concentram em proporcionar a estudantes de áreas de baixa renda uma alternativa às escolas públicas tradicionais (que em geral enfrentam dificuldades e apresentam um desempenho insatisfatório). O KIPP foi fundado por Mike Feinberg e Dave Levin em 1994. Nas palavras da própria organização, "eles abriram duas escolas de ensino médio do KIPP, uma em Houston e a outra na cidade de Nova York. Em 1999, as escolas autônomas originais do KIPP já estavam entre as de melhor desempenho em suas respectivas comunidades". Da mesma forma, a YES Prep foi fundada como uma alternativa às escolas públicas tradicionais de ensino médio e os líderes da YES relatam que 100% de seus alunos entraram na faculdade. A Rocketship usa instrução individualizada e professores particulares. A instituição vangloria-se do fato de que "testes padronizados do estado da Califórnia do ano letivo de 2011-2012" mostram que "a Rocketship Education é o mais proeminente sistema de escolas públicas para estudantes de baixa renda em todo o estado".

Professores qualificados e comprometidos são necessários para escalonar essas redes para a excelência e as três dependem substancialmente do Teach for America (TFA). Essa organização sem fins lucrativos foi fundada em 1990 por Wendy Kopp, com base no trabalho de conclusão de curso que escrevera para seu curso de graduação em Princeton, um ano antes. Mais de 28 mil professores já foram recrutados pelo TFA nas principais faculdades e universidades dos Estados Unidos, foram treinados e ensinaram em comunidades de baixa renda. O TFA recruta estudantes ambiciosos – presidentes de turma, atletas e assim por diante – que se comprometem a ensinar crianças de baixa renda durante dois anos. A ONG tem parcerias com empresas como a Goldman Sachs, para que os recém-formados possam postergar ofertas de emprego mais lucrativas para dedicar dois anos ao ensino. Cerca de 75% dos professores da Rocketship Education participam ou participaram do programa do TFA[34]. O fundador John Danner vê o TFA como seu departamento de recursos humanos: o TFA seleciona e treina bem os candidatos, e esses professores empreendedores, enérgicos e inteligentes transmitem as mesmas qualidades aos alunos.

7. Contrate pessoas pré-programadas para se "encaixar" na sua mentalidade

Como sugerimos ao longo deste capítulo, contratar pessoas que já vêm pré-programadas com personalidades, valores e habilidades que se encaixam bem em qualquer mentalidade e em suas iniciativas de escalonamento pode aumentar suas chances de sucesso. A consultoria dinamarquesa Specialisterne (os Especialistas) nos dá um exemplo extremo disso. Eles transformaram o autismo de alto nível funcional numa vantagem. Thorkil Sonne se inspirou a fundar a empresa depois de perceber que seu filho, um autista, se dava muito bem em tarefas envolvendo a memória e tinha um foco intenso que o ajudava a executar à perfeição tarefas repetitivas e tediosas. Sonne notou que pessoas como seu filho poderiam se destacar em tarefas como digitação de dados ou testes de software, mesmo tendo fracas habilidades de comunicação.

Assim, abriu sua consultoria, que hoje emprega 35 autistas de alto nível funcional para realizar esse tipo de trabalho exigente para clientes corporativos. Por exemplo, um dos clientes da consultoria é uma empresa de telefonia móvel. Pequenas falhas de software em novos celulares são descobertas por testadores que executam longos *scripts* contendo mais de 200 conjuntos de instruções detalhadas. Os testadores em geral ficam entediados, pegam atalhos e cometem erros. Muitos, mas não todos, autistas de alto nível funcional se destacam em tarefas como essas. Sonne descreve os deficientes como sendo pré-programados para dominar algumas tarefas que outras pessoas consideram difíceis. Ele propõe uma bela analogia: quando dentes-de-leão nascem num gramado, nós os chamamos de ervas daninhas; mas esses mesmos dentes-de-leão podem ser usados para fazer saladas deliciosas. De forma similar, alguns pontos fracos dos autistas acabam sendo pontos fortes para tarefas repetitivas que requerem extrema concentração[35].

RESPONSABILIZAÇÃO RADICAL: O ATAQUE NO TAJ

No dia 26 de novembro de 2008, o Taj Mahal Intercontinental Hotel, em Mumbai, Índia, foi um dos alvos de um ataque terrorista que matou 175 pessoas em cinco locais. Quando as balas começaram a voar, membros do conselho e executivos da Unilever acompanhados dos cônjuges estavam em um jantar no Taj para se despedir do CEO Patrick Cescau. Os colaboradores do Taj entraram rapidamente em ação para proteger os hóspedes. Fecharam as cortinas, separaram as esposas dos maridos para minimizar o perigo para as famílias e orientaram os hóspedes a deitar-se debaixo de mesas e desligar o celular. Acalmaram os hóspedes e lhes serviram água e lanches até serem resgatados na manhã seguinte. Mallika Jagad, uma gestora de banquetes de 24 anos de idade, liderou os 35 corajosos colaboradores do Taj que protegeram os hóspedes da Unilever. Em outro ponto do hotel, uma telefonista alertou Thomas Varghese, um *maître* de 48 anos do restaurante Wasabi by Morimoto, sobre o ataque terrorista. Varghese calmamente orientou 54 hóspedes do hotel a se deitar no chão e orientou outros colaboradores a isolar os hóspedes. Todos fugiram descendo as escadas no dia seguinte, com exceção do senhor Varghese, que insistiu em ser o último a sair e foi morto a tiros no fim da escadaria.

Karambir Singh Kang, diretor-geral do Taj, coordenou as operações por todo o hotel, mesmo depois que sua esposa e dois filhos morreram num incêndio no sexto andar. Kang se recusou a abandonar o posto. Depois de ser informado da terrível notícia sobre sua família, prometeu a seu pai: "Se [o hotel] desabar, eu serei o último a sair". Em meio ao caos do ataque terrorista, a maioria dos colaboradores teve as comunicações com os superiores cortadas. Mesmo assim, tomaram a iniciativa sem esperar ordens ou pedir permissão para fazer o que acreditavam ser correto. Telefonistas se ofereceram para ficar às suas mesas, operando as linhas telefônicas (apesar de suas mesas ficarem a poucos metros dos terroristas); o pessoal da cozinha formou correntes humanas para proteger os hóspedes que eram evacuados. Essa valentia toda não se limitou a um punhado de colaboradores do Taj. Ela permeava toda a organização. O comportamento exemplar dos empregados do Taj ajudou cerca de 1.500 hóspedes a escapar em uma noite trágica na qual 35 pessoas, inclusive 11 colaboradores do hotel, foram mortas a tiros e 28 pessoas ficaram gravemente feridas.

O que inspirou esses colaboradores a realizar atos tão nobres durante aquela crise terrível? Como foram capazes de manifestar um nível tão extraordinário de responsabilização e ignorar a própria segurança, indo muito além de qualquer definição convencional de atendimento ao cliente? Tudo começa e termina com uma mentalidade, que o Taj Group se empenha incansavelmente para manter. Lá, os colaboradores são defensores do cliente em vez de embaixadores da empresa e seu trabalho *é cuidar do cliente em primeiro lugar, até o fim e sempre*. Dá para imaginar como seria uma mentalidade como essa na United Airlines? Veja o que aconteceu com aquele capitão desiludido da United sobre o qual escrevemos no início do capítulo: "Um dia, tive a ousadia de pedir desculpas aos meus 150 passageiros por um atraso de 45 minutos. Recebi ordens de escrever uma carta me desculpando À ADMINISTRAÇÃO por ter mencionado o problema[36]".

Como é que o Taj consegue manter a mentalidade oposta? Eles começam selecionando colaboradores predispostos a serem defensores dos clientes. Jovens colaboradores de pequenas cidades nas quais a atitude comum é "O hóspede é Deus", aldeões que respeitam os mais velhos, tratam os outros com consideração, transbordam de energia positiva e são ávidos para provar seu valor. O Taj procura jovens vindos de famílias humildes que precisam da renda e querem que a família se orgulhe deles. Em outras palavras, o Taj busca contratar pessoas já pré-programadas com os valores e a motivação para acolher e praticar a mentalidade da organização.

Esses novos colaboradores são doutrinados por 18 meses, enquanto a maioria das redes hoteleiras treina os recém-chegados por 12 meses ou menos. Todos os *trainees* aprendem a tomar decisões sem supervisão e são informados de que tudo o que fizerem (dentro dos limites do razoável) para "colocar os hóspedes no centro e em primeiro lugar" terá o apoio da administração. Os *trainees* são especialmente encorajados a manifestar esses valores durante os 40 a 45 "momentos da verdade" que ocorrem todos os dias, o número típico de interações diárias que um hóspede do hotel tem com os colaboradores do Taj durante uma estadia[37]. E os *trainees* são cercados de colegas que praticam essa mentalidade, o que cria e reforça uma pressão social para colocar os interesses do cliente em primeiro lugar.

O sistema de recompensas do Taj também reforça essa mentalidade. Os colaboradores ganham pontos com base em elogios de clientes e colegas de trabalho, relatórios dos próprios feitos e sugestões de melhorias no hotel. Todos os dias, o diretor-geral do hotel, o gerente de RH e os gestores de departamento analisam essas informações e divulgam na intranet os pontos atribuídos aos empregados. Com os pontos acumulados, os colaboradores podem atingir um dos cinco níveis de performance, variando do clube do diretor-geral ao clube prata, recompensas de alta visibilidade e tão valiosas que geram elogios da família e dos colegas. Os executivos seniores do Taj deixam claro aos supervisores que "o *timing* da recompensa é mais importante do que a recompensa em si" e que é importantíssimo dar a recompensa assim que possível e fazê-lo pessoalmente.

Em suma, os colaboradores do Taj não se viram como heróis no dia 26 de novembro de 2008. Só fizeram o que sempre fazem: colocar o hóspede em primeiro lugar. Essa é a principal prioridade deles todos os dias.

O Taj é um lugar onde os colaboradores praticam essa mentalidade porque, como em outras organizações que disseminam a excelência, o hotel está repleto de pessoas capazes de fazer um trabalho exemplar e que se sentem compelidas a fazer as coisas certas tendo em vista o bem de todos.

6
Conecte pessoas e crie um efeito dominó para disseminar a excelência

Use vínculos sociais para difundir
a mentalidade correta

A ignorância, a mediocridade e os erros correm soltos quando as organizações são incapazes de vincular as pessoas certas com as informações corretas na hora certa. Isso é verdade mesmo quando todos os envolvidos têm as melhores intenções e mesmo quando alguém, em algum lugar, sabe exatamente o que fazer (mas ninguém descobriu como transmitir a informação às pessoas que precisam dela). Na guerra do Iraque, os artefatos explosivos improvisados (bombas caseiras) estiveram entre os perigos mais letais para as forças americanas. Em 2005, a 172ª Brigada Stryker do sargento mestre Chad Walker já tinha passado 15 meses combatendo no Iraque quando, na embaixada americana em Bagdá, ele viu um "manual de combate a artefatos explosivos improvisados" jogado na mesa de um sujeito[1]. O manual estava repleto de lições aprendidas a duras penas coletadas pelo Center for Army Lessons Learned (CALL, ou Centro de Lições Aprendidas do Exército) de numerosas unidades de combate. Walker não ficou nada contente: "Fiquei furioso quando vi que meus soldados e eu só fomos expostos ao conhecimento disponibilizado naquele manual quase no fim da nossa missão de 16 meses".

Felizmente, o CALL foi melhorando, com o desenrolar da guerra, no trabalho de "conectar e comunicar". Por exemplo, muitos soldados morriam depois que seus Humvees "capotavam nos vários canais de irrigação do Iraque", as portas ficavam entaladas e os soldados presos no carro se afogavam. Diante disso, Bill Del Solar, um oficial de segurança da 10ª Divisão Mountain, pegou cabos e ganchos com os quais a maioria dos veículos já vinha equipada e inventou "garras de ratos", um gancho improvisado que a equipe de resgate prendia em outro veículo e era usado para forçar a abertura das portas dos Humvees capotados ou avariados. O CALL difundiu a novidade rapidamente em sites e fóruns na internet. Colin Anderson, um analista do CALL relatou que "em um período de 24 horas, o feedback que recebemos foi muito bom, porque um monte de outras unidades que estavam em campo não fazia ideia da inovação. Eles puderam pegar e usar a invenção".

Outros soldados usaram os fóruns do CALL para trocar ideias sobre as granadas de mão RKG-3 que os inimigos estavam jogando em veículos do exército. Eles se concentraram no fato de que os RKG-3s não explodiam quando atingiam superfícies macias. Aquela informação inspirou a criação de protótipos parecidos com grandes trampolins que podiam ser instalados nos veículos. A ideia funcionou. Os RKG-3s ricocheteavam sem explodir. David Bialas, diretor adjunto do CALL, explicou: "Tudo se resumiu a criar três ou quatro tipos de design e compartilhá-los entre as unidades. Eles os instalaram nos veículos imediatamente. Em muito pouco tempo, com a eficácia daquele dispositivo em particular, as baixas caíram tremendamente".

A META: UM EFEITO DOMINÓ DE EXCELÊNCIA

Como sugere o sucesso do CALL, o escalonamento depende de encontrar (ou criar) bolsões de excelência e conectar o pessoal excelente, bem como suas ideias e expertise, aos outros. Quando tudo dá certo, ocorre uma reação em cadeia na qual a excelência flui de uma pessoa, equipe ou local ao próximo, de maneira bem parecida com um "efeito dominó", quando a energia gerada por um dominó caindo cria a energia para derrubar o seguinte e o seguinte, e assim por diante, até que todos tenham caído.

Vimos incontáveis exemplos de como essas reações em cadeia de efeito dominó são criadas, acionadas e reforçadas, tais quais as melhorias de eficiência na Wyeth; o Bootcamp do Facebook; o crescimento da Bridge International Academies e da Pulse News; as ações de Claudia Kotchka para incorporar experts em inovação nas unidades de negócio da P&G; a cruzada de Andy Papa para transferir a "mentalidade atlética" do futebol aos *pit stops* da NASCAR; a implementação do KP HealthConnect; e a Campanha das 100.000 Vidas. No entanto, gostaríamos de realçar e expandir um tema que permeia estas e outras iniciativas bem-sucedidas de escalonamento para a excelência: uma equipe se responsabilizou por garantir que os vínculos corretos seriam feitos e que os fatos e sentimentos devidos continuassem fluindo por meio de conexões corretas em todos os casos.

A equipe que criou e que manteve o efeito dominó na Campanha das 100.000 Vidas nos dá uma lição especialmente instrutiva. No Capítulo 2, vimos como o Institute for Healthcare Improvement (IHI) lançou a campanha com uma boa causa (prevenção de mortes desnecessárias) e boas soluções (seis práticas comprovadas) e como cerca de 120 mil mortes foram impedidas nos hospitais americanos ao final da iniciativa de 18 meses. Mas não falamos da "guerra terrestre" travada pela pequena porém vigorosa equipe de escalonamento liderada Joe McCannon, de 28 anos[2]. Embora a equipe nunca tivesse mais que dez jovens colaboradores trabalhando em período integral (e o IHI nunca tivesse mais de cem colaboradores), esse pequeno grupo identificou e criou bolsões de excelência em cerca de 3.100 hospitais americanos e manteve essas práticas salva-vidas se propagando em uma reação em cadeia, de um "dominó" ao próximo por toda a ampla (e até então em grande parte desconexa) rede.

A meta inicial da equipe era recrutar pelo menos 1.600 hospitais, o que, segundo suas estimativas, seria o suficiente para impedir cem mil mortes. Eles se empenharam em difundir uma nova mentalidade: transformar a visão dos administradores e prestadores da área da saúde de ver os erros e riscos como *inevitáveis, de difícil prevenção e, portanto, não reconhecidos* a ver os erros e riscos como sendo em grande parte *evitáveis* e que, portanto, seria melhor *falar sobre eles com toda a franqueza e admitir abertamente sua existência*. Uma abertura como essa revela as causas fundamentais e faz que seja seguro para os cuidadores pedir ajuda para aprender as melhores maneiras de cuidar dos pacientes. Como acontece com outras iniciativas de escalonamento eficazes, passaram a acreditar que seu sucesso dependia, sobretudo, da implementação das práticas no dia a dia, bem como adotar comportamentos condizentes com essa crença. Tomaram de empréstimo um lema do Exército dos Estados Unidos: "Os amadores falam de estratégia; os profissionais falam de logística". Em outras palavras, os profissionais falam dos detalhes da arte de fazer acontecer.

McCannon explicou que a maioria dos hospitais é especializada e tende a se destacar em algumas coisas, o que significava que já existiam muitos bolsões de excelência no setor. Sua equipe de campanha concentrou sua destreza logística em identificar esses bolsões e ajudar a difundir a expertise a outros hospitais: "Se uma organização de Oregon é eficaz em prestar um atendimento confiável para ataques cardíacos, é nosso trabalho conectar o pessoal desse hospital ao mundo inteiro. O outro lado da moeda é que, quando uma organização de Oregon se interessa em aprender como uma organização de Massachusetts consegue reduzir com eficácia uma infecção, precisamos ter vias claras e proporcionar canais para que os outros saibam que podem entrar em contato com eles. Contamos com os participantes para nos ensinar e ensinar os outros".

A equipe de McCannon usou uma série de métodos para criar e manter essas conexões. Eles criaram um programa semanal "ao estilo de um programa de rádio" chamado Campaign Live, no qual o pessoal de centenas de hospitais sintonizava para aprender sobre a implementação de práticas baseadas em evidências e outras lições pertinentes; os ouvintes também podiam telefonar para o programa para fazer perguntas ou comentários. Eles mantiveram sites na internet e disponibilizaram relatórios e livretos pertinentes a todos os aspectos da campanha, inclusive pesquisas sobre a redução de erros nos cuidados médicos, os detalhes da adoção de cada prática e os programas Campaign Live arquivados. No entanto, o trabalho mais importante da equipe implicou a criação de redes de hospitais e outras organizações médicas para ajudar na campanha e sair do caminho assim que as práticas fossem incorporadas.

A necessidade de uma "terceirização" como essa ficou penosamente clara apenas dois meses depois do início da campanha, quando mais de 1.600 hospitais já tinham aderido ao programa. A equipe de McCannon reagiu enviando uma mensagem incisiva de que os participantes deveriam "ser donos da campanha". McCannon acrescentou: "Conseguir tão rapidamente o que queríamos foi assustador e uma grande fonte de motivação. Começamos a promover um monte de "casamentos" locais porque era o único jeito de termos a capacidade para fazer todo o necessário". Esses "casamentos" envolveram, na maior parte, "centros" e "hospitais mentores". Os 70 "centros" reduziram a carga administrativa do IHI, ajudando a administrar a campanha em uma dada região (normalmente divididas em estados) ou em especialidades básicas (como rural, acadêmica, crianças). Por exemplo, em Vermont, a Association of Hospitals and Health Systems firmou uma parceria com a Northeast Health Care Quality Foundation para formar um "centro" voltado a ajudar a gerenciar e coordenar a campanha em todo o estado. Mais especificamente, eles se encarregaram do recrutamento, com a meta de convencer todos os hospitais do estado a aderir à campanha.

Apesar de os "centros" terem se responsabilizado por parte dos encargos administrativos, a equipe de McCannon se manteve focada nos pequenos mas importantes detalhes do desenvolvimento e recrutamento de cerca de 200 "hospitais mentores", a força vital da campanha. Esses hospitais eram especialistas em pelo menos uma das seis práticas baseadas em evidências que a campanha se concentrou em disseminar:

1) Equipes de resposta rápida: especialistas que entram em ação quando o estado clínico do paciente se deteriora rapidamente.

2) Procedimentos para infartos agudos do miocárdio (ou, em outras palavras, ataques cardíacos), incluindo a rápida administração de aspirina e betabloqueadores.
3) O "pacote de respiração artificial": práticas para impedir a pneumonia em pacientes em aparelhos de respiração artificial.
4) O "pacote do cateter vascular": práticas que incluem listas de verificação para evitar infecções relacionadas a cateteres venosos centrais.
5) Prevenção de infecções em cirurgias: por meio da utilização de antibióticos e outras práticas, inclusive medidas para garantir que todos os profissionais da saúde mantenham as mãos limpas.
6) A "reconciliação dos medicamentos": comparar os medicamentos prescritos a um paciente para impedir interações medicamentosas perigosas.

Quando a equipe de McCannon descobria que um hospital era especialmente competente em uma dessas áreas ou quando a equipe ajudava um hospital a aprender um desses "pacotes", o pessoal era recrutado para orientar outros hospitais. Por exemplo, a equipe de McCannon conectou o Contra Costa Regional Medical Center na Califórnia com quatro "hospitais mentores" especialistas em reconciliação medicamentosa. O Contra Costa fez experiências até desenvolver procedimentos de reconciliação adequados para sua realidade. Depois, eles mesmos se tornaram um "hospital mentor" em reconciliação medicamentosa, e a equipe de McCannon os conectou com outros hospitais que precisavam de seus conhecimentos.

À medida que a campanha se desenrolava, a equipe passou cada vez mais tempo em campo. Descobriram que o contato presencial era ainda mais crucial do que haviam previsto. Assim, quatro membros da equipe atuaram como "colheitadeiras" em período integral, indo de um hospital a outro para identificar necessidades, descobrir e incutir melhores práticas e criar conexões na rede. McCannon e vários colegas da equipe alugaram um ônibus em setembro de 2005, o cobriram de fotos de pacientes, slogans da campanha e fatos e viajaram com ele de Boston até Seattle visitando hospitais em dezesseis cidades para incitar o entusiasmo e disseminar as práticas pessoalmente. McCannon explicou que outros métodos ajudaram a difundir as principais lições, mas nada foi mais eficaz que estar lá pessoalmente, em carne e osso, para dar aos prestadores de cuidados de saúde "exatamente o que precisavam, quando precisavam".

Apesar das idiossincrasias, essa campanha apresentou duas marcas das melhores iniciativas de escalonamento para a excelência. Em primeiro lugar, como já enfatizamos, uma equipe central manteve as informações, orientação e motivação certas fluindo pela rede. Em segundo lugar, a equipe continuou encontrando e treinando assistentes dedicados a trabalhar exclusivamente no programa para que não fossem sobrecarregados com todos os detalhes do processo de "conectar e disseminar em cascata". O IHI precisava de uma ajuda especial, dado seu tamanho minúsculo e um modesto orçamento de US$ 3,3 milhões. No entanto, como vimos no caso da implementação do multibilionário KP HealthConnect, não importa quanto dinheiro a equipe possa ter à disposição, o escalonamento depende de uma reação em cadeia na qual, para usar a analogia do dominó, a equipe central não precisa estar presente para empurrar pessoalmente cada dominó.

Ao longo deste capítulo, nos concentraremos em como mobilizar o processo de "conectar e disseminar em cascata". Começamos com uma questão importante e óbvia, mas em geral esquecida, ignorada ou rejeitada e que costuma voltar para assombrar organizações envolvidas em iniciativas de escalonamento da excelência.

QUEM TEM A EXCELÊNCIA?

Conduzimos um painel de esclarecimentos em nosso programa executivo "Inovação Focada no Cliente", no qual um grupo de gestores e executivos usou sua experiência pessoal para dar conselhos sobre a disseminação das práticas que ensinamos. Claudia Kotchka, que lidera o painel, atrai veteranos do escalonamento como Doug Dietz, da GE, Bonny Simi, da JetBlue, entre outros, como Dania Duke, da Hyatt (diretora-geral do Santa Clara Regency), e Bill

Pacheco, da Cybex (diretor de engenharia nessa empresa de equipamentos para academias de ginástica). Em cada painel, pelo menos um dos cerca de 60 participantes do programa presentes na plateia conta praticamente a mesma história. Sua organização tem um grande programa de inovação: workshops, conferências, uma equipe de escalonamento bem-financiada, enfim, o pacote todo. No entanto, nenhuma equipe ou projeto efetivamente usa as práticas que presumivelmente estão sendo disseminadas para resolver problemas concretos. Em uma empresa, os executivos não sabiam apontar um único projeto em que tenha aplicado o *design thinking*, apesar de ela ter dedicado várias pessoas e equipes a disseminar o *design thinking* ao longo da última década.

Os pesquisadores têm descrito a potencialização da excelência como um processo de três fases: excelência, eficiência e expansão. Para nós, essa sequência é linear demais, já que o escalonamento geralmente se desenrola aos trancos e barrancos, o que raramente se encaixa nessa progressão ordenada. No entanto, essas três etapas ordenadas – e a preocupante história que os gestores e executivos nos contam vez após vez – implicam uma lição simples, porém crucial, que passamos a salientar no painel: "*Para disseminar a excelência, é preciso ter alguma excelência para disseminar*[3]". Os executivos costumam se revoltar quando dizemos isso, porque, eles nos dizem, os chefões do escritório se comportam como se esse fato da vida organizacional não se aplicasse a eles.

Esse "problema da ausência de excelência" às vezes mostra seu lado mais desagradável porque os entusiastas poderosos se decidem a escalonar algo que estão convencidos de que é maravilhoso, apesar de poucas evidências de que esse algo de fato funciona. Por exemplo, se alguém tentar instituir a análise da escrita, ou grafologia, para selecionar colaboradores para sua organização, interrompa a iniciativa imediatamente. A grafologia continua sendo uma prática de seleção comum na França e em Israel, mas todas as evidências imparciais demonstram que a técnica é inútil para avaliar as características pessoais e o potencial dos candidatos[4].

Esse problema também é um efeito colateral de tratar a potencialização da excelência como uma pura guerra aérea. Os líderes e as equipes que cometem essa gafe costumam aplicar uma fina e efêmera camada de insight a um grande número de pessoas – um ou dois workshops, uma ou outra palestra ou cursos na internet. Feito isso, declaram a vitória. Parafraseando Brad Garlinghouse, um ex-executivo do Yahoo! (e hoje CEO da YouSendIt), essa é a "síndrome da pasta de amendoim". Em 2006, Garlinghouse escreveu o que o *Wall Street Journal* apelidou de "O manifesto da pasta de amendoim", lamentando-se da queda do Yahoo! em direção à mediocridade:

> Fiquei sabendo que nossa estratégia estava sendo descrita como passar pasta de amendoim em toda uma miríade de oportunidades que continuam a evoluir no mundo online. Dessa forma, acabamos com uma fina camada de investimento espalhada por tudo o que fazemos, sem nos concentrar em nada específico. Eu odeio pasta de amendoim e acho que todos nós deveríamos fazê-lo[5].

De maneira similar, alguns líderes acreditam, ou fingem acreditar, que basta espalhar uma fina camada de alguma coisa boa e profundos bolsões de excelência de alguma forma vão se formar como num passe de mágica. No entanto, não é assim que funciona o processo de conectar e disseminar em cascata. É preciso agir como a Wyeth quando disseminaram métodos de controle de custos e qualidade a 17 mil colaboradores. Eles começaram focando em algumas poucas "minitransformações" em oito fábricas, tendo cada uma delas contado com um treinamento intensivo, *coaching* e feedback do pessoal da Wyeth e de consultores externos e se envolveu em um extenso processo de experimentação e testes. Quando um bolsão de verdadeira excelência era criado, as lições eram disseminadas em um efeito dominó daquela minitransformação à próxima, como quando a equipe de "Fifi" Haknasar reduziu o tempo de transição na instalação de biotecnologia de Pearl River de 14 a 7 horas. Esse efeito dominó foi mantido até mudar os hábitos e comportamentos de 17 mil colaboradores. O processo demandou muito trabalho, muito dinheiro e 18 meses para ser concluído. Mas a Wyeth poupou mais de US$ 250 milhões, a qualidade melhorou em quase todas as instalações de produção e a responsabilização e o orgulho dos colaboradores saíram fortalecidos.

Ainda assim, como revela a pesquisa da curva de aprendizagem que apresentamos no Capítulo 2, às vezes, mesmo se os bolsões iniciais forem medíocres (ou até pura e simplesmente precários), costuma valer a pena se empenhar para criá-los. O escalonamento pode ser liderado por equipes que possuem habilidades ou experiência limitadas àquilo que estão disseminando e em algumas ocasiões nenhuma pessoa ou equipe na rede toda será exímia nisso. Mesmo assim, à medida que a equipe de escalonamento e os grupos e unidades, com a ajuda da equipe, acumulam experiência, a verdadeira excelência pode se desenvolver. Na década de 1990, Sutton trabalhou com um grupo de cadeia de suprimento da Hewlett-Packard chamado Strategic Planning and Modeling (SpaM, ou Planejamento Estratégico e Modelagem), que percorreu exatamente esse caminho. No início, como Corey Billington, o líder do SPaM admitiu, seus consultores tinham pouco conhecimento sobre os negócios de seus clientes internos na HP. Aos poucos, acumulando experiências e trabalhando ao lado de experts como Hau Lee, de Stanford, a capacidade do SPaM de detectar e resolver problemas na cadeia de suprimento foi melhorando. Depois de alguns anos subindo com dificuldade por essa curva de aprendizagem, o trabalho inspirado do SPaM, especialmente na enorme divisão de impressoras da HP, ganhou fama dentro e fora da empresa. O sucesso do SPaM se deve ao foco do grupo no desenvolvimento e na transferência da verdadeira excelência, em vez de se limitar a espalhar uma fina camada de pasta de amendoim da cadeia de suprimento por toda a HP[6].

COM QUEM VOCÊ SE CONECTA?

É uma questão de diversidade, não só de números

Como vimos no Capítulo 3, quando Bonny Simi montou aquele primeiro grupo para enfrentar os problemas de "operações irregulares" na JetBlue, ela convidou pessoas da empresa toda: carregadores de bagagem, agentes de portão de embarque, agentes de reserva, mecânicos, controladores de voo, gestores de variados locais e funções e pilotos como ela. O grupo era diversificado também em outros aspectos: fotos e filmes revelam uma mistura de homens e mulheres, velhos e jovens, bem como latinos, asiáticos, afro-americanos e caucasianos. A principal motivação de Simi foi reunir e misturar pessoas com experiência em uma ampla gama de operações interligadas. Além disso, estudos sobre a persuasão e as redes sociais sugerem que começar com um grupo diversificado impulsiona o escalonamento também por outras razões. Essa amplitude toda leva uma equipe a se ligar a um número maior de centros, ou "nós", da rede de uma organização: aos variados departamentos, locais, funções e níveis hierárquicos, onde cada integrante do grupo atua, e com seus inúmeros (e em geral não sobrepostos) grupos, afiliações e amizades informais. Se o grupo de operações irregulares inicial de Simi na JetBlue se restringisse a apenas, digamos, pilotos brancos do sexo masculino de Nova York ou agentes de portão de embarque mulheres e latinas de Long Beach, a nova mentalidade teria atingido muito menos pessoas e locais[7].

Outra vantagem é que os primeiros recrutas se preocupam menos com a possibilidade de estarem sendo explorados quando uma ampla seção transversal da organização está envolvida. Eles não se sentem discriminados e usados como cobaias para uma experiência maluca ou, pior, começam a se perguntar se algum executivo sorrateiro ou ganancioso não está querendo puxar o tapete deles ou envergonhá-los na frente dos outros. A amplitude também transmite a mensagem de que o que vocês estão escalonando pode ajudar muitos ou a maioria dos integrantes da organização e não apenas algum grupo especializado. Muitas organizações são divididas em silos de colaboradores com habilidades e formações semelhantes. Por exemplo, pessoas da contabilidade, engenharia e RH normalmente trabalham lado a lado e têm contato limitado com outros departamentos ou funções. Se as pessoas de apenas um silo – digamos, o marketing – forem convidadas inicialmente, outras pessoas da organização podem concluir que só os sujeitos do marketing têm interesse no programa ou se beneficiarão dele.

Ironicamente, a diversidade também impulsiona o escalonamento devido ao poder da homogeneidade ou, mais especificamente, o que os psicólogos chamam de efeitos "semelhança atração". Para o bem ou para o mal, nós, seres humanos, tendemos a gostar mais e passar mais tempo com pessoas semelhantes a nós. Rakesh Khurana, de Harvard, brinca que a maioria de nós se sente atraída por pessoas iguaizinhas à nossa pessoa favorita: nós mesmos[8]. Khurana usa essas constatações para explicar por que os conselhos corporativos dos Estados Unidos são compostos principalmente de homens brancos entre os 50 e 70 anos de idade: os membros do conselho não conseguem resistir a se reproduzir. Mesmo em ambientes de trabalho diversificados, se tiverem escolha as mulheres tendem se congregar com mulheres e os homens com homens, bem como pessoas de idades e etnias similares. O mesmo vale para pessoas com formações profissionais semelhantes. Quando, digamos, engenheiros, designers gráficos e redatores trabalham no mesmo ambiente, se tiverem escolha tenderão a ficar com colegas da mesma profissão.

Isso significa que, ao montar uma equipe de escalonamento inicial com pessoas que espelham a diversidade da organização como um todo, uma vez que os membros da equipe aceitem e passem a praticar a mentalidade, ela se disseminará muito mais do que se vocês começassem com pessoas parecidas e que pensam do mesmo jeito, que trabalham no mesmo lugar e que fazem um serviço semelhante. O escalonamento não vai para frente se começar com um bando de clones. Desde o começo, você vai precisar de uma equipe com conexões diferentes, em grande parte não sobrepostas, para que, quando voltarem trazendo consigo outros como eles, os membros da equipe possam influenciar mais partes da rede.

Os "quatro mosqueteiros" de Charles Darwin são um exemplo clássico dessa estratégia. Esses proeminentes cientistas defenderam e difundiram a teoria da evolução depois da publicação de *A origem das espécies* em 1859[9]. Cada um deles trabalhava em um campo um pouco diferente, de modo que tinham vínculos com muitas redes, em geral não coincidentes. Charles Lyell foi o geólogo mais famoso de sua época. Joseph Dalton Hooker foi um botânico de renome e diretor dos Jardins Botânicos Reais. Hooker também tinha amplos contatos internacionais por ser um ávido explorador, tendo liderado e participado de expedições para estudar e colher plantas na Antártida, no Himalaia, na Índia, na Palestina, em Marrocos e no oeste dos Estados Unidos. Asa Gray foi o botânico americano mais influente e autor do clássico *Gray's Manual of Botany*. Gray providenciou para que *A origem das espécies* fosse publicada nos Estados Unidos, defendeu a teoria em publicações populares e científicas e a expandiu em seu influente livro *Darwiniana*. Por fim, Thomas Huxley é mais conhecido como o "buldogue de Darwin", tendo combatido os críticos com zelo e habilidade. Esse zoólogo renomado e autodidata propôs que os pássaros evoluíram dos dinossauros, uma hipótese hoje amplamente aceita. Huxley também se empenhou muito no desenvolvimento da educação científica moderna nas escolas britânicas, que difundiram a teoria da evolução para milhões de pessoas.

A maioria dos líderes que objetivam difundir uma mentalidade não conta com uma equipe de estrelas como a de Darwin, mas qualquer iniciativa de escalonamento avançará mais rápido e mais longe se começar com um grupo diversificado de evangelizadores.

PROCURE MULTIPLICADORES-MESTRE

No Capítulo 4, conhecemos a vice-presidente Kaaren Hanson, líder do programa Design for Delight, ou D4D, da Intuit, que transformou a maneira como milhares de colaboradores da companhia pensam sobre seu trabalho e o executam. Hanson e sua equipe levaram alguns anos para aprender que os melhores designers solo – aqueles capazes de criar vez após vez produtos e serviços pelos quais os clientes se apaixonam e acham que precisam ter – nem sempre são os melhores em disseminar seu talento e entusiasmo aos outros. Vocês também vão precisar de multiplicadores-mestre[10], como nós os chamamos. Essas pessoas não só têm um profundo conhecimento como também têm um grande entusiasmo pelo que disseminam. São exímios em encontrar pessoas para ajudá-los a alimentar o processo de conectar e disseminar em cascata. São especialistas em identificar quais "alunos" têm mais chances de atingir o sucesso; em lhes dar o feedback certo no momento devido e orientá-los na direção correta; em manter os mais altos padrões de qualidade; e em ter paciência e autocontrole para deixar que as pessoas aprendam com os próprios erros, resistindo a microgerenciar ou a se intrometer e fazer o trabalho por elas.

Hayden Fry, que treinou o time de futebol americano da University of Iowa de 1979 a 1998, incorpora bem essas qualidades. Os times de Fry tiveram um bom desempenho, ganhando 143 de 238 jogos e três títulos do Big Ten Conference, uma importante associação esportiva colegial e universitária dos Estados Unidos. No entanto, nos círculos do futebol americano, ele é mais admirado por treinar mais técnicos titulares dos principais programas de futebol americano (dezesseis) do que qualquer pessoa antes ou depois dele. Fry recrutou alguns jogadores de Iowa para se tornarem técnicos. Todos eram, em seu linguajar, "vacas de sino": integrantes do rebanho que as outras vacas sempre seguiam[11]. Todos os anos, Fry tomava a medida incomum de pedir que vários jogadores ativos com robustas habilidades de liderança treinassem outros jogadores. Fazia isso para ajudá-los a desenvolver as habilidades de *coaching* e para decidir a qual deles oferecer cargos iniciais de treinador. De acordo com um antigo assistente de Fry, "ele só contratava um assistente se acreditasse ele seria capaz de um dia se tornar o técnico titular de um time".

De maneira bem parecida com os melhores mentores do programa D4D, Fry evitava o microgerenciamento. Bill Brashier, que passou mais de 20 anos ajudando Fry no treinamento dos atletas conta:"Ele contratava uma pessoa quando sabia que essa pessoa faria o que deveria ser feito". Como Dan McCarney, um antigo assistente que se tornou o técnico titular do North Texas, descreveu, "Ele sabia mais do que nós sobre o que éramos capazes de fazer. Você não faz ideia do tipo de confiança e motivação que isso lhe dá. Você sente que não pode decepcionar o cara". Fry era um multiplicador-mestre e se orgulhava muito do sucesso de seus ex-assistentes. Em 2011, ele disse:"Esses sujeitos são como meus filhos e eu acompanho a carreira de todos eles". Ele acrescentou:"A sensação é boa, como se eu tivesse feito uma diferença na vida das pessoas".

Os mentores-mestre nem sempre são tão socialmente habilidosos quanto Hayden Fry, mas todos encontram maneiras de transmitir seus conhecimentos. O doutor William Halsted, da Johns Hopkins University, por exemplo, criou o primeiro programa de residência médica cirúrgica dos Estados Unidos no fim do século 19. O programa incluía um estágio, seis anos como um residente assistente e mais dois anos como um cirurgião residente. Ele treinou muitos dos cirurgiões mais prestigiosos do século 20, inclusive Hugh Hampton Young (fundador da cirurgia urológica moderna) e Harvey Williams Cushing e Walter Dandy (fundadores da cirurgia cerebral moderna). Gerald Imber, o biógrafo de Halsted, o descreveu como um homem "direto, sério e cavalheiresco"[12], um homem que mostrava alguns vislumbres de carisma, mas que ensinava principalmente pelo exemplo, não com palavras. Halsted se concentrava intensamente no trabalho, dedicando horas a estudar e ponderar sobre os mínimos detalhes da cirurgia, chegando a enfaixar ele mesmo os pacientes depois das operações. No entanto, raramente sabia o nome de seus estagiários e assistentes. Em geral, só falava com seus residentes seniores e esperava que eles transmitissem suas habilidades aos colegas menos experientes.

O sistema de Halsted funcionava, em grande parte, devido à sua grande dedicação, competência e inventividade. Apesar de ter passado a maior parte da vida lutando contra o vício em cocaína e morfina, desenvolveu e ensinou muitos métodos cirúrgicos modernos, incluindo a "técnica asséptica" e o uso de anestésicos, que tinham acabado de ser descobertos. Convenceu a empresa DuPont a desenvolver as primeiras luvas cirúrgicas finas e demonstrou que sua utilização durante as cirurgias reduzia acentuadamente as infecções. Halsted foi um pioneiro de muitos procedimentos cirúrgicos: introduziu mastectomias radicais contra o câncer de mama, realizou uma das primeiras cirurgias de cálculo biliar (na própria mãe, às 2h00 da manhã na mesa de cozinha dela) e fez uma das primeiras transfusões de sangue, para citar apenas algumas inovações.

Apesar de seus vícios, suas manias e sua tendência a ignorar os colaboradores, Halsted se encaixa no perfil de um multiplicador-mestre. Mesmo sem saber o nome deles, Halsted era exímio em identificar talentos e não hesitava em afastar estagiários e residentes que não tinham a motivação, a habilidade e o temperamento necessários. De maneira bem parecida com Hayden Fry, Halsted só trabalhava com jovens cirurgiões que acreditava ter um potencial para a grandeza ou, no caso dele, para ser um cirurgião-gestor de um grande hospital. Apesar de toda sua atenção aos detalhes, depois que aperfeiçoava uma técnica ou procedimento, Halsted normalmente perdia o interesse e passava para a próxima. Dava aos residentes autonomia para realizar sozinhos essas cirurgias sem sua supervisão.

Naturalmente ninguém reclamava do fato de Halsted ter sido o cirurgião mais talentoso e inventivo de sua época. Embora os melhores mentores nem sempre sejam *performers* espetaculares, todos eles precisam ter um profundo conhecimento de seu ofício para serem capazes de transmitir a verdadeira excelência. Por exemplo, Phil Jackson é o técnico de basquete profissional de maior sucesso da história, vencendo onze campeonatos da NBA com o Chicago Bulls e o Los Angeles Lakers. Jackson começou sua carreira como um jogador e jogou em dois times, em campeonatos da NBA. Mas ele em geral só ficava no banco e não se destacava na quadra. Como técnico, Jackson é exímio em identificar e desenvolver talentos, conhece o jogo como um mestre do xadrez e é famoso por orientar seus jogadores com descontração e bom humor, muito mais que os outros técnicos. Quando seu time vai mal no jogo, em vez de gritar com os jogadores, pedir tempo e fazer substituições, Jackson em geral fica sentado tranquilamente e deixa que os jogadores passem sozinhos pelos trechos difíceis do caminho, resistindo à tentação de microgerenciar.

TRAGA OS ENERGIZADORES

No Capítulo 1, descrevemos o Bootcamp do Facebook para novos engenheiros, um processo clássico para conectar e disseminar em cascata. Mentores são alocados para os recém-chegados e os contagiam com a mentalidade do Facebook e o conhecimento do código-fonte e das práticas da empresa. No entanto, não são só as crenças e comportamentos que são disseminados em cascata no Bootcamp. Isso também é feito com as emoções, especialmente a energia positiva. Rob Cross, da University of Virginia, e seus colegas mostram que a energia positiva é uma emoção especialmente contagiosa e crucial para disseminar a excelência em redes sociais. Eles usam perguntas simples para avaliar se uma pessoa é um "energizador" ou um "desenergizador"[13], tais como: "As pessoas podem afetar nossa energia e entusiasmo no trabalho de várias maneiras. Você pode sair esgotado de interações com algumas pessoas enquanto outras podem deixá-lo entusiasmado com as possibilidades. Quando você interage com essas pessoas, como isso costuma afetar o seu nível de energia?". As respostas possíveis são: 1 = desenergizado; 2 = sem efeito/neutro; ou 3 = energizado.

Cross e seus colegas constataram que as respostas a essas perguntas relativas à "energia" são fatores preditivos de avaliações de desempenho dos colaboradores, promoções e as chances de ficarem na empresa ou saírem dela. Os pesquisadores também descobriram que as organizações de sucesso e inovadoras têm redes sociais repletas de energizadores interconectados. Os estudos desses pesquisadores demonstram que essas redes fervilham de atividade em parte porque os colegas buscam mais informações dos energizadores e aprendem mais com eles (em comparação com os desenergizadores). Os energizadores também coletam mais ideias e recebem mais ajuda dos outros e têm mais chances de ter suas ideias ouvidas e implementadas. Não são necessariamente carismáticos, divertidos ou cheios de vida. Cross observa que muitos são discretos ou tímidos e podem ser considerados, à primeira vista, desinteressantes. No entanto, à medida que seus relacionamentos se desenvolvem e revelam sua verdadeira natureza, geram energia devido à sua visão otimista das possibilidades futuras. Os energizadores também têm um talento especial para se engajar plenamente com a pessoa que está na frente deles naquele exato momento, valorizando as ideias dos outros e criando condições para que possam se manter progredindo.

Em suma, energizadores impulsionam o fluxo de excelência. Esse insight nos lembra do exemplo do Facebook e Chris Cox, que encontramos no Capítulo 1. Sutton conheceu Cox em 2007, quando, com a tenra idade de 26 anos, foi o diretor de recursos humanos do Facebook. Depois de passar meia hora conversando com Cox, Sutton percebeu:

1) Esse cara é mais maduro que a maioria dos executivos do Vale do Silício com o dobro da idade dele.
2) Estou absolutamente energizado com a energia e as ideias dele.

Cox ocupou diversos outros cargos no Facebook desde então, inclusive vice-presidente de produtos. Mas não importa o cargo, Cox sempre desempenhou o mesmo papel fundamental na empresa que o recebeu quando tinha apenas uns 30 colaboradores. Inúmeros *insiders*, inclusive o diretor de tecnologia Mike Schroepfer (o "Schrep") enfatizaram a força construtiva que Cox tem representado ao longo da ousada trajetória no Facebook. Ele mantém o moral alto, convence pessoas cruciais a entrar para a empresa (e a não sair dela) e faz que se orgulhem de trabalhar no Facebook. Cox tem habilidades técnicas pecaminosamente robustas, mas sua energia contagiante é uma característica ainda mais rara e valorizada. Em 2013, Cox continuava dando o discurso de boas-vindas para quase todos os novos colaboradores, apresentando sua versão da história da empresa, a estratégia e a mentalidade do Facebook e transmitindo sua maravilhosa energia positiva[14].

Em conclusão: para disseminar a excelência, é interessante contratar, identificar e conectar os energizadores. No entanto, quase todas as organizações também têm sua parcela de *desenergizadores* talentosos. Muitos deles são tão para baixo e tão críticos em relação aos outros que, se não puderem ser reabilitados, acaba sendo mais vantajoso mandá-los fazer as malas. As pesquisas de Rob Cross demonstram que esse de fato costuma ser o destino dessas pessoas. Contudo, alguns desenergizadores são tão valiosos que vale a pena mantê-los por perto. Nesses casos, dois tipos de abordagens podem ser interessantes. A primeira abordagem se aplica principalmente a colaboradores individuais qualificados que puxam os colegas para baixo. A ideia é deixá-los na folha de pagamento, mas tentar reduzir a frequência e o tempo de interação com eles. Nas palavras do sócio-diretor de um escritório de advocacia, essas pessoas "não têm carta branca para entrar em contato com os clientes". Em uma organização que conhecemos, um engenheiro intratável mas talentoso tinha um escritório privado com uma porta, apesar de até o CEO ter um escritório aberto. E a sala do desenergizador foi estrategicamente localizada num canto nos fundos do escritório, onde poucas pessoas se aventuravam a ir. Deu certo. Ele passou a se comunicar principalmente por e-mail (uma via de comunicação na qual conseguia ser relativamente civilizado) e, embora vez ou outra aparecesse para irritar os colegas e queimar as ideias alheias (e as pessoas admitiam que ele normalmente tinha razão), seu escritório fechado e seu relativo isolamento ajudavam a minimizar esses dissabores.

Essa abordagem, é claro, não vai funcionar quando os desenergizadores ocupam cargos de liderança. Nesses casos, os colegas energizadores podem ajudar a compensar os danos e reparar o estrago. Foi o que aconteceu durante os anos em que o frio e impessoal doutor William Halsted desenvolveu tantos cirurgiões qualificados na Johns Hopkins University. Vários colegas eram energizadores renomados, especialmente o doutor William Osler, um "dos quatro grandes" a quem se atribui a criação do treinamento cirúrgico moderno. Quase todo mundo adorava Osler por sua cordialidade, suas histórias e pegadinhas (exceto Halsted, que o considerava um mero palhaço). Ele costumava ser "visto percorrendo os corredores com um braço ao redor dos ombros de um residente ou estagiário" e "era o único integrante sênior do corpo docente que socializava-se regularmente com os alunos". Halsted foi um gênio, mas ignorava os outros e não raro os puxava para baixo. Por sua vez, nas palavras do biógrafo de Halsted, Osler era, "aos olhos de todos, especialmente dos menos experientes, a alegria e a alma da instituição[15]".

ATIVE CONEXÕES DORMENTES

Mais de 80% das empresárias mulheres nos Estados Unidos foram bandeirantes, bem como quase 60% das atuais representantes mulheres no Congresso dos Estados Unidos e 70% das senadoras mulheres[16]. Além disso, quase todas as astronautas mulheres americanas que foram ao espaço foram bandeirantes, bem como todas as três secretárias de Estado americanas e todas as cinco governadoras dos Estados Unidos, em 2013. No entanto, essas mulheres influentes, apesar da experiência formativa que tiveram nas como bandeirantes e a despeito de seu desejo de ajudar as garotas atendidas pela sua instituição, quando chegam à idade adulta costumam ficar absortas no mundo ao seu redor e acabam se esquecendo disso. Marina Park, a CEO das Bandeirantes do Norte da Califórnia (e mulher de Sutton) percebeu isso e costuma usar esses fatos para reavivar o entusiasmo e angariar apoio para a organização. Mais especificamente, Park procura mulheres que poderiam ser excelentes mestras e modelos para as garotas e trabalha para reconectá-las com as Bandeirantes.

Em 2008, Park foi uma das "150 Mulheres Mais Influentes" homenageadas em um jantar organizado pelo *San Francisco Business Times*. Cada homenageada foi convidada a dar um conselho em dez palavras (ou menos). Park disse à plateia: "Levante a mão se você foi uma bandeirante". Cerca de 75% das mulheres presentes levantaram a mão. Muitas gritaram e assobiaram e a sala irrompeu em aplausos. Depois de revelar que a maioria das mulheres tinha sido bandeirantes, Park se pôs a conversar entusiasticamente com potenciais patrocinadoras e mentoras. Depois do evento, ela mandou e-mails às outras homenageadas com as quais não teve a chance de conversar pessoalmente. Park convidou mais ou menos uma dúzia de mulheres bem-sucedidas para participar do acampamento de verão "Camp CEO" e passar três dias orientando adolescentes de baixa renda do Norte da Califórnia e várias aceitaram o convite para participar. Além disso, várias outras se ofereceram para trabalhar em importantes comitês e projetos das bandeirantes.

Como sugerem as ações de Park, os líderes têm várias maneiras interligadas de reavivar o envolvimento de defensores potenciais.

Para começar, lembre as pessoas da conexão dormente. Converse sobre as boas memórias que elas têm e, especialmente, sobre o orgulho que sentem de suas realizações como integrante da organização e, mais tarde, de como se beneficiaram de participar da organização. Foi exatamente o que Park fez. Em seguida, canalize esses sentimentos à ação. Incite e instigue delicadamente as pessoas a reativar velhas conexões e criar novas, como Park e seus colegas fizeram quando convidaram as mulheres para participar do Camp CEO. Em terceiro lugar, facilite aos "recrutas renovados" a tarefa de praticar a excelência que você deseja disseminar e transmita essa excelência, fazendo parte do efeito dominó. Muitas das mulheres que participaram do Camp CEO não só atuaram como mentoras durante o evento de três dias como continuaram, durante anos, aconselhando e criando oportunidades para as garotas que conheceram no acampamento. Várias participantes do Camp CEO também convenceram colegas a ajudar as bandeirantes. A própria Park se empolgou tanto com as experiências que teve no Camp CEO que, depois de 25 anos atuando como uma advogada corporativa, decidiu abandonar a carreira para liderar a ONG das Bandeirantes do Norte da Califórnia em 2007.

Métodos similares podem ser usados para reativar as conexões entre os colaboradores existentes e futuros. Foi o que Marissa Mayer fez em seu primeiro ano no comando do Yahoo!. Em uma resposta lúdica ao "Manifesto da Pasta de Amendoim" de Brad Garlinghouse, Mayer lançou o PB&J ("Processo, Burocracia & Jam Sessions"★) poucas semanas depois de assumir o cargo. Ela incentivou os colaboradores a dar sugestões para transformar o Yahoo! num ambiente mais agradável, eficiente e inovador e se comprometeu a ajudar a implementar as boas ideias e facilitar o trabalho em colaboração para colaboradores resolverem os problemas. Em poucos meses, Mayer e seus colegas implementaram centenas dessas ideias, normalmente envolvendo pequenas ações como remover barreiras do estacionamento e abolir treinamentos inúteis na

---

★ N.T.: Uma brincadeira com o clássico sanduíche americano "peanut butter & jam", com pasta de amendoim e geleia de frutas.

academia dos colaboradores. Essas pequenas mudanças – ao lado de mudanças maiores, como dar a todos os colaboradores um iPhone 5 – alimentaram as esperanças dos colaboradores, da empresa, em dificuldades. As pessoas começaram a acreditar que o Yahoo! seria capaz de retomar sua grandeza se elas se empenhassem e trabalhassem em colaboração. Outra mudança, especialmente controversa, aumentou a pressão para criar conexões mais fortes: Mayer proibiu os colaboradores de trabalhar em casa. Muitos colaboradores e especialistas protestaram. Mas Mayer insistiu na mudança porque o Yahoo! sofria com conexões fracas entre os colaboradores. Nos raros bolsões de excelência, essa excelência se disseminava aos trancos e barrancos ou simplesmente ficava estagnada. Muitos colaboradores do Yahoo! se sentiam distantes da empresa e uns dos outros.

O Yahoo! ainda enfrenta muitos perigos: uma concorrência brutal, uma estratégia em evolução e procedimentos excessivamente complicados. No entanto, as primeiras medidas tomadas por Mayer geraram esperança e resultados tangíveis. O preço das ações quase dobrou no primeiro ano de Mayer no cargo e já dá para ver indícios de que as conexões entre os colaboradores e o orgulho pela empresa estavam em alta: 50% menos colaboradores saíram voluntariamente da empresa em comparação com antes da chegada de Mayer. Conexões dormentes também foram reativadas: 14% das novas contratações foram do tipo "bumerangue", ex-colaboradores que voltaram ao Yahoo! E muitos ex-colaboradores influentes (inclusive Brad Garlinghouse), que passaram anos em silêncio ou criticando abertamente o Yahoo!, começaram a manifestar seu apoio a Mayer e um otimismo em relação às perspectivas da empresa.

CONECTE TODO MUNDO: TRANSFORME O TRABALHO EM UM JOGO

Vamos encarar. Muitos executivos abordam a diversão com cautela ou até hostilidade, pura e simplesmente. Libby Sartain, que atuou como diretora de pessoal na Southwest Airlines, descreve os problemas que teve por "cair na gargalhada" nos corredores quando trabalhava na Mary Kay Cosmetics[17]. Sartain conta que uma das razões pelas quais passou para a Southwest foi que lá podia rir como e quando quisesse. Infelizmente, como argumenta um grupo pequeno porém crescente de pesquisadores, consultores e especialistas, se aplicarmos os padrões usados para avaliar um bom design de jogos de computador à maioria dos cargos e organizações, constatamos que "o trabalho dá um péssimo jogo". Byron Reeves, professor de comunicação de Stanford, argumenta que, em comparação com populares jogos *multiplayer* como o World of Warcraft, a maioria das organizações não engaja as pessoas, não cria vínculos entre elas e usa incentivos muito malconcebidos. E, ainda por cima, cria atritos e diferenças de status desnecessários.

Reeves e outros defensores da gamificação (em inglês, *gamification*) afirmam que os locais de trabalho seriam mais divertidos e eficazes se os princípios do design de bons jogos de computador fossem aplicados ao design de organizações. Também argumentam que jogos de computador deveriam ser concebidos e incorporados ao trabalho para atrair e motivar os colaboradores e possibilitar uma maior eficiência nas organizações. Em 2011, a empresa de pesquisas Gartner previu que, em 2015, 50% das organizações já estariam gamificando seus processos de inovação e que, em 2014, pelo menos 70% das duas mil maiores empresas globais teriam pelo menos uma "aplicação gamificada" como parte de suas ações de marketing[18]. Só o tempo dirá se a gamificação não passa de um modismo que logo desaparecerá ou se vai se popularizar nos ambientes de trabalho modernos. De qualquer maneira, até algumas pessoas que acreditam no futuro da dela, como J. P. Rangaswami, cientista-chefe da Salesforce.com, apontam para algumas importantes limitações. Ele argumenta que alguns locais de trabalho são tão inerentemente tediosos e estressantes que são necessárias mudanças mais fundamentais do que apenas "passar o batom da gamificação no porco que é o trabalho[19]".

Concordamos que, se uma organização é fundamentalmente opressiva e injusta, com políticas cruéis e um trabalho aviltante ou opressivo, acrescentar alguns jogos bobos não vai ajudar em nada e pode até ser visto como uma medida hipócrita. No entanto quando o trabalho não é tão degradante – quando os líderes são respeitados, os processos são justos e as pessoas têm empregos envolventes –, uma boa gamificação é uma abordagem promissora para tornar o trabalho mais divertido, criando vínculos mais fortes entre as pessoas e ajudando-as a desenvolver e disseminar a excelência.

Vejamos o exemplo da Rite-Solutions, uma empresa de 150 pessoas cujo negócio essencial é o desenvolvimento de soluções de software de vendas à Marinha dos Estados Unidos e a cassinos. O CEO Jim Lavoie e o diretor de operações Joe Marino estão empenhados em fazer da empresa um lugar divertido e envolvente. Como explica a autora e evangelizadora da inovação Polly LaBarre, "Na Rite-Solutions, você começa a recebendo a mensagem de que eles se importam com você já às 9 horas da manhã do seu primeiro dia de trabalho. É quando a empresa lhe dá uma festa de aniversário, que inclui presentes e bolo. Enquanto você é homenageado pelos novos colegas, sua família recebe em casa um 'pacote de boas-vindas', com flores, presentes e uma mensagem pessoal[20]".

Lavoie e Marino, é claro, fazem esse tipo de coisa também pelo dinheiro, não só pela diversão. Mas eles queriam descobrir a melhor maneira de envolver e criar vínculos entre os colaboradores para gerar ideias que a Rite-Solutions pudesse desenvolver ou vender. Acreditavam que não deveria ser difícil levar as pessoas a começar a gerar ideias. O problema era rejeitar as ideias sem acabar com o entusiasmo. Lavoie e Marino aprenderam com a experiência que a maior parte das novas ideias precisa ser rejeitada porque muitas delas são ruins e outras não são viáveis no momento. Também é aconselhável rejeitar muitas boas ideias: costuma ser mais sensato, digamos, dedicar tempo e recursos suficientes para desenvolver bem uma ou duas ideias do que diluir demais os recursos entre dez ou 15 ideias promissoras. Para "matar" essas ideias, muitas empresas usam "comitês assassinos", que não só matam ideias, mas sujeitam as pessoas que as propõem a críticas fulminantes, chegando à ridicularização. O resultado é que os colegas que testemunham o massacre tendem a não expor suas ideias para evitar o mesmo destino.

Lavoie e Marino usaram uma "estratégia de gamificação" para instigar os colaboradores da empresa toda a gerar uma ampla gama de ideias, selecionar e desenvolver algumas e se livrar da maioria delas. Rao e o redator de estudos de caso de Stanford, David Hoyt, documentaram os detalhes de um jogo online chamado Mutual Fun, concebido para tornar o processo de gerar novas ideias para a empresa – e matá-las – divertido, estimulante e seguro e, ao mesmo tempo, criar vínculos mais fortes entre o pessoal da empresa[21]. Rao e Hoyt ficaram sabendo que o Mutual Fun era jogado por 95% dos colaboradores da Rite-Solutions. Na descrição de LaBarre, "é uma plataforma colorida, intuitiva e envolvente... imagine uma mistura de um terminal da Bloomberg★ com um tabuleiro de Banco Imobiliário". Esse mercado interno de ações tem três categorias:

1) "Títulos de capitalização", ideias que poderiam poupar dinheiro à empresa ou aumentar a eficiência.
2) "Bow Jones", ideias que usam tecnologias existentes para criar novos produtos ou serviços.
3) "SPAZDAQ", ideias de novas tecnologias.

Quando um colaborador submete uma ideia, ela é rapidamente avaliada por um engenheiro sênior e listada no Mutual Fun. Cada colaborador recebe US$ 10 mil de dinheiro falso para investir nas "ações de ideias" dos colegas. O jogo também permite que os colaboradores discutam as ideias e se ofereçam para trabalhar nelas (no tempo livre). As ações que atraem mais investimentos e voluntários acabam tendo um valor maior e a empresa investe "*Adventure Capital*" (dinheiro de verdade) nas 15 ações mais valorizadas. Por exemplo, Rebecca Hosch, assistente de Lavoie, propôs uma ferramenta educacional chamada "Win/Play/Learn" (WPL – Vencer/Jogar/Aprender) com base em um algoritmo de bingo que a Rite-Solutions desenvolveu para cassinos. A WPL "se tornou uma ação em alta no Mutual Fun e acabou sendo licenciada pela fabricante de brinquedos Hasbro". As ações que não atraem investidores são retiradas do mercado, mas muitas vezes inspiram novas propostas. Quando uma ideia poupa dinheiro ou produz receita, os

---

★ N.T.: Aquela plataforma de computador repleta de gráficos coloridos e números para analisar e monitorar dados do mercado financeiro em tempo real.

criadores e os implementadores recebem parte dos ganhos, e uma porcentagem maior vai para os implementadores.

Em 2011, o Mutual Fun já tinha gerado mais de 50 ideias inovadoras, das quais 15 foram implementadas, respondendo por mais de 20% da receita da empresa. Além da "Win/Play/Learn", também venderam várias outras ideias a outras empresas, inclusive o próprio Mutual Fun. O Mutual Fun ajuda a Rite-Solutions a gerar ideias robustas e a se desfazer das ideias fracas, ao mesmo tempo, que possibilita aos colaboradores formar vínculos uns com os outros e com a empresa. Essa é uma das razões pelas quais Lavoie e Marino conseguiram "cultivar uma fidelidade quase inabalável entre seu pessoal", usufruem de uma "rotatividade quase zero e atraem os melhores e mais brilhantes talentos por meio de indicações dos colegas[22]".

GARANTINDO A EFICÁCIA DAS REDES

Quando se trata de potencializar a excelência, os diagramas de rede – e os antiquados organogramas – podem ser um bom ponto de partida. No entanto, elaborar e discutir essas representações gráficas ordenadas pode se tornar uma grande distração. A vida organizacional não é tão ordenada como sugerem essas ilustrações arrumadinhas. Para os responsáveis pelo escalonamento de uma organização, *o trabalho não é criar um diagrama de rede, mas garantir a eficácia da "rede" ou, em outras palavras, a organização*. O escalonamento só tem sucesso quando as redes criadas fervilham de ações construtivas que refletem e reforçam a excelência que vocês almejam disseminar.

Pensando assim, oferecemos sete ferramentas para "garantir a eficácia das redes", abordagens diferentes para configurar e ativar cadeias de efeito dominó para difundir a excelência. Mas, antes de descrever essas ferramentas, propomos duas regras fundamentais: "Uma vez não basta" e "Um não basta".

Nossa primeira regra é "Uma vez não basta", porque crenças e comportamentos não se disseminam como doenças contagiosas. Em outras palavras, uma única exposição raramente basta para contagiar as pessoas. Para assegurar a longevidade de uma mentalidade, é preciso expor as pessoas a inúmeras mensagens e exibições para que lembrem, aceitem e pratiquem a mentalidade. Antanas Mockus, o brilhante e excêntrico ex-prefeito de Bogotá, Colômbia, aplicou essa regra para instigar, irritar e constranger os cidadãos de sua cidade caótica e perigosa a dirigir e caminhar pela cidade com mais segurança. Ele chamou a atenção para esses problemas (bem como ao uso excessivo de água e à criminalidade) correndo pelas ruas da cidade fantasiado de Super-homem e fingindo ser um super-herói chamado Supercidadão[23]. Seu gabinete distribuiu 350 mil cartões verdes e vermelho e propôs que os cidadãos expressassem sua opinião quanto ao comportamento uns dos outros ao volante e como pedestres. Mockus mandou pintar estrelas cadentes em calçadas e ruas nos locais onde pessoas morreram em acidentes, como lembretes para tomar mais cuidado. E também ganhou fama por contratar 420 mímicos e instruí-los a provocar e ridicularizar motoristas e pedestres imprudentes. A teoria de Mockus era que os cidadãos tinham mais medo de passar vergonha do que de multas de trânsito. Ao final de seu mandato de oito anos como prefeito de Bogotá, em 2003, a estratégia estava dando certo: o número de acidentes de trânsito caiu mais de 60% e as mortes, mais de 50%.

Nossa segunda regra, "Um não basta", decorre da primeira. Nem todas as ferramentas se aplicam a todos os desafios de potencialização da excelência. E nem todas as ferramentas são mutuamente exclusivas. Usar uma mistura de duas ou mais ferramentas costuma ser melhor que depender só de uma. Uma empresa ou organização sem fins lucrativos, por exemplo, pode combinar uma mensagem do CEO exortando as pessoas a reduzir os custos de energia na organização com a realização de um bazar ou evento ao estilo de uma feira comercial no qual as pessoas montam mesas ou estandes e compartilham as técnicas que usaram para reduzir os custos. A combinação dos dois métodos provavelmente será mais eficaz do que usar só um deles. Várias ferramentas diferentes não só aumentam a taxa de exposição como pessoas diferentes são atraídas e motivadas por ferramentas distintas. Algumas pessoas podem ser mais influenciadas pela pressão da gestão ou de seus colaboradores diretos, enquanto outras podem ser mais afetadas pela troca de ideias com colegas de outras partes da organização em um bazar de ideias. O objetivo é proporcionar às pessoas várias "rampas de acesso" para colocá-las no caminho de acolher e praticar a mentalidade que vocês querem disseminar.

Veja a seguir nosso cardápio de sete ferramentas para garantir a eficácia das redes.

1. A abordagem *top-down*

Como vimos no Capítulo 4, apesar de muitas pessoas verem as hierarquias com uma mistura de amor e ódio, todos os grupos e organizações contam com elas e precisam delas para sobreviver e prosperar. As hierarquias vêm a calhar na criação de um efeito dominó que começa no topo e vai descendo em cascata para baixo. Por exemplo, Denny Strigl, ex-CEO da Verizon Wireless, estava preocupado porque, poucos meses depois que a empresa lançou seu sistema de mensagens de texto, poucos clientes estavam comprando o recurso. Também notou que poucos colaboradores da Verizon estavam usando as mensagens de texto. Então decidiu disseminar esse comportamento em cascata para as pessoas que conhecia e que tinham mais poder de influenciar os outros: seus colaboradores diretos. Como ele explicou, "se nossos próprios colaboradores não estavam convencidos da utilidade das mensagens de texto, quais eram as chances de convencer os clientes do valor daquele recurso?[24]". Strigl começou mandando mensagens de texto a todos os vice-presidentes que se reportavam a ele. Quando ninguém respondeu, telefonou para eles e disse: "Vou usar muito as mensagens de texto e espero que vocês façam o mesmo". Quando enviou a próxima mensagem de texto, todos os vice-presidentes responderam na hora. Strigl continuou enviando mensagens de texto para eles todos os dias. A maioria respondia imediatamente. Quando não respondiam, ele ligava ou passava na sala deles para perguntar por que não responderam. Em pouco tempo os vice-presidentes também estavam mandando mensagens de texto aos próprios colaboradores diretos e pedindo explicações quando não respondiam. Sempre que Strigl falava com grupos de colaboradores da Verizon, ele perguntava quem tinha enviado uma mensagem de texto naquele dia. No início, apenas algumas mãos era levantadas, mas em pouco tempo todo mundo já o fazia. Praticamente todos os colaboradores estavam usando mensagens de texto no trabalho, o que também os ajudou a explicar a utilidade do recurso aos clientes, amigos e parentes.

Esse é um exemplo clássico de um comportamento se disseminando de cima para baixo numa hierarquia. Mas, para mudanças mais complexas e controversas, a abordagem de comandar e exigir em geral não basta.

2. Transmita sua mensagem para um e para todos

Webinars, brochuras, malas diretas, sites e encontros nos quais os altos executivos discursam para os colaboradores fazem parte de muitas iniciativas de potencialização da excelência. Essas ações podem transmitir a mensagem de que as ideias que os líderes e as equipes pretendem disseminar são importantes, podem instruir as pessoas sobre o conteúdo e despertar o interesse delas. No entanto, táticas de "guerra aérea" como essas raramente bastam para convencer as pessoas a aderir a um movimento e ajudar a expandi-lo. O Institute for Health Improvement transmitiu o *Campaign Live*, um programa semanal apresentado por Madge Kaplan – repórter especializada na área da saúde do National Public Radio –, no qual as pessoas podiam participar por telefone ou pela internet, compartilhando informações ou experiências. Quando Rao visitou os escritórios do IHI em Boston, ele assistiu a um programa no qual mais de mil ouvintes de todo o país fizeram dezenas de perguntas em um painel sobre escaras (feridas provocadas pela permanência prolongada na cama), sobretudo como reduzi-las. No entanto, como vimos, o gestor de campanha Joe McCannon sabia que essa e outras transmissões unidirecionais não bastavam para conectar os hospitais que dominavam as práticas salva-vidas com aqueles que queriam aprendê-las. A criação desses vínculos fortes exigia táticas de guerra terrestre: e-mails pessoais, telefonemas e, principalmente, a interação presencial.

Mitchell Baker, CEO fundadora da Mozilla Corporation (atual presidente do conselho), escreve um blog sobre a empresa e assuntos relacionados que é lido por colaboradores e milhares de integrantes da comunidade de código aberto da Mozilla que escrevem o código, fazem verificações de controle de qualidade e disseminam o software da organização. Baker escreve um blog aberto ao público desde o início da empresa, quando liderou a implementação de um projeto de código aberto "aprisionado" dentro do Netscape. O projeto acabou se transformando no navegador Firefox, que gerou centenas de milhões de dólares para a Mozilla. O *Lizard Wrangling: Mitchell on Mozilla & More* é um dos blogs mais detalhados e francos, escritos por um executivo sênior, que já lemos[25]. Baker apresenta informações financeiras detalhadas, descreve mudanças na alta administração e fala abertamente sobre as dificuldades da empresa, inclusive a receita e a participação de mercado que o Firefox perdeu quando milhões de usuários migraram de computadores pessoais para tablets e smartphones. No entanto, Baker seria a primeira a dizer que – apesar de a transmissão de informações ajudar – a vasta presença internacional da Mozilla se estendeu em grande parte por meio de conexões pessoais entre as pessoas que desenvolvem, testam e promovem o Firefox (muitas vezes por meio de conexões formadas na internet entre programadores e outros partidários que nunca se encontraram pessoalmente).

3. Cerque-os: que os muitos ensinem os poucos

Uma das maneiras mais eficazes – mesmo que ineficientes – de disseminar novos comportamentos e crenças é pegar uma pessoa ou pequena equipe e incorporá-la a um grande número de pessoas que já respiram, vivem e se alimentam da mentalidade que vocês querem difundir. Para onde quer que olhem, verão alguém a quem exemplificar o comportamento certo, ensiná-las, orientá-las e corrigi-las quando não dizem ou fazem as coisas corretas para os padrões locais. Alguns anos atrás, Sutton entrevistou o capitão Nick Gottuso, na época capitão do departamento de polícia de Hillsborough, Califórnia, e líder do esquadrão de *snipers*, composto de 12 pessoas, da equipe da SWAT local[26]. Gottuso explicou que as habilidades necessárias para entrar no esquadrão eram tão difíceis de aprender, a visão de mundo deles era tão sutil e tão forte e o nível de coordenação necessário em crises envolvendo reféns e outras situações nas quais poderia ser necessário disparar as armas era tão alto que o esquadrão só podia receber um ou dois novos integrantes por ano.

4. Um a um: o poder das duplas

Essa ferramenta é crucial para o sucesso da maioria das iniciativas de potencialização da excelência: quase todas dependem, pelo menos em parte, de duplas nas quais cada "dominó" derruba o próximo. Essa abordagem ganhou um lugar no centro da Campanha das 100.000 Vidas. Por exemplo, uma vez que um hospital dominava a redução da pneumonia em pacientes em aparelhos de respiração artificial, seu pessoal se transformava de alunos a professores e se voltava a orientar outro hospital. O poder das duplas também é fundamental no Bootcamp do Facebook, no qual todo novo engenheiro tem um mentor para orientá-lo, responder perguntas e conectar o recém-chegado com os dez ou 12 grupos nos quais ele deve trabalhar durante o programa de seis semanas. Unir professores e alunos em duplas também é essencial para disseminar o talento. A Zynga, que desenvolve jogos sociais na internet, como o FarmVille, tem uma política que incentiva os gestores a orientar seus colaboradores diretos. Em outras palavras, ninguém é promovido ao próximo nível se não "desenvolver o próprio substituto"[27].

As duplas também são cruciais para disseminar a mudança: não só para ensinar novas ideias e habilidades, mas também para convencer os outros a apoiar e facilitar a implementação. Um dos principais desafios da utilização dessa abordagem é descobrir quem deve ser emparelhado com quem. Uma estratégia é formar duplas com pessoas ou unidades "socialmente similares". Dessa forma, os "professores" podem ter mais empatia com os desafios enfrentados por seus "aprendizes". E os aprendizes não podem reclamar que "você é tão diferente de mim [ou de nós] que não tem como entender o que estou tentando dizer". Cerca de dez anos atrás, Sutton e Rao trabalharam com uma rede de fast-food que emparelhava franqueados de alto desempenho com os de franqueados de baixo desempenho e os primeiros eram encarregados de orientar os últimos. A empresa dava incentivos para que, se a loja fraca da dupla melhorasse, o franqueado da loja mais forte ganhasse um belo bônus. Devido a problemas de politicagem interna, o programa nunca conseguiu passar da fase piloto. Mas os primeiros resultados foram promissores, em grande parte porque a empresa formou duplas com franqueados semelhantes em muitos aspectos: em termos de formação e experiência pessoal dos franqueados, formação e experiência dos colaboradores da loja, mix de clientes, áreas atendidas (por exemplo, urbana ou rural, rica ou despossuída) e assim por diante.

Será que é melhor emparelhar "persuasores" de uma equipe de escalonamento com pessoas que apoiam, rejeitam ou estão indecisas em relação à marca de excelência em questão? Julie Battilana, de Harvard, e Tiziana Casciaro, da University of Toronto, passaram anos investigando o assunto. Elas acompanharam 68 iniciativas diversas de mudança do National Health Service (Serviço Nacional de Saúde) do Reino Unido, entre 1997 e 2004. Os programas variaram de uma iniciativa para reduzir o número de dias de internação de pacientes com AVC a um programa que transferia, dos médicos aos enfermeiros, a autoridade de dar alta aos pacientes. As chances de sucesso da implementação foram altas quando os agentes de mudança já tinham relações estreitas com líderes influentes de um hospital, clínica ou unidade administrativa e quando esses líderes apoiavam a iniciativa. No entanto, quando os agentes de mudança tinham relações estreitas com líderes que se opunham veementemente à mudança ("resistentes"), eles não apenas fracassavam em convencê-los a implementar o programa como houve indícios de que essas tentativas de influenciar os líderes saíam pela culatra: eles resistiram ainda mais. Battilana e Casciaro descobriram, contudo, que quando os agentes de mudança tinham laços estreitos com os líderes "em cima do muro"[28] – os indecisos sobre a mudança –, eles em geral eram capazes de convencer esses amigos e colegas relutantes usando a lógica e o charme e conseguiam persuadi-los a implementar a mudança.

Em conclusão, na persuasão um a um, é melhor se concentrar nos partidários e nos indecisos. Tente emparelhar os "persuasores" da sua equipe de escalonamento com pessoas poderosas que já confiam neles e os admiram. Tome cuidado ao fazer o emparelhamento com os resistentes. Mesmo se forem bons amigos e mesmo se admirarem suas habilidades e sua capacidade de julgamento, suas ações podem levá-los a resistir ainda mais e até prejudicar o relacionamento.

5. Dos poucos aos muitos

Esta é a estratégia clássica de escalonamento: um grupo de pessoas decididas une forças e se empenha para disseminar gradativamente uma mentalidade, bem como ações e competências associadas, por toda uma organização ou em outra rede. A Equipe Tiger, liderada por Louise Liang na Kaiser Permanente (KP), é um bom exemplo disso. Você deve lembrar, como vimos no Capítulo 2, como eles desenvolveram um nova mentalidade para orientar o design e a implementação em etapas do KP HealthConnect. O ponto central foi "O lar como o centro de tudo", que a Equipe Tiger acreditava ser "uma guinada de 180 graus na forma como os cuidados de saúde são vistos no mundo todo", porque a casa do paciente e outros ambientes não tradicionais se tornariam os principais locais onde os pacientes receberiam cuidados de saúde, em vez de hospitais e clínicas. E esses cuidados seriam prestados por enfermeiros e uma série de outros profissionais além do médico. A Equipe Tiger só tinha cerca de 30 membros em sua equipe central, mas – ao ajudar, converter e recrutar centenas de colaboradores da KP e contratar um pequeno exército de consultores para ajudar com as tarefas de TI –, foram capazes de disseminar um sistema informatizado de registros médicos a cerca de 170 mil colaboradores e nove milhões de pacientes. À medida que trabalhavam com prestadores de cuidados de saúde por toda a KP e seus pacientes começavam a usar o KP HealthConnect, essa mudança de mentalidade para o "O lar como o centro de tudo" começou a se consolidar. Isso ainda está acontecendo na KP e agora também na maioria dos outros grandes sistemas americanos de cuidados de saúde.

Quando conversamos com Louise Liang, ela fez questão de salientar que a Equipe Tiger acreditava que a operação do sistema e o sucesso de longo prazo da KP dependiam dessa transição, necessária para reduzir os custos estratosféricos dos cuidados de saúde e, ao mesmo tempo, proporcionar aos pacientes um atendimento melhor e mais flexível. Liang chamou a tecnologia de "Cavalo de Troia", por ter ajudado a Equipe Tiger a imbuir sorrateiramente um nova mentalidade na organização. Outra das nossas heroínas do escalonamento, Claudia Kotchka, usou a mesma expressão para descrever o modo como sua equipe se infiltrou na Procter & Gamble.

Um aspecto da estratégia de Kotchka, e "talvez a parte mais eficaz", implicou "contratar e alocar designers experientes em todas as unidades de negócio". Ela chamou isso de "efeito Cavalo de Troia" porque, uma vez que ganhavam um "lugar à mesa de negociações" e trabalhavam com a equipe de liderança de uma unidade de negócio, esses inovadores experientes se punham a fazer o que já realizavam naturalmente: usar o *design thinking* para resolver problemas. O processo de conectar e disseminar em cascata era acionado e, à medida que ajudavam os colegas de outras funções a resolver problemas, esses colegas não só passavam a valorizar os conhecimentos e as habilidades dos inovadores, mas aprendiam muito e também começavam a aplicar os métodos. Kotchka aprendeu uma lição relacionada sobre a implantação de "Cavalos de Troia": não bastava incorporar apenas um designer em uma unidade de negócios. Eles ficavam isolados e não tinham colegas com mentalidades afins para trocar ideias e atuar como aliados. Assim, Kotchka fez questão de alocar pelo menos dois inovadores experientes em uma unidade de negócio ou nenhum inovador.

O segredo, como demonstram a Kaiser Permanente e a P&G, é que o sucesso do escalonamento depende de jamais perder de vista que a guerra é terrestre e não aérea. Os poucos devem usar sua perseverança e habilidade para ensinar e converter os outros que, por sua vez, acionam o efeito dominó da excelência. Um participante de um programa executivo de Stanford, depois de ouvir a história de Kotchka, da P&G, resumiu a lição nos seguintes termos: "O que você está nos dizendo, Claudia, que é bacana ter um grupinho espetacular de *design thinking* por um tempo, mas, numa grande empresa, não demora para a coisa se transformar numa questão de 'contagiar os outros ou morrer'". Ela não discordou.

6. Intermediários: fazendo a ponte entre ilhas isoladas

A intermediação é uma versão especialmente eficaz das ferramentas do "um aos muitos" e do "poucos aos muitos". Como vimos, o isolamento numa organização é um grande inimigo da potencialização da excelência. Lembre-se de como a unidade do sargento mestre Chad Walker só ficou sabendo do "manual de combate a artefatos explosivos improvisados" desenvolvidos pelo CALL em seu último mês de combate. Quando um bolsão de pessoas tem um bom conhecimento, mas não há nada conectando-o aos outros, quando precisam dele, a excelência não tem como se espalhar.

Pesquisas conduzidas pelo sociólogo Ronald Burt demonstram que muitas organizações são divididas em silos, facções, locais, departamentos, equipes e funções isoladas. Quando Burt e seus colegas se põem a documentar como diferentes unidades ou colaboradores interagem, não raro encontram "nós", ou "centros", da rede que não têm qualquer conexão direta ou indireta entre si (da mesma forma que não havia qualquer conexão entre a unidade de combate de Walker e o CALL). Burt chama isso de buracos estruturais, o espaço em branco entre os nós isolados de uma rede[29]. São nesses nós que entram em cena as pessoas e os grupos chamados de "intermediários" ou "corretores de conhecimento", que atuam como pontes entre pessoas, grupos ou organizações de outra forma isolados. Os intermediários "preenchem" esses buracos e transferem informações, expertise, ideias e influência entre os que as possuem e os que delas necessitam. Por exemplo, alguns anos depois de sua desagradável experiência, ao constatar a desconexão entre o CALL e sua unidade de combate, o sargento mestre Walker se tornou um conselheiro sênior do CALL. Walker basicamente se transformou em um intermediário. Usou suas conexões com os líderes e as unidades de combate no Iraque e no Afeganistão para espalhar a notícia da presença do CALL – muitos líderes e unidades não sabiam da existência do centro antes de Walker entrar em contato com eles. Ele os encorajou a se conectar com a equipe do CALL e uns com os outros, como por meio de um dos 35 fóruns do CALL na internet, ao exemplo do NCO Net, aberto apenas a suboficiais.

Muitas outras equipes de potencialização da excelência que mencionamos neste livro também fizeram a ponte entre nós, até então isolados. Lembre-se de como a equipe de Heather Vilhauer disseminou e refinou o programa da Thrive para as bandeirantes. Eles conectaram a Thrive Foundation (e seu conhecimento) com as garotas participantes e os voluntários. Outros intermediários que encontramos se voltaram a criar pontes em grandes burocracias. A "Equipe Alfa", aqueles 24 gestores do Ministério do Trabalho de Singapura que aprenderam o *design thinking*, se transformou num canal para os colegas do próprio ministério e de outros órgãos públicos. A Equipe Tiger de Louise Liang preencheu muitos buracos estruturais (como Burt diria), conectando regiões da Kaiser Permanente tradicionalmente isoladas em silos e possibilitando que lições aprendidas pelas regiões que implementaram o KP HealthConnect fossem difundidas a outras unidades e regiões.

David Kelley, o principal fundador da IDEO e da d.school de Stanford, é o intermediário mais eficaz que conhecemos. O modo como pensa e age é um bom exemplo para qualquer construtor de pontes que queira potencializar a excelência[30]. Em 2002, a d.school só existia como uma fantasia elaborada na cabeça de Kelley. No entanto, Kelley continuava proclamando a todos os conhecidos que queria criar um ponto de encontro para alunos e professores de Stanford – e para pessoas criativas e solidárias de todos os cantos do mundo. Kelley queria um lugar que misturasse e conectasse pessoas que não costumavam trabalhar juntas ou onde poder conversar umas com as outras beneficiando-se disso. E queria um lugar que ensinasse o *design thinking*, o utilizasse para resolver problemas difíceis e fosse cheio de pessoas com diversos talentos e conexões, pessoas capazes de melhorar o *design thinking* e expandir seu alcance.

Basta dar uma olhada nos mais de 50 cursos oferecidos pela d.school, em 2012 e 2013, para ver que o sonho de Kelley se tornou realidade[31]. Só para você ter uma ideia, esses cursos incluíram "Soluções disruptivas para a pobreza na América", "dMedia:

criando o design de uma mídia que faz a diferença", "Sexo e design", "Design para a ciência", "De jogos a inovações", "LaunchPad: crie o design e lance seu produto ou serviço" e "Reinicialize o governo com o *design thinking*". A d.school faz parte da Faculdade de Engenharia de Stanford, mas reúne alunos e professores de todos os cantos do campus: administração, pedagogia, medicina, direito, sociologia, psicologia, filosofia e artes, bem como engenharia. Alguns cursos são ministrados por professores de período integral, mas muitos são conduzidos por pessoas com empregos "de verdade" fora de Stanford. Por exemplo, Maryanna Rogers, que ensina o curso "d.science", é diretora de inovação do Tech Museum of Innovation. Brendan Boyle, que leciona o curso "De jogos a inovações" é um *partner* da IDEO. Além de seus 50 cursos, a d.school já organizou, ao longo da última década, um desfile interminável de projetos, programas executivos, iniciativas comunitárias, workshops, tours, encontros de ex-alunos e festas.

Enquanto muitas pessoas merecem os créditos pelo sucesso da d.school, nada disso teria sido possível sem a intermediação magistral de Kelley. Resumimos a atitude dele em cinco elementos-chave:

1) *Ele gosta de saber o que pode sobre pessoas de fora e suas ideias.* Kelley tem uma rede social tão ampla, em grande parte por ser implacavelmente interessado, por adorar conhecer pessoas que sabem de coisas que ele desconhece e ter conversas detalhadas com essas pessoas. Essa curiosidade em relação a pessoas diversificadas o levou a conhecer, interagir e trabalhar com professores e alunos de todos "os cantos" de Stanford. Essa amplitude é reforçada pela rede social de Kelley, que se estende muito além de Stanford. Ele se realciona com todo tipo de gente, como fanáticos por carros, arquitetos, músicos de rock, cozinheiros, atores e até o dono da mais antiga destilaria de Utah, bem como uma série de engenheiros, empresários e executivos. Sua diversificada rede social inevitavelmente transborda para a d.school. Não é raro encontrar, digamos, um biólogo, um sociólogo, um médico, um estudante de MBA, o CEO de

uma organização sem fins lucrativos, um professor do ensino médio, um cineasta e um escultor, durante um rápido passeio de dez minutos pelo lugar.

2) *Ele incorpora e pratica a mentalidade sem ser desagradável ou chato.* Kelley equilibra essa amplitude de contatos, experiências e ideias com um ponto de vista incisivo. De alguma forma, no decorrer de uma conversa com praticamente qualquer pessoa sobre qualquer assunto, ele consegue incluir delicadamente sua visão sobre a vida e o *design thinking*. Pode estar falando com um universitário de 19 anos sobre os estudos ou com o comediante Robin Williams, mas, de uma forma ou de outra, sempre consegue ensinar algum fato intrigante sobre o *design thinking* e ajudá-los a aplicar o conhecimento em algum desafio pessoal ou problema, em geral acertando na mosca.

3) *Ele tem opiniões fortes, mas mantidas com delicadeza*[32]. Kelley tem e expressa opiniões fortes sobre o *design thinking* e a d.school. Mas não se apega irracionalmente a essas opiniões. Ele está sempre mudando de rumo (muitas vezes de maneira radical) quando decide que uma mudança é o melhor para o projeto no qual está trabalhando para a d.school, para a IDEO ou para outros grupos ou pessoas que ele influencia.

4) *Ele ouve e aprende.* É difícil aprender com os outros quando "nos limitamos à transmissão sem deixar espaço para a recepção". Kelley, por outro lado, pergunta mais e fala menos que qualquer executivo sênior que já conhecemos. Ele só dá conselhos depois de entender as necessidades de seus interlocutores. E Kelley é exímio em usar o aprende com o que escuta em seu benefício. Para a d.school, isso implica usar histórias e ideias que aprende com os outros para melhorar o *design thinking* e as operações da instituição.

5) *Ele congrega, apresenta as pessoas e se conecta.* Kelley está sempre conectando pessoas que podem ajudar a d.school a apresentar cursos mais interessantes e a servir melhor seus alunos e professores. Como um de seus amigos explica, Kelley é um "congregador" de pessoas que deveriam se conhecer mas ainda não sabem disso. E ele faz isso de todas as maneiras,

dando festas, atuando com um "casamenteiro", convidando visitantes para fazer um tour pela d.school. David pode estar mostrando a d.school a um CEO de uma grande empresa ou um estudante que está pensando em fazer um curso, mas sempre dá um jeito de conectá-los a outras pessoas com seu estilo absolutamente charmoso, apresentando o visitante a quase todo mundo que passa e explicando por que eles precisam se conhecer.

David Kelley é exímio e implacável em conectar pessoas, equipes e organizações que precisam umas das outras... mas que não sabiam disso antes. Mas ele não é o único. Essas cinco particularidades refletem o estilo de muitos outros intermediários de sucesso que conhecemos, estudamos e sobre os quais lemos em artigos acadêmicos, no que se refere à maneira como encaram a vida e passam seu tempo.

7. Crie encruzilhadas para as pessoas se conectarem

Os bazares são "mercados" em grande parte auto-organizados e por vezes um tanto caóticos que reúnem "vendedores" e "compradores". A palavra *bazar* vem da palavra persa para "mercado". O termo evoca imagens de povos antigos se congregando na praça da cidade para vender e comprar mercadorias, bem como variantes modernas, tais como mercados de pulgas, feiras de produtores agrícolas e feiras livres. Quando se trata de potencializar a excelência em organizações e para além delas, contextos similares a bazares possibilitam que as pessoas criem novas conexões e fortaleçam as conexões existentes, em grande parte por meio de interações um a um. Outros exemplos incluem as feiras comerciais; feiras de emprego; "sessões de apresentações em pôster", nas quais cientistas do departamento de P&D apresentam e conversam sobre suas descobertas; e um encontro da Vermont Oxford Network[33] (que se concentra em melhorar os cuidados de bebês recém-nascidos), ao qual Sutton compareceu e no qual o pessoal de várias dezenas de UTIs neonatais se reuniu por algumas horas num salão de convenções: o pessoal das UTIs montava mesas apresentando a taxa de mortalidade infantil de sua unidade e fornecia informações sobre as medidas tomadas para melhorar o atendimento. Os bazares, não importa a forma assumida, abrem o caminho para a troca informal de ideias, emoções, planos, bens e dinheiro que ajudam pessoas e equipes e, com isso, fortalecem uma rede mais ampla.

Por exemplo, a StartX é uma pequena intermediária sem fins lucrativos que conecta estudantes, pós-doutorados, professores e ex-alunos de Stanford com ideias para abrir um negócio a uma rede de mentores e financiadores[34]. Desde que a StartX foi fundada em 2010, mais de 2.400 pessoas de mil jovens empresas se candidataram para ingressar nesse "acelerador de *startups*", com 90 empresas tendo sido aceitas. O Demo Day é uma das oportunidades para as empresas da StartX se encontrarem para fazer conexões. O Demo Day costumava ser mais como uma "radiodifusão" do que um "bazar": mais ou menos dez *startups* faziam uma apresentação de vendas de cinco minutos cada para uns cem ou 200 mentores, financiadores, clientes e colaboradores potenciais presentes no evento. Em 2013, o Demo Day foi alterado para incluir "apresentações muito rápidas no palco, sem nenhuma das costumeiras apresentações de slides" para "ir direto ao que interessa": conversar com mentores, financiadores e fornecedores do combustível que uma nova empresa precisa para decolar.

Lembre-se de Chris Fry e Steve Greene, que expandiram a organização de desenvolvimento da Salesforce de 40 para 600 pessoas. Eles organizaram um tipo diferente de bazar, uma feira de empregos internos, para criar conexões e reforçar a responsabilização dos líderes de equipe e dos desenvolvedores. Como vimos no Capítulo 4, os desenvolvedores tinham a liberdade de se transferir a novas equipes sem precisar obter a permissão dos gestores e podiam fazer isso a cada quatro meses. A meta de Fry e Greene era facilitar a mobilidade na Salesforce como se os colaboradores estivessem se mudando para uma nova empresa. Um mercado de trabalho interno ativo foi criado com os líderes de equipe cortejando os melhores desenvolvedores de outras equipes. Esse mercado interno também atuou para impedir os próprios *top performers* da empresa de cair fora do barco. Fry acrescentou que outra vantagem do mercado interno foi expor à alta administração os líderes fracos, aqueles incapazes de reter bons colaboradores.

Esse mercado era "agitado" numa feira de empregos realizada a cada quatro meses, pouco antes de os desenvolvedores terem a chance de mudar de equipe. Fry nos contou que normalmente cerca de 50 equipes participavam da feira e que ela "funcionava como sessões de apresentação de pôsteres em uma conferência, e cada equipe preparava um pôster descrevendo seu trabalho e o expunha em um estande, dando explicações para quem quisesse". Eles serviam drinques para criar uma atmosfera leve e amigável. Os desenvolvedores percorriam os estandes e tinham conversas informais com os líderes e outros membros das equipes que mais lhes interessassem. Greene contou que, embora os líderes de equipe e novos membros potenciais usassem o evento para avaliar uns aos outros, o foco principal era possibilitar a "um desenvolvedor conhecer os outros membros da equipe, conversar sobre o trabalho que estavam fazendo e avaliar se todo mundo gostava uns dos outros e do trabalho". De quando em quando, um líder fazia uma oferta a um desenvolvedor, que aceitava ou não a oferta: cerca de 20% dos desenvolvedores da Salesforce escolhiam mudar de equipe todo ano.

CRIE UM BATIMENTO CARDÍACO COMPARTILHADO

Estudos recentes mostram que, quando as pessoas têm ritmos em comum com as outras, elas desenvolvem laços emocionais mais fortes e são mais propensas a arregaçar as mangas pelo bem de todos[35]. Um estudo mostrou que dois estranhos que nunca se viram antes e nunca trocaram uma palavra sequer, mesmo assim simpatizavam mais um com o outro se simplesmente andassem juntos na mesma direção e não em diferentes. Outro estudo descobriu que casais que vão ao trabalho na mesma direção, e não em diferentes, se sentem mais satisfeitos com o relacionamento. A satisfação se manteve, independentemente de irem ao trabalho sozinhos ou com outras pessoas e independentemente de saírem juntos para o trabalho. Outro estudo para investigar o "ritmo" usou o hino nacional do Canadá. Quando pessoas cantaram ou dançaram juntas enquanto ouviam o hino canadense, em vez de ficar sentadas em companhia umas das outras, lendo a letra em voz baixa enquanto ouviam a música, foram mais propensas a contribuir para uma caixinha coletiva do que ficar com todo o dinheiro para si.

Chip Heath, de Stanford, especula que marchar, dançar e cantar em ritmo têm um fundamento evolucionário: grupos cujos integrantes estão em sintonia uns com os outros têm vínculos emocionais mais fortes e são mais hábeis na coordenação e cooperação necessárias para coletar e cultivar alimentos e defender-se e, em consequência, têm mais chances de sobreviver e se reproduzir. Os integrantes incapazes, ou egoístas demais, para sincronizar suas ações com as de outros membros de sua tribo ou grupo ficarão desprotegidos e marginalizados e, portanto, terão menos chances de se reproduzir.

Quando as pessoas compartilham os mesmos ritmos diários, semanais, mensais e sazonais, as conexões entre elas se formam mais rapidamente e se mantêm mais fortes. As pessoas desenvolvem uma confiança mais profunda umas nas outras e a coordenação fica mais fácil porque veem e vivenciam o mundo do mesmo jeito. Afinal, muitas vezes estão no mesmo lugar, fazendo as mesmas coisas e trabalhando juntas, enfrentando os mesmos problemas. Nesse sentido, encontramos várias organizações que utilizam *stand-up meetings*★ regulares para conservar os vínculos fortes, manter as informações fluindo e reforçar uma mentalidade compartilhada. Alguns anos atrás, Sutton conversou com David Darragh, o CEO da Reily Feeds, sediada em Nova Orleans, sobre o *stand-up meeting* de 15 minutos que conduz com sua equipe gerencial quase que todos os dias de trabalho (fora as segundas-feiras, quando têm uma reunião mais longa, com os participantes sentados). Darragh explicou que "o ritmo gerado por essa regularidade permite que relacionamentos se desenvolvam, peculiaridades pessoais sejam expressas e compreendidas, fatores estressantes sejam identificados, pontos fortes e fracos pessoais sejam expostos e por aí vai. Tudo isso não só ajuda os membros da equipe a entender

---

★ N.T.: Reuniões rápidas de aproximadamente 15 minutos nas quais os participantes, em geral, ficam de pé.

melhor suas funções individuais, mas também a saber como podem obter o melhor uns dos outros[36]".

Essas reuniões diárias não só fortalecem as conexões entre os membros da equipe como também proporcionam a eles um suprimento constante de novas informações sobre os desafios enfrentados pela Reily e as soluções que estão ou não dando certo. Depois, essas informações descem em cascata por toda a empresa. Darragh também disse que os participantes muitas vezes ficam sabendo dos problemas prementes durante essas reuniões diárias: um membro da equipe é designado como um *intendente* da reunião e rapidamente monta uma equipe para resolver o problema. Darragh disse que opta pela palavra intendente, em vez de líder, porque prefere que o resto da equipe também se responsabilize pelas decisões. Todos devem se sentir responsáveis e ficar de prontidão para entrar em ação e ajudar assim que for necessário.

Um *stand-up meeting* chamado "scrum diário"★ é um elemento-chave da maioria dos métodos de desenvolvimento de software "ágil"[37]. Abordagens ágeis são métodos relativamente rápidos, colaborativos, improvisados e não estruturados para o desenvolvimento de software, em comparação com as abordagens em "cachoeira" tradicionais, *top-down* e orientadas ao planejamento. Nos métodos mais ágeis, o trabalho – escrever um novo software ou reparar bugs – é sincronizado e dividido em porções de duas a seis semanas chamados "sprints"★. Durante os *scrums* diários, cada membro da equipe responde três perguntas: (1) O que você fez ontem?; (2) O que você vai fazer hoje?; e (3) Existe algum impedimento em seu caminho? Feito isso, de maneira bem similar ao que acontece na Reily Foods, os colegas de equipe se oferecem para dar conselhos e fazer planos para ajudar outros a superar os desafios.

★ N.T.: Um *scrum* é um processo de desenvolvimento iterativo e incremental para o gerenciamento de projetos e o desenvolvimento de software ágil.
★ N.T.: *Sprint*, em inglês, é uma corrida de curta distância, período curto de atividade intensa, muitas vezes utilizado em oposição uma maratona, uma corrida de longa distância e de resistência.
★ N.T.: No *time-boxed*, um projeto é dividido em partes menores com prazos e orçamentos predefinidos.

Chris Fry e Steve Greene implementaram métodos ágeis na Salesforce para unir as pessoas nas equipes e entre equipes, concentrá-las em metas comuns e encorajar um trabalho cooperativo e rápido por toda a função de desenvolvimento. Fry descreveu esses métodos como "ritmos de iteração" entrelaçados em um "ambiente *time-boxed*"★, no qual as equipes trabalhavam em *sprints* de duas a quatro semanas para produzir protótipos.[38] Cada equipe da função de desenvolvimento "passava por avaliações de *sprint* ou de 'demo' todo mês", nas quais mostravam seu trabalho a executivos e outras equipes. Como Fry explicou, isso produzia "um ritmo mensal e dava visibilidade a todas as equipes do departamento inteiro". Por fim, "tínhamos um ritmo de lançamento que acontecia a cada quatro meses, três vezes por ano. Eles sempre aconteciam com a mesma frequência", nos quais produtos de software acabados eram lançados e disponibilizados aos clientes. Em suma, quatro ritmos entrelaçados – *scrums* diários, *sprints* a cada duas a quatro semanas, *demos* mensais e lançamentos a cada quatro meses – uniam todas as pessoas de todas as equipes e por todo o departamento, até pessoas trabalhando em tarefas diferentes (porém interligadas). Quando Fry e Greene saíram da Salesforce para entrar no Twitter, a empresa "tinha conseguido entregar cerca de 40 grandes lançamentos com milhares de pessoas trabalhando neles, todos dentro do prazo, sem atrasar nem um único dia". Fry concluiu que "o importante não são as reuniões. O que importa é o ritmo".

LÍDERES COMO "CONECTORES": TRÊS PROVAS DE FOGO

Como salientamos neste capítulo, o escalonamento requer que os líderes encontrem ou desenvolvam bolsões de excelência, conectem pessoas e equipes e mantenham a excelência fluindo por esses vínculos. Vimos que essa liderança pode vir de pessoas ou equipes do topo, do meio ou da base das organizações. E mostramos que são muitos os caminhos para Roma – como o aluguel de um ônibus de campanha pela equipe de Joe McCannon para a Campanha das 100.000 Vidas, o sucesso de Claudia Kotchka na infiltração dos *design thinkers* usando uma estratégia de "Cavalo de

Troia" nas unidades de negócio da P&G, cirurgiões que aprenderam habilidades de primeira linha trabalhando ao lado do doutor William Halsted no Johns Hopkins Hospital.

A lição fundamental é que o escalonamento é impelido por líderes que pensam e agem como "conectores". Grande parte dessa função envolve expor ou criar conexões tendo em vista o bem de todos. Muitos veteranos do escalonamento são exímios em fazer perguntas que revelam elos fracos ou ausentes, o que prepara o terreno para a criação de redes sociais mais fortes. Por exemplo, durante as décadas em que os fundadores da HP, Bill Hewlett e David Packard, lideraram a empresa, eles instituíram a rotina de conduzir conversas aprofundadas, e muitas vezes difíceis, com os diretores gerais e as equipes responsáveis pelas principais unidades de negócio da HP. Os diretores e equipes eram pressionados a provar que estavam fazendo excelentes produtos e tinham produtos ainda melhores no *pipeline* e a interagir e aprender com pessoas que desempenhavam outras funções e unidades da HP que poderiam ajudá-los ou que precisavam da ajuda deles[39]. E, embora sempre seja interessante ter conectores poderosos, como Bill ou David, no topo da empresa, para chamar a atenção das pessoas e estimulá-las a agir, isso não é essencial. Como vimos nos casos de Joe McCannon e o sargento mestre Chad Walker, os conectores mais experientes costumam ser exímios em fazer perguntas que revelam elos fracos ou ausentes e resolver o problema, mas ao mesmo tempo exercem pouca autoridade formal e não têm grandes meios de persuasão à sua disposição, como ameaças ou incentivos.

Você também pode usar maneiras mais sutis de expor conexões fracas ou ausentes. Propomos duas provas de fogo sugeridas em conversas de Rao com um grupo de 50 diretores financeiros num programa executivo de Stanford. Rao sugeriu a primeira prova de fogo aos diretores financeiros com base nas nossas conversas com outros altos executivos. A ideia é fazer perguntas a diversos membros da equipe, departamento ou organização sobre aspectos fundamentais da estratégia deles, suas operações, políticas, filosofia e problemas urgentes que estão enfrentando.

Se você receber respostas discrepantes e conflitantes, isso é um sinal da existência de problemas, especialmente se parecerem não ter qualquer conhecimento das respostas dos colegas ou qualquer interesse nelas. Os diretores financeiros concordaram que essas incongruências sugerem que as pessoas não estão se falando o suficiente, que desconhecem as habilidades, contribuições, opiniões ou pontos de vista umas das outras sobre como a equipe ou organização deveria operar, que os vínculos entre elas é fraco e que não estão atuando com base em uma mentalidade compartilhada. Esses são sinais de que você está lidando com uma organização, ou parte dela, na qual, nas palavras da escritora e poeta Gertrude Stein (se referindo a Oakland, Califórnia), "Não tem ninguém ali".

Os diretores financeiros sugeriram uma segunda prova de fogo, uma pergunta de diagnóstico: "Há evidências diretas de que as pessoas estão tendo muitas interações um a um ou, por outro lado, que estão tendo pouca ou nenhuma interação?". Os diretores financeiros sugeriram observar o comportamento das pessoas, verificando se conversam informalmente, se fazem contato visual umas com as outras e se vão almoçar juntas. Em uma empresa saudável, é possível ver interações sutis porém frequentes, como troca de sorrisos, cumprimentos e conversas rápidas que sugerem fortes laços humanos e um fluxo constante de informações. Já nas empresas doentes, as interações são pouco frequentes e tensas e é fácil notar que as pessoas se comportam como se os colegas fossem invisíveis. Um diretor financeiro sugeriu que os vínculos fracos também podem ser identificados nos e-mails que as pessoas enviam e não enviam. E-mails podem ser enviados para o grupo como um todo, mas há poucas evidências de interações um a um por e-mail ou evidências de que as pessoas estão se comunicando para criar ou fortalecer os laços com os colegas. Ambientes de trabalho como esses são um pouco parecidos com uma clínica médica, um salão de beleza ou escritório de corretores de imóveis, que tem uma recepcionista compartilhada, mas todos os médicos, cabeleireiros ou corretores têm a própria carteira de negócios e pensa e age como um agente livre. Um sinal especialmente negativo (e que temos visto em muitas universidades que visitamos) é quando as pessoas passam anos integrando o mesmo grupo ou departamento mas nem sabem onde fica a sala umas das outras.

O resultado é que, quando um líder ouve respostas incongruentes e conflitantes de pessoas que deveriam estar se falando e trocando informações (prova de fogo nº 1) e observa interações silenciosas, superficiais e infrequentes, bem como outros sinais de que as pessoas estão "juntas, mas sozinhas" (prova de fogo nº 2), esses são sintomas de que as pessoas não estão praticando uma mentalidade compartilhada e que as melhores ideias e as práticas eficazes não estão fluindo pela rede social. Quando isso acontece, o líder precisa usar ferramentas e táticas como as descritas neste capítulo para começar a conectar pessoas e difundir a excelência em cascata pela organização.

Outra parte do papel de um conector é cortar ou enfraquecer conexões que criam uma visão míope ou distorcida e perigosa da realidade. Quando as pessoas têm uma ligação muito estreita umas com as outras, elas podem perder a capacidade de imaginar, ouvir ou lembrar informações que colidem com suas crenças e comportamentos arraigados, o que as impossibilita de agir de acordo com essas informações. Vejamos um estudo conduzido por Rao e seus colegas para investigar por que os pesquisadores dos Centers for Disease Control (Centros de Controle de Doenças dos Estados Unidos) demoraram tanto para identificar corretamente o vírus do Oeste do Nilo, que confundiram com a encefalite de Saint Louis. Aqueles pesquisadores se concentravam em doenças que atingiam populações humanas e participavam de uma rede de relacionamentos bastante coesa e prestigiosa, o que os levou a ignorar 27 perguntas e sugestões ponderadas de investigadores de menor prestígio especializados na disseminação de doenças entre animais. Em consequência, os Centers for Disease Control diagnosticaram erroneamente a doença.

Aquele grupo de pesquisadores atuou de maneira bem parecida com muitas outras equipes poderosas que tentam fazer um bom trabalho, mas fracassam. Os pesquisadores ficaram presos em uma teia de conexões que eles mesmos criaram e que removia importantes pontos de vista opostos e novas informações. E intimidaram e afastaram pessoas e grupos que tentaram lhes dar conselhos que desmentiam suas hipóteses iniciais. No final, sua visão míope os condenou a perder tempo, chegar a uma conclusão equivocada e ainda passar vergonha[40].

Organizações e projetos liderados por equipes de escalonamento muito poderosas e coesas correm um risco similar. Os líderes e outros membros dessas equipes pode se iludir quanto à sensatez e ao impacto de suas ações. Podem sofrer do que os psicólogos chamam de "viés de confirmação", a tendência de só confiar em informações que confirmem as crenças existentes, só lembrar dessas informações e só tomar decisões com base nessas informações, com a exclusão de todas as outras. O viés de confirmação é reforçado quando esses líderes e equipes recompensam colaboradores e colegas aduladores, distorcem os dados para confirmar seu ponto de vista, afastam mensageiros que chegam com mensagens que não querem ouvir e ridicularizam e punem as pessoas que põem em evidência verdades inconvenientes que não querem aceitar.

Esse problema leva a uma terceira e último prova de fogo para os líderes e poderosas equipes de escalonamento: "Vocês fizeram todo o possível para não serem cegados pelos vínculos que os unem?".

7
O mal vence o bem
Abra caminho para a excelência

A Disneylândia é promovida como "o lugar mais feliz da Terra". Isso pode soar piegas. E você pode não ser um fã dos parques da Disney. Mas é difícil negar o compromisso da empresa de pôr essa mentalidade em prática. Os gestores da Disney, os colaboradores da linha de frente, os pesquisadores, os engenheiros e os *imagineers*★ que concebem os parques e suam a camisa para resolver os mínimos detalhes. Eles testam e analisam praticamente todos os aspectos da experiência de seus "convidados", incluindo a logística de lidar com grandes multidões; as minúcias de como os edifícios, paisagismo e a distribuição e o formato dos assentos afetam o que os convidados pensam e sentem; os minúsculos detalhes de cada atração (ou seja, brinquedos e espetáculos), os uniformes, sons, cheiros; e como os "membros do elenco" devem interagir com os visitantes.

★ N.T.: O pessoal da divisão Imagineering, o braço de design e desenvolvimento responsável pela criação e construção dos parques temáticos da Disney no mundo todo.

Como explicou Karin Kricorian, a executiva da Disney que citamos no Capítulo 1, a empresa orienta a equipe a se manter especialmente vigilante na detecção e eliminação de "detalhes dissonantes" que podem prejudicar a alegria dos convidados[1]. Essa vigilância se reflete em centenas de ações e decisões incorporadas nas rotinas cotidianas. Veja o caso do empenho para manter os parques impecavelmente limpos. Carmine Gallo, colaborador da *Forbes* e especialista em comunicação, descreve: "Enquanto a maioria dos convidados da Disneylândia olha para cima, para as atrações do parque, eu olho para o chão. A Disneylândia é digna de nota pelo que não se vê: balas, chicletes ou pipoca caídas no chão. Sempre me surpreendo ao ver milhares de pessoas andando pela rua principal da Disneylândia e, mesmo assim, o lugar continuar impecável".

Essa atenção aos detalhes dissonantes é especialmente impressionante quando um raro convidado fica com raiva ou chateado. Todos os membros da equipe – desde varredores de rua, passando por operadores das atrações do parque e garçons até os executivos que passam um ou dois dias trabalhando no parque (o que acontece com frequência) – são treinados para entrar em ação rapidamente quando percebe que um convidado está chateado, chorando ou perdendo o controle de alguma outra forma. A empresa utiliza palestras, *role playing*, *coaching* e feedback constantes para ensinar a equipe a manter a calma e ter uma postura solícita, a escutar com empatia e, se for o caso, pedir desculpas e oferecer alguma compensação em nome do parque. São ensinados a conduzir com delicadeza convidados especialmente descontrolados a locais privados ou menos lotados. Os membros da equipe também são treinados para detectar sinais mais sutis de infelicidade, como uma criança que parece triste ou entediada, ou um pai que parece irritado ou frustrado. São especialistas em criar "momentos mágicos" para elevar os ânimos desses convidados. Naturalmente, as crianças, e um número surpreendente de adultos, sempre se animam com as interações com membros do elenco vestidos com fantasias de Mickey Mouse ou Pateta. No entanto, todos os membros do elenco, desde os varredores de rua até os executivos trabalhando nas linhas de frente, sorriem, fazem piadas amigáveis e usam palavras gentis para animar os convidados que lhes parecem um pouco para baixo ou chateados, conscientemente colocando na prática o treinamento que receberam da Disney para serem "agressivamente amigáveis".

A Disney tem sua própria marca especial de excelência. Como em outros casos de escalonamento de sucesso, os membros da equipe da Disney agem como se eliminar os aspectos negativos fosse pelo menos tão importante quanto reforçar os positivos. Essa é a mensagem deste capítulo. Os comportamentos destrutivos de praticamente qualquer natureza – por exemplo, o egoísmo, a maldade, a ansiedade, a preguiça ou a desonestidade – têm um impacto muito maior que os comportamentos construtivos. Isso pode parecer injusto. No entanto, os bons líderes e equipes de escalonamento sabem que, para abrir o caminho para difundir e manter o bem, eles têm de afastar o mal e mantê-lo afastado.

Inclusive, "O mal é mais forte que o bem" é a conclusão à qual o psicólogo Roy Baumeister, da Florida State University, e seus colegas chegaram depois de examinar mais de duas centenas de estudos[2]. Descobriram que uma pitada de "mal" tinha o poder de destruir muito do "bem" por toda a parte, que "as emoções negativas, maus pais e um feedback ruim têm mais impacto que emoções positivas, bons pais e um bom feedback e que as informações ruins são processadas mais completamente que as boas informações". Descobriram que os eventos ruins têm um impacto mais intenso e duradouro que os bons eventos e que as ações e sentimentos negativos são mais contagiosos que as ações e sentimentos positivos, não importa se ocorrerem em interações com estranhos ou com entes queridos e não importa se ocorrerem em momentos efêmeros, como quando as pessoas veem imagens de pessoas felizes ou pessoas furiosas ou em eventos importantes da vida, como se casar ou se divorciar. Pesquisas voltadas à investigação do namoro e do casamento são especialmente reveladoras – e instrutivas para qualquer pessoa que queira um relacionamento duradouro. Estudos de casais mostram que a ausência de interações negativas é muito mais importante para o relacionamento que a presença de interações positivas e que é possível prever, com base na natureza das interações, se os casais continuarão casados ou se divorciarão. Essas constatações levaram o psicólogo John Gottman a propor a regra do "cinco para um": "Para que um relacionamento tenha sucesso, o número de interações positivas e boas deve ser pelo menos cinco vezes maior que o número de interações negativas e ruins".

Foram encontradas robustas evidências de que "o mal é mais forte que o bem" também na vida organizacional. Constatou-se uma variação da regra do "cinco para um" quando o estado de espírito de 41 colaboradores foi mensurado em intervalos aleatórios ao longo de todo o dia de trabalho[3]. Os colaboradores usaram um dispositivo móvel para responder um breve questionário, indicando se estavam se sentindo "para baixo", "satisfeitos", "felizes" e assim por diante. Os pesquisadores descobriram que as interações negativas com gestores e colegas de trabalho tinham um impacto cinco vezes maior sobre o estado de espírito dos colaboradores do que as interações positivas. Outro exemplo é o modo como as "maçãs podres" afetam a eficácia do grupo[4]. Will Felps e seus colegas da University of Washington compararam o impacto dos piores integrantes de uma equipe com os melhores integrantes e os medianos. Descobriram que as maçãs podres (de acordo com critérios como capacidade de execução dos planos, entusiasmo e estabilidade emocional) tiveram um impacto negativo desproporcional na dinâmica do grupo, botando lenha na fogueira dos conflitos e enfraquecendo laços sociais. As maçãs podres também prejudicavam a performance. Felps descobriu que bastava um caloteiro ou parasita entrar num pequeno grupo para a performance sofrer uma queda de 30% a 40%. Os integrantes destrutivos parecem ter tanto impacto porque as emoções e ações negativas são muito mais contagiosas que as positivas. Os colegas de equipe também passam tanto tempo pensando nas maçãs podres e lidando com elas que tempo e energia emocional preciosos acabam sendo desviados do trabalho.

Pesquisas voltadas a analisar estudantes universitários desonestos na vida acadêmica mostram como o mau comportamento pode se espalhar como uma praga nas redes sociais[5]. O sociólogo Rick Grannis fez um levantamento com cerca de dois mil estudantes universitários da University of California, em Los Angeles, e os acompanhou por três anos. Os estudantes relataram quantas vezes foram desonestos nos cursos durante um período letivo, se outros estudantes encorajaram seu comportamento desonesto e se estimulavam a desonestidade nos colegas. O estudo foi de um rigor excepcional. Por exemplo, Grannis verificou os relatos dos estudantes sobre a própria desonestidade confirmando a informação com os que os incentivaram a ser desonestos e com os que encorajaram a se comportar de maneira desonesta (90% dos relatos foram confirmados). Ele descobriu que os estudantes trapaceavam principalmente por terem sido incentivados pelos colegas e que aqueles também estimulavam os outros a trapacear. Quando um estudante era incentivado a fraudar por apenas um colega, as chances de ele encorajar os outros a trapacear aumentavam 32 vezes! Quando um estudante era cercado de colegas, estudantes de um dormitório ou república que o encorajavam a trapacear, era quase certo que acabaria trapaceando.

Grannis concluiu: "Se cinco pessoas o encorajarem a trapacear, bem-vindo ao clube, você será um trapaceiro". Esse é o lado desagradável do processo de conectar e disseminar em cascata descrito no Capítulo 6: o mau comportamento se espalhando em um efeito dominó.

Primeiro, vamos analisar duas causas de mau comportamento tóxicas para a responsabilização, elemento essencial para disseminar a excelência, e como extirpar essa conduta. Em seguida, vamos explorar oito soluções que líderes e equipes podem usar para evitar e eliminar crenças e comportamentos destrutivos.

NÃO É PROBLEMA MEU

Em 19 de junho de 2008, Esmin Green, de 49 anos, já tinha passado 24 horas numa sala de espera do Kings County Hospital quando caiu para a frente, deslizou no chão e "teve convulsões por mais de meia hora, até ficar imóvel no chão"[6]. Apesar de inúmeros pacientes e vários colaboradores terem notado seu tormento, ninguém se ofereceu para ajudá-la ou pedir ajuda. Um enfermeiro acabou encontrando Esmin morta. O memorando que o presidente Alan Aviles enviou ao pessoal daquele hospital psiquiátrico descrevia a cena:

> O vídeo de segurança da área de espera revelou que ela caiu da cadeira para o chão uma hora antes. Ela ficou caída lá, na sala de

espera, com a cabeça debaixo de uma cadeira. Naquele período de uma hora, dois seguranças do hospital e um psiquiatra a viram no chão. Nenhum deles a ajudou ou foi ver o que estava acontecendo. Uma enfermeira entrou na sala de espera depois que a paciente ficou quase uma hora caída no chão, se aproximou da paciente e cutucou a perna dela com o pé, como se achasse que a paciente pudesse estar dormindo. Quando a paciente não reagiu, a enfermeira foi chamar outro enfermeiro sem ao menos examinar a paciente. O outro enfermeiro examinou a paciente e, finalmente, chamou uma equipe para tentar ressuscitá-la[7].

O Kings County demitiu vários colaboradores, se desculpou à família de Green e lhes pagou uma indenização de US$ 2 milhões. Infelizmente, incidentes como esse não são novidade. Quando pessoas como os seguranças, o psiquiatra, os enfermeiros e os outros pacientes se veem como meros espectadores, eles não se responsabilizam e deixam de agir mesmo quando sabem qual é a coisa certa a ser feita e têm condições de fazer a coisa correta.

Em 1964, os jornais noticiaram que "Kitty" Genovese, de 28 anos, tinha sido brutalmente morta a facadas em Nova York e, apesar de 38 testemunhas terem ouvido ou visto o incidente, ninguém chamou a polícia ou interveio. Os protestos públicos resultantes levaram John Darley e Bibb Latane, dois psicólogos da Columbia University, a conduzir uma série de estudos, hoje clássicos, sobre o "efeito espectador". Em um de seus primeiros experimentos, levaram os participantes da pesquisa a uma sala e pediram que preenchessem um questionário[8]. Depois de mais ou menos um minuto, uma densa fumaça negra começava a entrar na sala por debaixo da porta. Quando os participantes estavam na sala sozinhos, 75% informaram a presença da fumaça aos pesquisadores, antes da conclusão do experimento de seis minutos. Em outra condição, os participantes eram colocados na sala com dois "cúmplices" que fingiam preencher os questionários e não esboçaram qualquer reação, mesmo depois que a fumaça ficou tão densa a ponto de as pessoas da sala não conseguirem mais enxergar direito, os olhos ficarem irritados e alguns terem crises de tosse. Quando cercados por dois "espectadores" apáticos, os participantes seguiam o exemplo dos outros e também não faziam nada. Só 10% deles informaram entrada da fumaça antes do fim do experimento.

Nos 50 anos seguintes, mais de 105 estudos foram conduzidos para investigar por que os espectadores em geral não tomam qualquer ação corretiva[9]. Vários fatores ajudam a explicar por que as pessoas que testemunham um mau comportamento em organizações e em outros contextos não fazem nada para impedir o problema – e não ajudam a esclarecer como encorajar as testemunhas a intervir. A primeira razão para isso acontecer é a ambiguidade. Estudos posteriores mostraram que, mesmo em situações que podem parecer perigosas ou destrutivas aos observadores casuais, as testemunhas em geral não sabem ao certo se os eventos são graves o suficiente para justificar uma intervenção. Várias testemunhas do assassinato de "Kitty" Genovese disseram que não chamaram a polícia porque acharam que o tumulto não passava de uma briga de namorados, enquanto outras acharam que se tratava de uma briga de bar levada para a rua. Além disso, como o *New York Times* relatou em uma retrospectiva de 2004, "a grande maioria das 38 testemunhas não viu o assassinato em si e... o que a maioria delas de fato viu, ou ouviu, foi rápido e vago[10]". A lição a ser aprendida é que, para impedir o comportamento destrutivo nas organizações, é preciso eliminar qualquer dúvida entre as testemunhas de que as palavras e ações em questão são, de fato, muito prejudiciais.

O segundo fator é o que Darley e Latane chamaram de "difusão da responsabilidade"[11]. Mesmo quando os espectadores reconhecem a gravidade da situação, com tantas outras pessoas por perto, alguém sem dúvida se encarregará de fazer (ou já fez) a coisa certa. Mas o problema é que todo mundo pensa assim e ninguém faz nada. Essas forças ajudam a explicar a morte de Esmin Green: os colaboradores ociosos e os pacientes simplesmente presumiram que alguém já tinha ajudado ou ajudaria Esmin. A Disney mostra como uma organização pode combater a suposição de que "não é problema meu" ou "alguém vai fazer o que for preciso". Se você for um colaborador da Disney trabalhando num dos parques da empresa, quando vir que um convidado precisa de ajuda, é *sempre* seu trabalho entrar em ação e oferecer auxílio, não importa qual seja seu cargo. Quando você vê lixo no chão, é sempre seu trabalho recolhê-lo.

O terceiro fator é que, como ninguém está ajudando, as pessoas podem achar que as outras testemunhas vão desaprovar se entrarem em ação e fizerem o que acreditam ser certo. Pesquisas voltadas a investigar o *bullying* em escolas demonstram que os *bullies* são encorajados a agir quando os colegas que testemunham os insultos e a violência não os delatam aos professores nem intervêm para impedir a crueldade[12]. Como mostra um estudo finlandês conduzido por Christina Salmivalli e seus colegas, os alunos que testemunham o *bullying* em geral desaprovam secretamente o que veem e se sentem culpados por não tentar impedir o agressor. No entanto, não agem porque temem ser banidos ao ostracismo pelos colegas. Esses espectadores também caem vítimas da incerteza. A apatia dos colegas leva as testemunhas a questionar o próprio discernimento, a se perguntar se o *bullying* na verdade não passa de um comportamento normal na escola e que alguns alunos simplesmente precisam tolerar sofrê-lo.

Em resumo, três tipos de ação podem reverter a apatia dos espectadores nas organizações e em outros contextos. Para começar, todas as pessoas devem se sentir pessoalmente responsáveis por reverter ou reparar problemas, não importa o que os outros façam ou deixem de fazer. Em segundo lugar, todas as pessoas devem saber reconhecer o mau comportamento e ter um entendimento compartilhado do que é considerado um mau comportamento. Na dúvida, é melhor pecar pelo excesso, sendo explícito, ruidoso e repetitivo. Não presuma que aquilo que você acha que é ruim é o mesmo que aquilo que *eles* acham que é ruim. Em terceiro lugar, o mau comportamento não deve se tornar algo "normalizado", visto coletivamente como um mal necessário, inevitável e irreversível, esperado e aceito ou mesmo como alguma espécie de diversão.

BOAS PESSOAS, INCENTIVOS PERVERSOS E MAU COMPORTAMENTO

Mentalidades destrutivas costumam vir à tona quando as organizações usam incentivos destinados encorajar o *bom* comportamento, mas é mais fácil (e às vezes é o único jeito) conquistar esses estímulos fazendo algo *ruim*. Depois de um tempo, o mau comportamento não parece tão errado, porque todo mundo está fazendo isso, todo mundo parece encorajar (ou exigir) que você faça o mesmo e que você pressione os outros a também serem maldosos.

Vejamos o caso dos professores e administradores de escolas liderados pela doutora Beverly Hall, superintendente das escolas públicas de Atlanta, entre 1999 e 2010. Hall estava decidida a aumentar as notas dos alunos nas provas anuais e usou ameaças e incentivos que tinha à disposição para fazer isso acontecer. Hall não só vinculou incentivos financeiros para os professores e diretores das escolas aos resultados das provas dos alunos como também vinculou a segurança no emprego e o prestígio deles a melhorias contínuas dos alunos nas provas. De acordo com o *The New York Times*, "Os diretores eram informados que, se as notas não aumentassem, seriam demitidos, e 90% deles foram afastados durante a década de reinado da doutora Hall[13]". Ela também usou o orgulho (e a humilhação) para aumentar ainda mais a pressão. Hall organizava comícios em grandes estádios nos quais "permitia que os diretores das escolas com maiores notas se sentassem na frente, ao lado dela, enquanto deixava aqueles com as mais baixas de lado, nas arquibancadas[14]". E a estratégia parecia estar dando certo. Os 52 mil alunos das escolas de Atlanta começaram a apresentar um desempenho superior aos de todas as áreas urbanas do estado e, apesar de muitos alunos serem de famílias de baixa renda, eles "muitas vezes apresentavam um desempenho superior, em outras provas estaduais, a distritos suburbanos mais abastados[15]". Esses resultados levaram a American Association of School Administrators (Associação Americana de Administradores de Escolas) a nomear Hall a superintendente do ano em 2009. E Hall ganhou mais de US$ 500 mil em bônus de desempenho nos anos que passou no cargo.

O castelo de areia de Hall começou a desabar em 2009, quando o *Atlanta Journal-Constitution* descobriu enormes variações nas notas dos testes em 19 escolas de Atlanta[16]. Por exemplo, os alunos do quinto ano da West Manor School, que antes tinham as piores notas do estado, passaram a ser incluídos entre os melhores. As chances de uma melhoria como essa eram de cerca de um em um bilhão. Na Gideon Elementary, uma média de 27 respostas (de um total de 70) de todas as provas de matemática era apagada e alterada para a resposta certa, um número muitíssimo maior que a taxa de alterações do estado.

Uma investigação conduzida por representantes do governo do estado da Geórgia realizou 2.100 entrevistas e avaliou mais de 800 mil documentos. Os investigadores concluíram que o sistema de ensino público de Atlanta era profundamente disfuncional e corrupto. Descobriram que 44 das 56 escolas de Atlanta analisadas fraudaram os resultados dos testes e constataram que 38 diretores e 178 professores estavam envolvidos nas fraudes. Na Venetian Hills School, por exemplo, um grupo de professores e administradores que se apelidaram de "os escolhidos"[17] reunia-se regularmente para alterar as respostas das provas dos alunos. Na Gideon Elementary School, os professores faziam "festas de alteração" na casa de um professor para mudar as respostas das provas. Um professor de Atlanta diz que passou tanto tempo perpetrando essas práticas fraudulentas que "a gente achava que fazia parte do trabalho". Em março de 2013, a doutora Hall esteve entre os 35 educadores de Atlanta indiciados por um júri de acusação por conspirar para "fraudar, ocultar fraudes ou praticar retaliações contra delatores na tentativa de elevar as notas dos alunos para se beneficiar das recompensas financeiras vinculadas a notas altas nas provas".

Essa história aterradora apresenta duas marcas distintivas de outros casos nos quais recompensas e punições levam ao mau comportamento. A primeira marca é que os incentivos são concretos e irresistíveis a ponto de, com o tempo, degradar o comportamento de praticamente todas as pessoas. Quando vemos que todos os colegas se comportam mal, proceder indevidamente parece ser uma maneira normal e sensata de agir. Parafraseando o jornalista Walter Lippmann, a situação doentia chega ao ponto em que todo mundo pensa do mesmo jeito, de modo que ninguém raciocina muito. De forma similar, em 2010, o mau comportamento rotineiro e esperado foi revelado depois que tubulações de gás com vazamentos mantidas pela Gas & Electric Company Pacífico (PG&E) explodiram em

San Bruno, na Califórnia, matando oito pessoas e destruindo 38 residências. Os investigadores descobriram que, até 2008, quanto menor fosse o número de vazamentos que a equipe de um supervisor descobrisse e quanto mais baixos fossem os custos do reparo, maior era o bônus dele. Em consequência, menos vazamentos eram informados e a PG&E fez grandes cortes de orçamento para as equipes que encontravam e consertavam vazamentos. Um colaborador da PG&E que se apresentou para delatar o problema explicou: "todo mundo aqui diz que a gente tem um sistema espetacular, à prova de vazamentos. Ninguém encontra vazamentos, então ninguém precisa consertá-los. Como a empresa não precisa consertar os vazamentos, eles não precisam dos colaboradores de manutenção". Depois que alguns colaboradores corajosos confrontaram os altos executivos dizendo que "é incrível que só aquelas casas tenham explodido", os executivos perceberam que o sistema de incentivos estava causando problemas de segurança.

Quando a PG&E aboliu os maus incentivos, o número de vazamentos descobertos decolou. De acordo com o *San Francisco Chronicle*, "em Fresno, a PG&E encontrou 41 vazamentos em 2006, mas após uma nova inspeção intensiva de dois anos, em 2008 foram encontrados 7.628[18]". Apesar das dificuldades, a PG&E se mobilizou para combater a praga dos vazamentos não encontrados anteriormente devido a esses incentivos distorcidos. Infelizmente, essas ações vieram tarde demais para as vítimas que morreram ou perderam suas casas em San Bruno, em 2010.

A segunda característica distintiva é que os incentivos equivocados encorajam as pessoas a pegar o caminho mais fácil, em vez de fazer a coisa certa. Elas usam as peripécias mais eficientes para elevar (ou reduzir) os números e evitar o trabalho duro necessário para atingir a verdadeira excelência. Em Atlanta, os professores dedicavam tanto tempo e energia para trapacear e fraudar o sistema (por exemplo, transferindo alunos de baixo desempenho a outras escolas) que se esqueciam de ensinar os alunos a ler e escrever. Na PG&E, os incentivos levaram os colaboradores a não se empenhar muito em procurar vazamentos. E, quando encontravam um, o sistema de incentivos (e a pressão dos supervisores), em geral, os levava a classificar o vazamento encontrado como "insignificante", quando na verdade se tratava de um "importante" vazamento que deveria ser consertado dentro de no máximo 18 meses. Se houver suspeita de algum defeito numa tubulação de gás, a lei federal exige que a empresa teste a tubulação, enchendo-a com água de alta pressão ou passando um dispositivo automatizado pela tubulação. No entanto, os incentivos perversos levaram a "PG&E a raramente usar esses métodos antes da explosão San Bruno" porque eram "inconvenientes e dispendiosos".

Um lado bom das histórias de Atlanta e da PG&E é que as práticas vergonhosas acabaram sendo expostas por pessoas que tiveram a coragem de fazer a coisa certa. Em Atlanta, Jackie Parks foi a professora corajosa que quebrou o silêncio na Venetian Hills Elementary School e admitiu estar entre os "escolhidos" que alteravam os resultados dos exames. Parks concordou em usar um dispositivo de escuta escondido para gravar conversas sobre os esquemas de fraude com os colegas. Na PG&E, Michael Scafani um líder de manutenção reclamou incessantemente aos superiores sobre os incentivos e os perigosos vazamentos desdenhados. Finalmente, depois que o persistente Scafani conseguiu obter uma reunião com o CEO Peter Darbee em 2007, as coisas começaram a mudar na PG&E. A empresa reconstituiu a administração, supervisores responsáveis pela segurança das tubulações de gás foram demitidos e os incentivos foram descontinuados em 2008. Mais uma vez, o escalonamento – nesses casos, banir o mau comportamento para abrir espaço para a boa atitude – dependeu de pessoas com a disposição e a habilidade de fazer a coisa certa.

COMBATENDO O LADO NEGRO

A conclusão desses casos e estudos é que o *resultado* da disseminação da excelência depende de um *processo* que possibilite às pessoas prevenir e eliminar atitudes, crenças e comportamentos destrutivos. Vamos nos voltar agora a oito métodos que líderes e equipes de escalonamento podem aplicar para combater o lado negro na organização.

1. Corte o mal pela raiz

Em 1982, o criminologista George Kelling e o cientista político James Q. Wilson constataram um fato simples: "o sentimento de respeito mútuo e as obrigações de civilidade são reduzidos por ações que parecem sinalizar que 'ninguém se importa'"[19]. Chamaram esse fenômeno de o problema das "janelas quebradas": em bairros onde uma janela é quebrada e deixada sem consertar, as outras logo serão arrebentadas também. A teoria das janelas quebradas sugere que é um erro permitir que até um pequeno mal ocorra ou persista porque isso sinaliza que ninguém está olhando, ninguém se importa e ninguém vai impedir as pessoas de fazer coisas ainda piores. A teoria logo começou a ter uma grande influência nas políticas de contenção de criminalidade. No caso mais famoso, William Bratton, então diretor da Polícia de Trânsito da Cidade de Nova York, aplicou a teoria implementando políticas de tolerância zero para quem não pagava a tarifa de metrô e ônibus e instaurando procedimentos para acelerar e facilitar a detenção de perpetradores de pequenos crimes. Quando Rudy Giuliani se tornou prefeito de Nova York em 1994, ele contratou Bratton para liderar a força policial da cidade. Bratton adotou programas de "qualidade de vida" e "tolerância zero", entre outros, para reprimir os pequenos delitos, inclusive deixar de pagar a tarifa no metrô, beber ou urinar em público, pichação e intimidação por parte de limpadores de para-brisas, que faziam seu trabalho sem serem solicitados e exigindo um pagamento. Em pouco tempo, embora essas políticas não tivessem sido o único fator, crimes de todos os tipos começaram a cair em toda a cidade.

Uma série de estudos confirma que o melhor a fazer é cortar o mau comportamento pela raiz[20]. Por exemplo, na década de 1990, o doutor Robert Cialdini e seus colegas publicaram uma série de experimentos nos quais deixavam lixo indesejado nas mãos das pessoas (por exemplo, colocando grandes panfletos no para-brisa dos carros estacionados, panfletos grandes a ponto de bloquear a visibilidade). Depois, os pesquisadores observaram se as pessoas jogavam o panfleto no chão ou na lata de lixo. Quando o chão estava limpo, ou só tinha só um pouco de lixo, as pessoas raramente jogavam o panfleto no chão. No entanto, quando o chão estava bem sujo, em geral simplesmente jogavam o panfleto no chão, em vez de dar alguns passos até a lata de lixo. Apesar de todo mundo saber que não é um bom comportamento jogar lixo no chão, quando todo mundo parece estar fazendo isso, as pessoas concluem que se trata de uma norma aceita, de maneira bem parecida com aqueles estudantes trapaceiros da University of California, os alunos que não impediam o *bullying* nas escolas finlandesas, os professores fraudulentos das escolas de Atlanta e os supervisores da PG&E que desencorajavam os colaboradores de encontrar vazamentos em tubulações de gás.

Os experimentos realizados em Nova York e estudos como os de Cialdini implicam que abrir o caminho para a excelência nas organizações depende da persistência em extirpar o comportamento destrutivo. Se você tapar o sol com a peneira ou decidir que não vale a pena perder seu tempo com uma pequena transgressão, as coisas podem degringolar rapidamente. O poder dessa mentalidade de "banir as janelas quebradas" pode ser visto no estudo de Charles O'Reilly e Barton Weitz com 141 supervisores de uma grande rede de varejo. O'Reilly e Weitz se concentraram no modo como os supervisores reagiam a comportamentos problemáticos dos vendedores, como "chegar atrasado ao trabalho", "não ajudar a abastecer as prateleiras", "não cooperar com os colegas", "não ser cortês com os clientes" e "baixa produtividade de vendas"[21]. Os supervisores das unidades mais produtivas (onde as vendas eram maiores e os custos, menores) lidavam com os problemas mais diretamente e com maior rapidez, emitiam mais advertências verbais e por escrito, aplicavam punições formais com mais frequência e demitiam sumariamente os colaboradores quando as advertências não surtiam efeito. Esses supervisores acreditavam que era melhor agir rapidamente para se livrar das maçãs podres que prejudicavam o desempenho dos colegas. Também preferiam se responsabilizar pessoalmente por demitir os colaboradores de desempenho insatisfatório, em vez de delegar o trabalho a outros gestores.

Isso não quer dizer que você tem carta branca para sair por aí desrespeitando as pessoas ou instaurar um reino de terror para obter o comportamento desejado. Como demonstram pesquisas sobre a prevenção de erros em diversos locais de trabalho, de hospitais a fábricas, quando as pessoas vivem com medo de serem humilhadas, rebaixadas, punidas ou execradas e marginalizadas, não admitem os erros e não ajudam os outros a evitar problemas. E os fracassos são tratados como uma ocasião para sair apontando dedos e caçando bruxas, não para aprender. Michael Dearing, investidor de risco e professor da d.school, ensina os empresários que financia e orienta que, para desenvolver uma empresa, às vezes é preciso tomar medidas que podem descontentar e até ofender os colaboradores. Por exemplo, às vezes você precisa dar um feedback negativo a seu pessoal e pode precisar demitir algumas pessoas, mas "o que faz e o modo como faz são duas coisas diferentes"[22].

Os melhores gestores arrancam o mau comportamento pela raiz, mas tratam as pessoas com dignidade, no processo. Perguntamos à CEO Mauria Finley como ela atingiu esse equilíbrio enquanto sua *startup*, a Citrus Lane, crescia de quatro a 20 pessoas (a empresa envia a mães pacotes mensais de produtos para cuidar de seus bebês e arrecadou US$ 5,1 milhões em 2012). Finley explicou que aprendeu, nos anos que passou atuando como gestora e executiva da Netscape, do eBay e de outras empresas, a nunca ocultar más notícias e nunca hesitar em informar os colaboradores quando e por que o trabalho deles não está lá grande coisa, mas sim transmitir essas mensagens com a maior empatia que conseguir reunir. Um dos colaboradores diretos de Finley a descreveu como uma "durona compassiva", exatamente o que ela procura ser.

2. Livre-se das maçãs podres

A maioria das pessoas não nasce má. Muitos colaboradores propensos ao egoísmo, maldade, incompetência, preguiça e trapaça conseguem mudar depois de receber feedback e *coaching* ou entrar num local de trabalho onde a gestão ou os colegas não toleram esse tipo de comportamento. Desse modo, não recomendamos presumir que o mau comportamento é incurável e sair demitindo ou transferindo as pessoas destrutivas ao primeiro sinal de problema. Dito isso, como sugere o estudo de O'Reilly e Weitz, os melhores líderes e equipes agem rapidamente e com decisão para afastar as pessoas destrutivas quando medidas menos radicais falham. E uma das maneiras mais confiáveis de erradicar uma mentalidade destrutiva é se livrar das maçãs podres.

Antes de nos voltarmos às organizações humanas, vejamos o que aconteceu com um grupo de babuínos depois que os integrantes mais maldosos saíram de cena. O biólogo Robert Sapolsky e seus colegas passaram mais de 30 anos monitorando um grupo de babuínos selvagens no Quênia. Quando a pesquisa começou em 1978, alguns integrantes do grupo costumavam furtar alimentos no depósito de lixo de uma pousada turística nas proximidades. Nem todos os babuínos comiam no lixão. Só os machos maiores, mais fortes e mais agressivos tinham direito ao privilégio. Para chegar à comida, lutavam pela dominância com machos de outro grupo que também comia lá. Eles rosnavam, mostravam as garras, os perseguiam e faziam outros gestos ameaçadores, como mostrar os dentes. Então, entre 1983 e 1986, 46% dos machos adultos do grupo morreram depois de comer carne contaminada no lixo. Os macacos afetados eram os mais dominantes, os maiores e mais cruéis. Como acontece com outros grupos de babuínos estudados pelos biólogos, esses machos alfa mordiam, esmurravam, encaravam, intimidavam e perseguiam repetidamente machos em posição similar no próprio grupo, machos de escalão inferior e às vezes até as fêmeas.

Após as mortes, os machos sobreviventes e de escalão inferior se tornaram os machos alfa do grupo. Sapolsky e a colega Lisa Share notaram que a agressividade por porte dos novos alfas e de outros integrantes do grupo não demorou a despencar. Diferentemente dos alfas anteriores, os novos direcionavam sua agressividade quase completamente aos outros machos dominantes. Eles raramente agrediam machos de status inferior e nunca agrediam as fêmeas. O grupo também passava mais tempo cuidando uns dos outros e sentados juntos, e os níveis de hormônio indicaram que os machos de status inferior sofriam menos angústia emocional que os machos de status similar em outros grupos. Aparentemente isso acontecia porque não tinham de suportar as constantes ameaças e um arranhão ou mordida ocasional de um grande macho malvado. Essa mudança cultural se manteve pelo menos até o final da década de 1990, muito tempo depois da morte de todos os machos alfa mais gentis e afáveis. A conclusão é que a "cultura pacífica", como Sapolsky e Share a chamaram, foi transmitida para as novas gerações[23]. Além disso, como Sapolsky explicou, quando jovens machos vindos de outros grupos entravam nesse grupo "pacífico", logo aprendiam a não ser "os novatos detestáveis" porque "nós somos assim aqui".

O exemplo dos babuínos ecoa pesquisas sobre ações para consertar organizações problemáticas, inclusive uma avaliação das iniciativas de revitalização em 36 escolas públicas de baixo desempenho em Chicago. Marisa de la Torre, da University of Chicago, e seus colegas descobriram que essas escolas tentaram várias soluções, como contratar especialistas em revitalização, "reconstituir" a equipe, fechar a escola e reabri-la com um pessoal completamente novo[24]. Todas as 36 revitalizações tiveram um tema em comum: líderes, diretores e diretores assistentes foram substituídos em todas as escolas. E pelo menos 50% dos professores foram substituídos em 32 da 36 escolas analisadas. Os resultados mostram que, em comparação com escolas similares e com desempenho igualmente baixo, essas iniciativas melhoraram o desempenho dos alunos em testes padronizados nas 22 escolas de ensino fundamental, mas não nas 14 escolas de ensino médio estudadas (em Chicago, diferentemente de Atlanta, não havia sinais de fraude). Os pesquisadores advertem, no entanto, que revitalizar uma escola é um processo, não um evento. Levou vários anos até que as escolas de ensino fundamental começassem a melhorar, e as escolas de ensino médio são maiores e mais complexas e o comportamento dos alunos é mais arraigado, de modo que a mudança nessas escolas leva mais tempo (tanto que, ao final do estudo, já havia sinais de que várias das escolas de ensino médio estavam começando a melhorar).

Os pesquisadores advertem que não basta simplesmente mudar os líderes e os colaboradores, como mostra um estudo de sete anos que compara cem escolas que melhoraram com outras cem que não conseguiram progredir. Esse estudo concluiu que o sucesso das revitalizações nas escolas depende de cinco fatores: líderes eficazes, professores colaborativos, fortes vínculos familiares e comunitários, um programa ambicioso de educação e um clima de aprendizado seguro e ordenado. Quando uma revitalização inclui todos os cinco fatores, "uma escola tem dez vezes mais chances de melhorar e 30 vezes menos chances de estagnar" do que se incluir apenas um ou dois fatores. Também nesse caso, vemos que, quando se trata da disseminação da excelência, o melhor caminho raramente é o mais fácil.

Por fim, não são só os líderes e equipes de escalonamento que precisam resolver o problema das maçãs podres em longo prazo. Pessoas preguiçosas, arrogantes, mesquinhas, incompetentes e sorumbáticas podem arruinar equipes e organizações responsáveis por projetos de curto prazo. Como demonstram pesquisas sobre equipes, a negatividade dessas pessoas distrai e contagia os colegas. Nesses casos, os melhores líderes fazem de tudo para neutralizar a influência negativa das maçãs podres, às vezes demitindo sumariamente essas figuras destrutivas. Por exemplo, Perry Klebahn, de Stanford, é famoso por sua maestria em orientar e revitalizar equipes disfuncionais de executivos que participam de programas práticos da d.school. Normalmente, esses programas de três a seis dias recebem mais ou menos 60 executivos divididos em equipes de dez ou 12 pessoas, cada uma com o próprio *coach*. Projetos anteriores se concentraram, por exemplo, em melhorar as experiências dos clientes em postos de gasolina da BP e em uma concessionária da Tesla, bem como em melhorar as experiências de doadores se sangue no Banco de Sangue de Stanford. No decorrer de cada programa, Klebahn passa de uma equipe à outra observando-as com atenção, faz checagens rápidas com os *coaches* e, quando identifica algum participante problemático, oferece um *coaching* individual, além de encorajar e instigar a pessoa a participar de forma mais construtiva. E, ao fazer isso, Klebahn avalia até que ponto a potencial maçã podre pode ser "aproveitável". Depois, à noite, Klebahn e Jeremy Utley, um colega da d.school (e seu parceiro na condução da maioria dos programas), fazem uma sessão de avaliação na qual os *coaches* falam sobre o que está dando certo e o que precisa ser ajustado nas equipes individuais e no programa como um todo.

Durante vários programas nos últimos anos, Klebahn, Utley e os *coaches* identificaram uma série de maçãs podres que prejudicavam tanto as equipes que, na opinião deles, deveriam ser removidas. Klebahn "bota todas as maçãs podres num barril". Coloca todas essas pessoas destrutivas juntas numa nova equipe, as leva para um canto onde não contaminarão os outros e recruta um *coach* linhadura para orientá-las. A técnica tem se revelado eficaz. Klebahn nos contou que a dinâmica e a qualidade dos protótipos melhorou acentuadamente nas equipes que tiveram maçãs podres removidas e, apesar de uma ou duas equipes de maçãs podres terem apresentado um trabalho fraco, algumas outras produziram "protótipos surpreendentemente bons".

Quando Klebahn leu essa descrição do método de "botar tudo num barril só", ele disse que a melhoria surpreendente o lembrou de uma lição que aprendeu em seus cargos de liderança anteriores, que incluem fundador e CEO da Atlas Snowshoes, vice-presidente sênior da Patagonia e CEO da Timbuk2. As maçãs são podres em um contexto e, às vezes, são boas, em outro. Mais especificamente, ele disse, na d.school, quando uma "equipe de maçãs podres" é povoada com muitas "personalidades fortes", especialmente "tipos alfa", e tem um *coach* capaz de lidar com eles, dinâmicas construtivas podem se formar. Parece que isso acontece porque, embora os sujeitos de personalidade forte possam ter pisoteado colegas menos agressivos, colocá-los todos juntos gera um "equilíbrio de poder". Klebahn observou que esses "tipos alfa" normalmente têm muita energia. O segredo é levá-los a canalizar essa energia ao projeto de design, não a intimidar os colegas de equipe.

3. Encanamento antes, poesia depois

A teoria das janelas quebradas tem implicações diretas para a distinção que James March faz entre líderes "poetas" e líderes "encanadores", aquelas funções igualmente cruciais e complementares que discutimos no fim do Capítulo 3. A teoria sugere que levar as pessoas a se concentrar nos detalhes pequenos, mundanos e por vezes laboriosos da vida organizacional é um caminho eficaz para eliminar o caráter negativo. No jargão de March, é melhor consertar o encanamento antes de sair por aí fazendo discursos poéticos. Veja o exemplo da incrível confusão na qual o Alameda Health System (AHS) de Oakland, na Califórnia, estava uma década atrás e as medidas que sua nova liderança tomou para botar ordem na casa. O AHS é um sistema público de saúde que atende pacientes em sua maioria pobres e indigentes com 475 leitos e 500 médicos em seis grandes clínicas. Em 2012, o pessoal do AHS realizou mais de cinco mil cirurgias e fizeram mais de 300 mil atendimentos ambulatoriais.

O sistema, especialmente seu carro-chefe, o Highland Hospital, em Oakland, era um verdadeiro "garoto-propaganda [no mal sentido] da disfunção dos hospitais públicos". Em 2005, dez CEOs já tinham entrado e saído do AHS num período de onze anos. O hospital estava perdendo US$ 1 milhão por mês e tinha acumulado déficits de mais de US$ 50 milhões, em parte porque os colaboradores faziam um trabalho tão ruim na cobrança de pagamentos a receber do Medicare e do MediCal (os órgãos públicos que reembolsam as despesas de saúde para pacientes idosos e não segurados).

As condições de trabalho eram horrendas. Um médico foi espancado e estrangulado por um paciente e passou meia hora caído no chão até ser encontrado por um faxineiro. Era comum ter sangue infectado por HIV misturado com o lixo comum. Os enfermeiros não raro desafiavam abertamente os médicos e supervisores. Os carros dos colaboradores enchiam o estacionamento, obrigando os pacientes a ficar dando voltas no estacionamento para encontrar uma vaga. O AHS consumia milhões de dólares de fundos públicos e foi duramente criticado por pagar US$ 3,2 milhões para uma empresa de consultoria, que recomendou a demissão de 300 colaboradores e uma agressiva redução dos serviços aos pacientes.

O novo CEO Wright Lassiter e o novo diretor de operações Bill Manns decidiram que o AHS estava em condições tão precárias que ações como falar em valores e estratégia, fazer discursos, exortar as pessoas a mudar apelando para algum espírito nobre ou qualquer outra forma de poesia só sairiam pela culatra. Os colaboradores não tinham razão alguma para acreditar que conseguiriam botar o sistema nos trilhos, considerando que um desfile de administrações anteriores tinha fracassado. Então focaram apenas em consertar o encanamento ou, em outras palavras, consertar uma coisa quebrada por vez[25]. Começaram lançando uma "caça coletiva ao dinheiro", que hoje descrevem como "a base do nosso sucesso". Colocaram 85 gestores de topo em 12 "equipes desemparelhadas" que incluíam médicos, enfermeiros, gestores e técnicos. As equipes foram solicitadas a encontrar US$ 21 milhões cortando custos e aumentando a receita. Lassiter lhes disse: "Vocês é que decidem. Nós nem sabemos ainda onde ficam os banheiros, então não temos como resolver o problema. Vocês é que sabem". As equipes se debruçaram sobre contratos e custos e se saíram com uma boa ideia depois da outra. Por exemplo, substituíram um dispositivo de US$ 96,50 utilizado para testar o sangue do cordão umbilical de recém-nascidos por uma solução de 29 centavos que tinha a mesma eficácia, poupando US$ 322 mil por ano. Também encontraram novas fontes de receita, especialmente no tratamento da diabetes, implementando um sistema de indicações que atraiu centenas de novos pacientes de clínicas comunitárias ao AHS.

Em seguida, Lassiter e Manns afastaram 80 colaboradores do AHS (e não 300, como os consultores tinham recomendado), mas encontraram novos empregos para muitos desses colaboradores em outras partes do AHS. Entre a caça ao dinheiro, os remanejamentos e as demissões, liberaram US$ 23 milhões. Depois, eles se voltaram a um problema especialmente difícil: negociar com o sindicato para se livrar dos péssimos enfermeiros. Como um médico veterano disse à *Fast Company*, "Eu dizia: 'Enfermeira, colete sangue deste homem' e ela dizia: 'Por que você mesmo não faz isso?'. E eu fazia. Esse tipo de coisa acontecia todo dia antes de [Lassiter] chegar aqui". O médico também contou que a maioria dos enfermeiros do AHS era bastante profissional e que "até queriam ver aqueles colegas pelas costas".

Dezenas desses enfermeiros tóxicos foram demitidos. Lassiter e Manns se recusaram a resolver com demissões o problema das maçãs podres. Eles queriam que o sindicato e os colegas de equipe soubessem que esse tipo de comportamento destrutivo não seria tolerado e trabalhassem com a administração e não contra ela para eliminar as maçãs podres. Lassiter e Mann também trabalharam com os sindicatos para liberar aquelas vagas de estacionamento. Os pacientes não só se irritavam com o tempo que eram obrigados a gastar procurando vagas como o problema estava custando muito dinheiro ao AHS. Consultas eram atrasadas, o tempo de espera decolava e as receitas saíam prejudicadas. Os sindicatos concordaram com a proposta do AHS de oferecer um estacionamento externo com um serviço de transporte aos colaboradores. Essa mudança fez mais do que apenas abrir vagas de estacionamento. Também criou uma experiência de portal na qual os colaboradores passaram a colocar em prática uma mentalidade que Lassiter e Mann esperavam disseminar: colocar as necessidades dos pacientes em primeiro lugar.

O AHS ainda enfrenta incômodos obstáculos com os custos de saúde decolando e fontes de financiamento ainda incertas. No entanto, desde a entrada de Lassiter e Mann, a ênfase no encanamento e não na poesia gerou margens financeiras positivas para o AHS todos os anos (exceto em 2011). Observadores externos relatam que a qualidade do atendimento aos pacientes no AHS está cada vez melhor e um novo hospital de US$ 668 milhões está em construção. Lassiter ainda recorre à poesia com cautela, mas, quando insistimos, ele admitiu: "Quero fazer deste lugar tão bom ou melhor que os hospitais privados".

4. Adequação antes da excelência

A implicação do caso do AHS, bem como da conclusão "o mal é mais forte que o bem" das pesquisas do psicólogo Roy Baumeister e da teoria das janelas quebradas é que, antes de começarmos a difundir algo maravilhoso, a primeira prioridade deve ser livrar-se do mau comportamento. Pode parecer um conselho óbvio. Contudo, como nosso amigo e colega de trabalho Jeffrey Pfeffer gosta de dizer, os grandes líderes e equipes são mestres do óbvio (um raro talento).

Aplaudimos as organizações que difundem serviços destinados a encantar os clientes. Como vimos nos Capítulos 4 e 6, ficamos impressionados com o programa Design for Delight (D4D) da Intuit. No entanto, não recomendamos lançar uma iniciativa como essa enquanto os elementos negativos das experiências do cliente não forem extirpados, algo que a Intuit fez muito antes de lançar o programa D4D. Infelizmente, uma pesquisa conduzida pela consultoria Corporate Executive Board (CEB) constatou que muitas empresas não seguem esse caminho aparentemente óbvio. Quando fizeram um levantamento com cem diretores de atendimento ao cliente, 89 informaram que "sua principal estratégia é superar as expectativas". Contudo, os levantamentos conduzidos pela CEB com mais 75 mil clientes revelaram que a maioria não está em busca de um atendimento excepcional. Eles gostam quando encontram um atendimento fora de série, mas o que os afasta, e o que realmente prejudica as empresas, é um mau atendimento: "Eles se vingam de companhias aéreas que perdem suas bagagens, provedores de TV a cabo cujos técnicos os deixam esperando, operadoras de telefonia celular cujos representantes os deixam indefinidamente na espera e lavanderias que não entendem o conceito de 'serviço expresso'".

A pesquisa da CEB mostra que a fidelidade do cliente tem mais relação com o modo como as empresas cumprem suas "promessas básicas, até as mais simples e sem graça" do que com o quanto encantam o cliente. Matthew Dixon, pesquisador da CEB, e seus colegas dizem que 25% dos clientes tendem a dizer algo positivo sobre uma experiência de atendimento ao cliente, mas 65% tendem a dizer algo negativo. De forma similar, descobriram que 23% dos clientes que receberam um bom atendimento contaram a dez ou mais pessoas, enquanto 48% dos clientes que tiveram experiências ruins de atendimento contaram a dez ou mais pessoas. Essa pesquisa mostra que facilitar as coisas é especialmente crucial para manter a fidelidade dos clientes e evitar ou reverter a insatisfação[26]. As melhores empresas, por exemplo, encontram maneiras de não forçar os clientes a telefonar uma segunda vez para fazer uma compra, marcar uma consulta, concluir uma transação ou resolver um problema. Um cliente da CEB, uma empresa australiana de telecomunicações, eliminou as métricas de produtividade para os atendentes de telefone em seus call centers. A empresa agora avalia a performance desses atendentes com base em "entrevistas com clientes, perguntando se o atendimento recebido satisfez suas necessidades". Em consequência, apesar de agora as ligações demorarem um pouco mais, as ligações repetidas caíram 58%.

5. Use os "descolados" para definir e exterminar o mau comportamento

Como vimos no Capítulo 6, os tipos de pessoas que devem ser recrutados para uma iniciativa de potencialização da excelência e o momento em que devem ser recrutados têm um grande impacto sobre o sucesso da iniciativa. Muitas das lições que aprendemos no Capítulo 6 também se aplicam à eliminação do mau comportamento, inclusive o recrutamento de líderes propensos à culpa, energizadores e uma equipe de escalonamento diversificada. Por exemplo, as pesquisadoras Elizabeth Paluck e Hana Shepherd, da Princeton University, avaliaram e ajudaram a implementar uma intervenção concebida para reduzir o *bullying* numa escola de ensino médio em Connecticut[27]. Aliada a outros métodos, a intervenção envolveu recrutar 11 garotos ou garotas líderes de "panelinhas" diversas para ajudar a impedir as provocações, as zombarias, as brigas, os boatos cruéis e outros tipos de "drama" entre os 290 alunos da escola.

O foco principal da intervenção foi identificar os garotos e garotas "descolados" da escola e convencê-los a ajudar os colegas a aprender o que é o *bullying*, como a pessoa se sente ao ser intimidada e o que podem e devem fazer para impedir o problema. A equipe de intervenção usou a análise de redes sociais para identificar dois tipos de crianças descoladas, ou "referentes sociais", que Paluck e Shepherd definem como "atores altamente conectados e cronicamente salientes". O primeiro tipo era composto de alunos "bem conhecidos" que tinham vínculos com muitos alunos da escola e eram considerados por muitos como sendo "de status elevado". O segundo tipo era composto de "líderes de panelinha", que lideravam grupos fortemente interconectados, mas não eram necessariamente conhecidos por muitos alunos.

Com esse método, os pesquisadores identificaram 83 alunos descolados, selecionaram aleatoriamente 24 (13 "bem conhecidos" e 11 "líderes de panelinha") e os recrutaram para liderar a intervenção. No início do ano, os descolados escolhidos receberam um treinamento *antibullying* conduzido por facilitadores da Liga Antidifamação. Também aprenderam a identificar diferentes papéis em episódios de assédio, incluindo aliado, espectador, agressor e vítima. Os alunos descolados também escreveram uma redação sobre suas experiências nesses papéis. Cinco estudantes foram selecionados por facilitadores e professores para ler sua redação numa assembleia da escola em outubro daquele mesmo ano, que contava com a partição de todos os alunos da escola. Os outros descolados "atuaram numa breve peça teatral cômica exemplificando tipos comuns de assédio na escola e maneiras de se expressar contra eles". A assembleia foi aberta com um esquete sobre boatos de que uma garota era uma "piranha" – no pior sentido da palavra. Os alunos mostraram o quanto ela sofreu e concluíram o esquete com outra garota defendendo a vítima. Em seguida, os cinco descolados escolhidos leram suas redações para a escola toda. Por exemplo, uma garota descreveu como tinha sido tão importunada que precisou mudar de escola. E um garoto descreveu como começou a brigar fisicamente com outros alunos e como isso criou um ciclo vicioso de lutas e insultos.

Os descolados convidaram os outros alunos a contar as próprias experiências. Depois, todos os alunos foram divididos em pequenos grupos para conversar sobre o que aprenderam na assembleia e o que poderiam fazer para impedir o "drama". A escola promoveu outros eventos de acompanhamento ao longo do ano. Nas assembleias da escola, os descolados liam anúncios sobre a prevenção do assédio, fizeram uma série de cartazes com fotos deles usando camisetas do programa e usavam as camisetas com frequência na escola. Também venderam, por um dólar, pulseiras com o slogan "Não fique parado, seja um aliado".

Os pesquisadores constataram mudanças construtivas nas normas da escola, especialmente no caso de alunos que já tinham vínculos com os descolados que lideraram a intervenção. Um número menor de alunos passou a acreditar que era normal começar um "drama" ou outros conflitos ou que era normal olhar para o outro lado durante um drama ou aceitável se afastar de um conflito sem defender os colegas. Os pesquisadores também notaram mudanças encorajadoras no comportamento dos alunos. Os professores relataram que os alunos que tinham vínculos com os líderes da intervenção se mostraram mais propensos a defender os colegas do assédio e menos propensos a "contribuir para criar um ambiente escolar negativo".

Para o bem ou para o mal, a maioria dos locais de trabalho é, em muitos aspectos bem parecida com escolas do ensino médio. Como vimos no estudo anterior, os descolados têm um impacto desproporcional no que os outros interpretam como um mau (ou bom) comportamento e afetarão consideravelmente a propensão dos colegas menos descolados de assumir ou não a responsabilidade por impedir o mau comportamento quando o virem. Assim, uma maneira eficaz de eliminar o aspecto negativo das coisas é recrutar as pessoas mais admiradas e conectadas da organização, ensiná-las a identificar o "mau" comportamento e incentivá-las a não cometer essas atitudes negativas.

Um alto executivo de uma grande rede de varejo da América do Sul contou a Sutton como ele se cansou de integrantes da sua equipe sênior que ficavam usando o smartphone durante as reuniões. Eles continuavam fazendo isso apesar de ele pedir repetidamente que desligassem o celular nas reuniões. Em várias ocasiões, a obsessão deles com "aquelas malditas telinhas", como ele descreve os dispositivos, levou as pessoas a deixar passar fatos importantes e não dar sua opinião quando necessário. Diante dessa situação, o executivo escolheu dois dos integrantes mais respeitados e admirados de sua equipe (que também estavam entre os mais malcomportados) e lhes pediu para deixar o celular desligado e no bolso durante as reuniões, para ajudá-lo a encorajar os colegas de equipe a fazer o mesmo. Deu certo. Os dois modelos de comportamento que ele escolheu passaram a próxima reunião sem usar o celular e se puseram a pressionar agressivamente os colegas a seguir o exemplo. Agora, quando uma reunião começa, todo mundo, mais ou menos ao mesmo tempo, segue o ritual de desligar o celular e colocá-lo no bolso ou na bolsa. O executivo não teve muito sucesso em suas tentativas de mudar a norma como um defensor solitário. No entanto, quando recrutou aqueles dois membros influentes da equipe – os descolados – para impedir o mau comportamento em si mesmos e nos outros, as normas da equipe mudaram rapidamente.

6. Acabe com o barato da coisa

Como Mark Twain disse: "O proibido tem um encanto que o torna inexprimivelmente desejável". Com efeito, um obstáculo comum e muitas vezes incômodo à disseminação da excelência é que às vezes é gostoso ser mau. Como George Kelling e James Q. Wilson observaram, uma razão para isso acontecer é que é difícil impedir as pessoas de parar de quebrar janelas porque "é tão divertido".

Um dos nossos exemplos favoritos do barato do mau comportamento, e de como acabar com ele, vem de uma intervenção que Gary Latham, da University of Toronto, ajudou a conceber, implementar e analisar numa grande serraria que empregava cerca de mil colaboradores horistas e 200 gestores. Latham foi contratado pela administração da serraria porque os horistas estavam roubando cerca de um milhão de dólares em equipamentos por ano e a administração não estava conseguindo impedi-los. Parte do problema era que o sindicato era tão forte que ficava impossível punir os ladrões. Latham descreveu um colaborador que foi abordado por um supervisor porque suas caixas de ferramentas pareciam pesadas demais. O sindicato reagiu ao incidente bombardeando o departamento de RH com uma torrente de queixas, o que obrigou o pessoal do RH a implorar ao supervisor para "deixar quieto". Diante disso, os supervisores adotaram uma postura do tipo "não estou sabendo de nada" para os furtos cometidos pelos colaboradores. Outra parte do problema era que na serraria, da mesma forma como nas escolas nas quais o *bullying* corria solto, embora muitos colaboradores desaprovassem os furtos e eles mesmos não furtassem, (citando razões como, por exemplo, "para eu conseguir dormir à noite" e "para dar um bom exemplo a meus filhos"), havia uma grande pressão social dos colegas para não delatar os ladrões. Um colaborador disse a Latham: "quem quiser se dar bem aqui precisa entrar no jogo".

As entrevistas conduzidas por Latham também revelaram uma informação interessante: os colaboradores não precisavam da maioria das coisas que roubavam. Eles roubavam porque era emocionante e uma fonte de prestígio entre os colegas. Eles se gabaram a Latham: "Somos tão bons que, se a gente quisesse, roubava até a maior serra circular da serraria" (a maior serra pesa mais de uma tonelada). Até tentaram envolver Latham na onda de furtos e um colaborador chegou a dizer: "Doutor, é só falar o que quer e a gente arranja para o senhor em 45 dias, no máximo". Quando os gestores seniores da empresa foram informados das descobertas de Latham, recomendaram instalar câmeras de vigilância para pegar os ladrões. Latham respondeu que vários horistas lhe pediram para fazer exatamente essa recomendação à administração porque assim os roubos de equipamentos seriam ainda mais empolgantes! Isso levou a administração a abandonar rapidamente a ideia.

Latham também ficou sabendo de alguns detalhes intrigantes sobre os incentivos e os impedimentos aos furtos. Os colaboradores não tinham medo de serem punidos pela administração. A pior parte de roubar aquilo tudo era que, como nunca vendiam o equipamento, os ladrões discutiam acaloradamente para decidir de quem era a vez de guardar o fruto dos furtos. Apesar de os colaboradores não temerem a administração, eles temiam "a ira da patroa", porque as esposas reclamavam que os frutos dos saques "enchiam a garagem, o porão e o sótão".

Latham passou horas discutindo e debatendo possíveis soluções com a administração. Ponderaram e rejeitaram incentivos financeiros que poderiam deslocar "o barato" para o desempenho no trabalho, não nos furtos. Os gestores seniores se preocupavam que os colaboradores pudessem ver os incentivos como uma recompensa pelos roubos. Com a ajuda de Latham, acabaram decidindo "remover o resultado esperado dos furtos ou, em outras palavras, o barato". Criaram um sistema parecido com uma biblioteca no qual os colaboradores poderiam retirar os equipamentos para usar sempre que quisessem. Para isso, bastaria assinar um termo eximindo a empresa de qualquer imputabilidade.

Em consequência, o número de furtos despencou imediatamente, para praticamente zero. Afinal, não era mais divertido roubar, e se vangloriar de roubar um equipamento que poderia ser retirado de graça não rendia qualquer prestígio entre os colegas. Os furtos permaneceram praticamente ausentes durante anos depois da implementação do sistema de biblioteca, embora os colaboradores raramente retirassem qualquer equipamento. E não houve qualquer aumento de outros tipos de mau comportamento, como vandalismo, pichações ou absentismo.

A administração também criou um dia de anistia. Essa ideia também foi inspirada pelas bibliotecas, que em geral têm alguns dias ao ano nos quais os usuários podem devolver os livros vencidos sem serem multados. De forma similar, os colaboradores foram convidados a devolver os equipamentos sem medo de serem punidos. Ninguém faria qualquer pergunta. A administração disse aos colaboradores que presumiriam que os equipamentos seriam devolvidos como um favor a um amigo e não como o fruto de um roubo. No primeiro dia de anistia, os colaboradores chegaram com tantos caminhões cheios de coisas que a administração decidiu prolongar o evento. O que aconteceu foi que, durante vários dias a mais, os empregados devolveram caminhões e caminhões cheios de equipamentos. Aparentemente, como as entrevistas de Latham sugeriam, muitos colaboradores (principalmente os homens) passaram anos se indispondo com as esposas porque os equipamentos roubados ocupavam tanto espaço em casa. Assim, agarram a oportunidade de se livrar do "entulho".

O experimento de Latham está repleto de lições sobre as causas do mau comportamento e de como acabar com ele[28]. Em primeiro lugar, como demonstram muitos estudos sobre furto, o que as pessoas furtam e o quanto furtam em geral são motivados pela pressão dos colegas e não pelas ações da administração. Furtos e outras formas de mau comportamento em geral são maneiras de ganhar prestígio entre os colegas. Em segundo lugar, embora os incentivos financeiros possam encorajar ou reprimir o mau comportamento, eles costumam ser desnecessários. Se for possível identificar outros incentivos e impedimentos (como esposas irritadas), às vezes dá para impedir o mau comportamento sem gastar um centavo sequer. Em terceiro lugar, além do orgulho e do prestígio, o mau comportamento muitas vezes vem acompanhado de alguns prazeres intrínsecos: para muitos colaboradores, furtar era uma das partes mais empolgantes de trabalhar na serraria. Encontrar maneiras de reduzir esse barato e substituí-lo por emoções mais construtivas é um desafio difícil, porém gratificante.

7. Viagem no tempo: do *eu* do presente ao *eu* do futuro

Às vezes é possível interromper o ciclo do mal levando as pessoas a pensar em quem elas esperam ser e não apenas no que são agora. Hal Hershfield, da New York University, e seus colegas descobriram que, quando as pessoas estão preocupadas com seu *eu* presente (em vez de se concentrar na ligação entre quem elas são agora e quem serão e querem ser no futuro), elas são mais propensas a mentir e se comportar de maneira antiética, como ao participar desonestamente de um jogo de negociação com outra pessoa[29]. As pessoas que só se concentram em seu *eu* atual não pensam muito nas consequências, no futuro, de suas decisões. Discordam de afirmações como: "Eu penso em como as coisas podem ser no futuro e tento afetá-las com meu comportamento no dia a dia".

Em outro estudo conduzido por Hershfield, estudantes universitários foram levados a uma sala de realidade virtual onde viram um avatar gerado por computador representando eles mesmos no espelho. Um grupo de estudantes viu um avatar de seu *eu* atual, enquanto outro viu um avatar representando uma versão envelhecida de si mesmos, aos 68 anos de idade. Quando saíram da sala, os pesquisadores perguntaram aos estudantes, entre outras coisas, o que fariam se alguém lhes desse US$ 1.000. Os que viram o avatar de 68 anos alocaram o dobro de dinheiro numa conta de aposentadoria, em comparação com que os que viram um avatar de seu *eu* atual.

Amanda Shantz e Gary Latham constataram um efeito relacionado numa série de três experimentos conduzidos com 145 colaboradores de um call center encarregados de arrecadar dinheiro para uma universidade. Os pesquisadores dividiram aleatoriamente os colaboradores em dois grupos. Um grupo recebeu instruções por escrito para convencer as pessoas a fazer doações. Os colaboradores do outro grupo receberam as mesmas instruções, mas dessa vez as instruções estavam impressas num papel que tinha como plano de fundo a foto de mulher vencendo uma corrida. Os colaboradores expostos à foto angariaram consideravelmente mais fundos[30], aparentemente porque aquela simples sugestão focou sua atenção em seu *eu* futuro, especialmente nas conexões entre as pequenas decisões que tomavam durante cada telefonema e as metas que esperavam atingir[31].

Os líderes podem ajudar os colaboradores a se focar no *eu* futuro fazendo que as metas ambiciosas sejam mais vívidas e mais empolgantes. Por exemplo, Ann Mulcahy, ex-CEO da Xerox, liderou uma impressionante revitalização da conturbada Xerox Corporation. Poucos meses depois que assumiu o cargo, em 2001, em vez de elaborar uma declaração de visão tradicional, ela e sua equipe sênior escreveram um artigo imaginário do *Wall Street Journal* sobre a Xerox que supostamente seria publicado em 2005: "Descrevemos as coisas que queríamos realizar como se já tivessem acontecido. Incluímos métricas de desempenho e até citações de analistas do mercado financeiro. Na verdade, aquela era a visão do que queríamos que a empresa se tornasse".

Uma viagem no tempo nem sempre requer um "objetivo grande e cabeludo", como diria o guru da administração Jim Collins, para convencer as pessoas a eliminar o lado negativo e acentuar o positivo. Às vezes, basta encontrar maneiras de esclarecer o impacto das ações negativas dos colaboradores para incentivá-los a se empenhar em associar as ações do presente às consequências no futuro. Executivos da British Gas contaram a Rao como resolveram esse problema na Índia. Em algumas cidades, a empresa é a única fornecedora de energia. Isso permitia que a empresa agisse, como a comediante Lily Tomlin costumava brincar quando se referia ao monopólio da AT&T no setor da telefonia nos Estados Unidos, com uma postura do tipo "não damos a mínima para vocês nem precisamos". Os colaboradores da British Gas normalmente atendiam os clientes com indiferença, até desdém. Diante da situação, os gestores encontraram uma solução criativa. Recrutaram consumidores para se comportar como colaboradores de linha de frente da British Gas e pediram aos colaboradores que representassem o papel de consumidores. Os consumidores deram aos empregados uma boa dose do próprio remédio. Ignoraram os colaboradores que iam pagar as contas, os obrigaram a esperar enquanto tratavam de assuntos pessoais e os trataram com desdém e irritação, insultando tudo, desde a aparência pessoal até a ignorância dos procedimentos da empresa. Quando os colaboradores perceberam que era exatamente assim que tratavam os clientes que iam pagar as contas, e que também pagavam o salário deles, seus olhos se abriram e a responsabilização e prestação de contas começaram a criar raízes na empresa.

8. Foco nos melhores momentos, nos piores momentos e no fim

Em 2008, Sutton e Debra Dunn, uma colega de Stanford, convidaram Karin Kricorian, da Disney, para dar uma aula para os alunos deles, que estavam trabalhando com Bonny Simi e outros gestores da JetBlue Airlines para melhorar a experiência dos clientes. Kricorian, que tem um doutorado em marketing pela Stanford, recomendou que os estudantes não se esquecessem da "regra do pico-fim" de Daniel Kahneman, ganhador do Prêmio Nobel: não importa se a experiência for boa ou ruim, ou quanto tempo ela durar, as opiniões sobre ela são desproporcionadamente afetadas pelos melhores e piores momentos e pelo fato de a experiência ter terminado bem ou mal. Mais ou menos na mesma época, três alunos, Annie Adams, Whitfield Fowler e Simone Marticke, vinham acompanhando passageiros da JetBlue em suas viagens de avião. As observações de Kricorian fizeram muito sentido para eles porque as entrevistas revelaram que, para muitos passageiros, a pior parte da experiência acontecia na esteira de retirada de bagagens. Os passageiros relataram que a área de retirada de bagagens e a esteira em si eram confusas, considerando, ainda por cima, que o momento ocorria quando eles estavam cansados da viagem, ansiosos sem saber quando (e se) as bagagens chegariam e rodeados de outros passageiros igualmente tensos. Em outras palavras, a experiência da esteira de retirada de bagagens era um golpe duplo: o pico, a pior parte, e o fim vinham juntos num único pacote nada agradável[32].

A recomendação de Kricorian e as observações da equipe os inspiraram a testar um protótipo que chamaram de "A Blue se importa". Mandaram fazer camisetas azuis com um logotipo na frente combinando os logos da JetBlue e da d.school. Na parte de trás da camiseta, liam-se os dizeres: "Não conte para ninguém, mas você é nosso cliente favorito". Eles foram à área de retirada de bagagens do aeroporto e se ofereceram para ajudar os clientes. E, com base em ainda outra lição que o trio aprendeu com Kricorian e Disney, eles se concentraram em ajudar os passageiros mais ansiosos ou confusos, porque essas pessoas claramente precisavam de auxílio e porque, se sua ansiedade fosse neutralizada, suas emoções negativas não contaminariam os outros. Adams, Fowler e Marticke, munido de celulares, responderam todo tipo de perguntas dos passageiros, agradecidos, como "Despachei uns *snowboards* caríssimos, em qual esteira eu pego eles?" ou "Onde encontro uma cadeira de rodas para minha mãe?".

Os passageiros gostaram do protótipo e ficaram gratos pelo empenho de injetar um pouco de humanidade em uma das piores partes da experiência de viajar de avião. Quando Bonny Simi contou a um grande grupo de gestores e executivos da JetBlue sobre o protótipo, ficaram impressionados com a ideia e com as reações positivas dos clientes e dos colaboradores da JetBlue. Embora não fosse economicamente viável incluir a nova função na JetBlue, dadas as pressões competitivas do setor de transporte aéreo, Simi disse que o protótipo da equipe foi muito útil, pois lembrou os líderes da empresa que deveriam reforçar ao pessoal a orientação de facilitar o máximo possível a experiência de retirada de bagagens para os clientes.

Em linhas mais gerais, o protótipo foi um lembrete de que, embora a disseminação da excelência envolva remover e reduzir ao máximo as experiências ruins, nem todos os momentos são criados de modo igual. Esse insight não se aplica apenas às experiências dos clientes e também inclui, por exemplo, a carreira dos colaboradores de uma empresa. A regra do pico-fim sugere que fazer de tudo para criar experiências melhores é especialmente sensato quando um colaborador sai de uma organização ou equipe. Isso se aplica se o afastamento for involuntário ou voluntário. Ben Horowitz, um investidor de risco e amigo nosso, contou à nossa turma do curso de potencialização da excelência que o melhor conselho que já recebeu sobre como lidar com demissões é fazer questão de estar presente para se despedir das pessoas, ajudá-las a levar suas coisas para fora, lhes dar um aperto de mão ou um abraço e agradecer[33]. A pessoa que está perdendo o emprego vai se sentir um pouco melhor (ou pelo menos não tão mal), todo mundo que não está perdendo o emprego vai se sentir menos culpado por continuar na empresa e você também vai se sentir um pouco melhor. E no futuro, se a situação melhorar na empresa atual ou se um dia tentar recrutar a pessoa (ou algum conhecido dela) para ir com você a alguma outra empresa, suas chances de sucesso serão muito maiores do que se tivesse ficado escondido na sua sala, com medo de olhar a pessoa nos olhos.

SINAIS DE ALERTA: CINCO SENTIMENTOS PERIGOSOS

Este capítulo demonstra que a vigilância implacável é essencial para reduzir e erradicar as crenças e comportamentos destrutivos, além de apresentar ferramentas e táticas para combater o lado negro. Vamos concluir analisando esse desafio de um ponto de vista diferente, uma perspectiva que os bons líderes e equipes de escalonamento que conhecemos consideram particularmente útil. A ideia é se concentrar em cinco sentimentos que, quando generalizados, indicam que o mau comportamento já se estabeleceu na organização ou que principiará em breve. Esses sentimentos são sintomas dos tipos de maus comportamentos que infectam uma equipe ou organização. Cada um deles nos dá pistas das causas das ações destrutivas e indica as curas que abrirão o caminho para disseminar a excelência.

O primeiro sentimento perigoso é o *medo de assumir a responsabilidade*, especialmente o sentimento de que é mais seguro não fazer nada, ou efetuar algo ruim, do que fazer a coisa certa. Vimos como o medo impediu os professores de Atlanta de enfrentar a doutora Hall, impediu os nova-iorquinos de intervir para salvar "Kitty" Genovese nos anos 1960 e impediu os médicos e enfermeiros do Alameda Health System de confrontar colegas incompetentes e rudes. O silêncio é um dos sinais mais certos de que as pessoas têm medo de se responsabilizar e de que a aprendizagem e a autocrítica que impelem a excelência estão ausentes. Em seu estudo sobre erros em tratamentos medicamentosos em oito enfermarias hospitalares, Amy Edmondson, de Harvard, demonstrou os efeitos opressivos desse medo. No início, Edmondson ficou perplexa quando suas análises revelaram que os enfermeiros das unidades com os melhores gestores e os melhores relacionamentos entre colegas de trabalho relatavam cometer até dez vezes mais erros do que os enfermeiros das piores unidades! Ela tinha começado com a teoria de que, quando as pessoas trabalhavam em ambientes marcados pela confiança e dedicação e quando se concentravam em encontrar e corrigir erros, cometiam menos erros, de modo que os resultados de sua análise mostravam exatamente o contrário do que ela havia previsto.

Edmondson decidiu recrutar um pesquisador que não tinha qualquer conhecimento desses resultados surpreendentes para passar dois meses entrevistando o pessoal e observando seu trabalho nas oito unidades. As constatações do pesquisador, com as observações da própria Edmondson, a levaram a concluir que os enfermeiros das piores unidades na verdade relatavam menos erros porque temiam falar sobre eles, quanto mais admiti-los. Costumavam ser tratados como crianças desobedientes e eram depreciados quando admitiam os erros ou eram pegos cometendo algum. O silêncio deles tinha consequências danosas para suas unidades. Eles não admitiam os erros, não fofocavam sobre os erros dos outros e não conversavam com os supervisores ou os colegas sobre como evitar esses erros no futuro. Já nas melhores unidades, os enfermeiros e seus gestores tinham a atitude oposta. Consideravam tão importante impedir os erros que se esperava que todos os admitissem e reportassem imediatamente e conversassem sobre as causas com os colegas. E, quando os enfermeiros descobriam como evitar um erro, eles se sentiam responsáveis por transmitir a lição aos colegas. Como Edmondson enfatizou nessa pesquisa e em textos posteriores, os melhores líderes, equipes e organizações se livram do medo criando uma "segurança psicológica"[34] e encorajando as pessoas a atentar para os erros e reportá-los sempre que cometerem um.

Aprendemos uma lição semelhante com um estudo de "culturas de gestão de erros" em 65 empresas holandesas[35]. Em empresas que apresentaram um desempenho financeiro superior, as crenças vigentes eram que os erros proporcionavam informações úteis sobre como melhorar o desempenho. Os erros eram vistos como uma parte normal do processo de aprendizagem, boas ocasiões para análise e discussão e algo que deveria ser compartilhado com os colegas "para não cometerem o mesmo erro". Essa pesquisa, junto com outros experimentos mais detalhados, indica que, por outro lado, quando as pessoas se lançam numa caça às bruxas e se concentram em culpar os outros (especialmente jogar a culpa dos próprios erros nos outros), a responsabilização desaparece, o medo corre solto e as pessoas acabam aprendendo menos. Como demonstram as pesquisas de Edmondson, os líderes e outras pessoas influentes precisam assumir os próprios erros e, independentemente de serem ou não responsáveis por determinado erro, devem se concentrar no que pode ser aprendido e não em quem deve ser humilhado e estigmatizado. Sim, como vimos, os líderes às vezes precisam se livrar das maçãs podres que cometem os mesmos erros repetidamente ou que infectam os colegas com emoções e ações destrutivas. Como Mauria Finley, a CEO da Citrus, argumentou, essas decisões difíceis, contudo, devem ser executadas com o máximo de empatia e compaixão possível.

O segundo sentimento negativo é o *medo de ser condenado ao ostracismo* ou ser socialmente excluído. Esse tipo específico de medo alimenta o *bullying* em muitas escolas e impedia aqueles colaboradores da serraria, que se opunham moralmente ao furto e que nunca roubaram, de expressar sua desaprovação aos colegas larápios. Como vimos no caso da escola de Connecticut, um truque para combater esse sentimento destrutivo é virar as pressões sociais de cabeça para baixo, de modo que os transgressores sejam pressionados pelos colegas a abandonar o mau comportamento e, se não o fizerem, constrangê-los e marginalizá-los. De forma similar, quando o inteligente e criativo Ben Horowitz deu uma palestra em nosso curso de potencialização da excelência, ele lamentou o fato de os investidores de risco do Vale do Silício serem famosos pela grosseria para com os empreendedores, o que inclui deixá-los esperando indefinidamente para recebê-los em reuniões agendadas com antecedência. Horowitz disse que combate esse mau comportamento cobrando dos parceiros e associados US$ 10 por minuto de atraso em uma reunião com um empreendedor. Ele impõe sumariamente a multa, em dinheiro, e explica ao empreendedor por que está recebendo o dinheiro. Como Horowitz observou, o constrangimento é um incentivo muito mais forte para não se atrasar do que o dinheiro perdido.

Costuma ser interessante aplicar o constrangimento e a exclusão em pequenas doses e com as devidas precauções. Como vimos no caso das escolas de Atlanta, nas mãos erradas esse tipo de pressão pode levar a um ambiente no qual as pessoas se sentem compelidas a fazer qualquer coisa (inclusive mentir e trapacear) para evitar a humilhação pública. O constrangimento é mais eficaz quando orienta as pessoas na direção de um caminho viável (e ético) para o orgulho e a inclusão. Por exemplo, quando aquele executivo da rede sul-americana de varejo recrutou os integrantes "descolados" de sua equipe para mudar as normas de utilização de celulares nas reuniões, eles de fato constrangeram um pouco os colegas para lembrá-los de que a proibição agora era para valer. No entanto, a ênfase deles foi em transformar o simples ato de desligar o telefone e guardá-lo em algo necessário para garantir a inclusão no grupo.

O terceiro sentimento perigoso é o *anonimato*. Aquela sensação de que ninguém está olhando e que você pode fazer o que quiser, como ser egoísta, desonesto, desagradável, parasita e um pouco desleixado no trabalho. Sinais sutis que criam sentimentos de anonimato podem levar ao mau comportamento. Por exemplo, estudos recentes mostram que a escuridão inculca "um sentimento psicológico de anonimato ilusório, como quando crianças brincando de esconde-esconde fecham os olhos e acreditam que os outros não conseguem vê-las". Pelo que parece, a escuridão e uma iluminação fraca acionam "a crença de que estamos protegidos da atenção e das inspeções dos outros". Chen-Bo Zhong, da University of Toronto, e seus colegas compararam como os participantes de um experimento se comportaram numa sala bem-iluminada ou numa sala mal-iluminada (mas o suficiente para suas ações serem visíveis). Os participantes receberam um envelope pardo com US$ 10 dentro e um envelope branco vazio. Foram orientados a passar cinco minutos resolvendo problemas de matemática, dar notas ao próprio trabalho e se recompensar com cinquenta centavos por resposta certa, colocando o dinheiro restante no envelope branco para ser devolvido aos pesquisadores. Os participantes das duas salas tiveram o mesmo desempenho nos exercícios de matemática. No entanto, o grupo da sala mais escura trapaceou mais, embolsando consideravelmente mais dinheiro em comparação com os colegas da sala bem-iluminada[36]. Em outro estudo, esses pesquisadores alocaram aleatoriamente os participantes para usar óculos escuros ou óculos de lentes transparentes. Cada participante recebeu US$ 6 e foi convidado a pegar para si parte do dinheiro e dar o que sobrasse a um desconhecido. Os que usaram óculos escuros ficaram com mais e deram menos dinheiro ao desconhecido.

Michael Dearing, o capitalista de risco e colega da d.school, nos explicou que os executivos que comandam grandes lojas de varejo há muito tempo usam uma boa iluminação e outras táticas para que funcionários e clientes se sintam menos anônimos[37]. Na década de 1990, Dearing administrou uma grande loja de varejo em Boston chamada Filene's Basement. Seus mentores lhe ensinaram que, quando funcionários de todos os escalões trabalhavam em ambientes bem-iluminados e abertos, o volume de mercadorias perdidas, danificadas ou furtadas caía e a eficiência do trabalho aumentava. Dearing contou que portas abertas, divisórias transparentes, boa iluminação e visitas frequentes por parte dos líderes seniores mantinham a loja de 12 mil metros quadrados "saudável" e protegiam as mercadorias de perda acidental ou intencional. Numa loja como aquela, que gerava mais de US$ 100 milhões em vendas anuais, pequenas melhorias na perda de mercadorias e na produtividade do trabalho faziam uma enorme diferença. Os estudos de Zhong e de seus colegas sugerem que os mentores de Dearing lhe ensinaram práticas baseadas em evidências e não apenas em tradições arbitrárias e superstições do setor.

O sentimento de anonimato também pode ser perigoso em casos nos quais a organização tem dificuldade de manter a responsabilização, quando os funcionários veem os clientes, externos ou internos, como pessoas sem nome e sem rosto, meros objetos ou números a serem processados, em vez de seres humanos de carne e osso que merecem toda sua atenção e seus talentos. Deixar o lado humano mais claro para os funcionários aumenta seu senso de responsabilização. Por exemplo, quando os radiologistas analisam os raios-X, eles tendem a prestar mais atenção ao trabalho depois de ver fotos dos pacientes. Num estudo realizado por Srini Tridandapani, da Emory University, e seus colegas, dez radiologistas credenciados foram solicitados a examinar 20 pares de radiografias de tórax (totalizando 200 avaliações). Os pesquisadores informaram os participantes que cada par de radiografias pertencia ao mesmo paciente em dois momentos diferentes da vida, e a maioria de fato era. No entanto, alguns pares de radiografias (de dois a quatro) não pertenciam ao mesmo paciente, de modo que os radiologistas, em vez de examinar duas radiografias do mesmo paciente, na verdade estavam vendo imagens de dois pacientes diferentes. Quando os radiologistas analisaram as 200 primeiras radiografias, eles detectaram 12,5% (três de 24) dos emparelhamentos errôneos. Depois, os mesmos dez radiologistas foram solicitados a analisar outro lote de dez pares de radiografias de tórax de pacientes diferentes, e como antes, o lote também incluía emparelhamentos errôneos. Dessa vez, contudo, cada par de radiografias vinha acompanhado da foto do paciente. Nesse caso, os radiologistas detectaram 64% das incompatibilidades (16 de 25). Em outras palavras, quando os pacientes eram anônimos, os radiologistas foram muito menos atentos do que quando lembrados de que os pacientes eram seres humanos, de carne e osso[38]. Da mesma forma, outro estudo que contou com a participação de 15 radiologistas que examinaram mais de mil radiografias constatou que ver a foto de um paciente aumentou o sentimento de empatia e resultou num trabalho mais meticuloso.

O quarto sinal de alerta são os *sentimentos de injustiça*[39]. Inúmeros estudos demonstram que, quando as pessoas sentem que estão recebendo um tratamento injusto do gestor ou empregador, elas dão menos em troca; o mau comportamento corre solto; e o empenho, a eficiência, a qualidade, a cortesia e outras métricas de excelência despencam. Com efeito, embora os colaboradores da serraria roubassem por ser divertido, a maioria dos colaboradores rouba para se vingar do que consideram injustiças, que incluem cortes salariais injustos, disparidades salariais e gestores desrespeitosos e emocionalmente distantes. A lição fundamental a ser aprendida com essa pesquisa foi resumida por Michael Dearing no início deste capítulo: "O que você faz e o modo como faz isso são duas coisas diferentes". Não importa se você comete alguma "maldade", como reduzir o salário das pessoas ou rebaixá-las de cargo, ou alguma "bondade", como dar aumentos e promoções, os colaboradores vão se empenhar mais, farão de tudo para superar as expectativas, ficarão até mais tarde no trabalho e serão mais fiéis se você se der ao trabalho de explicar por que suas ações foram necessárias, conversar com eles sobre quais serão as consequências dessas mudanças e tratá-los com dignidade do começo ao fim. Lembre-se do conselho de Ben Horowitz sobre manter-se presente e ser compassivo durante as demissões. Se você adotar atos simbólicos como esses e evitar injustiças sempre que possível, as pessoas vão querer retribuir o favor. No entanto, se as pessoas notarem qualquer sinal de injustiça (especialmente se você foi cruel ou mesquinho), elas não vão levantar uma palha a mais que o necessário e, se conseguirem se safar, vão começar a chegar atrasadas, sair mais cedo, fazer o trabalho de qualquer jeito e furtar mais dinheiro, mercadorias ou material de escritório para se vingar.

O quinto sentimento perigoso é a *impotência*. Quando as pessoas acreditam que são impotentes para impedir as forças e os eventos "do mal", elas se esquivam da responsabilidade, ficam impassíveis, se recolhem e se escondem. Afinal, como demonstra a pesquisa clássica do psicólogo Martin Seligman sobre o desamparo assimilado, mesmo quando as pessoas têm condições de escapar facilmente de uma situação ruim ou melhorar a situação para os outros, se acreditarem que não há nada que possam fazer para apurar sua sorte na vida, elas não farão nada além de reclamar e sofrer[40]. Quando o desamparo assimilado se enraíza, as pessoas se sentem como os cães emocionalmente derrotados que Seligman estudou no início de sua carreira. Aqueles pobres cães tinham sido submetidos a incontáveis choques elétricos aleatórios, dos quais não podiam escapar. Depois, quando esses mesmos cães foram colocados numa situação na qual poderiam escapar facilmente de um choque apenas saltando um muro baixo, eles nem sequer tentavam se mover. Eles se limitavam a ficar deitados, choramingando a cada choque elétrico sofrido.

A solução para curar o sentimento de impotência tanto em animais quanto em seres humanos é convencê-los de que, apesar do que aconteceu no passado, agora podem tomar medidas para melhorar a situação. Antes da entrada do CEO Wright Lassiter e do diretor de operações Bill Mann, os colaboradores do Alameda Health System eram muito parecidos com os cães de Seligman. Passaram tanto tempo em uma espiral descendente que achavam impossível melhorar as finanças do sistema, as experiências dos pacientes ou sua própria vida no trabalho. Por que se dar ao trabalho de tentar? Nunca deu certo antes. Em vista dessa situação, Lassiter e Mann foram sensatos na decisão de pular a poesia e ir direto a convencer as pessoas para sair à caça ao dinheiro sem demora. Esses colaboradores diversificados e influentes não só liberaram mais de US$ 20 milhões como, no processo, também demonstraram a si mesmos e aos colegas que não eram impotentes, mas que tinham o poder de eliminar o aspecto negativo e reforçar o lado positivo no Alameda Health System.

Por fim, concluímos com uma lição universal sobre como eliminar o pior e trazer à tona o melhor numa organização. Essa lição se fez presente ao longo de todo este capítulo e fica implícita em vários pontos do livro. Quando alguém consegue encontrar alguma maneira de chamar a atenção de uma equipe ou organização às pessoas afetadas por suas ações (e desviar a atenção das próprias necessidades e desejos individuais), a tendência é se responsabilizar mais por fazer a coisa certa. Isso aconteceu, por exemplo, no caso daqueles radiologistas que detectaram mais erros nos raios-X quando foram expostos à foto dos pacientes. A lição também se evidenciou quando o Wright Lassiter, o CEO do Alameda Health

System, convenceu os líderes sindicais de que os pacientes e, em consequência, os colaboradores representados pelos sindicatos, sairiam ganhando se deixassem o carro no estacionamento deles e pegassem uma van para ir ao trabalho em vez de competir com os pacientes por vagas no estacionamento do hospital.

Uma mudança semelhante também parece estar ocorrendo nas escolas de Atlanta. Depois que a doutora Beverly Hall foi demitida em 2011, Erroll B. Davis Jr. foi contratado para botar ordem na casa. Na ocasião, Davis tinha 67 anos e esperava se aposentar no cargo de reitor do Sistema Universitário do Estado da Geórgia, para passar mais tempo com sua esposa de 43 anos. Ela tentou convencê-lo a recusar a oferta de emprego, bem como Michael Bowers, um dos diretores da investigação estadual que descobrira a fraude. Bowers aconselhou Davis: "Você deve ter pirado se está pensando em aceitar esse emprego na sua idade[41]". Davis não precisava do dinheiro e não tinha nada a provar. Mas não conseguiu resistir porque se sentiu compelido a fazer a coisa correta e acreditava que era a pessoa certa para fazê-lo, de maneira bem parecida com aqueles líderes eficazes e propensos à culpa que analisamos no Capítulo 5. Nas palavras de Bowers: "Quer saber por que ele aceitou o emprego? Porque é um autêntico servidor público".

Davis tomou muitas medidas importantes para melhorar as coisas em Atlanta, especialmente para criar um ambiente seguro para professores e administradores caso se comportassem bem e, ao mesmo tempo, torná-lo inseguro caso pensassem em adotar atitudes inconvenientes. Davis afastou quase 200 professores e administradores fraudulentos, expostos pela investigação estadual. Feito isso, implementou uma política de tolerância zero a fraudes. Depois que ficou sabendo que uma professora podia ter informado aos alunos as respostas de um teste padronizado, Davis a investigou e a removeu imediatamente da sala de aula. Ele explicou: "Não quero embusteiros ensinando as crianças. Será que eu consigo? Vamos descobrir. Se eu não conseguir, que seja, pode me processar".

O que mais nos impressionou, contudo, foram as pequenas ações de Davis, o tratamento digno e respeitoso que dá os professores, algo que nunca existiu no reinado da doutora Hall. Um dia, Davis passou por todas as salas de aula da Slater Elementary dizendo a todos os professores: "Eu queria agradecer por tudo. Eu não seria capaz de fazer o seu trabalho". Ficamos especialmente surpresos com uma mudança simples que promoveu quando assumiu o cargo, que nos lembrou dos estudos com os radiologistas. Quando o escritório era ocupado pela doutora Hall, ela cobriu uma parede inteira com gráficos de barras mostrando as notas de todas as cem escolas de Atlanta. Davis retirou os gráficos e os substituiu por grandes fotos coloridas das crianças de suas escolas.

PARTE III
CONCLUSÕES

8
O que fizemos e o que não fizemos

Imagine que você já atingiu o sucesso
(ou o fracasso)

Nós dois aprendemos muito sobre o Problema do Mais nos últimos sete anos. Grande parte do que assimilamos foi uma grande lição de humildade para nós. Não encontramos nenhuma solução rápida, fácil ou garantida para criar e multiplicar bolsões de desempenho exemplar. Até as melhores iniciativas de potencialização da excelência envolveram jornadas repletas de trechos nos quais tudo parecia dar errado, as pessoas desanimaram e o caminho adiante era incerto e insano. Mesmo assim, acreditamos que nossa jornada nos levou a lições interessantes e muitas vezes encorajadoras sobre como criar, disseminar e manter a excelência nas organizações.

Abrimos o Capítulo 1 com a lição mais importante que aprendemos: a potencialização da excelência deve ser tratada como uma guerra terrestre, não apenas como uma guerra aérea. Em seguida, apresentamos sete mantras do escalonamento, começando com "Dissemine uma mentalidade, não uma mera influência" e terminando com "Desacelere para escalonar mais rápido (e melhor) no futuro". No Capítulo 2, examinamos as decisões de escalonamento mais importantes, especialmente os *trade-offs* e as tensões entre as estratégias budistas e católicas. Nos cinco capítulos subsequentes, analisamos em detalhes os princípios mais importantes do escalonamento: "Boas soluções para boas causas", "Reduza a carga cognitiva: mas lide com a complexidade necessária", "Crie organizações nas quais 'eu sou dono do lugar e o lugar é meu dono'", "Conecte pessoas e crie um efeito dominó para disseminar a excelência" e "O mal vence o bem (se você deixar)". Também vimos várias lições cruciais que se revelaram em vários formatos e tamanhos, especialmente que os melhores líderes e equipes tratam o escalonamento como uma maratona e não uma corrida de velocidade, dedicam-se a aprender alguma coisa com cada vitória e contratempo e são movidos por aquele sentimento incômodo de insatisfação, de que sempre dá para melhorar as coisas, pela "inquietação implacável" que Brad Bird, da Pixar, apontou como sendo uma marca das organizações cujo pessoal está sempre melhorando, aos poucos, em tudo o que faz.

VÁ PARA O FUTURO E OLHE PARA O PASSADO

Este último capítulo se concentra em como transformar esse conhecimento, e tudo o mais que você sabe sobre o escalonamento, em ação. Falamos sobre métodos e mentalidades de implementação ao longo de todo este livro. Afinal, de nada adianta saber qual é a coisa certa a fazer se esse conhecimento não for colocado em prática. Concluiremos com um truque adicional, para incitar e orientar as pessoas a colocar em prática o que sabem e aumentar suas chances de sucesso. Para isso, nos baseamos na abordagem favorita de Daniel Kahneman, ganhador do Prêmio Nobel, para tomar decisões melhores. Pode parecer estranho, mas o que propomos é uma forma de viagem no tempo usando a imaginação, uma técnica chamada *premortem*. Kahneman credita ao psicólogo Gary Klein a invenção da técnica *premortem* e sua aplicação para ajudar muitas equipes de projeto a evitar fracassos definitivos e as desagradáveis autópsias que costumam acompanhar esses fracassos[1].

Um *premortem* de escalonamento para a excelência funciona mais ou menos assim: quando sua equipe estiver prestes a tomar e implementar uma grande decisão, chame uma reunião e peça a cada integrante para imaginar como será a situação, digamos, daqui a um ano. Divida-os em dois grupos. Peça que um grupo imagine que a iniciativa foi um desastre completo e solicite que o outro pense em um sucesso estrondoso[2]. Oriente todos os integrantes a trabalhar independentemente e a pensar em razões para o sucesso ou o fracasso ou, melhor ainda, escrever uma história a respeito. Instrua-os a detalhar ao máximo as razões ou a história e, como Klein enfatiza, a identificar as causas que normalmente não mencionariam "por medo de se indispor com os outros". Em seguida, peça que cada integrante do "grupo do fracasso" leia sua lista de razões ou história em voz alta e vá anotando e organizando as razões listadas. Repita o processo com o grupo do "sucesso". Por fim, use as razões apresentadas pelos dois grupos para ajustar o plano de escalonamento. Se vocês descobrirem obstáculos intransponíveis, adapte os planos de acordo com eles.

Em termos mais gerais, o *premortem* estimula os participantes a usar a "visão retrospectiva no futuro" ou, em termos gramaticais, pensar e falar no tempo "futuro perfeito". Por exemplo, em vez de pensar "Vamos dedicar os próximos seis meses a disseminar o atendimento centrado no paciente", viaje para o futuro e pense "Teremos dedicado seis meses a disseminar o atendimento centrado no paciente". Agora vem o fator crucial: você imagina que um sucesso ou fracasso concreto ocorreu e olha "do futuro para o passado" para contar uma história sobre as causas desse sucesso ou fracasso. Vimos um exemplo de uma viagem imaginária no tempo como essa no capítulo anterior. Você deve lembrar que, em 2001, Anne Mulcahy, a CEO da Xerox, e sua equipe escreveram um artigo de faz de conta do *Wall Street Journal* reportando, em 2005, o sucesso estrondoso da empresa. Aquele artigo "de mentirinha" incluiu métricas de desempenho e citações de especialistas sobre medidas específicas que a Xerox tinha tomado para realizar uma impressionante revitalização nos quatro anos anteriores.

Fingir que um sucesso ou fracasso já ocorreu – e olhar para trás e inventar razões detalhadas para essa ocorrência – pode parecer quase absurdamente simples. No entanto, estudiosos renomados, incluindo Kahneman, Klein e Karl Weick, apresentam argumentos e evidências convincentes de que essa abordagem leva a melhores decisões, previsões e planos. O trabalho deles sugere várias razões pelas quais a abordagem *premortem* ajuda a inocular as organizações contra as "zonas totais" do escalonamento, nas quais, como discutimos no Capítulo 1, a ilusão, a impaciência e a incompetência contaminam uma equipe de escalonamento, transformando a vida de todos os envolvidos num verdadeiro inferno.

Para começar, olhar "do futuro para o passado" ajuda as pessoas a superar os pontos cegos. Como vimos nos Capítulos 1 e 7, no caso de eventos que ainda vão demorar muito tempo para acontecer, as pessoas tendem a desenvolver planos grandiosos e vagos e ignoram os pequenos mas importantes detalhes do dia a dia necessários para atingir os objetivos de longo prazo. Ir para o futuro e olhar para o passado ajuda as pessoas a vincular os objetivos do futuro à situação imediata, um fator indispensável para o sucesso do escalonamento. Weick argumenta que essa mudança é eficaz, em parte, porque é muito mais fácil imaginar as causas detalhadas de um único resultado do que imaginar vários resultados e tentar explicar as razões para a ocorrência de cada um deles. Além disso, analisar um único evento como se *já tivesse acontecido*, em vez de fingir que ele *pode acontecer* faz que ele pareça mais concreto e com mais chances de realmente ocorrer, o que motiva as pessoas a se empenhar mais para explicá-lo. Weick utiliza estudos sobre o itinerário de um professor em uma viagem à Europa, previsões para o campeonato de futebol americano profissional e um acidente de trânsito imaginário para demonstrar que as pessoas evocam histórias muito mais ricas quando olham do futuro para o passado do que quando olham esses mesmos eventos hipotéticos no sentido temporal oposto[3]. Um efeito similar é observado em experimentos conduzidos por Deborah Mitchell, da Wharton Business School, e seus colegas, que mostram que a visão retrospectiva no futuro, ou imaginar que um evento já ocorreu, "aumenta em 30%

a capacidade das pessoas de identificar corretamente as razões para a ocorrência de resultados futuros[4]".

Olhar do futuro para o passado também neutraliza o otimismo excessivo, especialmente se o resultado imaginado for um fracasso, se for medíocre ou se for abaixo do resultado maravilhoso esperado. Como Kahneman e outros pesquisadores demonstram, a maioria das pessoas superestima as chances de um bom futuro e subestima as chances de elas serem forçadas a enfrentar fracassos, atrasos e contratempos. Kahneman também explica que, "em geral, as organizações na verdade não gostam de pessimistas" e que, quando os "negativistas" apontam para riscos e empecilhos, são vistos como "quase desleais". Lembre-se do que aconteceu, como vimos no Capítulo 1, quando a equipe de TI de Stanford decidiu implementar, ao estilo "big bang", um sistema financeiro inacabado e não testado. A equipe de escalonamento seguiu em frente e obrigou cerca de quatro mil pessoas a usar o sistema, mesmo sabendo que alguns dados seriam perdidos e algumas transações seriam morosas e difíceis. Não adiaram o lançamento nem fizeram a implementação em etapas (como inicialmente previsto), em um grupo de cada vez, para conter os danos e maximizar a aprendizagem ao longo do caminho, mas se deixaram contagiar pelo otimismo irracional. De alguma forma, a equipe se convenceu de que a situação não podia ser tão ruim assim. A impaciência, ilusão e incompetência demonstradas pela equipe são sintomas de uma zona total clássica que, no caso, dificultou o trabalho de milhares de colaboradores competentes de Stanford.

A decisão poderia ter sido diferente se, antes de apertar o gatilho, os líderes tivessem orientado a equipe a "imaginar que estamos em setembro de 2004 e o Oracle Financials se revelou um terrível desastre. O que aconteceu? Seja o mais detalhado possível". Como explica Klein, os *premortems* neutralizam a "atitude de seguir em frente mesmo sabendo dos riscos, uma atitude assumida com tanta frequência por pessoas que já investiram muito em um projeto". Aqueles líderes de Stanford também poderiam ter feito outra pergunta: "Se estivessem aconselhando outra universidade experimentando a mesma situação, o que vocês sugeririam?".

Max Bazerman, de Harvard, demonstra que as pessoas são menos propensas ao otimismo irracional ao prever o destino de outros projetos ou empresas[5]. Bazerman observa que, no caso de projetos de construção ou reforma de imóveis, a maioria das pessoas estima que os projetos dos amigos terão entre 25% e 50% de atraso e estourarão o orçamento. No entanto, essas mesmas pessoas estimam que os próprios projetos serão "concluídos no prazo e sem se desviar muito do orçamento previsto". O mundo precisa de sonhadores e de seus sonhos. Sem eles, não haveria invenções novas e maravilhosas nem ideias originais e inspiradas para serem espalhadas pelos quatro cantos. No entanto, é mais interessante equilibrar as possibilidades (os sonhos) com as probabilidades (mediante fatos concretos e projeções realistas). A visão retrospectiva no futuro pode aumentar as chances de os sonhos que escolhemos concretizar de fato serem realizados.

Um *premortem* também pode destruir ilusões de que todas as pessoas de uma equipe de escalonamento concordam com uma decisão que está prestes a ser tomada ou que todo mundo acredita que uma iniciativa está indo bem e continuará assim. Líderes poderosos e excessivamente confiantes em geral recompensam as pessoas que concordam com eles e punem aquelas que são corajosas (ou talvez burras) o suficiente para discordar de seus delírios. A conformidade corrosiva resultante se evidencia quando as pessoas não expressam dúvidas e não apontam riscos conhecidos ou fatos inconvenientes. Por outro lado, como explica Klein, um *premortem* pode criar uma forma de concorrência interna na qual as pessoas se sentem responsáveis por revelar os obstáculos que os outros não viram: "Toda a dinâmica se transforma, de tentar evitar alguma coisa que pode perturbar a harmonia a tentar revelar problemas potenciais". Klein descreve um *premortem* conduzido numa empresa da *Fortune 50*, na qual um executivo sênior imaginou que um projeto ambiental de bilhões de dólares tinha fracassado porque o CEO que promovia o projeto tinha se aposentado e o novo CEO não estava comprometido com o sucesso do projeto. Em um bom *premortem*, expressar as más notícias e apontar para os riscos é seguro, esperado e incentivado.

SERÁ QUE FOI UMA BOA IDEIA ESCALONAR?

O novo nem sempre é melhor. O mais às vezes acaba se revelando menos. O crescimento não leva necessariamente ao progresso. Esperar às vezes é mais eficaz do que seguir em frente aos trancos e barrancos. E, às vezes, "não dá para ir daqui até lá" ou, em outras palavras, é impossível disseminar a excelência do ponto onde está fluindo até a posição em que vocês gostariam que brotasse a seguir. A abordagem de "imaginar que vocês conseguiram (ou não)" é especialmente interessante para tomar decisões do tipo "seguir em frente ou abortar a missão", para decidir se vale mesmo a pena lançar uma iniciativa de escalonamento, se deveria ser implementada com a rapidez esperada ou no momento esperado ou se ela não deveria ser abandonada.

Vários tipos de perguntas *premortem* acabam se revelando bastante instrutivas. Comece com a viabilidade. A iniciativa era mesmo expansível? Vocês foram capazes de disseminar um bolsão de excelência de maneiras que mantiveram a qualidade e foram economicamente viáveis? Por exemplo, cerca de 30 anos atrás, Hank Jotz, que faz velas para pequenos barcos de corrida, expandiu sua oficina de São Francisco de uma operação solo a uma operação de seis pessoas. Mesmo com a expansão, Jotz não estava ganhando mais dinheiro. Fez os cálculos e descobriu que só um fator decidia quanto dinheiro ele ganhava por ano: o número de horas que passava costurando. Como Jotz contou a Sutton, "Percebi que meu negócio não passava de um sistema de apoio a *hippies*". Então fechou sua oficina em expansão, mas não muito rentável, e voltou a ser o único empregado da Jotz Sails. Ele está mais feliz desde então.

As perguntas sobre a viabilidade também questionam se foi prudente escalonar tanto e tão rápido. Como sugere o Capítulo 5, as equipes que lançam *startups* deveriam olhar do futuro para o passado e perguntar: "Será que crescemos rápido demais?". Essa recomendação é reforçada pelo "Startup Genome Project", no qual Max Marmer, Bjoern Herrmann e colegas fizeram um levantamento com 3.200 *startups* de grande crescimento[6]. Eles descobriram que 74% dessas organizações iniciantes sofriam um escalonamento prematuro, o que, de acordo com Marmer e Herrmann, é a principal razão pela qual tantas *startups* crescem tão lentamente ou fracassam. As empresas que empacam ou se dispersam contratam cerca de 50% mais colaboradores nas fases iniciais de crescimento, em comparação com outras novas empresas de maior sucesso, que só acrescentam colaboradores quando necessário. Contratar pessoas demais, cedo demais, logo consome o caixa, cria fardos administrativos desnecessários, prejudica a inovação e leva as empresas a se focar em conquistar clientes antes de ter qualquer coisa de valor para lhes vender. Como explica o investidor de risco Michael A. Jackson, "Obter capital de risco pode ser como instalar um motor de foguete num carro. O escalonamento passa a ser uma questão de preparar a máquina para dar conta da velocidade antes de pisar no acelerador[7]".

Outras perguntas relativas ao *premortem* devem se concentrar no peso que o escalonamento impôs às pessoas. Mesmo se vocês acabaram conseguindo disseminar algo maravilhoso por toda parte, será que esse sucesso valeu o custo incorrido? Não estamos falando de dinheiro, mas sim da exaustão, fadiga e até danos físicos que podem ser infligidos por iniciativas de escalonamento prolongadas e intensas. De maneira bem parecida com aqueles alpinistas que chegam ao topo do Everest só para morrer na descida, as vítimas poderiam nem ter começado a escalada se soubessem o preço final que teriam de pagar. O fiasco do Oracle Financials na Stanford se enquadra nessa categoria. O sistema agora está funcionando bem. Mas suspeitamos que Chris Handley, o diretor de tecnologia de Stanford que aparentemente pediu demissão devido a seu papel de protagonista naquela zona total, teria tomado outra decisão se pudesse voltar no tempo.

Em outros casos, você até pode tomar a mesma decisão, mas só se tivesse como reduzir a angústia e a exaustão. Ed Catmull, cofundador e presidente da Pixar, descreveu uma ocasião na qual os colaboradores foram forçados passar oito meses fazendo hora extras brutais para concluir o *Toy Story 2*. Vários colaboradores sofreram lesões por esforço repetitivo e um teve de abandonar a profissão para sempre. Num dia quente de verão, um pai deveria deixar o filho pequeno na creche, mas esqueceu que o bebê estava no banco de trás, foi direto para o trabalho e deixou-o preso no carro, no estacionamento da Pixar. Algumas horas mais tarde, sua esposa, que também trabalhava na Pixar, perguntou se ele tinha deixado o bebê na creche. O casal aflito correu para o carro e encontrou o bebê inconsciente. Ele acordou com água gelada e estava bem. Mas a equipe de Catmull concluiu que, apesar de *Toy Story 2* ter sido concluído a tempo e alcançado um enorme sucesso, eles jamais voltariam a seguir por aquele caminho angustiante. Fizeram grandes mudanças, inclusive restringir o número de horas extras, contratar especialistas em lesões por esforço repetitivo e organizar atividades e aulas de condicionamento físico. Catmull explicou que aprenderam a agir, e não só falar, pensando que "vamos passar mais um bom tempo naquele barco[8]".

Por fim, sugerimos fazer perguntas sobre o destino que vocês terão atingido se seus sonhos se tornarem realidade. Às vezes, o sucesso não é tão bom quanto dizem. Imagine que vocês construíram uma grande e respeitada empresa privada ou organização sem fins lucrativos. Ou vocês disseminaram por toda parte ferramentas de qualidade, práticas enxutas ou o *design thinking*. Pergunte à sua equipe: "Estamos felizes de estar no mundo que construímos?". Como vimos no Capítulo 4, à medida que uma organização cresce, quer você goste ou não, a expansão necessariamente exigirá mais camadas hierárquicas, gestores, regras e (muitas vezes) processos administrativos irritantes. Também será cada vez mais difícil manter relações pessoais com todos os seus colegas (quanto mais saber o nome de todos). Mesmo se vocês enriqueceram com o escalonamento, podem se sentir pouco à vontade vivendo na própria criação.

Cerca de 15 anos atrás, Sutton teve conversas interessantíssimas com Mitch Kapor e sua esposa Freada Klein sobre suas experiências na Lotus Development Corporation. A Lotus começou como uma pequena empresa fundada por Kapor, em 1982, com alguns amigos. O Lotus 1-2-3, o software de planilhas da empresa, rapidamente se tornou o programa mais vendido para o (então novo) computador pessoal da IBM. As vendas chegaram à marca dos US$ 50 milhões em 1983 e já tinham decolado para mais de US$ 150 milhões em 1984. Kapor não desejava comandar uma grande empresa (nem tem o temperamento para isso), de modo que permaneceu no cargo de presidente do conselho e promoveu Jim Manzi, ex-consultor da McKinsey, a CEO. Manzi promoveu o crescimento da Lotus para mais de mil pessoas em 1985 e levou muitos "sujeitos de vendas" e "sujeitos de processo" vindos de empresas tradicionais como a Procter & Gamble, a Coca-Cola e a IBM. Kapor e os outros antigos colaboradores da Lotus usufruíram de sua nova riqueza, mas muitos deles eram sujeitos da contracultura que se irritavam com as atitudes e ornamentos corporativos. "A empolgação de atuar numa *startup* tinha se transformado na chateação de trabalhar numa grande corporação", como descreve o autor Robert X. Cringely[9].

Em 1985, Freada Klein (então diretora de desenvolvimento organizacional) fez um experimento que confirmou que a Lotus tinha se transformado numa empresa na qual seus fundadores não se encaixavam[10]. Com a permissão de Kapor, Klein coletou os currículos dos primeiros 40 colaboradores da Lotus. Na maioria dos currículos, Klein só alterou o nome do colaborador, apesar de ter feito mais alterações no CV de Kapor porque todo mundo na Lotus sabia de seu passado como professor de meditação transcendental e DJ. Klein explicou que a maioria daqueles primeiros colaboradores tinha habilidades das quais a empresa em crescimento ainda precisava, mas muitos tinham feito "coisas arriscadas e malucas", como ser organizadores comunitários, psicólogos clínicos, viver num ashram ou, como Kapor, ensinar meditação transcendental. Então, Klein sorrateiramente submeteu todos os 40 currículos ao departamento de recursos humanos da Lotus. Nenhum dos 40 candidatos, incluindo Kapor, foi chamado para uma entrevista de emprego.

Os fundadores tinham criado um mundo que rejeitava pessoas como eles mesmos. Kapor deixou o cargo de presidente do conselho da Lotus em 1986 porque "nunca foi minha ambição comandar uma grande empresa. Eu queria fazer um excelente produto e fazer grandes negócios com ele. Mas não considerei muito gratificante as partes positivas de comandar esse grande espetáculo... Gosto de fazer minhas coisas sozinho. Mas, em vez disso, me tornei um prisioneiro das planilhas". A Lotus acabou sendo comprada pela IBM por US$ 3,5 bilhões. Desde que saiu da Lotus, Kapor se dedicou a trabalhar com pequenas empresas privadas e organizações sem fins lucrativos, onde se sente mais à vontade.

O QUE FIZEMOS E O QUE NÃO FIZEMOS

Quando estávamos quase terminando de escrever este livro, paramos para refletir sobre o Prefácio e os sete primeiros capítulos. Depois de algumas semanas de discussões, finalmente concordamos com as sete lições essenciais para escalonar sem pisar na bola. Incluímos algumas alterações em cada lição, inclusive passar cada uma delas pela perspectiva do "ir para o futuro e olhar para o passado". O *premortem* não é uma técnica que deve ser aplicada a apenas uma ou duas reuniões antes do início do escalonamento ou em importantes pontos de decisão. Os líderes e equipes que incorporam a visão retrospectiva no futuro a iniciativas como essas conseguem um ponto de vista diferente e (como sugerem as evidências) superior. Isso significa que, em vez de perguntar "O que vamos fazer amanhã?", é mais interessante perguntar "Se tivermos sucesso amanhã, o que teremos feito?" e aplicar a mesma pergunta à próxima semana, mês, ano e por aí vai. Pensando assim, descrevemos cada lição como se você já tivesse "feito isso, não aquilo" e não em termos de "faça isso, não aquilo".

1. Nós começamos onde estávamos, não onde esperávamos chegar

O Prefácio conclui com o conselho que a estrela do escalonamento Claudia Kotchka costuma dar para quem lhe pergunta por onde começar uma iniciativa de inovação: "Comece com vocês mesmos, onde estão agora, com o que já têm e podem conseguir agora". Vimos Kotchka dar esse conselho a executivos logo depois que ouviram uma gestora descrever como ela estava fomentando o *design thinking* em sua grande empresa. (Não podemos usar nomes reais, então vamos chamar essa gestora de Emma[11].) Emma começou redecorando seu cubículo com materiais de divulgação do *design thinking*, como diretrizes para desenvolver a empatia e post-its com ideias geradas em sessões de *brainstorming*. Ela também cortou o cabelo e o tingiu com uma cor diferente para sinalizar aos colegas (e lembrar a si mesma) que estava tentando mudar as coisas. Em suas visitas às lojas de varejo da empresa, Emma pedia aos clientes para testar vários protótipos destinados a distraí-los, enquanto esperavam para serem atendidos. Também recrutou vendedores para desenvolver e testar novas frases para dizer aos clientes. Emma não falava sobre o *design thinking*, ela só o colocava em prática. Também conduziu sessões de treinamento para ensinar os colegas sobre temas como "mente de principiante", "usuários extremos" e o protótipo do "Mágico de Oz" (que simula funcionalidades para testar ideias com os usuários). Como a empresa era sigilosa e competitiva, quando Emma convidou os colegas para as sessões, ela foi vaga sobre o tema, restringiu o número de participantes para que se sentissem especiais e lhes pediu para manter o conteúdo da sessão em segredo por um tempo. Essas táticas chamaram atenção na empresa, levando vários colegas invejosos a também organizar workshops secretos sobre temas igualmente vagos.

Emma começou sem qualquer verba, pessoal ou colegas que praticavam o *design thinking*. Agora, várias dezenas de colegas se uniram a ela. Emma, como todo mundo que tem sucesso no escalonamento, começou sua jornada onde estava e se aproveitou ao máximo do que já tinha. O mesmo se aplica a equipes que contam com muito dinheiro e pessoas à sua disposição. A doutora Louise Liang, da Kaiser Permanente, tinha um orçamento bilionário para escalonar o KP HealthConnect. Mesmo assim, sua Equipe Tiger ainda enfrentou grandes obstáculos, especialmente o ceticismo gerado por uma década de implementações fracassadas de TI e resistência a um sistema um tanto padronizado, vindo de regiões que sempre atuaram independentemente, em silos. A equipe de Liang também teve sucesso porque começaram por onde estavam e com o que tinham. Escolheram o Havaí para a primeira etapa da implementação porque os líderes daquela região estavam dispostos a correr riscos. O Havaí estava entre as menores regiões, de modo que a implementação não seria tão difícil quanto em uma grande. Liang também tinha passado vários anos trabalhando no Havaí em um sistema de saúde associado à KP, no início de sua carreira. Assim, Liang tinha amigos e aliados dispostos a fazer mais do que o esperado para apoiar o projeto, e ela conhecia as peculiaridades, os pontos fortes e as minas terrestres da região. O Havaí foi uma excelente escolha para criar aquele primeiro bolsão de excelência, que depois foi disseminado em cascata por toda a Kaiser Permanente.

2. Nós trabalhamos no escalonamento, não participamos só de uma festa passageira

Alguns líderes adoram presidir empolgantes eventos de *kick-off*, mas não têm a perseverança necessária para lutar em uma prolongada guerra terrestre. Como uma executiva se lamentou para nós sobre o entusiasmo de sua CEO para lançar novas iniciativas, lançar novos produtos e anunciar e celebrar fusões: "Ela adora planejar e dar festas, mas não se interessa muito em limpar a bagunça depois". A gestora daquela executiva adorava a empolgação de se reunir para falar de ideias ousadas e grandes planos, mas era alérgica à rotina diária que um escalonamento eficaz requer. Apesar de ser interessante começar gerando entusiasmo e conscientizando as pessoas de novas crenças, comportamentos para mobilizar uma mentalidade, é preciso fazer muito mais do que isso. As pessoas precisam colocar a mentalidade em prática, ou ela simplesmente não vai "pegar".

O treinamento foi fundamental para muitas das iniciativas de escalonamento que apresentamos aqui, inclusive o Bootcamp do Facebook e o acampamento de treinamento da Bridge International Academies. O treinamento também foi um elemento importantíssimo da intervenção que otimizou os processos de manufatura da Wyeth, cortando custos em 25% e aumentando a qualidade. Nas sessões de treinamento, os integrantes de cada equipe de "minitransformação" aprenderam habilidades como as melhores maneiras de ter conversas difíceis com os colegas, como dar orientação e feedback, como usar técnicas de manufatura enxuta e como planejar, motivar ou celebrar em equipe. Em todos os casos, embora o treinamento tenha ajudado a preparar o terreno para as pessoas colocarem em prática um nova mentalidade, o treinamento por si só não foi considerado suficiente. Na Wyeth, as equipes foram orientadas por gestores e consultores à medida que mobilizavam novas habilidades para incorporar grandes mudanças às práticas e aos fluxos de trabalho. Em seguida, esses gestores e consultores ajudaram a transferir o que as equipes aprenderam às outras equipes da Wyeth.

Infelizmente, o treinamento às vezes só consegue criar uma breve onda de atividade. De maneira bem parecida com os *kick-offs* corporativos, nos quais as ações de acompanhamento são insuficientes ou inexistentes, o treinamento não costuma ter muito efeito quando novos comportamentos e crenças são ensinados, mas nenhuma medida é tomada para capacitar as pessoas e as equipes a colocar as lições em prática. Alguns anos atrás, a Transportation Security Administration (TSA, ou Administração da Segurança nos Transportes) dos Estados Unidos criou metáforas interessantes para representar e comunicar um nova mentalidade para os colaboradores orientarem a experiência da obtenção de maior segurança para passageiros, em aeroportos[12]. Por exemplo, uma dessas metáforas foi: "É mais fácil ver um tubarão no mar calmo do que no mar agitado" ou, dito de outra forma, é mais fácil notar um terrorista nervoso quando o ambiente de inspeção de segurança está descontraído e tranquilo do que quando está tenso e ruidoso. Outra metáfora foi de que um agente da TSA deve agir mais como um prestativo cão farejador e menos como um *doberman* intimidador e insensível. Essas metáforas salientam o valor de criar uma experiência de inspeção tranquila e cortês com agentes atentos ao estado de espírito e às ações dos passageiros. As metáforas foram usadas como um ponto de partida para desenvolver um treinamento visando a ajudar os agentes da TSA a transmitir calma e competência, se conscientizar mais da presença dos passageiros e aplicar a própria capacidade de julgamento e pensamento crítico ao inspecioná-los.

Stephanie Rowe, a ex-executiva da TSA que liderou a iniciativa, nos contou como o conteúdo do treinamento foi implementado em etapas, em sessões de dois dias, para os 1.100 colaboradores da TSA que viriam a conduzir eles mesmos o treinamento (um grupo inicial foi rapidamente escalonado, começando com quatro pessoas e passando para 12, 80 e 480, até chegar a 1.100 pessoas). Vídeos dessas sessões de "treinamento dos treinadores" mostram que os participantes estavam empolgados com a chance de disseminar as novas ideias e habilidades. Aplaudiam, gritavam palavras de ordem e estavam radiantes de orgulho. Por sua vez, esses 1.100 treinadores ensinaram o conteúdo do treinamento a cerca de 54 mil oficiais da TSA, em sessões de quatro horas conduzidas em mais de 450 aeroportos. Muito empenho foi dedicado a preparar um treinamento envolvente e convincente. A maioria dos treinadores acreditava que, se os agentes praticassem a mentalidade e as ações aprendidas, a experiência das inspeções de segurança da TSA se tornaria mais compassiva para agentes e passageiros e as chances de identificar pessoas mal-intencionadas aumentaria.

Nós dois viajamos muito de avião e infelizmente temos visto poucas evidências de que essa única exposição teve um bom impacto no modo como a maioria dos agentes da TSA pensa e age durante as inspeções. Rowe acredita que os efeitos duradouros do treinamento são mais evidentes em alguns aeroportos que têm líderes visionários e que tiveram treinadores especialmente energizados com as ideias propostas. No entanto, ela admite que conscientizar 54 mil agentes sobre uma nova mentalidade e lhes ensinar algumas novas maneiras de fazer seu trabalho foi apenas um começo. Apesar de ser um primeiro passo potencialmente valioso, mudanças na liderança sênior e nas prioridades orçamentárias da TSA levaram a poucas ações de acompanhamento para sustentar os conceitos e capacitar os agentes a garantir que suas ações no trabalho refletissem o que lhes foi ensinado. Em resumo, o treinamento levou a uma onda de entusiasmo entre os colaboradores da TSA que durou alguns meses. A ação foi de fato extensa, considerando que 54 mil agentes receberam algumas horas de treinamento, mas há poucas evidências de que a iniciativa disseminou uma mentalidade duradoura porque poucas medidas sérias foram tomadas para possibilitar e encorajar os agentes a colocar esse nova mentalidade em prática.

3. Usamos nossa mentalidade como um guia, não como a resposta para todas as perguntas e problemas

A experiência da TSA demonstra que é fundamental disseminar (e colocar em prática) uma mentalidade e não se limitar a fazer cálculos e carimbar algum logotipo ou slogan no maior número de lugares possível e fazê-lo ser adotado por todas as pessoas, pura e simplesmente. No entanto, como todas as crenças humanas profundamente enraizadas, os mentalidades são facas de dois gumes. Vocês precisam deles, mas nunca devem parar de se perguntar se já não chegou a hora de deixá-los de lado. Mais uma vez, Karl Weick nos apresenta uma lição intrigante. Depois de ler o livro *Young Men and Fire*, de Norman Maclean, Weick ficou fascinado com as pessoas e equipes que combatem incêndios florestais. Maclean dedicou os últimos

14 anos de sua vida a descobrir por que 13 dos 16 bombeiros paraquedistas morreram ao combater o incêndio de Mann Gulch, em 1949, no estado americano de Montana. Weick descobriu que razões similares explicam por que os 13 bombeiros morreram em Mann Gulch e por que outros quatorze pereceram ao combater um incêndio em South Canyon, no Colorado, quase 50 anos depois: "Nos dois casos, aqueles 23 homens e quatro mulheres foram alcançados pelo fogo quando sua retirada foi retardada porque não se desfizeram dos pesados equipamentos que levavam... Todos os 27 morreram não muito longe de áreas seguras[13]".

Weick vê uma analogia entre essa relutância a abandonar equipamentos antes – e em geral – úteis e muitas decisões da vida organizacional. Vimos como a incapacidade de modificar uma mentalidade arraigada condenou as tentativas da Home Depot de se expandir para a China. Fracassaram porque os executivos não foram capazes de abandonar a abordagem "faça você mesmo" que tinha se provado tão rentável em outros mercados. O escalonamento a novos locais, com novas pessoas e ao longo do tempo requer uma vigilância constante. É preciso estar preparado para abandonar velhas ferramentas, por mais que você e seus colegas possam tê-las dominado, por mais que tenham sido úteis para vocês no passado ou por mais que seja reconfortante apegar-se a elas. Se suas velhas ferramentas não parecerem estar funcionando no momento, pode ser interessante lembrar o exemplo do mestre da corda bamba Karl Wallenda. Depois passar mais de 60 anos sobrevivendo na corda bamba, Wallenda mergulhou para a morte aos 73 anos de idade, "ainda agarrado à vara, quando suas mãos poderiam ter sido usadas para segurar a corda abaixo dele[14]".

4. Usamos restrições que canalizaram, em vez de descarrilhar, a criatividade e o empenho

O Capítulo 2 foi dedicado em grande parte a transitar pelo espectro do budismo-catolicismo. Propusemos três perguntas de diagnóstico para ajudar as equipes de escalonamento a decidir até que ponto incentivar a adaptação às necessidades e preferências locais, em vez de exigir a conformidade com modelos ou procedimentos existentes.

Uma lição importante sobre esse espectro merece mais ênfase e uma explicação mais detalhada. O escalonamento flui mais rapidamente e com mais facilidade quando as pessoas trabalham com um pequeno número de restrições rígidas que raramente, ou nunca, poderão ser ignoradas.

Pesquisas sobre a criatividade e a inovação proporcionam uma perspectiva esclarecedora das restrições. À primeira vista, pode parecer que o ambiente mais propício à imaginação é um ambiente onde "vale tudo". No entanto, praticamente todos os feitos criativos são realizados por pessoas, equipes e organizações que enfrentam restrições difíceis e inflexíveis. Grande parte da arte criada durante o Renascimento na Europa, por exemplo, foi encomendada por patronos – normalmente a Igreja e os governos – que restringiam os artistas com contratos muito detalhados, inclusive referindo-se a materiais, cores e tamanhos das obras. Você provavelmente já viu fotos da famosa estátua de Davi, de Michelangelo, e talvez até a tenha visto pessoalmente na Galleria dell'Accademia, em Florença[15]. A estátua foi iniciada, mas nunca terminada, por Agostino di Duccio em 1463. Michelangelo foi contratado em 1501 para concluí-la. O contrato exigia que ele terminasse o serviço em no máximo dois anos. Também especificava como deveria ser o aspecto e a posição da estátua. Trabalhando com essas restrições (e os limites impostos pelo pedaço de mármore que havia sido parcialmente esculpido quase 40 anos antes), Michelangelo foi capaz de esculpir vários detalhes que considerou adequados, ao mesmo tempo que ignorou vários críticos, inclusive um colaborador do governo que lhe torrou a paciência para fazer o nariz de Davi menor. O resultado foi a escultura mais famosa do Renascentismo, famosa por seu tamanho e pelo marcante contraste entre a intensa expressão facial de Davi e sua pose descontraída, quase indiferente.

O famoso arquiteto e designer de móveis Charles Eames afirmou que "o design depende em grande medida das restrições" e que "a disposição e o entusiasmo" de um inovador para trabalhar seguindo ou contornando restrições inflexíveis decidem seu sucesso ou o fracasso[16]. Não é só uma questão de as restrições estarem ou não presentes, mas sim uma questão de as pessoas terem ou não a vontade e a capacidade de encontrar maneiras de contorná-las e transformá-las em virtudes. Estudos sobre a criatividade e restrições demonstram que, quando as opções são limitadas, as pessoas geram mais, e não menos, soluções variadas, aparentemente porque sua atenção se dispersa menos. Por exemplo, um estudo com estudantes universitários jogando um jogo de computador descobriu que geravam mais soluções, bem como as mais imaginativas, quando o labirinto do jogo apresentava menos saídas permitidas[17].

Quando se trata do escalonamento, determinados parâmetros são sempre impossíveis (ou muito difíceis) de alterar, inclusive orçamentos, cronogramas, tecnologias, o clima e as condições geográficas. E, não importa em que ponto a iniciativa se coloca no espectro do budismo-catolicismo, a eficácia do escalonamento depende de criar algumas barreiras fundamentais para impedir as pessoas de fazer coisas que produzem uma confusão desnecessária, geram riscos dispensáveis e desperdiçam tempo e dinheiro. Mesmo quando a repetição meticulosa e a replicação são necessárias, as melhores equipes de escalonamento mantêm curta a lista de restrições para reduzir a carga cognitiva e direcionar a atenção aos desafios mais urgentes. A estratégia das barreiras de segurança utilizada pela Equipe Tiger, de Louise Liang, na implementação do KP HealthConnect demonstra que, mesmo em uma organização consideravelmente budista, é interessante fazer valer algumas importantes limitações "não negociáveis". As restrições certas ajudaram o pessoal da Kaiser Permanente a se concentrar no que mais importava (atender os pacientes), aumentar a eficiência econômica (ao limitar o número de programas de computador que compravam e mantinham), melhorar a velocidade e a uniformidade do atendimento ao cliente (pressionando os prestadores de saúde de todas as regiões a responder aos e-mails dos pacientes em até 24 horas) e reduzir a confusão e a carga cognitiva dos clientes (exigindo que todas as interfaces com os clientes proporcionassem uma experiência e atendimento uniformes).

Vários meses depois de ficar sabendo da estratégia de barreiras de segurança da Equipe Tiger, Sutton participou de um workshop do Fórum Econômico Mundial em Palo Alto para cerca de 40 líderes de empresas em crescimento. Na sessão sobre o escalonamento da cultura, Sutton mencionou as tensões entre as abordagens católica e budista. Poucos minutos depois, Scott Wyatt, sócio-diretor da NBBJ, uma renomada empresa internacional de arquitetura e design, comentou que sua organização era bastante budista. No entanto, também disse que os líderes da empresa tinham descoberto que precisavam de "barreiras de segurança" (nas palavras dele) para impor algumas restrições aos dez escritórios e 700 colaboradores da NBBJ[18]. Em outra ocasião, Wyatt nos explicou que, quando se tornou sócio-diretor da empresa 17 anos antes, a cultura do "vale tudo" da NBBJ estava causando muitos problemas de eficiência e *branding*. A empresa usava tantos sistemas diferentes de design assistido por computador (CAD), que as pessoas muitas vezes tinham dificuldade de colaborar em projetos. Havia pouca uniformidade no modo como as pessoas atendiam o telefone, o *branding* de escritórios e serviços variava enormemente em muitos aspectos e o individualismo era tão desenfreado que cada arquiteto usava seu próprio símbolo pessoal para indicar o norte nas plantas arquitetônicas. A equipe de Wyatt se propôs a criar "uma única empresa", em vez de um lugar mais parecido com "uma casa cheia de gatos de rua com as janelas abertas, onde tudo o que se podia fazer era deixar comida para eles continuarem voltando, visto que ficavam livres para fazer o que bem entendessem".

Desde então, a NBBJ instalou algumas importantes barreiras de segurança. Por exemplo, os sistemas CAD e os materiais de marketing foram padronizados. Essas e outras restrições foram de grande ajuda. Agora o pessoal da NBBJ pode trabalhar em colaboração, com maior facilidade e sem confundir os clientes com um *branding* e mensagens de marketing discrepantes. Wyatt conta que foi especialmente difícil incutir uma "persona ou, em outras palavras, modos de fazer e de ser emblemáticos de como deve ser trabalhar na NBBJ e com a gente". Uma barreira de segurança específica foi essencial para possibilitar essa mudança: o compromisso de se restringir a fazer um trabalho "baseado em valor" e não "em commodities". É fácil manter uma disciplina como essa quando os clientes fazem fila para obter os serviços da empresa. No entanto, na ocorrência de uma grande retração econômica (como na crise de 2009), é tentador recorrer ao trabalho "baseado em commodities" para poder pagar as contas.

Wyatt explicou que, no final, é sempre um erro fazer isso, porque essa atitude prejudica a marca da empresa e compromete sua capacidade de vender o trabalho baseado em valor no futuro.

A NBBJ usa uma prática que ajuda seus *partners* a colocar essa mentalidade em prática em todas as suas ações. Quando um *partner* consegue um projeto potencial, ele é analisado por um ou dois outros *partners* que não estarão envolvidos no projeto. A empresa só se comprometerá com o projeto se os dois (ou três) *partners* apoiarem a decisão de seguir em frente. Uma atenção especial é dedicada a só aceitar projetos baseados em valor. O que Wyatt disse em seguida reflete as advertências de Daniel Kahneman sobre o excesso de confiança natural do ser humano. Segundo Wyatt, essa prática é necessária porque "os arquitetos são tão naturalmente confiantes que acreditam que são capazes de fazer qualquer coisa". "Matar" projetos ruins antes mesmo de começarem não só poupa dinheiro e protege a marca, como impede as pessoas de viver um período "horrível de cinco a dez anos", a duração típica de um projeto da NBBJ.

5. Nossa hierarquia extirpou atritos desnecessários em vez de criá-los e espalhá-los

No Capítulo 4, mencionamos uma intrigante hipérbole expressada por Chris Fry, o diretor de engenharia do Twitter: "O trabalho da hierarquia é derrotar a hierarquia". Fry e seu colega, o executivo Steve Greene, não acreditam que a hierarquia deveria ser utilizada para dar carta branca à anarquia. Em vez disso, deveria ser usada, nas palavras de Greene, para "construir um sistema operacional organizacional melhor", uma lição que aprenderam escalonando a área de desenvolvimento da Salesforce.com. Fry e Greene deixam claro que, apesar de mais papéis e processos serem necessários à medida que organizações e projetos se expandem, os melhores líderes usam seu poder para eliminar o atrito e a complexidade desnecessários e não sobrecarregar os colaboradores com "regras, ferramentas e tolices" que dificultam as pessoas de fazer seu trabalho e desperdiçam dinheiro e talento.

Em abril de 2013, Sutton participou de uma reunião na Intuit na qual o CEO Brad Smith e o presidente do conselho Bill Campbell (o "*coach*", que apresentamos no Capítulo 1) tiveram uma conversa divertida sobre "a criação de produtos incríveis"[19]. A dupla ecoou o conselho de Fry e Greene ao enfatizar que estavam empenhados em reduzir o atrito entre os engenheiros, fazendo todo o possível para que as pessoas que criam os produtos da Intuit não se sintam como se estivessem "andando na lama". Smith e Campbell também deixaram claro para o "grande público" (em sua maioria colaboradores da Intuit) que o pessoal de funções de apoio também precisaria agir da mesma maneira. Depois daquela reunião, voltamos à Intuit para ver como os líderes da empresa estavam colocando essa crença em prática. Ficamos especialmente impressionados com as mudanças que fizeram para acelerar e facilitar o processo decisório na empresa. Quando uma força-tarefa interna analisou o modo como as equipes de produto decidiam os recursos que entrariam numa nova versão de software, eles descobriram que um número excessivo de gestores se envolvia demais nesse tipo de decisão. O processo era ineficiente, vago e às vezes desmoralizante para as equipes. Depois de uma análise detalhada, a força-tarefa lançou um novo processo de decisão. O novo processo dá muito mais poder de decisão às pequenas equipes que usam métodos ágeis de desenvolvimento de software, as "equipes *scrum*". O papel da gestão em cada decisão passou a se limitar a (no máximo) um ou dois aprovadores: um patrocinador para remover obstáculos e um *coach* para proporcionar a visão. Todas as outras decisões são deixadas à equipe *scrum*, que conhece melhor o produto e os clientes-alvo.

Essa história da Intuit demonstra como uma hierarquia deveria funcionar durante o escalonamento: as melhores organizações estão sempre subtraindo, não só adicionando e multiplicando. A história também reforça um insight básico sobre o escalonamento: "com mais gente para ajudar, o trabalho ficará mais fácil" é uma meia verdade perigosa. Mostramos como adicionar mais pessoas a uma organização, um projeto ou uma equipe cria custosos efeitos colaterais. À medida que mais pessoas entram a bordo, os integrantes passam a dedicar (e deveriam) mais tempo e esforço à comunicação, coordenação e manutenção de vínculos sociais cordiais e de confiança. Apesar de todo esse empenho, a coordenação e os relacionamentos ainda podem se degenerar com a entrada de mais integrantes. Lembre-se da regra de Hackman: "Nenhuma equipe de trabalho deve ter mais que nove pessoas... O número de problemas de desempenho encontrado por uma equipe aumenta exponencialmente à medida que a equipe cresce".

Uma conclusão interessante é que, se uma equipe tem problemas de liderança e desempenho, não comece culpando o líder ou saindo à caça de maçãs podres a serem corrigidas ou removidas. O primeiro fator a ser considerado é o tamanho da equipe. Siga o exemplo dos fundadores Akshay Kothari e Ankit Gupta, da Pulse News, quando problemas de comunicação começaram a surgir: se uma equipe tiver mais de seis ou sete integrantes, divida-a em dois ou três subgrupos.

O estudo dos grupos hospitalares conduzido por Melissa Valentim e Amy Edmondson, que apresentamos no Capítulo 4, confirma as virtudes de manter as equipes pequenas à medida que as organizações crescem. Quando a "multidão" desorganizada da unidade de emergência composta de mais ou menos 25 médicos e enfermeiros foi dividida em vários grupos de cinco ou seis pessoas, constatou-se uma acentuada melhoria na comunicação, satisfação, confiança e responsabilização. E os pacientes passaram em média três horas a menos nas visitas ao pronto-socorro, com o tempo de estadia despencando aproximadamente 40%, caindo de cerca de oito horas (8,34) a aproximadamente cinco horas (5,29) por paciente.

6. Trabalhamos com pessoas que respeitamos, mas que não são necessariamente nossos amigos

Vimos no Capítulo 6 que, embora a maioria das pessoas prefira a companhia de gente semelhante a elas, novas mentalidades, habilidades e práticas se disseminam mais rápida e amplamente quando os membros da equipe possuem variadas origens, formações, experiências, habilidades e pontos de vista. Quando uma iniciativa de escalonamento é lançada por um amplo grupo representativo das pessoas, funções e cargos de uma organização (em vez de um subconjunto restrito), seus integrantes terão vínculos profissionais, sociais e emocionais com colegas por toda a organização. Como vimos no caso da primeira equipe montada por Bonny Simi na JetBlue para combater os problemas de "operações irregulares", uma equipe diversificada pôde usar seus extensos (e muitas vezes não sobrepostos) relacionamentos como caminhos para disseminar a excelência para muitos cantos de uma rede de relacionamentos.

Além disso, como explica Linda Abraham, cofundadora e vice-presidente executiva de desenvolvimento global da comScore, "Há uma grande tendência de contratar pessoas iguais a você, que concordam com você, mas essa é a pior coisa que você pode fazer para montar uma equipe[20]". Abraham conta que aprendeu essa lição a duras penas depois de cofundar duas empresas, uma lição que ajudou a comScore a sobreviver e se fortalecer cada vez mais, apesar dos tempos difíceis que a empresa enfrentou desde sua formação em 1999 (incluindo o estouro da bolha das pontocoms em 2001 e o colapso financeiro de 2009). A empresa, que mensura e tira conclusões sobre o que as pessoas fazem na internet, hoje tem 1.100 colaboradores trabalhando em 32 escritórios e 23 países e vendas anuais de cerca de US$ 280 milhões. Abraham atribui o sucesso da comScore em parte a "pessoas com as quais você não necessariamente gostaria de jantar ou socializar, que não apenas têm habilidades diferentes, mas que possuem uma visão de mundo diferente da sua, que pensam numa frequência diferente". Abraham também disse que o objetivo deve ser contratar pessoas que você respeita e que trazem uma nova forma de pensar à organização, explicando que o fato de você gostar ou não dessas pessoas deve ficar em segundo plano. As equipes precisam trabalhar juntas, sem precisar necessariamente que sejam "amigas". A diversidade no estilo, forma de pensar e cultura às vezes pode gerar atritos. Mas, se for um atrito produtivo, e se sua equipe pensar em termos de atrito positivo, isso pode ajudar a desenvolver a resiliência da equipe "quase como uma vacina de alergia para sua organização". Abraham deixa claro que essa abordagem é mais eficaz se "você não for orgulhoso demais e for capaz de dar às pessoas a liberdade de experimentar ideias diferentes das suas e puder mudar de ideia quando provarem que está errado".

O conselho de Abraham é corroborado por uma pesquisa que mostra que as equipes são mais criativas e mais habilidosas na resolução de problemas quando seus membros discutem em um clima de respeito mútuo, quando cada integrante se sente compelido a "brigar se tiver razão e ouvir se estiver errado". A recomendação de Abraham e a pesquisa que a corrobora nos lembram de uma história que ouvimos de Ivan Ernest, que liderou os programas de RH do Google, no departamento de engenharia, à medida que a empresa crescia de 1.200 engenheiros, em 2005, para 12 mil, em 2010[21]. Ernest explicou que os argumentos construtivos são cruciais na cultura do Google, um lugar onde se espera que evidências e lógica, e não o cargo ou as realizações passadas da pessoa, falem mais alto. Em uma ocasião, Ernest estava numa reunião liderada pelos cofundadores do Google, Sergey Brin e Larry Page, e entrou numa discussão acalorada com um diretor de engenharia "totalmente cabeça-dura". Ernest começou a se preocupar com a possibilidade de estar pressionando demais aquele superior, ainda mais na frente dos fundadores do Google. Então, de repente, seu adversário parou de falar no meio da frase e disse "Agora eu discordo totalmente de mim mesmo. Você tem razão". É assim que a vida deve ser nas organizações saudáveis às quais Linda Abraham se refere.

7. A responsabilização e a prestação de contas saíram vitoriosas e o parasitismo e outros comportamentos negativos fracassaram

Vimos como organizações repletas de colaboradores imbuídos do espírito do "eu sou dono do lugar e o lugar é meu dono" extirpam o parasitismo e criam pressões sociais para se responsabilizar e fazer a coisa certa. Vimos exemplos desse tipo de responsabilização na Netflix, na Tamago-Ya e, de maneira mais dramática, no Taj Hotel, durante um ataque terrorista. A história do Taj, que apresentamos no fim do Capítulo 5, se concentrou na extraordinária coragem e abnegação da equipe do hotel. A mesma responsabilização que os colaboradores do Taj demonstraram naquele dia terrível se evidencia há vários anos em seus pequenos atos cotidianos, voltados a "colocar os hóspedes no centro e em primeiro lugar". Essa mentalidade também foi notada quando John Thomas (hoje vice-presidente da Rambus) e sua família se hospedaram no Taj em 2005. Depois de um longo voo dos Estados Unidos para a Índia, eles foram recebidos no aeroporto por um motorista do Taj. Aaria, a filhinha de 3 anos do casal, estava cansada e com fome, e apesar de todas as tentativas dos pais de acalmá-la, ela chorou durante todo o percurso até o hotel. Quando chegaram ao hotel, foram imediatamente recebidos por um colaborador que lhes entregou a chave do quarto e os informou que não havia necessidade de esperar na fila do check-in nem se preocupar com as bagagens. Eles cuidariam de tudo, e a família poderia ir direto para o quarto cuidar da menina. Quando entraram no quarto, encontraram um copo de leite quente e biscoitos. Para grande alívio de seus pais, Aaria tomou todo o leite e comeu os biscoitos e em poucos minutos já estava sorrindo e rindo. Quando o espantado John Thomas ligou para a recepção para agradecer, perguntou como souberam da fome e do cansaço de Aaria. O colaborador do Taj contou que o motorista tinha telefonado no caminho para informar a recepção da situação da família e que eles tinham cuidado do resto.

Ao pensarmos sobre a história de Aaria[22] e revermos casos, relatos da imprensa e as histórias que ouvimos de outros hóspedes do Taj, percebemos que a responsabilização permeia aquele ambiente porque, apesar de o hotel ter uma hierarquia clara e funções especializadas, todos os colaboradores, independentemente da posição, são selecionados, treinados, remunerados e orientados para se orgulhar de atuar como defensores dos hóspedes, descobrindo as preferências e necessidades específicas de cada hóspede, ensinando os colegas a fazer o mesmo e pressionando-os gentilmente a seguir essa mentalidade. Essa mentalidade explica o sentimento de responsabilização que, em vez de se diluir a cada transferência de responsabilidades e tarefas, se mantinha e orientava muitas pequenas ações, como o motorista que informou a recepção do Taj que em breve estaria chegando com uma criança faminta e exausta. Por outro lado, você deve se lembrar da experiência de Annie Perry Klebahn com a United Airlines, que relatamos no início do Capítulo 5. A ausência de responsabilização levou um terceirizado a perder a filha deles, Phoebe, de vista. Além disso, nenhum colaborador da United deixou Phoebe ligar para os pais preocupados ou para o pessoal do acampamento para informá-los de que a United tinha pisado na bola, mas que ela estava bem. E essa falta de responsabilização tornou aceitável (e talvez até rotineiro) para inúmeros colaboradores da United se recusar a ajudar pais aflitos, até Perry ter lembrado uma funcionária que ela também tinha filhos, que era uma mãe, não só uma funcionária da United.

A falta de responsabilização e pressões insuficientes para fazer a coisa certa não se evidenciam apenas quando colaboradores se esquivam de prestar um atendimento adequado ao cliente (ou quando escolhem não fazer isso porque é mais seguro não fazer nada do que tentar fazer a coisa certa). Isso também acontece quando o ambiente de trabalho incentiva todos os colaboradores a cuidar de si mesmos e só de si mesmos; quando a remuneração e as promoções são vinculadas a atos egoístas como ignorar ou até prejudicar os colegas; quando as pessoas aprendem que seu sucesso e sua segurança dependem de pensar em primeiro lugar e até o fim, sempre em si mesmas e não em todos. Quando isso acontece, a responsabilização e os sentimentos de obrigação mútua evaporam e premissas lastimáveis orientam e alimentam quase tudo o que as pessoas fazem. Um executivo recém-contratado de uma grande empresa de serviços financeiros contou a Rao que começou a perceber que o parasitismo corria solto na empresa quando um colega comentou:"Fui alocado nesta equipe só por 20% do meu tempo, então só sou responsável por 20% das metas da equipe!".

Por outro lado, a excelência se espalha e é mantida quando as pressões para prestar contas e se responsabilizar permeiam um ambiente de trabalho, quando esse sentimento de responsabilização pelos problemas e pelas soluções se revela em cada transferência de responsabilidades e tarefas, em cada reunião e em cada interação com as pessoas servidas pela organização. Encontramos um bom exemplo disso nos estudos de caso conduzidos pela Donation Breakthrough Collaborative, um consórcio formado por hospitais americanos, em 2003, para aumentar o número de doações de órgãos[23]. Milhares de pessoas morrem todos os anos nos Estados Unidos porque precisam de um novo coração, pulmão, fígado ou rim, mas os órgãos não estão disponíveis. Normalmente, nos hospitais americanos, órgãos são coletados de aproximadamente 50% dos pacientes que morrem, que concordaram em ser doadores e que têm órgãos viáveis. Mas cerca de 15% dos hospitais americanos têm uma taxa de "conversão" superior a 75%. Os estudos de caso da Collaborative revelaram as mentalidades e as práticas que permeiam esses hospitais. Em todas as etapas, colaboradores envolvidos com potenciais doadores e seus familiares tentam aproveitar de forma agressiva (mas com muito tato) cada oportunidade potencial. Todos os colaboradores – não só médicos e enfermeiros, mas também recepcionistas, administradores e religiosos – se empenham para que as doações sejam feitas.

O empenho em equipe é uma prática importante que esses hospitais usam para reforçar a responsabilização e a comunicação quando um doador viável se aproxima da morte. As equipes fazem uma série de breves *stand-up meetings* para conversar sobre até que ponto os familiares estão cientes da situação da saúde do paciente, como está estado emocional da família e qual está sendo a experiência deles no hospital. Essas medidas são essenciais para conquistar a confiança da família, decidir qual é a melhor maneira e o melhor momento para levantar a questão da doação de órgãos e decidir quais membros da equipe se encarregarão de que ações.

"Todos ensinam e todos aprendem" é o lema que orienta esse trabalho em colaboração, bem como muitas outras ações realizadas nos hospitais que apresentam as maiores taxas de doação. Quando todo mundo se sente obrigado a fazer a coisa certa, cada um se vê compelido a ser ao mesmo tempo um professor e um aluno ou, em outras palavras, compartilhar tudo o que sabe com os colegas e também aprender o máximo possível com os outros. Quando isso acontece, é a responsabilização que cresce numa espiral ascendente e não expectativas destrutivas do tipo "isso não é da minha alçada" ou, pior ainda, a crença de que "se eu fizer a coisa certa, algo ruim vai acontecer comigo".

AS SATISFAÇÕES DA POTENCIALIZAÇÃO DA EXCELÊNCIA

Detalhamos muitas dificuldades de disseminar a excelência dos poucos aos muitos. Começamos chamando o escalonamento de Problema do Mais e descrevendo-o como um problema incômodo que invariavelmente voltava para assombrar líderes e equipes. Observamos muitos obstáculos e mostramos que não existem caminhos fáceis para disseminar o sucesso. No entanto, este livro todo é imbuído de um tom de otimismo que marcou presença em todas as conversas que tivemos com as pessoas sobre seus projetos de escalonamento: um sentimento de orgulho inconfundível, irreprimível e contagiante. Não estamos falando do orgulho arrogante, falso, vaidoso ou egoísta, o tipo de orgulho que compromete a responsabilização e cria zonas totais[24]. Pelo contrário, nos referimos ao orgulho autêntico, à sensação de que "fizemos algo bom juntos", e à crença de que, mesmo não sendo fácil, se continuarmos a nos empenhar, a agir imbuídos do espírito do "eu sou dono do lugar e o lugar é meu dono" e nos mantivermos unidos, coisas boas vão continuar acontecendo.

Pense naquela primeira reunião na JetBlue, quando a maioria dos colegas de Bonny Simi acreditava que o projeto de "operações irregulares" que ela propunha estava fadado ao fracasso. Simi não se intimidou e pediu ao grupo cético para colaborar só por um dia, apesar do ceticismo, mapeando as etapas necessárias para interromper e retomar as operações no Aeroporto Kennedy no caso de o aeroporto fechar devido ao mau tempo. Simi se deu ao luxo de se orgulhar por apenas um instante, quando viu o quanto o grupo progrediu naquele primeiro dia e viu como estavam dispostos a se empenhar um pouco mais no projeto, a ajudar a recrutar outros colegas (igualmente céticos) e convencê-los a dar uma chance à proposta. Depois, aos poucos, a equipe começou a trabalhar em conjunto para identificar, com aqueles post-its cor de rosa, partes do sistema que precisavam ser mudados. Os membros da equipe se orgulharam de consertar um elemento falho após o outro e de disseminar as mudanças por toda a empresa. Agora, quando Simi e as centenas de colaboradores da JetBlue que acabaram entrando na "Equipe Integrity de Operações Irregulares" olham para trás, para sua inventividade e empenho, eles se orgulham porque "fizemos algo bom juntos". Como explica a agente de reservas Annette Hill, sua participação na equipe de operações irregulares fez que ela sentisse que "Esta é nossa empresa. Não deles, nossa".

É esse o tipo de satisfação que impulsiona as iniciativas de escalonamento eficazes entra dia e sai dia, que os veteranos do escalonamento lembram com o merecido orgulho e que os leva a participar da próxima iniciativa, embora a última tenha dado tanto trabalho.

Quero saber mais

Caro leitor,

A publicação de *Potencializando a Excelência* é um marco importante na nossa jornada de aprendizado, mas não é o fim dela. Nós o convidamos a se unir a nós enquanto continuamos a aprender sobre os desafios de espalhar crenças e comportamentos construtivos nas organizações. Visite nosso site (scalingupexcellence.com) para ver o que aprendemos e as questões que estamos remoendo ultimamente, ler comentários e histórias de leitores e incluir suas próprias ideias. Dado o processo interativo que usamos para aprender sobre a disseminação da excelência, gostaríamos muito se você nos mandasse um e-mail para o endereço mystory@scalingupexcellence.com para contar suas histórias sobre escalonamento e fazer perguntas. Note que, ao nos enviar sua história, comentário ou observação, você está nos dando permissão para usá-los nos nossos textos, cursos e palestras. Mas prometemos não usar seu nome, a menos que você nos dê permissão explícita para isso.

Você pode seguir Sutton (@work_matters) e Rao (@huggyrao) no Twitter. E o encorajamos a se conectar com nós dois no LinkedIn.

Muito obrigado e não vemos a hora de saber notícias suas.

Robert I. Sutton
Huggy Rao
Stanford University

Agradecimentos

Muitas pessoas nos ajudaram na longa jornada que levou a este livro. Como explicamos no Apêndice, *Scaling Up Excellence* foi, em grande parte, o resultado de sete anos de conversas entre nós dois e um grande e diversificado grupo de veteranos do escalonamento, alunos, colegas e outros. Agradecemos a cada um de vocês e pedimos desculpas se nos esquecemos de mencionar alguém. Jamais poderíamos ter concluído esta longa e estranha jornada sem vocês.

Para começar, gostaríamos de agradecer nossos colegas de Stanford. Jeff Pfeffer foi, como sempre, magnificamente solidário, perspicaz, crítico e cético. Agradecemos o incentivo de Jeff para sermos o melhor Bob Sutton e o melhor Huggy Rao que podemos ser, em vez de imitações medíocres de alguma outra pessoa. Chip Heath questionou nossas ideias, nos orientou enquanto navegávamos pelo mundo editorial, nos incentivou a defender nossas convicções e um dia chegou a criar um design de capa para o livro (que acabamos não usando, mas seu irmão Dan ficou de queixo caído). Isso é que é um colega de serviço completo! Outros colegas de Stanford que nos ajudaram muito incluem Steve Barley, Tom Byers, Chuck Eesley, Pamela Hinds, Maggie Neale, Charles O'Reilly III, Bernie Roth, Amin Saberi, Tina Seelig, Baba Shiv, Jeremy Utley e Melissa Valentine. Rao gostaria de agradecer a Madhav Rajan, diretor associado sênior de Stanford Business School, pelo incentivo e apoio. Sutton gostaria de agradecer a Peter Glynn (presidente do Departamento de Gestão de Ciência e Engenharia) e Jim Plummer (reitor da Faculdade de Engenharia de Stanford) pelo encorajamento e por tolerar suas manias e defeitos. David Hoyt, da Pós-graduação em Administração, redigiu e fez as pesquisas para muitos dos casos que usamos neste livro. Dave é um mestre nessa arte e é um prazer trabalhar com ele.

Ariadne Scott, coordenadora do Programa de Ciclismo de Stanford, fez de tudo para ajudar no projeto de capacetes de ciclismo em nosso curso de escalonamento, bem como Debra Dunn, da d.school de Stanford. Uma série de alunos e ex-alunos de Stanford nos ajudou de diversas maneiras, incluindo Betsy Bradford, Lei Liu, Joachim Lyon, Govind Manian, Daniela Retelny, Bobbi Thomason, Dan Tuttle e Gonzalo Valdes. Somos gratos a Rebecca Hinds por seu texto inspirado e por suas habilidades editoriais e a Liz Gerber (hoje no corpo docente da Northwestern University) por seu olhar aguçado e conhecimento de design. Deixamos agradecimentos a Isaac Waisberg (hoje na Universidade de Tel Aviv) por seu trabalho no caso da Wyeth. Vários membros da equipe de Stanford nos ajudaram enormemente, de incontáveis maneiras. Sutton agradece o apoio de sua assistente Roz Morf e do guru da tecnologia da informação Tim Keely. Rao deixa agradecimentos especiais a Tina Bernard e Jeannine Williams, dois grandes exemplos de excelência. Nós dois somos gratos ao notável apoio e perseverança de Ronie Shilo, do Centro do Desenvolvimento Profissional de Stanford.

Vários colegas fora de Stanford influenciaram muito nossa forma de pensar. Karl Weick, de Michigan, nos inspirou não apenas por seu trabalho e ideias notáveis, mas também por ser o próprio modelo de um grande acadêmico e por fazer a Rao algumas perguntas extremamente difíceis. Também somos gratos a Teresa Amabile e Amy Edmondson (ambas da Harvard Business School), Kim Elsbach (University of California em Davis), Adam Grant (Wharton Business School), Joe Porac (Stern Business School, New York University) e Barry Staw (University of California em Berkeley) por compartilhar seus artigos e ideias e por todo o encorajamento. Rao é grato pelas conversas instigantes que teve com Robert Dewar, Rad Wilson, Mohan Reddy e Mike Sokoloff sobre o rejuvenescimento de grandes organizações. Sutton deixa agradecimentos especiais ao finado

Agradecimentos

J. Richard Hackman, por sua cordialidade e pelas provocações carinhosas, pela atenção aos pequenos detalhes e por lhe ensinar tanto sobre como os grupos funcionam e como estudá-los.

Como ressaltamos no Apêndice, trabalhamos com muitos veteranos do escalonamento para coletar histórias e desenvolver nossas ideias. Somos muito gratos a Linda Abraham (comScore), Brad Bird (Pixar), Shona Brown (ex-executiva do Google), Tim Brown (IDEO), Denis Bugrov (Sberbank), Ed Catmull (Pixar), Sarah Chou (ex-aluna de Stanford e integrante da equipe do "Ataque da Melancia"), Chip Conley (hotéis Joie de Vivre), Delos Cosgrove (Cleveland Clinic), Chris Cox (Facebook), David Darragh (Reily Foods), Cassie Devine (Intuit), Doug Dietz (General Electric), Ivan Ernest (Google), Tony Fadell (Nest), Barry Feld (Cost Plus), Joe Felter (pesquisador de Stanford e coronel aposentado do Exército dos Estados Unidos), Mauria Finley (Citrus Lane), Chris Flink (IDEO), Chris Fry (Twitter), Nick Gottuso (capitão aposentado da polícia de Hillsboro, na Califórnia), Steve Greene (Twitter), Ankit Gupta (Pulse News), Kaaren Hanson (Intuit), Maia Hansen (McKinsey), Marc Hershon (um ser humano criativo), Ben Horowitz (Andreessen Horowitz), Drew Houston (Dropbox), Michael Kamarck (ex-executivo da Wyeth), Elyse Kidman (Pixar), a doutora Uma Kotagal (Cincinnati Children's Hospital), Akshay Kothari (Pulse News), Karin Kricorian (Disney), a doutora Louise Liang (aposentada, Kaiser Permanente), John Lilly (Greylock), Kali Lindsay (a aluna de Stanford que contou a história de seu acidente de bicicleta em nosso curso de escalonamento), Shannon May (Bridge International Academies), Joe McCannon (que trabalhou para o Institute for Health Improvement), Lenny Mendonca (McKinsey e Half Moon Bay Brewing Company), Yusuke Miyashita (IDEO), Donna Morris (Adobe), Whitney Mortimer (IDEO), Shantanu Narayen (Adobe), Colonel Peter Newell (ex-líder da Rapid Equipping Force, aposentado, Exército dos Estados Unidos), Holly Parker-Coney (Adobe), Susan Peters (General Electric), Dan Portillo (Greylock), Diego Rodriguez (IDEO), Mike Schroepfer ou "Schrep" (Facebook), Prasad Setty (Google), John Thomas (Rambus), Heather Vilhauer (Bandeirantes do Norte da Califórnia), John Walker (Pixar), Xiao Wang (ex-administrador de escolas da cidade de Nova York) e Karen Weiss (Intuit).

Várias pessoas foram extraordinariamente prestativas e tolerantes com nossas demandas incessantes. Bonny Simi, da JetBlue, nos ajudou a cada passo do caminho: convidou centenas de estudantes de Stanford e executivos visitantes para conceber soluções para a JetBlue ao longo dos anos, fez inúmeras apresentações para estudantes e executivos, nos convidou para escrever um caso sobre a JetBlue, nos deixou entrevistá-la muitas vezes e sempre arrumou um tempo para corrigir e acrescentar fatos às nossas descrições. A persistente e entusiástica Claudia Kotchka (executiva aposentada da Procter & Gamble), outra heroína do escalonamento, deu muitas aulas na Stanford, nos deixou entrevistá-la várias vezes e nos deu ideias precisas e interessantes sobre como deve ser um escalonamento eficaz. Conhecemos a doutora Louise Liang (hoje aposentada da Kaiser Permanente) apenas alguns meses antes da conclusão deste livro, mas foi incrivelmente prestativa nos contando sua história em detalhes e revendo (e fazendo algumas edições importantíssimas) nossas descrições da implementação em etapas do KP HealthConnect pela Equipe Tiger. John Lilly, hoje um investidor de risco da Greylock, analisou e criticou nossas ideias, nos convidou para elaborar um estudo de caso quando ele era o CEO da Mozilla, foi professor convidado no nosso curso inúmeras vezes e, quando lhe enviávamos um e-mail sobre qualquer coisa, sempre respondeu com palavras sábias e muitas vezes surpreendentes. Michael Dearing, que leciona na d.school de Stanford e é um investidor de risco da Harrison Metal, contribuiu com incontáveis ideias para este livro, especialmente o espectro budismo-catolicismo. Somos gratos a Annie e Perry Klebahn por nos deixar usar a história da United Airlines que abre o Capítulo 5. Perry também contribuiu com várias outras histórias de escalonamento para este livro e, como sempre, mais pelas ações do que por palavras. Somos profundamente gratos a David Kelley, o principal fundador tanto da IDEO quanto da d.school de Stanford. David nos ajudou de tantas maneiras que é impossível listar todas aqui: deixando Sutton passar anos transitando pela IDEO, permitindo que Sutton participasse do grupo que fundou a d.school, permitindo que Rao e Sutton lançassem o primeiro programa executivo da d.school, nos dando tantos conselhos estranhos e sábios e, principalmente, nos mostrando como o escalonamento é realizado por um líder habilidoso e compassivo. Também somos gratos a Tom Neilssen e Les Tuerk, da BrightSight, por trabalhar conosco para organizar workshops e palestras, o que nos ajudou de inúmeras maneiras, inclusive a desenvolver nossas ideias de escalonamento.

Este livro não teria sobrevivido à jornada – de uma ideia rústica, passando pela proposta até chegar ao manuscrito acabado – sem nossa implacável e prática agente literária Christy Fletcher, que foi uma guia, uma amiga e uma protetora. Também somos gratos por toda a ajuda que recebemos dos colegas dela da Fletcher & Company, especialmente Kevin Cotter, Melissa Chinchillo e Sylvie Greenberg. Don Lamm (que atua há mais de 50 anos no mercado editorial) nos enriqueceu com sua sabedoria e senso de humor irônico nas primeiras conversas sobre este projeto. Roger Scholl, nosso editor da Crown, foi um leitor perspicaz, nos pressionando delicadamente, mas com firmeza, a refinar nossos argumentos e linguagem e, especialmente, a extirpar as ervas daninhas e manter em vista o quadro geral. Recebemos muita ajuda dos nossos parceiros da Crown Books, inclusive Tina Constable, Mauro DiPreta, Tara Gilbride, Ayelet Gruenspecht, Jessica Morphew, Michael Nagin e Derek Reed, que foram muito prestativos e ágeis. Justin Gammon demonstrou uma imaginação notável, grande conhecimento de design e muita persistência durante o processo de concepção da capa do livro. Muitas pessoas nos deram um feedback atencioso sobre os inúmeros protótipos que foram desenvolvidos, especialmente Claire Dolan, Deb Stern, Hunter Wimmer, Whitney Mortimer e Arianna Tamaddon.

Sutton envia seu amor a seus três filhos, Tyler, Claire e Eva, por tolerar a obsessão do pai por ainda outro livro e por lhe oferecer tanto incentivo, apesar de ele ser um homem estranho que, do ponto de vista deles, passa longos períodos de confinamento solitário na garagem. Sutton é especialmente grato à sua filha caçula, Eve, que, poucos anos antes de ir para a faculdade, mais uma vez, pela parede que compartilhamos, tolerou o "clique, clique, clique" (ou, nas palavras dela, o pá, pá, pá") da técnica de digitação desajeitada do pai, que usa só dois dedos para digitar, enquanto trabalhava em mais um livro.

Por fim, este livro não teria sido possível sem nossas esposas amorosas, Marina e Sadhna. Elas foram nossas parceiras não muito silenciosas no decorrer deste longo projeto, verdadeiros mananciais de paciência e faróis de luz que nos nutriram com carinho e incentivo, nos protegeram das demandas do dia a dia e contribuíram com sabedoria e sagacidade em questões envolvendo o escalonamento e em tudo o mais na vida. Temos uma profunda dívida de gratidão a essas duas mulheres notáveis.

Apêndice
Sete anos de diálogo: como desenvolvemos essas ideias

Temos mais de 50 anos de experiência combinada em projetos geradores de conhecimento sobre organizações, com destaque para artigos acadêmicos revistos por colegas para periódicos como o *Administrative Science Quarterly* e o *American Journal of Sociology*, artigos voltados para executivos em publicações como o *Harvard Business Review* e o *McKinsey Quarterly* e livros como este, voltados aos desafios práticos. No entanto, nenhum de nós jamais tinha passado por nada parecido como a trajetória que acabou levando ao *Scaling Up Excellence*. Este Apêndice descreve detalhes importantes da filosofia, da estratégia de aprendizagem e dos métodos que usamos durante este projeto longo – imprevisível, às vezes frustrante e infinitamente fascinante – de sete anos. Embora a viagem agora tenha sido marcada pela conclusão e publicação do livro, ela promete continuar por mais muitos anos.

RIGOR E RELEVÂNCIA

Nossa filosofia de trabalho foi inspirada pelo artigo "Repairs on the Road to Rigor and Relevance", publicado em 1995 por

Barry Staw, da University of California em Berkeley. Como explicamos no Prefácio, "não importava o que estivéssemos fazendo em qualquer semana, sempre mantínhamos em vista dois objetivos: descobrir as teorias e evidências da forma mais *rigorosa* possível e gerar observações e conselhos relevantes para pessoas decididas a potencializar a excelência". Isso implicava ir e voltar "entre o mundo *clean*, meticuloso e ordenado das teorias e pesquisas – aquele rigor que nós, dois acadêmicos, tanto adoramos – e os problemas cabeludos, as restrições malucas e as turbulências e reviravoltas diárias relevantes para pessoas de verdade lutando para difundir a excelência aos 'necessitados'".

À medida que o projeto avançava, várias consequências dessa filosofia foram surgindo. Somos grandes defensores da gestão baseada em evidências. Acreditamos que os líderes e as equipes tomam decisões melhores sobre o escalonamento (e outros incômodos problemas de gestão) quando se fundamentam em dados quantitativos e qualitativos sobre as próprias organizações, padrões em outras organizações e pesquisas sobre o comportamento humano individual e em grupo. Essa perspectiva está imbuída em todo este livro. Mesmo quando contamos uma história ou damos uma dica de gestão sem mencionar uma teoria específica ou alguma pesquisa, é extremamente provável que algum artigo acadêmico ou livro está escondido nos bastidores (mas decidimos omiti-lo porque seria um exagero descrever todos eles). No entanto, enquanto escrevíamos este livro, fomos nos conscientizando cada vez mais dos limites da gestão baseada em evidências. A enorme montanha de teorias e dados que analisamos ainda não foi suficientemente desenvolvida, integrada e uniformizada a ponto de permitir que uma equipe de escalonamento consiga simplesmente procurar as respostas certas e aplicá-las. As ciências comportamentais não avançaram a esse ponto e provavelmente nunca o farão. No caso do escalonamento, o desafio implica muitos aspectos diferentes e as respostas certas variam muito entre diferentes equipes, organizações e setores (e até entre os diferentes desafios enfrentados por uma única equipe ou organização), de modo que é impossível desenvolver uma abordagem genérica do tipo "receita de bolo". Não importa quantos casos, estudos e livros (incluindo este) você ler, o sucesso no escalonamento sempre dependerá de fazer avaliações constantes, flexíveis, complexas e não facilmente codificadas.

O escalonamento é como pilotar um avião ou realizar uma cirurgia. De maneira bem parecida com os melhores pilotos e cirurgiões, os líderes e equipes encarregados do escalonamento farão seu trabalho com maior habilidade – e pisarão menos na bola – se conhecerem e souberem aplicar as melhores evidências. Mas isso não basta. Você não gostaria de ser operado por um cirurgião que só memorizou todos os estudos sobre, digamos, como fazer uma cirurgia de remoção de apêndice, mas que nunca efetivamente realizou o procedimento. De forma similar, o escalonamento, como qualquer outro desafio complexo de liderança, é uma arte que requer anos de experiência prática para poder ser dominada. É por isso que nos baseamos tanto em casos e histórias de líderes, equipes e organizações que ficaram no olho do furacão do escalonamento. Nossas teorias e pesquisas acadêmicas só têm valor quando são aplicáveis às pessoas que estão enfrentando esses desafios, quando as ajuda a entender melhor os obstáculos enfrentados e quando as orientam na prática dessa arte.

SETE ANOS DE DIÁLOGO

Quase todas as nossas publicações anteriores resultaram mais ou menos do mesmo processo – o mesmo processo usado por muitos outros acadêmicos e escritores de livros de negócios. Primeiro passamos vários meses ou anos coletando ideias e evidências. Em seguida, analisamos os fatos e tiramos conclusões. Por fim, apresentamos "a verdade" aos leitores de nossos artigos e livros e aos participantes de nossas aulas e palestras. Para escrever este livro, passamos mais ou menos os dois primeiros anos da nossa jornada percorrendo esse velho caminho. Fizemos estudos de caso, analisamos teorias e pesquisas e nos encontramos para desenvolver insights sobre os desafios do escalonamento e como superá-los. Aos poucos, esse processo foi se transformando de uma conversa privada entre nós dois a conversas contínuas sobre o escalonamento com uma variedade de pessoas. Ficamos no centro do processo: decidindo quais pistas, histórias e evidências investigar; escolhendo quais informações manter, descartar ou guardar para usar mais tarde; e juntando tudo num texto coerente, ou que pelo menos esperamos tenha ficado coerente. No entanto, este livro é mais o fruto de anos de toma-lá-dá-cá entre nós dois e muitas pessoas prestativas do que uma perspectiva integrada que desenvolvemos entre quatro paredes e que agora estamos revelando pela primeira vez.

Centenas de pessoas nos ajudaram diretamente e milhares o fizeram indiretamente, mesmo sem perceber. Detalhamos abaixo o modo como essas interações ocorreram, no resumo dos sete métodos principais que utilizamos. Por outro lado, fizemos praticamente a mesma coisa todos os dias nos últimos cinco anos deste projeto: conversando com pessoas familiarizadas com o escalonamento e usando suas ideias para tentar aprimorar as nossas. E também fizemos muitas coisas sozinhos ou só entre nós dois. Por exemplo, quando lemos artigos acadêmicos, casos ou relatos na mídia, não envolvemos outras pessoas. Nós dois conversamos sobre as novas ideias e fomos escrevendo o texto. No entanto, desde o início percebemos que nossa abordagem habitual do tipo "passar um bom tempo recolhidos, descobrir 'a verdade' e depois sair por aí espalhando a palavra" não nos permitiria sintetizar as ideias, conselhos e histórias que estávamos coletando em um livro que fosse, segundo nossos critérios, rigoroso, integrado e, ao mesmo tempo, útil e envolvente para as pessoas que estão enfrentando desafios concretos de escalonamento. Em consequência, adotamos uma abordagem menos eficiente mas, do nosso ponto de vista, mais eficaz.

Começamos a recrutar ativamente pessoas para nos ajudar a desenvolver e avaliar nosso trabalho e continuamos fazendo isso até a conclusão do livro. Às vezes, enviávamos perguntas por e-mail sobre temas que não estávamos entendendo muito bem e, com uma frequência surpreendente, as pessoas faziam de tudo para nos dar respostas reveladoras. Por exemplo, no Capítulo 5, falamos sobre as experiências do investidores de risco, John Lilly, coordenando um curso introdutório de ciência da computação na Stanford. Essa atuação como o "coordenador" do curso foi crucial para Lilly se desenvolver como um líder e empreendedor, e o mesmo pode ser dito de outros líderes do setor da alta tecnologia, como Marissa Mayer, a CEO do Yahoo!. Quando fizemos a Lilly uma rápida pergunta de uma frase sobre sua atuação como coordenador, ele respondeu com um e-mail de 400 palavras, concluindo: "Era mais ou menos isso que vocês queriam saber? Eu adoraria falar mais, é um dos meus assuntos preferidos". Posteriormente, Lilly ainda leu um esboço da seção que estávamos escrevendo sobre o tema para ver se tínhamos entendido direito. Também apresentamos nossos princípios propostos a Lilly várias vezes ao longo dos anos, e ele sempre foi atencioso e nunca deixou de dizer quando entendíamos mal alguma coisa. Usamos abordagens parecidas para coletar histórias e ideias de outros veteranos do escalonamento, inclusive Louise Liang sobre a implementação em etapas do KP HealthConnect e Joe McCannon sobre a Campanha das 100.000 Vidas (Rao já tinha escrito um estudo de caso sobre a campanha, mas queríamos mais detalhes). Usamos métodos semelhantes para encontrar outras anedotas mais curtas, como a história do Capítulo 3 sobre o ritual do cabideiro, criado por Randall Lipps, o CEO da Omnicell, para lembrar sua equipe de deixar o ego fora da empresa.

Muito antes de escrevermos uma única página deste livro, começamos a apresentar nossas "ideias rústicas sobre a potencialização da excelência" para as pessoas que estavam (ou estiveram) até o pescoço em desafios de escalonamento. A primeira vez foi numa apresentação que Sutton fez para seis pessoas da equipe "D4D" de Kaaren Hanson na Intuit no início de 2009. Nossas ideias evoluíram ao longo dos anos para se adequar às reações das pessoas a essas apresentações, com direito a uma sessão de escalonamento de uma semana que Rao conduziu para 158 executivos seniores (de mais de 30 setores diferentes e 25 países) na Stanford, no verão de 2013. Nossos cálculos aproximados revelam que apresentamos versões dessas ideias a mais de seis mil pessoas de cem públicos diversos. Às vezes fizemos apresentações para grandes plateias, como dois mil distribuidores de cerveja ou várias centenas de executivos responsáveis pelas administrações de grandes presídios. Em outras ocasiões, apresentamos nossas ideias para uma plateia de apenas uma pessoa, como em nosso jantar com Oliver Chow, um executivo sênior e veterano do escalonamento da MediaTek (uma empresa de semicondutores).

Pedimos que as pessoas nos dessem feedback e recebemos muitas críticas rigorosas. Também observamos o olhar, o rosto e a linguagem corporal das pessoas. Mantivemos ideias e histórias que consideraram interessantes e descartamos ou revisamos ideias e histórias que induziram bocejos ou que pareceram aos ouvintes menos interessantes que checar o smartphone. Por exemplo, o público sempre se animava quando falávamos sobre o espectro do "budismo *versus* catolicismo", mas "desligava" quando nos aprofundávamos demais na análise de redes sociais.

Por fim, mesmo se nós dois não estivéssemos muito a fim, quando as pessoas ficavam sabendo que estávamos escrevendo um livro sobre escalonamento, muitas vezes nos procuravam para ouvir nossas ideias, para nos contar histórias, pedir conselhos e, como acontece com palestras formais, fazer críticas e sugerir novos caminhos para nossas investigações. Por exemplo, depois que um consultor que conhecemos num coquetel ouviu a palavra *responsabilização*, ele nos encurralou durante 45 minutos para contar em detalhes como o desaparecimento da responsabilização e a "caça às bruxas" resultante tinham arruinado uma das empresas para a qual trabalhava. Em outra ocasião, Sutton não estava muito a fim de conversar sobre o escalonamento com sua mulher, Marina Park, mas percebeu que era melhor fazer o que ela queria. Park e seus colegas estavam trabalhando numa proposta com a finalidade de levantar fundos para uma iniciativa de escalonamento, que visava disseminar o programa Thrive das Bandeirantes do Norte da Califórnia (descrito no Capítulo 2) a oito dos nove maiores conselhos americanos das bandeirantes. A Thrive Foundation for Youth financiou o projeto de dois anos e as iniciativas de escalonamento estão em curso.

Usamos cada um dos sete métodos a seguir para descobrir, desenvolver e testar ideias que acabaram sendo apresentadas neste livro. No entanto, escrever este livro não envolveu cortar, fatiar e organizar nossas descobertas nessas categorias bem definidas. Os sete métodos foram se delineando na nossa cabeça à medida que conversávamos com as pessoas atenciosas e prestativas que se uniram a nós nessa jornada. Pensamos neste livro como um resumo compacto das lições mais importantes e interessantes de escalonamento que aprendemos com este processo decididamente social.

OS SETE MÉTODOS CENTRAIS

1. Exame meticuloso de pesquisas das ciências do comportamento e de outras áreas

Analisamos muitos estudos acadêmicos para desenvolver as ideias apresentadas neste livro. Além dos aproximadamente cem artigos revistos por colegas que especificamos nas Notas, revimos pelo menos mais mil artigos que não foram incluídos no livro. Nos concentramos em pesquisas do campo das ciências do comportamento das áreas de psicologia, sociologia e economia, bem como áreas mais aplicadas, como comportamento organizacional, marketing e estratégia. Fizemos incursões ocasionais em campos do conhecimento como física, ciência da computação e biologia. E usamos e modificamos vários temas baseados em evidências apresentados em nossos livros anteriores, incluindo *Market Rebels*, de Rao, e *Bom chefe, mau chefe*, de Sutton.

Essa abordagem reflete nossa opinião de que é impossível conceber e conduzir um único estudo (ou mesmo vários estudos) capaz de incorporar os principais elementos necessários para disseminar a excelência ou, a propósito, qualquer outro desafio complexo de gestão. Acompanhamos o trabalho de estudiosos das ciências tanto físicas quanto comportamentais que foram treinados para não aceitar às cegas os resultados de qualquer estudo individual (mesmo quando algo muito mais simples que o escalonamento é examinado). Afinal, os acadêmicos experientes só aceitam constatações que foram replicadas em vários estudos meticulosos. Chega-se a conclusões mais robustas sobre problemas complexos como o escalonamento subindo nos ombros dos outros, se fundamentando em vários estudos e combinando as constatações desses estudos. Inclusive, nas conversas quase diárias que tivemos sobre este livro, na maioria das vezes nos concentramos em vincular as histórias e os casos que estávamos coletando a rigorosas teorias e pesquisas de maneira precisa, proveitosa e interessante.

2. Condução e coleta de estudos de caso detalhados

Trabalhamos com pesquisadores oriundos de Stanford (especialmente David Hoyt) para produzir vários estudos de caso tendo o escalonamento como o tema central, inclusive os casos da Campanha das 100.000 Vidas, da Wyeth Pharmaceuticals, da JetBlue Airways, do "Mutual Fun" da Rite-Solutions e da Mozilla. No Capítulo 5, nos fundamentamos num post detalhado publicado em *Work Matters*, o blog de Sutton, para descrever a experiência de Annie e Perry Klebahn quando a United Airlines perdeu Phoebe, a filha deles (bem como as várias reações àquela história). Também usamos casos escritos por outros colegas sobre organizações como a Tamago-Ya, a Neiman Marcus, a Ogilvy & Mather sob o comando de Charlotte Beers e o Hotel Taj em Mumbai, durante o ataque terrorista. Conduzimos diversas entrevistas ou nos baseamos em relatos publicados (ou combinamos os dois métodos) para descrever a Netflix, a implementação em etapas do KP HealthConnect, o Bootcamp do Facebook, o MOOC (curso online aberto e massivo) de Chuck Eesley e Amin Saberi e o escândalo das fraudes nas escolas de Atlanta. Também usamos livros inteiros descrevendo organizações como *Nos bastidores da Apple,* de Adam Lashinsky, e *Levando as pessoas com você,* de David Novak, o CEO da Yum!

3. Breves exemplos coletados de diversos meios de comunicação

Para descobrir insights e histórias, vasculhamos diversas publicações, incluindo *The New York Times, The Wall Street Journal,* o *San Francisco Chronicle, China Business Review, Harvard Business Review, McKinsey Quarterly, New Yorker, The Economist, Atlantic* e a *revista Fortune.* Também pesquisamos diversos sites, inclusive *Lizard Wrangling,* de Mitchell Baker, o inspirado *Ben's Blog,* de Ben Horowitz, *The Gamification of Work,* o *Research Digest,* da British Psychological Society, e *Work Matters,* o blog de *Sutton.*

4. Entrevistas direcionadas e conversas informais

Nas várias conversas que tivemos com veteranos do escalonamento e outras pessoas qualificadas, nunca deixamos de buscar informações para nos ajudar a ilustrar, desenvolver e testar nossas ideias. Conduzimos uma mistura de entrevistas presenciais, por telefone e por e-mail (inclusive comunicação de acompanhamento para checar fatos e coletar detalhes adicionais) quase diariamente. Essas interações assumiram muitas formas, numerosas demais para relacionar aqui, quanto mais nos lembrar de todas elas. Na seção Agradecimentos, mencionamos por nome e agradecemos cerca de cem pessoas que participaram dessas variadas conversas.

5. Apresentação das novas ideias sobre o escalonamento a públicos diversos

Descrevemos acima como as ideias e as reações de diversos públicos nos orientaram para escrever este livro. Nossa estratégia foi nos voltar a uma ampla variedade de organizações e setores, considerando que nosso objetivo foi o de desenvolver uma perspectiva geral que a maioria dos líderes e equipes da maioria das organizações consideraria proveitosa. Esses públicos variados, que totalizaram cerca de cem, também são numerosos demais para serem relacionados aqui. Para você ter uma ideia da quantidade (com números aproximados de participantes), apresentamos nossas ideias a 50 executivos e pesquisadores da área da saúde numa conferência de escalonamento no Cincinnati Children's Hospital; 60 juízes e professores de Direito numa conferência do Institute for the Advancement of the American Legal System em Colorado (sobre a disseminação da reforma judicial); 400 *partners* no retiro de um escritório de advocacia no Arizona; 20 diretores do ensino médio da Califórnia e suas equipes seniores; 500 programadores, consultores e executivos numa conferência de desenvolvimento ágil no Texas; 50 diretores financeiros em Stanford; os 60 executivos seniores mais graduados da InBev (a maior cervejaria do mundo); 20 gestores e executivos de "operações de negócios" do Google; 250 integrantes do Departamento de Recursos Humanos de Stanford; 400 gestores e executivos de organizações como McDonald's, Coca-Cola, Pepsi e Women's Foodservice Forum, em Chicago; 200 pesquisadores de marketing no Arizona; e 400 gestores de projeto em Burlingame, na Califórnia. Aprendemos alguma coisa nova com cada um desses grupos e adaptamos, em resposta, nossas histórias e ideias de escalonamento.

6. Um curso "Scaling Up Excellence" para alunos da pós-graduação de Stanford

Demos um curso chamado "Scaling Up Excellence" para cerca de 50 estudantes de MBA e mestrandos de engenharia de Stanford, em 2012 e 2013. Esse curso nos ajudou a desenvolver nossas ideias de três maneiras. Primeiro, tivemos a chance de discutir e refinar as ideias em resposta a cem estudantes inteligentes, e muitas vezes críticos, de Stanford. Em segundo lugar, nossos professores convidados incluíram muitas das estrelas de escalonamento apresentadas no livro. Alguns deles nós só conhecemos quando deram suas palestras no curso, enquanto outros eram velhos amigos. Eles incluíram Chip Conley, dos hotéis Joie de Vivre, Chris Cox e Mike Schroepfer, do Facebook, Barry Feld, da Cost Plus, Chris Fry, do Twitter, Karin Kricorian, da Disney, Kaaren Hanson, da Intuit, Ben Horowitz, da Andreessen Horowitz, Ilya Prokopoff, da IDEO e Bonny Simi, da JetBlue.

Em terceiro lugar, e o mais importante, aprendemos com projetos práticos nos quais grupos de estudantes trabalharam para disseminar a excelência. Em 2012, as equipes trabalharam com Ariadne Scott (coordenadora de programas de ciclismo de Stanford) e Debra Dunn (professora da d.school e ex-vice-presidente executiva da HP) para incentivar o uso de capacetes de ciclismo entre os estudantes de Stanford. As equipes tiveram muitos fracassos instrutivos e alguns sucessos notáveis (inclusive o Ataque das Melancias e um projeto que usou filhos dos estudantes de pós-graduação para pressionar os pais a usar capacete) ao aplicar os princípios de escalonamento. Em 2013, as equipes trabalharam com o coronel Peter Newell, comandante da Rapid Equipment Force (REF) do Exército dos Estados Unidos, para acelerar o desenvolvimento e a disseminação de soluções tecnológicas para os soldados nas linhas de frente, especialmente pela aplicação do princípio de "conectar e disseminar em cascata". Várias equipes trabalharam para ajudar a reduzir o "tempo entre o lampejo e a explosão": o tempo entre o momento em que um problema é identificado (por exemplo, bombas caseiras) e o momento em que os soldados desenvolvem ou recebem soluções eficazes. Uma grande parte do desafio foi conectar as experiências dos soldados e a inteligência coletiva com os engenheiros da REF e outros tecnólogos capazes de prototipar as soluções. Uma equipe desenvolveu um sistema (semelhante ao método de avaliação de produtos da Amazon.com) que os soldados usaram para avaliar as possíveis soluções numa escala de cinco pontos. Outro grupo desenvolveu um sistema semelhante ao Twitter que usava tecnologias simples e consumia um mínimo de energia para que os soldados pudessem transmitir com facilidade sugestões e mensagens sobre os problemas enfrentados à equipe da REF.

7. Observação e participação no escalonamento da d.school de Stanford

Estivemos envolvidos na d.school de Stanford desde 2002, quando a ideia não passava de um sonho aparentemente impossível que David Kelley compartilhou com alguns colegas. Sutton foi um dos membros fundadores do corpo docente e lecionou em colaboração mais de uma dúzia de cursos da d.school desde 2005. Manteve seu envolvimento enquanto a d.school crescia de quatro cursos num trailer duplo malcheiroso e apertado no ano letivo de 2004-2005, a mais ou menos uma dúzia de cursos num espaço maior mas ainda apertado em 2007-2008, a mais de 50 cursos regulares e breves num edifício grande, customizado e totalmente reconstruído em 2012-2013. Rao e Sutton também cofundaram o primeiro programa executivo da d.school, chamado "Inovação focada no cliente" (uma parceria com a Faculdade de Pós-Graduação em Administração), conduzido pela primeira vez em 2006 para 27 executivos e realizado em 2013, o sétimo ano do programa, com 65 executivos. A "Inovação focada no cliente" hoje é um dos oito programas da d.school que atende cerca de 500 executivos por ano. A d.school também ensina pelo menos mais mil participantes todos os anos, em workshops breves para grupos variando de professores do ensino fundamental a médicos.

Aprendemos um pouco sobre o escalonamento ajudando a d.school a crescer. E, o mais importante, tivemos a chance de observar em primeira mão o modo como David Kelley, o fundador e a inspiração da d.school, e outros líderes, inclusive o diretor acadêmico Bernie Roth e a diretora-geral Sarah Stein Greenberg, enfrentaram praticamente todos os desafios de escalonamento mencionados neste livro. Além disso, nosso papel de liderança no programa "Inovação focada no cliente" nos possibilita acompanhar executivos que estão disseminando o *design thinking* em sua organização, inclusive nossos heróis do escalonamento Doug Dietz, da General Electric, Kaaren Hanson, da Intuit, Bonny Simi, da JetBlue e executivos da Capital One, Citrix, DIRECTV, Fidelity, Hyatt, Procter & Gamble e SAP, que nos mantêm informados de suas provações, tribulações e vitórias.

Notas

CAPÍTULO 1

1. Bem Horowitz. "Taking the Mystery Out of Scaling a Company". Blog de Ben, 2 ago. 2010. Disponível em: <http://bhorowitz.com/2010/08/02/taking-the-mystery-out-of-scaling-a-company/>.
2. Robert A. Pape. "The True Worth of Air Power". *Foreign Affairs*, 1º mar. 2004. Disponível em: <www.foreignaffairs.com/articles/59714/robert-a-pape/the-true-worth-of-air-power>.
3. Benjamim Lambeth. S. NATO's Air War for Kosovo: A Strategic and Operational Assessment (Santa Monica: RAND Corporation, 2001). Disponível em: <www.rand.org/pubs/monograph_reports/MR1365>.
4. Essa e outras informações sobre a experiência de Kotchka foram coletadas de várias apresentações que o ouvimos dar a executivos e alunos de Stanford, inclusive uma aula que ela ministrou ao nosso curso "Scaling Up Excellence", no dia 10 de janeiro de 2013, e uma entrevista que concedeu a Rao, em 30 de outubro de 2012.
5. As informações a seguir sobre a Bridge International Academies se baseiam numa entrevista por telefone que Rao e Sutton conduziram com Shannon May em 25 de fevereiro de 2013 e informações apresentadas no site da organização. Disponível em: <www.bridgeinternationalacademies.com/>; veja também Tina Rosenberg, "A by-the-E-Book Education, for $5 a Month", *New York Times*, 22 maio 2013. Disponível em: <http://opinionator.blogs.nytimes.com/2013/05/22/a-by-the-e-book-education-for-5-a-month/>.
6. As informações que se seguem sobre a carreira de Andy Papa se baseiam numa entrevista por telefone que Robert Sutton conduziu com ele em 8 de dezembro de 2008. Além disso, Rao e Sutton fizeram pelo menos dez exercícios de "desenvolvimento de equipes" com Papa ao longo dos anos, nos quais equipes de alunos ou executivos entram numa "competição de troca de pneus" e nos quais lições sobre aprendizagem, liderança e dinâmica de grupo são discutidas. Papa costuma falar de suas experiências e da disseminação da "mentalidade atlética" na NASCAR durante essas sessões.
7. Angela L. Duckworth et al., "Grit: Perseverance and Passion for Long-Term Goals", *Journal of Personality and Social Psychology*, n. 92 (2011): p. 1087-1101.
8. Testemunhamos a devoção do Facebook à disseminação de uma mentalidade – em vez de apenas estender o alcance da empresa –, repetidamente, ao longo dos anos. Em 2005, ficamos sabendo da obsessão de Zuckerberg por crenças como "seja rápido e

saia quebrando as coisas". Katie Geminder, na época uma executiva do Facebook, visitou muitas vezes nosso curso "Criando uma Ação Contagiante", de Stanford, e nos contou como seu gestor de 22 anos tinha opiniões muito fortes sobre como todo mundo no Facebook deveria fazer as coisas. Nos anos que se seguiram, testemunhamos o poder dessa mentalidade nas sessões de orientação dos colaboradores e em reuniões com todos os colaboradores; em nossas conversas com os executivos do Facebook sobre seleção, treinamento e avaliação; no curso que ensinamos, no qual alunos de Stanford foram orientados por engenheiros, profissionais de marketing e executivos do Facebook, à medida que eles difundiam o site a novos públicos; em entrevistas com executivos e engenheiros para escrever este livro; e em uma apresentação dada por Chris Cox e Mike Schroepfer, vice-presidentes do Facebook, no nosso curso "Scaling Up Excellence", em 6 de março de 2012.

9. Adam Lashinsky, *Inside Apple: How America's Most Admired – and Secretive – Company Really Works* (Nova York: Business Plus, 2012).
10. As citações que se seguem foram retiradas de um e-mail que John Lilly enviou a Robert Sutton em 26 de junho de 2012.
11. Veja Howard Schultz, memorando para Jim Donald, 14 fev. 2007, postado no Starbucks Gossip, 24 fev. 2007. Disponível em: <http://starbucksgossip.typepad.comL/2007/02/starbucks_chair_2.html>.
12. Howard Schultz, *Onward: How Starbucks Fought for Its Soul Without Losing Its Life* (Nova York: Macmillan, 2011).
13. Adrian C. North, David J. Hargreaves e Jennifer McKendrick, "In-Store Music Affects Product Choice". *Nature*, n. 390 (1997): p. 132.
14. Resumo elaborado pela *BPS Research Digest*, Passengers Litter Less on Carriages That Smell of Cleaning Product, 27 mar. 2012. Disponível em: <http://bps-research-digest.blogspot.com/2012/03/passengers-litter-less-on-carriages.html>.
15. M. de Lange, et al., "Making Less of a Mess: Scent Exposure as a Tool for Behavioral Change", *Social Influence* 7, n. 2 (2012): p. 90-7.
16. Kathleen D. Vohs, Nicole L. Mead e Miranda R. Goode, "The Psychological Consequences of Money", *Science*, v. 314, n. 5802 (2006): p. 1154-6.
17. Esta citação é do podcast *Science*, 24 out. 2008. Disponível em: <www.sciencemag.org/content/322/5901/608.2.full> e inclui um segmento sobre o estudo de Williams baseado em seu artigo: Lawrence E. Williams e John A. Bargh, "Experiencing Physical Warmth Promotes Interpersonal Warmth', *Science* v. 24 (out. 2008): p. 606-7.
18. O conselho de Karin foi retirado de uma entrevista por telefone conduzida por Rao e Sutton em 12 de outubro de 2012 e de uma apresentação que Kricorian deu ao nosso curso "Scaling Up Excellence" em Stanford, em 19 fevereiro de 2013.
19. Yaacov Trope e Nira Liberman, "Temporal Construal", *Psychological Review*, v. 110, n. 3 (2003.): p. 403.
20. De uma entrevista por telefone conduzida por Robert Sutton com Shona Brown em 1º mar. 2013.
21. Essa seção foi inspirada por teorias e pesquisas sobre a responsabilização percebida, embora tenhamos ampliado e revisto essas obras para aplicá-la aos desafios específicos da disseminação da excelência. Mais especificamente, nos baseamos em D. D. Frink e R. J. Klimoski, "Toward a Theory of Accountability in Organizations and Human Resource Management", *Research in Personnel and Human Resource Management*, v. 16 (1988): p. 1-51.
22. Chris Smith, "Open City", *New York*, 26 set. 2010. Disponível em: <http://nymag.com/news/features/establishments/68511/>.
23. Rao e Sutton entrevistaram Chuck Eesley e Amin Saberi sobre o desenvolvimento e a utilização dessa plataforma em Stanford, Califórnia, em 23 de julho de 2012. O site

do curso "Empreendedorismo Tecnológico" ministrado por Eesley nessa plataforma é <http://venture-lab.org/venture>.
24. Veja definições do termo *clusterfuck* em: <www.urbandictionary.com/define.php?term=clusterfuck>, acessado em 7 mar. 2013.
25. Barbara Palmer, "Oracle System Woes Lower Campus Productivity, Morale", *Stanford Report*, 25 fev. 2004. Disponível em: <http://news.stanford.edu/news/2004/february25/oracle-225.html>.
26. "Chief Information Officer to Leave Post", *Stanford Report*, 11 nov. 2004. Disponível em: <http://news.stanford.edu/news/2004/november10/handley-1111.html>; Deborah Gage, "Campus Brawl: Oracle vs. PeopleSoft at Stanford", *Baseline*, 8 jun. 2004. Disponível em: <http://depts.washington.edu/isfuture/docs/CampusBrawl.pdf>.
27. Horowitz, "Taking the Mystery Out".
28. Marshall Goldsmith, *What Got You Here Won't Get You There* (Nova York: Hyperion, 2007).
29. As observações que se seguem sobre a IDEO se baseiam numa etnografia de 18 meses da empresa conduzida por Robert Sutton e Andrew Hargadon em 1995 e 1996. Sutton e Hargadon passaram uma média de dois dias por semana na empresa durante esse período, participando de muitas reuniões e sessões de *brainstorming* (inclusive pelo menos 30 reuniões matinais de segunda-feira), tendo conversas informais e conduzindo entrevistas semiestruturadas com a maioria dos colaboradores da empresa. Sutton continua a acompanhar a empresa desde 1997, em seu papel como um fellow da IDEO.
30. De uma apresentação feita por Barry Feld para nosso curso "Scaling Up Excellence", em 21 de fevereiro de 2012.
31. Daniel Kahneman, *Thinking, Fast and Slow* (Nova York: Farrar, Straus and Giroux, 2011).
32. Clifford G. Holderness e Jeffrey Pontiff, "Hierarchies and the Survival of POWs during WWII", *Management Science*, no prelo.
33. Jerome E. Groopman e Michael Prichard, *How Doctors Think* (Boston: Houghton Mifflin, 2007), p. 169.
34. Carlos Ghosn, "Saving the Business Without Losing the Company", *Harvard Business Review,* jan. 2002, p. 9.

CAPÍTULO 2
1. Chris J. McDonald, "Copy EXACTLY! A Paradigm Shift in Technology Transfer Method", in: 1977 IEEE/SEMI Advanced Semiconductor Manufacturing Conference and Workshop (Nova York: Institute of Electrical and Electronics Engineers, 1997), p. 414-7.
2. Sidney G. Winter et al., "Reproducing Knowledge: Inaccurate Replication and Failure in Franchise Organizations", *Organization Science 23*, n. 3 (2012): p. 672-85.
3. Martha Stone Wiske e David Perkins, "Dewey Goes Digital", in: *Scaling Up Success: Lessons Learned from Technology-Based Educational Innovation*, C. Dede, J. Honan e L. Peters (Edit.) (Nova York: Jossey-Bass, 2005), p. 27-47.
4. Martha C. White, "Home Depot's Big Box Plans for China Lost in Translation", NBC News.com, 18 set. 2012. Disponível em: <www.nbcnews.com/business/home-depots-big-box-plans-china-lost-translation-1B5958257>; Laurie Burkitt, "Home Depot Learns Chinese Prefer 'Do It for Me'", *Wall Street Journal*, 14 set. 2012. Disponível em: <http://online.wsj.com/article/SB10000872396390444433504577651072911154602.html>.
5. Com base numa apresentação feita por Chip Conley no nosso curso "Scaling Up Excellence", em Stanford University, em 31 de janeiro de 2012.

6. A descrição que se segue do Four Seasons é de Roger Hallowell, Carin-Isabel Knoop e David Bowen, "Four Seasons Goes to Paris: '53 Properties, 24 Countries, 1 Philosophy'", 2003, Case No. 803069-PDF-ENG, Harvard Business School, Boston.
7. Comunicação pessoal por e-mail de Pamela Hinds para Robert Sutton, 19 fev. 2013.
8. Paula M. Miller, "IKEA with Chinese Characteristics", *China Business Review*, 1o maio 2004. Disponível em: <www.chinabusinessreview.com/ikea-with-chinese-characteristics/>; Anne VanderMey, "IKEA Takes on China", *Fortune*, 30 nov. 2011. Disponível em: <http://features.blogs.fortune.cnn.com/2011/11/30/ikea-china-stores/>.
9. Atul Gawande, "Big Med", *New Yorker*, 13 ago. 2012. Disponível em: <www.newyorker.com/reporting/2012/08/13/120813fa_fact_gawande>.
10. Claus Rerup, "Imperfection, Transfer Failure, and the Replication of Knowledge: An Interview with Gabriel Szulanski", *Journal of Management Inquiry*, v. 13 n. 2 (2004): p. 141-50.
11. Essa seção se baseia numa entrevista por telefone que Robert Sutton conduziu com Heather Vilhauer em 7 de janeiro de 2013, várias conversas com Marina Park (CEO das Bandeirantes do Norte da Califórnia) e mais de uma dúzia de e-mails trocados com Shari Teresi (diretora sênior de serviços voluntários, Bandeirantes do Norte da Califórnia), Wendy Wheeler (diretora interina, Thrive Foundation) e Bonnie Scott (diretora do programa Thrive Foundation) entre janeiro e março de 2013. O leitor pode se interessar em saber que Marina Park é a esposa de Robert Sutton. Também pesquisamos o site do programa Thrive das Bandeirantes. Disponível em: <www.girlscoutsnorcal.org/pages/events/thrive.html>, acessado em 17 mar. 2013.
12. Gabriel Szulanski e Sidney Winter, "Getting It Right the Second Time", *Harvard Business Review*, v. 80, n. 1 (2002): p. 62.
13. Cynthia E. Coburn, "Rethinking Scale: Moving Beyond Numbers to Deep and Lasting Change", *Educational Researcher*, v. 32, n. 6 (2002): p. 3-12.
14. Sarah A. McGraw et al., "Using Process Data to Explain Outcomes: An Illustration from the Child and Adolescent Trial for Cardiovascular Health (CATCH)", *Evaluation Review*, v. 20, n. 3, p. 291-312, 1996.
15. Victoria Colliver, "Prescription for Success: Don't Bother Nurses", *San Francisco Chronicle*, quarta-feira, 28 out. 2009. Disponível em: <www.sfgate.com/health/article/Prescription-for-success-Don-t-bother-nurses-3282968.php>; Julie Kliger et al., "Empowering Frontline Nurses: A Structured Intervention Enables Nurses to Improve Medication Administration Accuracy", *Joint Commission Journal on Quality and Patient Safety*, v. 35, n. 12, (2009): p. 604-12.
16. John F. Love, *McDonald's: Behind the Golden Arches* (Nova York: Bantam, 1995), p. 294.
17. Para as informações que se seguem sobre a In-N-Out Burger, veja Stacy Perman, *In-N-Out Burger: A Behind-the-Counter Look at the Fast-Food Chain That Breaks All the Rules* (Nova York: HarperBusiness, 2010) e o site da In-N-Out. Disponível em: <www.in-n-out.com/history.aspx>, acessado em 17 mar. 2013.
18. Rao e Sutton entrevistaram Tom Porter na sede da Pixar em Emeryville, Califórnia, em 1º de março de 2011. Outros fatos sobre a Pixar apresentados aqui foram retirados de Ed Catmull, *Creativity, Inc.: Overcoming the Unseen Forces That Stand in the Way of True Inspiration* (Nova York: Random House, no prelo).
19. P. Sellers, "P&G: Teaching an Old Dog New Tricks", *Fortune*, 15 maio 2004. Disponível em: <http://money.cnn.com/magazines/fortune/fortune_archive/2004/05/31/370714/index.htm>.
20. Sobre a curva de aprendizagem na construção dos navios de carga Liberty Ships, veja Linda Argote, *Organizational Learning* (Nova York: Springer, 2012); Peter Thompson, "How Much Did the Liberty Shipbuilders Learn? New Evidence for an Old Case Study", *Journal of Political Economy*, v. 109, n. 1 (2001): p. 103-37.

21. Jane Knoerle, "John Bentley Sells Woodside Restaurant", *Almanac News*, 10 mar. 2010. Disponível em: <www.almanacnews.com/news/show_story.php?id=6322>.
22. Michael Fitzpatrick, "After Bristol: The Humbling of the Medical Profession", *Spiked*, 16 ago. 2001. Disponível em: <www.spiked-online.com/site/article/11276/>.
23. Andreas Knorr e Andreas Arndt, *Why Did Wal-Mart Fail in Germany?* (Bremen: Institute for World Economics, University of Bremen, 2003). Disponível em: <www.iwim.uni-bremen.de/publikationen/pdf/w024.pdf>.
24. Essa seção sobre o KP HealthConnect se baseia numa apresentação de Louise Liang (com a assistência de Alide Chase, vice-presidente sênior da Kaiser Permanente) no Cincinnati Children's Hospital, em 21 de março de 2013, no simpósio "Getting to Scale"; numa série de e-mails entre Louise Liang e Robert Sutton em abril e maio de 2013; numa entrevista por telefone conduzida por Robert Sutton com Louise Liang em 10 de maio de 2013; no prefácio de Donald M. Berwick para o livro *Connected for Health: Using Electronic Health Records to Transform Care Delivery*, Louise L. Liang (Edit.) (São Francisco: Jossey-Bass, 2010); e em trocas de e-mail com pesquisadores e administradores da Kaiser, incluindo Terhilda Garrido e Samantha Quattrone, em maio de 2013. Evidências de que houve uma grande queda no número de exames desnecessários podem ser encontradas em T. Garrido et al., "Effect of Electronic Health Records in Ambulatory Care: Retrospective, Serial, Cross Sectional Study", *British Medical Journal*, v. 330, n. 7491, p. 581, 2005; e C. Chen et al., "The Kaiser Permanente Electronic Health Record: Transforming and Streamlining Modalities of Care", *Health Affairs* 28, n. 2 (2009): p. 323-33.

CAPÍTULO 3

1. Bicycle Helmet Safety Institute, "Helmet Related Statistics from Many Sources", n.d. Disponível em: <www.helmets.org/stats.htm>, acessado em 27 mar. 2013; Ariadne Delon Scott nos forneceu as estatísticas e outras informações sobre a utilização de capacetes de ciclismo em Stanford.
2. Ralph Waldo Emerson, *Essays: First Series* (Stillwell, KS: Digireads, 2007), p. 53.
3. Benjamin Disraeli, *Vivian Grey* (Nova York: Century, 1906), p. 195.
4. Susan T. Fiske e Shelley E. Taylor, *Social Cognition*, 2. ed. (Nova York: McGraw-Hill, 1991).
5. D. Keltner, D. H. Gruenfeld e C. A. Anderson, "Power, Approach, and Inhibition", *Psychological Review*, v. 110, p. 265-84, 2003; L. Z. Tiedens, "Anger and Advancement Versus Sadness and Subjugation: The Effect of Negative Emotion Expressions on Social Status Conferral", *Journal of Personality and Social Psychology*, v. 80 (2001): p. 86-94.
6. E. Hatfield, J. Cacioppo e R. L. Rapson, *Emotional Contagion* (Nova York: Cambridge University Press, 1994).
7. Essa descrição dos problemas da JetBlue se baseia no estudo de caso de 2010 "JetBlue Airways: A New Beginning" (*Stanford Business School Case No. L-17*), elaborado por David Hoyt, Charles O'Reilly, Hayagreeva Rao e Robert Sutton; em uma apresentação dada por Bonny Simi em 29 de janeiro 2012 no nosso curso "Scaling Up Excellence"; e em uma série de e-mails trocados entre Bonny Simi e Robert Sutton em setembro e outubro de 2012 e em março de 2013 para esclarecer detalhes e checar fatos.
8. Hayagreeva Rao e David Hoyt, "Institute for Healthcare Improvement: The Campaign to Save 100,000 Lives", Graduate School of Business, Stanford University, Case No. L-13.

9. Bryce C. Hoffman, *American Icon* (Nova York: Crown, 2011).
10. Saul D. Alinsky, *Rules for Radicals* (Nova York: Random House, 1971), p. 130.
11. Os exemplos da propensão de Jobs a demonizar os inimigos foram retirados de Walter Isaacson, *Steve Jobs* (Nova York: Simon and Schuster, 2011). A citação sobre a Microsoft foi retirada da transcrição de *Triumph of the Nerds*, que foi ao ar pela PBS em junho de 1996. Disponível em: <www.pbs.org/nerds/part3.html>.
12. John Lilly, "Steve Jobs", John's Blog, 9 out. 2011. Disponível em: <http://john.jubjubs.net/2011/10/09/steve-jobs/>.
13. Irving Janis, *Groupthink: Psychological Studies of Policy Decisions and Fiascoes* (Boston: Wadsworth, 1982).
14. Martyn Gregory, "Battle of the Airlines: How the Dirty Tricks Campaign Was Run", *Independent*, 12 jan. 1993. Disponível em: <www.independent.co.uk/news/uk/battle-of-the-airlines-how-the-dirty-tricks-campaign-was-run-martyn-gregory-reports-on-bas-dirty-tricks-campaign-which-he-uncovered-as-producer-director-of-thames-televisions-this-week-programme-1478010.html>.
15. Martyn Gregory, *Dirty Tricks: Inside Story of British Airways' Secret War Against Richard Branson's Virgin Atlantic* (Londres: Little, Brown, 1994).
16. Brian Martin, *Justice Ignited: The Dynamics of Backfire* (Lanham, MD: Rowman and Littlefield, 2006), p. 38, com base em um artigo de Webb Miller, repórter da United Press, de 21 de maio de 1930.
17. Robert B. Cialdini, *Influence: The Psychology of Persuasion*, ed. rev. (Nova York: Morrow, 1993), p. 82.
18. Harold Garfinkel, *Studies in Ethnomethodology* (Malden, MA: Blackwell, 1984), p. 47.
19. Ibid., p. 38.
20. Bob Sutton, "IDEO CEO Tim Brown: 'I Found It Vaguely Embarrassing and Frustrating to Be in an Office'", *Work Matters*, 4 fev. 2010. Disponível em: <http://bobsutton.typepad.com/myweblog/2010/02/ideo-ceo-tim-brown-i-found-it-vaguely-embarrassing-and-frustrating-to-be-in-an-office.html>.
21. D. W. Winnicott, *The Child and the Outside World* (Londres: Tavistock, 1957).
22. Bill Sapirito, "Power Steering", *Time*, 19 dez. 2001. Disponível em: <www.time.com/time/magazine/article/0,9171,2101857-1,00.html>; "Sergio Marchionne: Resurrecting Chrysler", *60 Minutes*, transmitido originalmente em 25 mar. 2012. Disponível em: <www.cbsnews.com/8301-18560_162-57403925/sergio-marchionne-resur>; "Global Players: Sergio Marchionne, CEO, Fiat", *New Global*, 9 mar. 2010. Disponível em: <www.thomaswhite.com/explore-the-world/global-players/sergio-marchionne.aspx>.
23. Sergio Marchionne, "Acceptance Speech at Columbia Business School, Deming Cup Award Ceremony, New York", 2 nov. 2011. Disponível em: <www7.gsb.columbia.edu/deming/sites/default/filesffiles/Sergio%20Marchionne%281%29.pdf>.
24. Esta história foi contada por Randall Lipps a Rao em setembro de 2008 e confirmada num e-mail de Lipps para Rao em 22 de outubro de 2012.
25. Cialdini, *Influence*.
26. Baseado em Sergio Marchionne, "Fiat's Extreme Makeover", *Harvard Business Review*, dez. 2008, p. 45-8, e em Marchionne, "Acceptance Speech".
27. Herminia Ibarra e Nicole Sackley, "Charlotte Beers at Ogilvy & Mather Worldwide (A)", *Harvard Business School*, Case No. 495031-PDF-ENG, 1995.
28. James G. March e Mie Augier, "James March on Education, Leadership, and Don Quixote: Introduction and Interview", *Academy of Management Learning and Education*, v. 3, n. 2, p. 16977, 2004.

29. Nick Wingfield, "Jury Awards $1 Billion to Apple in Samsung Patent Case", *New York Times*, 24 ago. 2012. Disponível em: <www.nytimes.com/2012/08/25/technology/jury-reaches-decision-in-apple-samsung-patent-trial.html>.
30. "Apple: One, Two, Three, Four, We'll Sue You If You Send Us More", CNNMoney.com, 20 dez. 2007. Disponível em: <http://money.cnn.com/galleries/2007/fortune/0712/gallery.tech_fortune/7.html>.

CAPÍTULO 4

1. Baba Shiv e Alexander Fedorikhin, "Heart and Mind in Conflict: The Interplay of Affect and Cognition in Consumer Decision Making", *Journal of Consumer Research*, v. 26, n. 3 (1999): p. 278-92.
2. George Miller, "The Magical Number Seven, Plus or Minus Two: Some Limits on Our Capacity for Processing Information", *Psychological Review*, v. 6 (1956): p. 81-97.
3. Kevin Peters, "How I Did It: Office Depot's President on How 'Mystery Shopping' Helped Spark a Turnaround", *Harvard Business Review*, 14 nov. 2011, p. 47.
4. Eyal Ophir, Clifford Nass e Anthony D. Wagner, "Cognitive Control in Media Multitaskers", *Proceedings of the National Academy of Sciences*, v. 106, n. 37 (2009): p. 15583-7; veja também Adam Gorlick, "Media Multitaskers Pay Mental Price, Stanford Study Shows", *Stanford Report*, 24 ago. 2009. Disponível em: <http://news.stanford.edu/news/2009/august24/multitask-research-study-082409.html>.
5. I. M. Nembhard et al., "Learn How to Improve Collaboration and Performance", Harvard Business School Working Paper No. 08-002; um resumo pode ser encontrado em I. M. Nembhard et al., "Improving Patient Outcomes: The Impact of Front-line Staff Collaboration on Quality of Care", *Evidence-Based Management*, 21 jan. 2008. Disponível em: <http://evidence-basedmanagement.com/2008/01/21/improving-patient-outcomesthe-impact-of-front-line-staff-collaboration-on-quality-of-care/>. Anita Tucker conduziu as análises adicionais relativas aos anos de 2003 e 2004 em setembro de 2012 e as enviou por e-mail a Robert Sutton em 8 de agosto de 2012.
6. Bradley R. Staats, Katherine L. Milkman e Craig R. Fox, "The Team Scaling Fallacy: Underestimating the Declining Efficiency of Larger Teams", *Organizational Behavior and Human Decision Processes*, v. 118, n. 2 (2012): p. 132-42; Jennifer S. Mueller, "Why Individuals in Larger Teams Perform Worse", *Organizational Behavior and Human Decision Processes*, v. 117, n. 1 (2012): p. 111-24.
7. J. Richard Hackman, "Leading Teams: Setting the Stage for Great Performances – The Five Keys to Successful Teams", entrevistado por Mallory Stark, 15 jul. 2002, *Harvard Business School Working Knowledge*. Disponível em: <http://hbswk.hbs.edu/archive/2996.html>.
8. James Webb, "Flexibility and the Fire Team", *Marine Corps Gazette*, abr. 1972, p. 25-8. Disponível em: <www.jameswebb.com/articles/mcgazette-flexflreteam.html>.
9. Richard L. Brandt, "Birth of a Salesman", *Wall Street Journal*, 15 out. 2011. Disponível em: <http://online.wsj.com/article/SB10001424052970203914304576627102996831200.html>; Matthew May, *The Laws of Subtraction* (Nova York: McGraw-Hill, 2012), p. 59.
10. Rao e Sutton entrevistaram Kothari e Gupta e conversaram com seus 12 colaboradores sobre o escalonamento em 6 de setembro de 2011.
11. Malcolm Gladwell, *The Tipping Point* (Nova York: Little, Brown, 2000), p. 178-9.
12. Bruno Goncalves, Nicola Perra e Alessandro Vespignani, "Modeling Users' Activity on Twitter Networks: Validation of Dunbar's Number", *Bulletin of the American*

Physical Society, v. 57, 2012. Disponível em: <www.plosone.org/article/info%3Adoi%2F10.1371%2Fjournal.pone.0022656>.
13. Há algumas controvérsias e algumas diferenças de opinião entre os acadêmicos para decidir se o "inchaço administrativo" é algo que acomete todas as organizações ou se, à medida que crescem e amadurecem, a proporção de administradores continua mais ou menos igual ou diminui. Para os propósitos deste livro, basta saber que as organizações de fato precisam acrescentar mais estrutura, pessoas e processos à medida que crescem e que algumas organizações são mais propensas a inchar que outras – como as universidades, de acordo com o *Economist*. Também há razões para acreditar que, à medida que as organizações passam por períodos de crescimento e declínio, elas tendem continuar adicionando porcentagens crescentes de administradores ano após ano. Pelo menos esse é o argumento de John R. Montanan e Philip J. Adelman, "The Administrative Component of Organizations and the Ratchet Effect: A Critique of Cross-Sectional Studies", *Journal of Management Studies*, v. 24, n. 2 (1987): p. 113-23.
14. "Declining by Degree: Will America's Universities Go the Way of Its Car Companies?", Economist.com, 2 set. 2010. Disponível em: <www.economist.com/node/16941775?story_id=16941775&fsrc=rss>.
15. "Higher Education: Not What It Used to Be", Economist.com, 1º dez. 2012. Disponível em: <www.economist.com/news/united-states/21567373-american-universities-represent-declining-value-money-their-students-not-what-it>.
16. Cyril Northcote Parkinson, *Parkinson's Law, and Other Studies in Administration* (Boston: Houghton Mifflin, 1957).
17. John Greathouse, "Infiltrating Big Dumb Companies: In Through the Out Door", infoChachkie, 1o out. 2010. Disponível em: <http://infochachkie.com/infiltrating/>.
18. Jonah Lehrer, "A Physicist [Solves] the City", *New York Times*, 7 dez. 2010. Disponível em: <www.nytimes.com/2010/12/19/magazine/19UrbanWest-t.html?pagewanted=1&_r=2&ref=magazine>.
19. U.S. Census Bureau, "Statistics About Business Size (Including Small Business) from the U.S. Census Bureau". Disponível em: <www.census.gov/econ/smallbus.html>, download feito em 13 jun. 2013.
20. Amy S. Blackwood, Katie L. Roeger e Sarah L. Pettijohn, "The Nonprofit Sector in Brief: Public Charities, Giving, Volunteering: 2012", Urban Institute, 2012. Disponível em: <www.urban.org/UploadedPDF/412674-The-Nonprofit-Sectorin-Brief.pdf>.
21. P. Kim e J. Bradach, "Why More Nonprofits Are Getting Bigger", *Stanford Social Innovation Review*, v. 10, n. 2 (2012): p. 14-6.
22. Bill Keller, "2000 Years of Popes, Sacred and Profane", *New York Times*, 7 jul. 2011. Disponível em: <www.nytimes.com/2011/07/10/books/review/book-review-absolutemonarchs-a-history-of-the-papacy-by-john-juliusnorwich.html?_r=0&adxnn1=1&pagewanted=all&adxnnlx=1365351022-95jSXelN30It+dHgz0jFZA>.
23. Simon Johnson, "Why Are The Big Banks Suddenly Afraid?", *New York Times*, 30 ago. 2012. Disponível em: <http://economix.blogs.nytimes.com/2012/08/30/why-are-the-big-banks-suddenly-afraid/>. Federal Reserve Bank of St. Louis, "Commercial Banks in the U.S.", 17 maio 2013. Disponível em: <http://research.stlouisfed.org/fred2/series/USNUM>.
24. John Cable, "For Industry to Flourish, 'Bureaucracy Must Die'", *Industry Week*, 25 maio 2012. Disponível em: <www.industryweek.com/global-economy/innovation-flourish-your-organization-bureaucracy-must-die?page=1>.
25. Deborah H. Gruenfeld e Larissa Z. Tiedens, "Organizational Preferences and Their Consequences", in: *Handbook of Social Psychology*, 5. ed., Susan T. Fiske, Daniel T. Gilbert e Gardner Lindzey (Edit.) (Hoboken, NJ: John Wiley, 2010), p. 1252-87.

26. "How Google Grew into an Online Goliath", Talk of the Nation, 16 set. 2011, National Public Radio, a transcrição pode ser encontrada em <www.npr.org/2011/09/16/140537850/how-google-grew-into-an-online-goliath>.
27. Baseado numa entrevista sobre o escalonamento conduzida por Sutton e Rao com Chris Fry e Steve Greene em 6 de dezembro de 2012, em Stanford, na Califórnia, e uma apresentação de Chris Fry no nosso curso "Scaling Up Excellence", em 7 de março de 2013.
28. Ernest Hemingway, "The Art of Fiction No. 21", entrevista conduzida por George Plimpton, 1963, *Paris Review*, primavera 1958. Disponível em: <www.theparisreview.org/interviews/4825/the-art-of-fiction-no-21-ernest-hemingway>.
29. Adam Lashinsky, *Inside Apple* (Nova York: Business Plus, 2012), p. 68-89.
30. Matthew May, *The Laws of Subtraction* (Nova York: McGraw-Hill, 2012), p. 64.
31. William Edwards Deming, *Out of the Crisis* (Cambridge, MA: MIT Press, 2000), p. 102.
32. Samuel Culbert, *Get Rid of the Performance Review!* (Nova York: Business Plus, 2010).
33. Com base numa entrevista por telefone conduzida por Rao e Sutton com Holly Parker-Coney e Donna Morris, da Adobe, em 10 de dezembro de 2012; uma apresentação feita por Morris em 27 de agosto de 2013 no programa executivo de Rao, "Gestão de Talentos para a Vantagem Estratégica"; e vários e-mails de acompanhamento trocados com Parker-Coney depois da entrevista e das apresentações.
34. Will Schutz, *Profound Simplicity* (San Diego, CA: Learning Concepts, 1982).
35. Jeffrey Battersby, "Review: Intuit TurboTax SnapTax", *Macworld*, 28 fev. 2013. Disponível em: <www.macworld.com/article/2028957/review-intuit-turbotax-snaptax.html>.
36. Robert I. Sutton, *Good Boss, Bad Boss: How to Be the Best... and Learn from the Worst* (Nova York: Business Plus, 2010), p. 139.
37. R. B. Zajonc, "Mere Exposure: A Gateway to the Subliminal", *Current Directions in Psychological Science*, v. 10, n. 6 (2001): p. 224-8.
38. Barbara S. Kisilevsky et al., "Effects of Experience on Fetal Voice Recognition", *Psychological Science*, v. 14, n. 3 (2003): p. 220-4.
39. Daniel Kahneman e Amos Tversky, "Prospect Theory: An Analysis of Decision Under Risk", *Econometrica: Journal of the Econometric Society*, v. 47, n. 2 (1979): p. 263-91.
40. Stephen King, *On Writing*, edição de 10º aniversário (Nova York: Simon and Schuster, 2010).
41. As discussões cordiais e construtivas entre Bird e Walker são bem documentadas nos "extras" da "Edição de Colecionador" (com dois DVDs) de *Os incríveis*. Tanto Bird quanto Walker nos recomendaram ver os extras quando conversamos com eles, em 2008, sobre o conflito construtivo. A história "da gosma viscosa do Zezé" foi descrita num e-mail enviado por John Walker a Sutton em 15 de maio de 2013.
42. Com base numa entrevista conduzida por Robert Sutton com Denis Bugrov em 27 de outubro de 2012 no campus de Stanford e numa série de e-mails trocados entre Sutton e Bugrov no início de novembro de 2012.
43. K. E. Weick, "Puzzles in Organizational Learning: An Exercise in Disciplined Imagination", *British Journal of Management*, v. 13 (2002): p. S7-S15.
44. Essa seção se baseia numa apresentação de Melissa Valentine para o Departamento de Gestão de Ciência e Engenharia de Stanford em 6 de janeiro de 2013; em vários e-mails trocados entre Valentine e Sutton em março de 2013; e em M. A. Valentine e A. C. Edmondson, "Team Scaffolds: How Minimal In-Group Structures Support Fast-Paced Teaming", *Harvard Business School Working Paper* 12-062.

45. Ben Horowitz, "The Freaky Friday Management Technique", Blog de Ben, 19 jan. 2012. Disponível em: <http://bhorowitz.com/2012/01/19/the-freaky-friday-management-technique/>.
46. Bernard Smith e John Reed, "General Motors: The Marques Man", *Financial Times*, 7 jun. 2010. Disponível em: <www.ft.com/cms/s/577f-45ca-726b-lldf-9f82-0144feabdc0,Authorised=false.html?_i_location=http%3A%-2F%2Fwww.ft.com%2Fcms%2Fs%2F0%2F577f45ca-726b-11df-9f82-00144feabdc0.html&_referer=http%3A%2F%2Fjournalisted.com%2Farticle%2Flgva9>.
47. A conclusão sobre a estabilidade de grupos e grande parte das pesquisas que a corroboram podem ser encontradas em J. Richard Hackman, *Leading Teams: Setting the Stage for Great Performances* (Boston: Harvard Business Review Press, 2002). Veja também Ali E. Akgiln e Gary S. Lynn, "Antecedents and Consequences of Team Stability on New Product Development Performance", *Journal of Engineering and Technology Management*, v. 19, n. 3 (2002): p. 263-86; Tonya Boone, Ram Ganeshan e Robert L. Hicks, "Learning and Knowledge Depreciation in Professional Services", *Management Science*, v. 54, n. 7 (2008): p. 1231-6; Robert S. Huckman e Gary P. Pisano, "The Firm Specificity of Individual Performance: Evidence from Cardiac Surgery", *Management Science*, v. 52, n. 4, p. 473-88.
48. Kathleen M. Eisenhardt e Claudia Bird Schoonhoven, "Organizational Growth: Linking Founding Team, Strategy, Environment, and Growth Among U.S. Semiconductor Ventures, 1978-1988", *Administrative Science Quarterly*, v. 35, n. 3 (1990): p. 504-29; Boris Groysberg, Andrew N. McLean e Nitin Nohria, Are Leaders Portable?", *Harvard Business Review*, v. 84, n. 5 (2006): p. 92.
49. Diana McLain Smith, "For Better, Warren Buffett and Charlie Munger", n.d. Disponível em: <http://dianamclainsmith.com/relationships/for-better-or-worse/warren-buffett-and-charlie-munger>, acessado em 13 jun. 2013.
50. Anita Williams Woolley et al., "Evidence for a Collective Intelligence Factor in the Performance of Human Groups", *Science*, 30 set. 2010, doi:10.1126/science.1193147, resumido em "Collective Intelligence: Number of Women in Group Linked to Effectiveness in Solving Difficult Problems", *Science Daily*, 2 out. 2010. Disponível em: <www.sciencedaily.com/releases/2010/09/100930143339.htm>.
51. J. Cardieri, "Churchill Understood Afternoon Naps", *New York Times*, 2 out. 1989. Disponível em: <www.nytimes.com/1989/10/02/opinion/1-churchill-understood-afternoon-naps-838589.html>; Y. Harrison e J. A. Horne, "The Impact of Sleep Deprivation on Decision Making: A Review", *Journal of Experimental Psychology*, Applied, v. 6 (2000): p. 236-49; S. R. Daiss, A. D. Bertelson e T. T. Benjamin Jr., "Resting vs. Napping: Effects on Mood and Performance", *Psychophysiology*, v. 23 (1986): p. 82-8; Mark R. Rosekind et al., "Alertness Management: Strategic Naps in Operational Settings", *Journal of Sleep Research*, v. 4, n. s2 (1995): p. 62-6. As citações de Rosekind foram retiradas de Mark R. Rosekind, "Expert Interview", n.d., International Aviation Safety Association. Disponível em: <www.iasa.com.au/folders/Safety_Issues/RiskManagement/sleepanddreams.html>, acessado em 13 fev. 2013.
52. Shai Danziger, Jonathan Levav e Liora Avnaim-Pesso, "Extraneous Factors in Judicial Decisions", *Proceedings of the National Academy of Sciences*, v. 108, n. 17 (2011): p. 6889-92.
53. Marc L. Songi, "Nike Blames Financial Snag on Supply Chain Project", *Computerworld*, 27 fev. 2001. Disponível em: <www.computerworld.com/s/article/58124/Nike_blames_financial_snag_on_supply_chain_project>.
54. As informações se baseiam numa apresentação de Trout no curso "Gestão de Recursos Humanos" de Rao, em Stanford, em 1º de maio de 2012, e foram confirmadas e refinadas com base numa troca de e-mails entre Trout e Rao em novembro de 2012.

55. Ben Horowitz, "Taking the Mystery Out of Scaling a Company", 2 ago. 2010. Disponível em: <http://bhorowitz.com/2010/08/02/taking-the-mystery-out-of-scaling-a-company>.

CAPÍTULO 5

1. Bob Sutton, "United Airlines Lost My Friends' 10-Year-Old Daughter and Didn't Care", *Work Matters*, 13 ago. 2012. Disponível em: <http://bobsutton.typepad.com/myweblog/2012/08/united-airlines-lost-my-friends-10-year-old-daughter-and-didnt-care.html>; Jad Mouawad, "For United, Big Problems at Biggest Airline", *New York Times*, 28 nov. 2012. Disponível em: <www.nytimes.com/2012/11/29/business/united-is-struggling-two-years-after-its-merger-with-continental.html?pagewanted=all>; Genevieve Shaw Brown, "Cover Model's Dog Dies on United Flight", ABC News.com, 21 set. 2012. Disponível em: <http://abcnews.go.com/Travel/united-airlines-killed-golden-retriever-model/story?id=17287486>.
2. Robert Sutton, "Felt Accountability: Some Emerging Thoughts", *Work Matters*, 22 ago. 2012. Disponível em: <http://bobsutton.typepad.com/my_weblog/2012/08/felt-accountability-some-emerging-thoughts.html>.
3. Entrevista por telefone conduzida por Sutton com Paul Purcell em 10 de setembro de 2012.
4. Entrevista por telefone conduzida por Rao e Sutton com Leslie Dixon em 18 de junho de 2012.
5. Reed Hastings, CEO, Netflix, "Reference Guide on Our Freedom and Responsibility Culture", 2009.
6. Robert Sutton teve várias conversas com esse gestor da Netflix no outono de 2011 e verificou os fatos da história em agosto de 2012 em uma série de e-mails. O gestor prefere manter o anonimato.
7. Jin Whang et al., "Tamago-Ya of Japan: Delivering Lunch Boxes to Your Work", *Stanford Graduate School of Business*, Case No. GS60, 2007 (revisto em 2010); as informações do estudo de caso foram complementadas por nossas conversas com Jin Whang a respeito.
8. David Novak, *Taking People with You* (Nova York: Penguin, 2012), p. 57.
9. James R. Barker, "Tightening the Iron Cage: Concertive Control in Self-Managing Teams", *Administrative Science Quarterly*, v. 38, n. 3 (1993): p. 408-37.
10. Boris Groysberg, Ahshish Nanda e Nitin Nohria, "The Risky Business of Hiring Stars", *Harvard Business Review*, v. 82, n. 5 (2004):p. 92-101; veja também Boris Groysberg, *Chasing Stars: The Myth of Talent and the Portability of Performance* (Princeton: Princeton University Press, 2010).
11. Matthew Bidwell, "Paying More to Get Less: The Effects of External Hiring Versus Internal Mobility", *Administrative Science Quarterly*, v. 56, n. 3 (2011): p. 369-407.
12. Peter Cappelli, *Why Good People Can't Get Jobs: The Skill Gap and What Companies Can Do About It* (Filadélfia: Wharton Digital Press, 2012).
13. Julie Triedman, Sara Randazzo e Brian Baxter, "House of Cards", *American Lawyer*, 1º jul. 2012. Disponível em: <www.americanlawyer.com/PubArticleTAL.jsp?id=1202560700480&House_ofCards&slreturn=20130318125104>.
14. Mancur Olson Jr., *The Logic of Collective Action: Public Goods and the Theory of Groups*, 2. ed. (Cambridge, MA: Harvard University Press, 1971).
15. Stephen J. Dubner e Steven D. Levitt, "Why Vote?", *New York Times*, 6 nov. 2005. Disponível em: <www.nytimes.com/2005/11/06/magazine/06freak.html?pagewanted=all&_r=0>; retirado de uma entrevista conduzida por Rao e Sutton com Michael Dearing em 7 de maio de 2012, em Palo Alto, Califórnia.

16. Patricia Sellers, "P&G: Teaching an Old Dog New Tricks", *Fortune*, 15 maio 2004. Disponível em: <http://money.cnn.com/magazines/fortune/fortune_archive/2004/05/31/370714/index.htm>. As informações sobre como a McKinsey e a IDEO decidem quem promoverá a *partner* foram retiradas de conversas com líderes seniores das duas empresas; as informações sobre a General Electric são de uma entrevista por telefone conduzida por Sutton com Susan Peters em 20 junho de 2013.
17. Robert I. Sutton, *Good Boss, Bad Boss: How to Be the Best... and Learn from the Worst* (Nova York: Business Plus, 2010), p. 99-100.
18. Thomas E. Ricks. *The Generals: American Military Command from World War II to Today* (Nova York: Penguin, 2012), p. 184.
19. Matthew B. Ridgway, *The Korean War* (Nova York: Doubleday, 1967), p. 97; Matthew B. Ridgway e Walter R. Winton, "Troop Leadership at the Operational Level: The Eighth Army in Korea", *Military Review*, abr. 1990, p. 68.
20. Matthew B. Ridgway (autor), Harold H. Martin (colaborador), *Soldier: The Memoirs of Matthew B. Ridgway* (Nova York: Harper, 1956), p. 82-3.
21. Rebecca L. Schaumberg e Francis J. Flynn, "Uneasy Lies the Head That Wears the Crown: The Link Between Guilt Proneness and Leadership", *Journal of Personality and Social Psychology*, v. 103, n. 2 (ago. 2012): p. 327-42.
22. Robert I. Sutton, "Pixar Lore: The Day Our Bosses Saved Our Jobs", hbr.org, 10 jan. 2011. Disponível em: <http://blogs.hbr.org/sutton/2011/01/pixarlorethedayourbosses.html>.
23. Esta citação e a próxima são de Marina Krakovsky, "Why Feelings of Guilt May Signal Leadership Potential", Graduate School of Business, Stanford University, comunicado à imprensa, 13 abr. 2012. Disponível em: <www.gsb.stanford.edu/news/research/leadership-guilt-flynn.html>.
24. M. Bateson, D. Nettle e G. Roberts, "Cues of Being Watched Enhance Cooperation in a Real-World Setting", *Biology Letters*, v. 2, n. 3 (2006): p. 412-4; M. Ernest-Jones, D. Nettle e M. Bateson, "Effects of Eye Images on Everyday Cooperative Behavior: A Field Experiment", *Evolution and Human Behavior*, v. 32, n. 3 (2011): p. 172-8.
25. Karthikeyan Hemalatha, "Pee Problems? Gods to the Rescue", *Times of India*, 10 dez. 2012. Disponível em: <http://articles.timesofindia.indiatimes.com/2012-11-10/chennai/35033679_1_autorickshaw-driver-compound-wall-station-wall>.
26. Vinod Khosla, "Gene Pool Engineering for Entrepreneurs", mar. 2012. Disponível em: <www.khoslaimpact.com/wp-content/uploads/2012/03/Gene_Pool_Engineering_1_31_2012.pdf>; Teresa Nelson, "The Persistence of Founder Influence: Management, Ownership, and Performance Effects at Initial Public Offering", *Strategic Management Journal*, v. 24, n. 8 (2003): p. 707-24; Benjamin Schneider, "The People Make the Place", *Personnel Psychology*, v. 40, n. 3 (1987): p. 437-53.
27. Michael Dearing, "The Five Cognitive Distortions of People Who Get Stuff Done", trabalho apresentado em Stanford University, 31 jan. 2013.
28. Robert D. Dewar, "Customer Focus at Neiman Marcus: 'We Report to the Client'", Kellogg School of Management, jan. 2006. Disponível em: <http://cb.hbsp.harvard.edu/cb/web/product_detail.seam?E=68954&R=KEL145-PDF-ENG&conversationld=1553565>.
29. Shishir Prasad, Mitu Jayashankar e N. S. Ramnath, "How Chandra Runs TCS", *Forbes*, 17 jul. 2011. Disponível em: <www.forbes.com/2011/07/18/forbes-india-how-chandra-runs-tcs.html>. Esta descrição foi atualizada e ligeiramente modificada com base em uma troca de e-mails entre Rao e o vice-presidente da TCS Pradipta Bagchi em 5 julho de 2013.
30. Bruce Japsen, "Out from Behind the Counter", *New York Times*, 21 out. 2011. Disponível em: <www.nytimes.com/2011/10/22/business/atwalgreens-pharmacists-urged-to-mix-with-public.html?pagewanted=all&_r=0>.

31. David Larter, "Commercial Pilot Market Ready for a Boom", *Air Force Times*, 22 jul. 2011. Disponível em: <www.airforcetimes.com/news/2011/07/air-force-commercial-pilot-market-boom-072211w/>.
32. Sutton conversou com John Lilly pelo menos uma dúzia de vezes ao longo dos anos sobre os 106 "coordenadores CS". Lilly diz que é um de seus assuntos favoritos. As citações aqui são de um e-mail que Lilly enviou a Sutton em 23 de abril de 2013.
33. Caitlin Farrell et al., "Scaling Up Charter Management Organizations: 8 Keys for Success", National Center for Charter School Finance and Governance, 2009. Disponível em: <www.uscrossier.org/ceg/wp-content/uploads/2012/02/CMO_guidebook.pdf>. Os fatos sobre a KIPP foram retirados de <www.kipp.org/>, acessado em 18 jun. 2013; os fatos sobre a YES Prep são de <http://yesprep.org/>, acessado em 18 jun. 2013; e os fatos sobre a Rocketship Education são de <www.rsed.org/>, acessado em 18 jun. 2013.
34. Lyndsey Layton, "Is a Charter School Chain Called Rocketship Ready to Soar Across America?", *Washington Post*, 29 jul. 2012. Disponível em: <http://articles.washingtonpost.com/2012-07-29/local/35486951_1_charter-school-achievement-gap-public-schools/2>.
35. Gareth Cook, "The Autism Advantage", *New York Times*, 29 nov. 2012. Disponível em: <www.nytimes.com/2012/12/02/magazine/the-autism-advantage.html?pagewanted=all&_r=0>.
36. Robert Sutton, "Felt Accountability: Some Emerging Thoughts", *Work Matters*, 22 ago. 2012. Disponível em: <http://bobsutton.typepad.com/my_weblog/2012/08/felt-accountability-some-emergingthoughts.html>. No comentário original, o piloto fala de um "atraso compartilhado", não "atraso"; nós editamos a mensagem para fins de clareza.
37. Rohit Deshpande, "Terror at the Taj: Customer-Centric Leadership. Multi-Media Case", *Harvard Business School Case*, 2010; veja também Rohit Deshpande e Anjali Raina, "The Ordinary Heroes of the Taj", *Harvard Business Review*, v. 89, n. 12 (2011): p. 119-23.

CAPÍTULO 6

1. A história de como o CALL melhorou sua transmissão de informações é de Jonathan Koester, "CALL: From Lessons Learned to Educating the Force", *NCO Journal*, jul. 2011. Disponível em: <https://usasma.bliss.army.mil/NCOJournal/Archives/2011/July/PDFs/CALL.pdf>.
2. Hayagreeva Rao e David Hoyt, "Institute for Healthcare Improvement: The Campaign to Save 100,000 Lives", Graduate School of Business, Stanford University, Case No. L-13. Sutton também entrevistou Joe McCannon em 24 de maio de 2013 para saber mais detalhes sobre a equipe que ele liderou durante a campanha e os dois trocaram uma série de e-mails nas duas semanas seguintes para esclarecer fatos e detalhes.
3. Larry Cooley e Richard Kohl, *Scaling Up – From Vision to Large-Scale Change: A Management Framework for Practitioners* (Washington, DC: Management Systems International, 2006).
4. Em 1998, John Hunter e Frank Schmidt, da Michigan State University, publicaram uma meta-análise do padrão de relações observadas em periódicos revistos por colegas nos 85 anos anteriores para identificar quais métodos de seleção de pessoal foram os melhores e os piores fatores preditivos do desempenho no trabalho. Dos 19 métodos analisados, a grafologia terminou em penúltimo lugar e os autores relataram que não havia evidências confiáveis de ela ser um método seguro de seleção de pessoal. Veja F. L. Schmidt e J. E. Hunter, "The Validity and Utility of Selection Methods in Personnel

Psychology: Practical and Theoretical Implications of 85 Years of Research Findings", *Psychological Bulletin*, v. 124 (1998): p. 262-74; veja também Barry L. Beyerstein e Dale F. Beyerstein, *The Write Stuff Evaluations of Graphology, the Study of Handwriting Analysis* (Amherst, NY: Prometheus Books, 1992).

5. Brad Garlinghouse, "Yahoo Memo: 'The Peanut Butter Manifesto'", *Wall Street Journal*, 18 nov. 2006. Disponível em: <http://online.wsj.com/public/article/SB116379821933826657-0mbjXoHnOwDMFH_PVeb_jqe3Chk_20061125.html>.
6. As informações sobre o SPaM se baseiam nas memórias de Sutton; em trocas de e-mail com Corey Billington em 16 de dezembro de 2008 e 6 de junho de 2013; e em descrições retiradas de Andrew Hargadon e Robert I. Sutton, "Building an Innovation Factory", *Harvard Business Review*, v. 78, n. 3 (2000): p. 157.
7. Damon Centola e Michael Macy, "Complex Contagions and the Weakness of Long Ties", *American Journal of Sociology*, v. 113 (2007): p. 7202-34.
8. O texto padrão aqui é de Robert B. Cialdini, *Influence: Science and Practice* (Boston: Allyn and Bacon, 2001); Sutton ouviu Khurana contar essa piada baseada em evidências num seminário de pesquisa que ele conduziu em Stanford Business School em 2002 ou 2003.
9. Janet Browne, *Charles Darwin: A Biography*, v. 2, The Power of Place (Nova York: Knopf, 2011).
10. Com base em participações de Hanson no curso "Scaling Up Excellence" de Rao e Sutton em 1º de março de 2012 e 17 de janeiro de 2013 e em uma entrevista conduzida por Rao e Sutton em 25 de março de 2011.
11. Jared Diamond, "Iowa, the Harvard of Coaching", *Wall Street Journal*, 21 dez. 2011. Disponível em: <http://online.wsj.com/article/SB10001424052970204879004577110731460989536.html>.
12. Gerald Imber, *Genius on the Edge: The Bizarre Double Life of Dr. William Stewart Halsted* (Nova York: Kaplan, 2010).
13. Veja R. L. Cross e A. Parker, *The Hidden Power of Social Networks* (Boston: Harvard Business School Press, 2004); Rob Cross, Wayne Baker e Andrew Parker, "What Creates Energy in Organizations", *Sloan Management Review*, v. 44, n. 4 (2003): p. 51-6.
14. Chris Cox confirmou esta informação por e-mail em 25 de maio de 2013.
15. Imber, Genius on the Edge, 226.
16. Estas estatísticas são das Bandeirantes do Norte da Califórnia, 2012 Annual Report. Disponível em: <www.girlscoutsnorcal.org/documents/2013-annual-report-paged-web.pdf>, com algumas atualizações da CEO Marina Park.
17. Libby Sartain com Martha I. Finney, *HR from the Heart* (Nova York: AMACOM, 2003); Byron Reeves e J. Leighton Read, *Total Engagement: Using Games and Virtual Worlds to Change the Way People Work and Businesses Compete* (Boston: Harvard Business Press, 2009).
18. Gartner Research, "Gartner Says by 2015, More Than 50 Percent of Organizations That Manage Innovation Processes Will Gamify Those Processes", 12 abr. 2011. Disponível em: <www.gartner.com/newsroom/id/1629214>.
19. Toby Beresford, "Will Enterprise Software of the Future Be Fun?", *Gamification of Work*, 15 jul. 2011. Disponível em: <http://gamificationofwork.com/2011/07/will-enterprise-software-of-the-future-be-fun/>.
20. Polly LaBarre, "Provoking the Future", hbr.org, 20 jul. 2011. Disponível em: <http://blogs.hbr.org/cs/2011/07/provoking_the_future.html>.
21. Hayagreeva Rao e David Hoyt, "Rite-Solutions: Mavericks Unleashing the Quiet Genius of Employees", Estudo de Caso, Graduate School of Business, Stanford University; LaBarre, "Provoking the Future".
22. LaBarre, "Provoking the Future".

23. Maria Christina Cabellaro, "An Academic Turns a City into a Social Experiment", *Harvard Gazette*, 11 mar. 2004.
24. Denny F. Strigl e Frank Swiatek, *Managers, Can You Hear Me Now? Hard Hitting Lessons on How to Get Real Results* (Nova York: McGraw-Hill, 2011), p. 106.
25. Você pode visitar o blog Lizard Wrangling – Mitchell on Mozilla & More no endereço <https://blog.lizardwrangler.com/>.
26. A entrevista foi conduzida em Hillsborough, Califórnia, em 15 de janeiro de 2009.
27. Baseado numa palestra dada por Colleen McCreary, diretora de RH da Zynga, no curso "Gestão de Recursos Humanos" de Rao em 12 de abril de 2011.
28. Julie Battilana e Tiziana Casciaro, "Overcoming Resistance to Organizational Change: Strong Ties and Affective Cooptation", *Management Science*, v. 59, n. 4 (abr. 2013): p. 819-36.
29. Ronald S. Burt, *Brokerage and Closure: An Introduction to Social Capital* (Oxford: Oxford University Press, 2005).
30. Essa seção se baseia nas frequentes conversas de Sutton com Kelley, desde 1994. Sutton conheceu Kelley quando ele e Andrew Hargadon (hoje professor da University of California em Davis) conduziram um trabalho de etnografia, de 18 meses, na IDEO em meados dos anos 1990 e desde então frequenta a empresa na qualidade de um IDEO fellow. Em 2002, Sutton trabalhou com Kelley para lançar e desenvolver o que viria a se tornar a d.school, cujo nome oficial é Hasso Plattner Institute of Design de Stanford. Sutton teve centenas de conversas com Kelley e participou com ele de pelo menos cem encontros e reuniões de todos os tamanhos e tipos, desde reuniões de equipe na IDEO e na d.school até a festa de casamento de Kelley e as bodas de 150 e 160 aniversários de casamento.
31. Veja "Take a d.school Class". Disponível em: <http://dschool.stanford.edu/classes/>, acessado em 20 jun. 2013.
32. Sutton ouviu a expressão "opiniões fortes, mas mantidas com delicadeza" de Bob Johansen do Institute for the Future, que a creditou ao ex-colega Paul Saffo. Não se sabe ao certo qual é a origem exata, como acontece com muitos provérbios, ditados e expressões. Para mais detalhes, veja a discussão no blog de Sutton: "Strong Opinions, Weakly Held", *Work Matters*, 17 jul. 2006. Disponível em: <http://bobsutton.typepad.com/my_weblog/2006/07/strong_opinions.html>.
33. NICQ Quality Improvement Collaborative, Vermont Oxford Network, São Francisco, 10 set. 2008.
34. Para informações sobre a StartX, veja "About StartX", n.d. Disponível em <http://startx.stanford.edu/#about>, acessado em 20 de jun. 2013; veja também Colleen Taylor, "StartX, the Stanford-Affiliated Startup Accelerator, Kicks Off Spring 2013 Demo Day with 10 Company Debuts", <Techcrunch.com>, 30 maio 2013. Disponível em: <http://techcrunch.com/2013/05/30/startx-the-stanford-affiliated-startup-accelerator-kicks-offspring-2013-demo-day-with-10-company-debuts/>.
35. Xun (Irene) Huang et al., "Going My Way? The Benefits of Travelling in the Same Direction", *Journal of Experimental Social Psychology*, v. 48, n. 4 (2012): p. 978-81; Scott S. Wiltermuth e Chip Heath, "Synchrony and Cooperation", *Psychological Science*, v. 20, n. 1 (2009): p. 1-5.
36. O senhor Darragh falou com Sutton sobre as *stand-up meetings* em uma conversa no Norte da Califórnia em 24 de setembro, 2008. Troquei e-mails com o senhor Darragh para saber mais detalhes e esclarecer os fatos em 6 e 11 de dezembro de 2008. Uma variação desse relato pode ser lida em Robert I. Sutton, *Good Boss, Bad Boss: How to Be the Best... and Learn from the Worst* (Nova York: Business Plus, 2010), p. 161-2.
37. Veja, por exemplo, Dean Leffingwell, *Scaling Software Agility: Best Practices for Large Enterprises* (Upper Saddle River, NJ: Addison-Wesley Professional, 2007).

38. As informações sobre a Salesforce.com apresentadas neste capítulo se baseiam numa entrevista sobre o escalonamento conduzida por Sutton e Rao com Chris Fry e Steve Greene em 6 de dezembro de 2012, em Stanford, Califórnia, e numa apresentação de Chris Fry no nosso curso "Scaling Up Excellence" em 7 de março de 2013. As citações de Fry sobre a feira de emprego são de um e-mail que ele enviou a Sutton em 7 de junho de 2013, e as citações de Greene são de uma troca de e-mails com Sutton em 11 de junho de 2013.
39. Michael S. Malone, *Bill and Dave: How Hewlett and Packard Built the World's Greatest Company* (Nova York: Portfolio, 2007).
40. Jarrett Spiro et al., "Confirmation Bias in Distributed Sensemaking: Virus Categorization in the West Nile and Sin Nombre Diagnostic Networks", em revisão, jan. 2013.

CAPÍTULO 7

1. De uma entrevista por telefone conduzida por Rao e Sutton com Karin Kricorian em 12 de outubro de 2012; uma apresentação que Kricorian fez no nosso curso "Scaling Up Excellence" em Stanford, em 19 de fevereiro de 2013; e Carmine Gallo, "Customer Service the Disney Way", Forbes, 14 abr. 2011. Disponível em: <www.forbes.com/sites/carminegallo/2011/04/14/customer-service-the-disney-way>. Para uma descrição detalhada de como o elenco da Disney cria a felicidade, e poderia melhorar ainda mais, veja Lauren Newell, "Happiness at the House of Mouse: How Disney Negotiates to Create the 'Happiest Place on Earth'", *Pepperdine Dispute Resolution Law Journal*, v. 12 (2012): p. 415.
2. R. F. Baumeister et al., "Bad Is Stronger Than Good", *Review of General Psychology*, v. 5 (2001): p. 323-70.
3. Andrew Miner, Theresa Glomb e Charles Hulin, "Experience Sampling Mood and Its Correlates at Work", *Journal of Occupational and Organizational Psychology*, v. 78, n. 2 (2005): p. 171-93.
4. W. Felps, T. R. Mitchell e E. Byington, "How, When, and Why Bad Apples Spoil the Barrel: Negative Group Members and Dysfunctional Groups", *Research in Organizational Behavior*, v. 27 (2006): p. 175-222. Veja também "Ruining It for the Rest of Us", episódio 370 de *This American Life*, transmitido em 19 de dezembro de 2008. Disponível em: <www.thisamericanlife.org/radio_episode.aspx?sched=1275>.
5. Rick Grannis, "The Contagion of Cheating and Network Ethics", palestra em um seminário da Graduate School of Business, Stanford University, 2012; Rick Grannis, "The Contagion of Cheating", manuscrito de livro não publicado, 2010. Veja também Thao Ta, "The Spread of Academic Cheating", New University, 15 jan. 2013. Disponível em: <www.newuniversity.org/2013/01/news/the-spread-of-academic-cheating/>.
6. Laura Batchelor, "NYC Hospital Settles with Family in Waiting Room Death", CNN.com, 28 maio 2009. Disponível em: <http://edition.cnn.com/2009/US/05/28/ny.hospital.death/index.html>; veja também AP, "Esmin Green, Who Died on Brooklyn Hospital Floor, Perished from Sitting", *New York Daily News*, 11 jul. 2008. Disponível em: <www.nydailynews.com/new-york/brooklyn/esmin-green-died-brooklyn-hospital-floor-perished-sitting-article-1.347467>.
7. Judith Graham, "Esmin Green's Death: The Hospital Chief Responds", *Triage*, 2 jul. 2008. Disponível em: <http://newsblogs.chicagotribune.com/triage/2008/07/esmin-greens-de.html>.
8. Bibb Latane e John M. Darley, "Group Inhibition of Bystander Intervention in Emergencies", *Journal of Personality and Social Psychology*, v. 10, n. 3 (1968): p. 215-21.

9. Peter Fischer et al., "The Bystander-Effect: A Meta-analytic Review on Bystander Intervention in Dangerous and Non-dangerous Emergencies", *Psychological Bulletin*, v. 137, n. 4 (2011): p. 517-37.
10. Jim Ramsberger, "Kitty, 40 Years Later", *New York Times*, 4, fev. 2004. Disponível em:<www.nytimes.com/2004/02/08/nyregion/kitty-40-years-later.html?pagewanted=all&src=pm>.
11. Latane e Darley, "Bystander-Effect".
12. C. Salmivalli, A. Huttunen e K. Lagerspetz, "Peer Networks and Bullying in Schools", *Scandinavian Journal of Psychology*, v. 38 (1997): p. 305-12.
13. Michael Winerip, "A New Leader Helps Heal Atlanta Schools, Scarred by Scandal", New York Times, 19 fev. 2012. Disponível em: <www.nytimes.com/2012/02/20/education/scarred-by-cheating-scandal-atlanta-schools-are-on-the-mend.html?pagewanted=1&_r=1&ref=us>.
14. Ibid.
15. Michael Winerip, "Ex-Schools Chief in Atlanta Is Indicted in Testing Scandal", *New York Times*, 30 mar. 2013. Disponível em: <www.nytimes.com/2013/03/30/us/formers-chool-chief-in-atlanta-indicted-in-cheating-scandal.html?pagewanted=all&r=0>.
16. Heather Vogell e John Perry, "Are Drastic Swings in CRCT Scores Valid?", *Atlanta Journal-Constitution*, 19 out. 2009. Disponível em: <www.ajc.com/news/news/local/are-drastic-swings-in-crct-scores-valid/nQYQm/>.
17. Esta e as outras citações do parágrafo foram retiradas de Winerip, "Ex-Schools Chief".
18. Jaxon Van Derbeken, "PG&E Incentive System Blamed for Leak Oversights", *San Francisco Chronicle*, 25 dez. 2011. Disponível em: <www.sfgate.com/news/article/PG-E-incentive-system-blamed-for-leak-oversights-2424430.php#page-2>.
19. James Q. Wilson e George L. Kelling, "Broken Windows: The Police and Neighborhood Safety", *Atlantic*, 1º mar. 1982.
20. Robert B. Cialdini, Raymond R. Reno e Carl A. Kallgren, "A Focus Theory of Normative Conduct: Recycling the Concept of Norms to Reduce Littering in Public Places", *Journal of Personality and Social Psychology*, v. 58, n. 6 (1990): p. 1015-26.
21. Charles A. O'Reilly III e Barton A. Weitz, "Managing Marginal Employees: The Use of Warnings and Dismissals", *Administrative Science Quarterly*, v. 25 (set. 1980): p. 467-84.
22. 22. Cathy Van Dyck et al., "Organizational Error Management Culture and Its Impact on Performance: A Two-Study Replication", *Journal of Applied Psychology*, v. 90, n. 6 (2005): p. 1228.
23. Robert M. Sapolsky e Lisa J. Share, "A Pacific Culture among Wild Baboons: Its Emergence and Transmission", PLoS Biology, v. 2, n. 4 (2004): p. e106; Natalie Angier, "No Time for Bullies: Baboons Retool Their Culture", *New York Times*, 13 abr. 2004. Disponível em: <www.nytimes.com/2004/04/13/science/no-time-for-bullies-baboons-retool-their-culture.html?pagewanted=all&src=pm>; note que esta é uma versão bastante editada e revista de uma descrição desse estudo publicada em Robert I. Sutton, *The No Asshole Rule: Building a Civilized Workplace and Surviving One That Isn't* (Nova York: Business Plus, 2007).
24. Marisa de la Torre et al., "Turning Around Low-Performing Schools in Chicago: Summary Report", *Consortium on Chicago School Research*, fev. 2012.
25. Russ Mitchell, "The Medical Wonder: Meet the CEO Who Rebuilt a Crumbling California Hospital", *Fast Company*, maio 2011. Disponível em:<www.fastcompany.com/1747629/medical-wonder-meet-ceo-who-rebuilt-crumbling-california-hospital>, download feito em 24 jun. 2013; <http://www.healthleadersmedia.com/page-1/LED-274153/HL20-Wright-LLassiter-IIImdashGetting-Better-All-the-Time>.
26. Matthew Dixon, Karen Freeman e Nicholas Toman, "Stop Trying to Delight Your Customers", *Harvard Business Review*, v. 88, n. 7/8 (2010): p. 116-22.

27. Elizabeth Levy Paluck e Hana Shepherd, "The Salience of Social Referents: A Field Experiment on Collective Norms and Harassment Behavior in a School Social Network", *Journal of Personality and Social Psychology*, v. 103, n. 6 (2012): p. 899-915.
28. Gary P. Latham, "The Importance of Understanding and Changing Employee Outcome Expectancies for Gaining Commitment to an Organizational Goal", *Personnel Psychology*, v. 54, n. 3 (2001): p. 707-16; note que esta é uma versão bastante editada e revista de uma descrição desse estudo publicada no blog de Sutton sob o título "An Astounding Intervention *That Stopped* Employee Theft", Work Matters, 14 maio 2009. Disponível em: <http://bobsutton.typepad.com/my_weblog/2009/05/an-astounding-intervention-that-stopped-employee-theft.html>.
29. Hal E. Hershfield, Taya R. Cohen e Leigh Thompson, "Short Horizons and Tempting Situations: Lack of Continuity to Our Future Selves Leads to Unethical Decision Making and Behavior", *Organizational Behavior and Human Decision Processes*, v. 117, n. 2 (2012): p. 298-310; H. E. Hershfield et al., "Increasing Saving Behavior Through Age-Progressed Renderings of the Future Self", *Journal of Marketing Research*, v. 48 (2011): p. S23-S27.
30. Amanda Shantz e Gary Latham, "The Effect of Primed Goals on *Human Performance: Implications for Human Resource Management*", Human Resource Management, v. 50 (2011): p. 288-99.
31. Lisa Vollmer, "Mulcahy Took a No-Nonsense Approach to Turn Xerox Around", Graduate School of Business, Stanford University, *News*, 1º dez. 2004. Disponível em: <www.gsb.stanford.edu/news/headlines/vftt_mulcahy.shtml>.
32. Daniel Kahneman et al., "When More Pain Is Preferred to Less: Adding a Better End", *Psychological Science*, v. 4, n. 6 (1993): p. 401-5.
33. Horowitz deu esse conselho no nosso curso "Scaling Up Excellence", em 28 de fevereiro de 2012. Também defendeu argumentos similares num post publicado em 21 de setembro de 2010 no Blog de Bem sob o título "The Right Way to Lay People Off". Disponível em: <http://bhorowitz.com/2010/09/21/the-right-way-to-lay-people-off>.
34. Amy C. Edmondson, "Learning from Mistakes Is Easier Said Than Done: Group and Organizational Influences on the Detection and Correction of Human Error", *Journal of Applied Behavioral Science*, v. 32, n. 1 (1996): p. 5-28; Anita L. Tucker e Amy C. Edmondson, "Why Hospitals Don't Learn from Failures", *California Management Review*, v. 45, n. 2 (2003): p. 55-72.
35. Cathy Van Dyck et al., "Organizational Error Management Culture and Its Impact on Performance: A Two-Study Replication", *Journal of Applied Psychology*, v. 90, n. 6 (2005): p. 1228.
36. Chen-Bo Zhong, Vanessa K. Bohns e Francesca Gino, "Good Lamps Are the Best Police: Darkness Increases Dishonesty and Self-Interested Behavior", *Psychological Science*, v. 21, n. 3 (2010): p. 311-4; e citação da Association for Psychological Science, "Darkness Increases Dishonest Behavior", comunicado à imprensa, 1º mar. 2010. Disponível em: <www.psychologicalscience.org/media/releases/2010/zhong.cfm>.
37. Baseado numa entrevista conduzida por Rao e Sutton com Michael Dearing em 7 de maio de 2012, em Palo Alto, Califórnia, e numa troca de e-mails entre Sutton e Dearing em 30 de junho de 2013.
38. Srini Tridandapani et al., "Increasing Rate of Detection of Wrong-Patient Radiographs: Use of Photographs Obtained at Time of Radiography", *American Journal of Roentgenology*, v. 200, n. 4 (2013): p. W345-W352; Y. Turner e I. Hadas-Halpern, "The Effects of Including a Patient's Photograph to the Radiographic Examination", trabalho apresentado no 94o encontro da Radiological Society of North America, 2008.

39. Tony Simons e Quinetta Roberson, "Why Managers Should Care About Fairness: The Effects of Aggregate Justice Perceptions on Organizational Outcomes", *Journal of Applied Psychology*, v. 88, n. 3 (2003): p. 432; Jerald Greenberg e Jason A. Colquitt, eds., *Handbook of Organizational Justice* (Nova York: Psychology Press, 2013).
40. Martin E. P. Seligman, *Helplessness: On Depression, Development, and Death* (São Francisco: W. H. Freeman, 1975).
41. Michael Winerip, New Leader Helps Heal Atlanta Schools, Scarred by Scandal", *New York Times*, 19 fev. 2012. Disponível em: <www.nytimes.com/2012/02/20/education/scarred-by-cheating-scandal-atlanta-schools-are-on-the-mend.html?pagewanted=1&_r=l&ref=us>.

CAPÍTULO 8

1. Gary Klein, "Performing a Project Premortem", *Harvard Business Review*, v. 85, n. 9 (2007): p. 18-9; Karol G. Ross et al., "The Recognition-Primed Decision Model", Military Review, v. 84, n. 4 (2004): p. 610; Daniel Kahneman e Gary Klein, "Strategic Decisions: When Can You Trust Your Gut?", entrevista conduzida por Olivier Saboney, McKinsey Quarterly, mar. 2010. Disponível em: <www.mckinsey.com/insights/strategy/strategic_decisions_when_can_you_trust_your_gut>; "Nobel Prize Winner Daniel Kahneman Describes the "Pre-mortem" to Eliminate Thinking Biases", Vimeo, n.d. Disponível em: <http://vimeo.com/67596631>, acessado em 21 ago. 2013.
2. Tanto Gary Klein quanto Daniel Kahneman descrevem o *premortem* como um método para imaginar – e prevenir – um fracasso no futuro. No entanto, Karl Weick demonstra que o método de "ir para o futuro e olhar para o passado" também é útil para imaginar o caminho para o sucesso, de modo que recomendamos dividir a equipe em dois grupos e pedir que um deles imagine o fracasso e o outro, o sucesso. Dividir a equipe em dois grupos pode resultar em uma análise mais rica do que se limitar a imaginar só o fracasso ou só o sucesso. Isso acontece por duas razões. Em primeiro lugar, os fatores que levam ao fracasso costumam ser diferentes dos que levam ao sucesso, de modo que essa variação do *premortem* pode ajudar as pessoas a desenvolver uma visão mais completa das etapas necessárias para atingir os objetivos. Em segundo lugar, influentes pesquisas conduzidas por Kahneman e o finado Amos Tversky sobre a teoria da perspectiva demonstram que as pessoas tomam decisões diferentes diante de perdas, em comparação com as tomadas diante de ganhos. Quando os membros da equipe só imaginam os fracassos, e as possíveis perdas lhes parecerem grandes, a teoria da perspectiva sugere que são propensos a assumir riscos excessivos para evitar as perdas, tais como medidas desesperadas para evitar os possíveis custos e constrangimentos. Veja o artigo clássico sobre a teoria da perspectiva em Daniel Kahneman e Amos Tversky, "Prospect Theory: An Analysis of Decision under Risk", *Econometrica*, v. 47 (1979): p. 263-91.
3. Karl E. Weick, *The Social Psychology of Organizing* (Reading, MA: Addison-Wesley, 1979).
4. Deborah J. Mitchell, J. Edward Russo e Nancy Pennington, "Back to the Future: Temporal Perspective in the Explanation of Events", *Journal of Behavioral Decision Making*, v. 2, n. 1 (1989): p. 25-38. Citação de Klein, "Performing a Project Premortem", p. 18.
5. Max H. Bazerman, *Judgment in Managerial Decision Making* (Nova York: Wiley, 2006), p. 198.

6. Garazi Ibarrolaza, "Startup Genome Report on Premature Scaling", Punchlime, 7 mar. 2013. Disponível em: <www.punchlime.com/blog/startup/startup-genome-premature-scaling>; Bjoern Herrmann e Max Marmer, Startup Genome, vídeo postado no YouTube, 16 maio 2012. Disponível em: <http://www.youtube.com/watch?v=SNOzBZY41jU>; Max Marmer, "Startup Genome Report Extra: Premature Scaling", 29 ago. 2011. Disponível em: <http://blog.startupcompass.co/pages/startup-genome-report-extra-on-premature-scal>.
7. Jackson é citado em Ibarrolaza, "Startup Genome Report".
8. "Pixar Keeps Its Crises Small, Says Founder Catmull", Graduate School of Business, Stanford University, comunicado à imprensa, 1º jan. 2007. Disponível em: <www.gsb.stanford.edu/news/headlines/2007entepreneurshipconf.shtml>.
9. Robert X. Cringely, *Accidental Empires* (Nova York: HarperBusiness, 1992), p. 157.
10. Essa história pode ser encontrada em Robert I. Sutton, *Weird Ideas That Work: How to Build a Creative Company* (Nova York: Free Press, 2007); veja também Mitchell Kapor, entrevista conduzida por Andy Goldstein, 20 maio 1993, Interview #157, Engineers as Executives Oral History Project, Center for the History of Electrical Engineering, Institute of Electrical and Electronics Engineers, sec. 4.4.4, "Management on a Large Scale". Disponível em: <www.ieeeghn.org/wiki/index.php/Oral-History:Mitchell_Kapor#Management_on_a_large_scale>.
11. Não temos como mencionar o nome da empresa onde esse gerente trabalha. Rao e Sutton ouviram essa história em 1º de novembro de 2012 durante o programa executivo Inovação focada no cliente em Stanford University. Confirmamos a história e acrescentamos alguns detalhes com base em várias trocas de e-mail com Claudia Kotchka e Jeremy Utley em julho de 2013.
12. Essa história foi retirada de uma entrevista conduzida por Robert Sutton com Stephanie Rowe em Stanford University em 29 de agosto de 2011, bem como vários e-mails trocados entre Rowe e Sutton em agosto de 2012 para que ela pudesse rever o texto, verificar os fatos e esclarecer vários detalhes.
13. Karl E. Weick, "Drop Your Tools: An Allegory for Organizational Studies", *Administrative Science Quarterly* (1996): p. 301.
14. Ibid.
15. Michael Hirst, "Michelangelo in Florence: David in 1503 and Hercules in 1506", *Burlington Magazine*, ago. 2000, p. 487-92. Disponível em: <www.gwu.edu/~art/Temporary_SL/129:255/Readings/david.pdf>.
16. Diego Rodriguez, "Constraints", *Metacool*, 13 mar. 2006. Disponível em: <http://metacool.typepad.com/metacool/2006/03/last_week_i_pos.html>.
17. Patricia D. Stokes, "Variability, Constraints, and Creativity: Shedding Light on Claude Monet", *American Psychologist*, v. 56, n. 4 (2001): p. 355.
18. Sutton conversou com Scott Wyatt no Fórum Econômico Mundial, em Palo Alto, Califórnia, nos dias 28 e 29 de junho de 2013, e teve outra conversa por telefone com ele em 18 de julho de 2013.
19. Sutton participou da conversa "Criação de Produtos Incríveis" entre Brad Smith e Bill Campbell na Intuit em Mountain View, Califórnia. Informações adicionais são de conversas telefônicas e trocas de e-mail com Karen Weiss e Cassie Devine, da Intuit, no fim de julho de 2013.
20. Os comentários de Linda Abraham mencionados aqui foram retirados de uma entrevista por telefone (seguida de várias trocas de e-mail) conduzida por Sutton com ela em 16 de julho de 2013.
21. Robert I. Sutton, *Good Boss, Bad Boss: How to Be the Best... and Learn from the Worst* (Nova York: Business Plus, 2010), p. 139. Sutton entrevistou Ernest na matriz do Google em Mountain View, Califórnia, em 15 de dezembro de 2010.

22. John Thomas contou esta história a Rao em 25 de julho de 2013 e os fatos foram verificados e revistos com base numa troca de e-mails entre Rao e Thomas em 28 de julho de 2013.
23. Teresa J. Shafer et al., "Organ Donation Breakthrough Collaborative Increasing Organ Donation Through System Redesign", *Critical Care Nurse*, v. 26, n. 2 (2006): p. 33-48.
24. Essa distinção entre "orgulho arrogante" e "orgulho autêntico" resultou de pesquisas conduzidas pela psicóloga Jessica Tracy e seus colegas. Veja, por exemplo, Jessica L. Tracy e Richard W. Robins, "Emerging Insights into the Nature and Function of Pride", *Current Directions in Psychological Science*, v. 16, n. 3 (2007): p. 147-50.

Índice remissivo

Os números de página em *itálico* referem-se a ilustrações.
Os números de páginas a partir de 307 referem-se a notas de fim.

A

Abraham, Linda, 297-8
Academy-in-a-Box, xvi, 61
Acrobat (*software*), 115
Adams, Annie, 260-1
Adelman, Philip J., 330
Adobe, 115-8, 307
Air Force Times, 174
Alameda Health Systems (AHS), 185, 248-250
Alinsky, Saul, 84
Allen, Paul, 132
Amazon.com, 105, 321
American Airlines, 75
American Express, 96-7
American Journal of Sociology, 311
American Lawyer, 155
American Telephone & Telegraph (AT&T), 130, 259
Anderson, Colin, 182
anonimato, 265, 267
Apple, 9, 12, 18, 41, 84-6, 99, 110, 114, 120-1, 129, 132, 171, 318
Argote, Linda, 57
Arizona State University, 108
asiáticos, 36-7, 191
mentalidade atlética, 6, 183, 324
escolas públicas de Atlanta, 237-40, 242, 245, 262, 265, 270-1
Atlas Snowshoes, 247
autismo, 177
avatares, 258
Aviles, Alan, 233

A guinada (Heath), 47
abordagem "faça você mesmo", 29, 290
abordagem budista, xii, 36, 39-42, 53-4, 64, 276
abordagem católica, xii, 38-9
abordagem *top-down*, 76, 208-9
ações de curto prazo, 9, 18-21, 163, 259
Acordos de Paz de Paris de 1973, 90-1
Aeroporto de Haneda, 147
Aeroporto Internacional John F. Kennedy, 75-9, 289, 302
analistas do mercado de ações, 152
analogia da guerra terrestre, 3, 5, 33, 60, 183, 275, 287
armadilha da réplica, 39, 220
Ataque da Melancia, 73-4, 81, 88, 307, 320
Atlanta Journal-Constitution, 237, 339
audição, xvii, 9, 15
autogestão, 151
avaliações de desempenho, 13, 104, 115, 197

B

babuínos, pesquisas com, 107, 244-5
Bagrecha, Naveen, 24
Baird, 144-5, 162
Baker, Mitchell, 209-10
Banco Imobiliário, 15, 205
bancos de investimento, 153
bandeirantes, x, 36, 47-9, 51, 200-1, 316
    Bandeirantes do Norte da Califórnia, 200-1, 326, 336
Bank of America, 110

Barger, David, 76
Barker, James, 151
barreiras de segurança, 62, 64, 66, 292-3
Bateson, Melissa, 169-70
Battilana, Julie, 212
Baumeister, Roy, 231, 250
Bazerman, Max, 280
Bechtolsheim, Andy, 174
Bed Bath & Beyond, 31
Beers, Charlotte, 96-7
Bentley, John, 57
Berkshire Hathaway, 132
Berra, Yogi, 54
Berwick, Donald M., 82, 98
Bialas, David, 182
Bidwell, Matthew, 153
Big Boy (rede de *fast-food*), 53
Big Mac, 53
Bird, Brad, xiii, 121-2, 276, 331
BlackBerry, 25
blogs, 29, 142-3, 209-10
Bloomberg, Michael, 22, 205
boas causas, xii, 269-276
boas soluções, xii, 69-99, 183, 276
Bom chefe, mau chefe (Sutton), 317
bombas caseiras (ou artefatos explosivos improvisados), 174, 321
Bowers, Michael, 270
Boyle, Brendan, 217
brainstorming, 73, 80, 173, 285, 325
Branson, Richard, 86
Brashier, Bill, 194
Bratton, William, 241
Bridge International Academies, xvi, 5, 19, 101, 160, 183, 287, 324
Brigham and Women's Hospital, 45
Brin, Sergey, 19, 184, 298
Bristol Hospital, 57
British Airways, 86
British Gas, 259-60
British Petroleum (BP), 163, 246
Brown, Shona, 19-20, 234
Brown, Tim, 90, 328
Budweiser, xi, 37
Buffet, Warren, 132-3
Bugrov, Denis, 122-4
Bulletin of the American Physical Society, 107
bullies/bullying, 99, 236
buracos estruturais, 216
Burger King, 55
burocracia, 112, 136-7

C

caixinha da honestidade, 160-70
California, University of:
    em Los Angeles (UCLA), 115, 232, 242
    em São Francisco (UCSF), 52
CALL (Center for Army Lessons Learned), 181, 215
Cambell's Soup, 96
Camp CEO, 200-1
Campaign Live, 184-5, 209
Campanha das 100.000 Vidas, 82-3, 134, 183, 211, 224, 315, 318
Campbell, Bill ("o *Coach*"), 18, 295-6
campeonatos da Sprint Cup, 7
capital de risco, 161, 282
capitalistas de risco, 3, 35, 85, 129, 158, 171, 175, 243, 261-2, 266, 282, 308
Cappelli, Peter, 154
carga cognitiva, 66, 101-41
Carnegie Mellon University, 54, 129
Casciaro, Tiziana, 212
cassinos, 204-5
Catmull, Ed, 56, 167-9, 282-3
celulares, 17, 19, 98, 143, 177-8, 251, 254, 261, 265
150 Mulheres Mais Influentes, 200
Centers for Disease Control, 227
Chandrasekaran, Natarajan (Chandra), 173
Chastain, Brandi, 133
checagens, 115-118, 246
Cheesecake Factory, 44
Chew, Russell, 75
Chicago, University of, 245
China Business Review, 43, 318
Chou, Sarah, 70-1, 307
Chow, Oliver, 315-6
Christiansson, Carolin, 70
Chrysler (fabricante de automóveis), 91-2, 94
Churchill, Winston, 134-5
Cialdini, Robert B., 88, 241
Cincinnati Children's Hospital, 37, 60
cirurgia de prótese de joelho, 44-5
Cisco, 175
Citibank, 110
Citrus Lane, 243, 264, 307
Cleveland Clinic, xiii, 307
clientes misteriosos, 102-103
coaches/coaching, 189, 194, 230, 243, 246-7
Coburn, Cynthia, 51
Coca-Cola, 284, 320
cochilos, *veja* intervalos dos colaboradores; dormir
Collins, Jim, 40-1, 259
Columbia University, 18, 234

"Como Visto na TV" (*site*), 166
complexidade necessária, 101-40, 276
comportamento destrutivo/mentalidades destrutivas, 235-6, 242, 249
compromissos públicos, 74, 88
comScore, 297
comunidades de sentimento, 72-3
conexões dormentes, 200-2
Conley, Chip, 320
Connected for Health (Liang), 60, 65
Contra Costa Regional Medical Center, 186
Cook, Scott, 119
Copy Exactly!, 38-9
Coreia do Norte, 165
Coreia do Sul, 165
Corporate Executive Board (CEB) (consultoria), 251
Cost Plus World Market, 30, 307, 320
Cox, Chris, 10-2, 81, 198
Creative Cloud, 115
"Criação de Produtos Incríveis", 295
Cringely, Robert X., 284
Cross, Rob, 197-8
Crowl, David, 41
Culbert, Sam, 115
cultura "faça por mim", 43
cultura, 10, 19-20, 36, 39, 41-3, 54, 61-2, 66, 85, 90, 99, 105, 129, 131, 157-9, 171-2, 244-5, 264, 292-3, 297-8
curvas de aprendizagem, 56-7, 138, 190
Cybex, 187-8

D

d.school, 35-6, 216-9, 243, 246-7, 261, 266, 306, 308-9, 320-2
Danner, John, 177
dar um nome ao problema, 82
Darbee, Peter, 240
Darley, John, 234
Darragh, David, 222-3
Darwin, Charles, 147, 192
Darwiniana (Gray), 193
Dasani (água), 25
date rape, 82
Davis, Erroll B., Jr., 270-1
Dearing, Michael, 14, 35, 37, 158, 171, 243, 266, 268, 308
Del Solar, Bill, 182
delatores, 238
delírios de exclusividade, 42-6, 280
Dell, Michael, 85, 129
Delligatti, Jim, 53
Deming, William Edwards, 115

demissões voluntárias, 117-8, 261
demissões/afastamentos, 24, 75, 117-8, 138, 145, 153, 168-9, 249, 261-2, 268
densidade de talentos, 146-7
"Demo Day", 220
Departamento de Educação dos Estados Unidos, 108
Departamento de Transportes dos Estados Unidos, 142-3
Design for Delight (D4D) (modelo), 119-20, 193-4, 250-1, 315
design thinking, 35-7, 80, 188, 214, 216-8, 283, 285-6, 322
desistentes do ensino médio, 47, 148
desobediência civil não violenta, 87
detalhes dissonantes, 17, 230
Dewey & LeBoeuf, 155-8
Dewey Ballantine, 155
diagrama de rede, 206
diferenças de *status*, 90, 203
Digital Marketing Suite, 115
DIRECTV, 322
Disney/Disneylândia, 17, 55-6, 85, 168, 229-31, 235-6, 260-1
Disraeli, Benjamin, 71
diversão, 202, 204, 236
Dixon, Leslie, 145
Dixon, Matthew, 251
Dorrough, 29
Duckworth, Angela L., 7
Dunbar, Robin, 106-7
Dunn, Debra, 260, 306, 320
DuPont (empresa), 195
Dweck, Carol, 47, 50

E

Eames, Charles, 291
eBay, 243
Edmondson, Amy C., 125-7, 263-4, 296
Eesley, Chuck, 22-3, 33
efeito da mera exposição, 121
efeito dominó, xv-xvi, 124, 181-228, 233, 276
efeito espectador, 234
efeitos semelhança-atração, 191
eficácia de grupos, x, 105, 131, 152, 232
Egon Zehnder, 137
Eisenhardt, Kathleen, 132
Eisner, Michael, 85
eliminação, 230-34, 238-39, 251-52
elos fracos, 225
em cima do muro, 212
Em frente! (Schultz), 14
e-mail, x, xii, 12, 63, 65, 103, 127, 143, 199-

200, 209, 226, 292
Emerson, Ralph Waldo, 71
Emory University, 267
Empreendedorismo Tecnológico (curso), 22-3
Empresa de pesquisas Gartner, 203
Empresa grande e burra, doença da, 108-9, 136
empresas saudáveis *versus* doentes, 222-5, 297
encanamento antes da poesia, 97-99
energizadores *versus* desenergizadores, 197-9
Ensaios (Emerson), 71
equipe de corrida da Nascar, 6-7
Equipe Tiger, KP HealthConnect e, 60-4, 66, 213-4, 206, 286, 292-3, 308
Ernest, Ivan, 298
erros em tratamentos medicamentosos, xi, 263
escalonamento/*scale-up*, xi-xv, xviii, 28-33
    ações de curto prazo, 9, 18-21, 163, 259
    analogia da guerra terrestre, 3-4, 33, 59, 183, 214, 287
    analogia da maratona, 7, 33, 134, 223, 276
    como jornadas, xi, xvii, 20-1, 49, 54, 59-60, 87, 119-20, 275, 286, 303
    como um jogo de malabarismo, 136
    complexidade, 24, 63, 66, 75, 101-40
    de talentos, 12, 21, 90, 113, 133, 144-7, 152, 171-4, 196, 267
    diversidade e, 192, 297
    em grandes organizações, 4-5, 125-30, 286, 307
    em pequenas organizações, 5-6, 29, 110, 295
    estrelas do, xv-xvii, 7, 146-7, 150, 193, 320
    lentamente, 3-4, 9, 31-3, 275
    mantras, xviii, 7-14, 33, 275-6
    metas de longo prazo, 7, 18-9, 278
    pensamento/mentalidade, 5-6, 8-14, 17-19, 22, 31-3, 45, 52, 56, 71, 86, 171, 288
    persistência no, 5-6, 60, 86, 160
    princípios, xii-xv, xvii, 33, 69, 87-8, 120, 203, 276, 315, 320
    rapidamente, 152, 281, 293, 296
    veteranos do, xii, 23, 81, 90, 174, 187, 225, 302, 305, 315, 319
escolas autônomas, 59, 175-6
    KIPP, xi, 176
    Rocketship Education, 176
    YES Prep, 176

escolas públicas de Chicago, 245
escolha crença-comportamento, 71
espectro do budismo-catolicismo, 53, 290, 292
espectro do catolicismo-budismo, 37, 54, 59
estabilidade de grupos, 332
Estação Ferroviária Guindy, 170
Exército dos Estados Unidos, 163, 184, 307, 320
experiências/objetos de portal, 90-93
experimentos de transgressão, 89
exterminadores de carga, 122-5

F

Facebook, xii, 8-12, 42, 73-4, 81, 101, 128-9, 175, 196-8
    Bootcamp, 10-12, 128, 183, 196-7, 211, 287
faíscas, 47, 49
Faraday (bicicleta elétrica), xiv
FarmVille (jogo *online*), 211
Fast Company, 249
fatores não negociáveis, 64, 292
Fawcett, Joy, 133
Feinberg, Mike, 176
feiras de emprego, 219-20
Feld, Barry, 30-1, 111
Felps, Will, 232
Fiat, 91-2, 94
Fidelity, 322
Financial Times, 131
Finley, Maura, 243, 264
Firefox (navegador), 13, 210
Fitzpatrick, Richard, 64
flexibilização, 35, 37
Florida, University of, 39
Flynn, Francis, 166-7, 169
Food and Drug Administration dos Estados Unidos, 116
Forbes (revista), 173, 230
Força Aérea dos Estados Unidos, 4
Ford, 83
Fortune (revista), 12, 99, 144, 159, 280
Fórum Econômico Mundial, 292-3
fóruns *online*, 182, 215
Foster, Jodie, 130
Four Seasons (hotéis), 42
Fowler, Whitfield, 260-1
Fox News, 142
fraudes, 218, 238, 270
Fry, Chris, 111-2, 139-40, 220-1, 223-4, 294-5
Fry, Hayden, 194-6
Funk, Patricia, 158

Furacão Sandy, 79
furtos, 255-7, 264

G

Gallo, Carmine, 230
Gandhi, Mahatma, 89, 98
Garlinghouse, Brad, 189, 201
Gates, Bill, 84-5, 132
Gawande, Atul, 46
Geminder, Katie, 324
General Electric (GE), xvii, 37, 110, 132, 159-60, 187
General Motors (GM), 130
Genovese, Kitty, 235, 262
Georgia University, 269
gerência de nível médio, xvi, 36-7, 112
Gerstner, Lew, 130
gestão baseada em evidências, x, 312
gestão da cadeia de suprimento, 148, 189
gestão da qualidade total, 81
Get Big (Dorrough), 29
Ghosn, Carlos, 33
Giuliani, Rudy, 241
Glad Press 'n Seal, 56
Gladwell, Malcolm, 106
Goldman Sachs, 177
Goldsmith, Marshall, 29
Good Morning America, 142
Good, Craig, 167-8
Google Mail/Google Maps, 175
Google, x, xi, 9, 18-20, 22, 85, 111-2, 136, 159, 174-5, 298
Gottman, John, 232
Gottuso, Nick, 210
governança compartilhada, 104
GPS (sistema de posicionamento global), 98
grafologia, 188, 336
Grannis, Rick, 233
Gray, Ma, 192
Gray's Manual of Botany (Gray), 193
Greathouse, John, 108
Green, Esmin, 233-5
Greenberg, Sarah Stein, 322
Greene, Steve, 112-3, 139, 220-1, 223-4, 294-5
Groopman, Jerome E., 32
groupthink (pensamento de grupo), 86
Groysberg, Boris, 132, 152-4

Gruenfeld, Deborah, 111
grupos diversificados, 11, 191, 193
Guerra da Coreia, 163
Guerra do Iraque, 181
Guerra do Vietnã, 91
Guerra nas Estrelas (filme), 168
Gupta, Ankit, 106, 132, 296, 307

H

Habitat for Humanity, 109-10
Hackman, J. Richard, 105, 107, 131, 307
Haknasar, Fysun "Fifi"; xvi, 189
Hall, Beverly, 237-8, 262, 270-1
Halsted, William Stewart, 195-6, 199, 224
Hamel, Gary, 111
Hanson, Kaaren, 119-20, 307, 315, 320, 322
Hargadon, Andrew, 336
Harvard Business Review, 311
Harvard University, 104, 108, 125, 132, 152, 192, 212, 263, 280
Hasbro (fabricante de brinquedos), 205-6
Hasso Plattner Institute of Design, *veja* d.school
Hastings, Reed, 145-6, 159, 171
Hastings, Reo, 171
Hatfield, Elaine, 72
Heath, Chip, 47, 222
Heath, Dan, 47
Hemingway, Ernest, 113
Hemocentro de Stanford, 36
Hendrick Motorsports, 7, 101
Hennessy, John, 22-3, 174
Hershon, Marc, 25, 307
Hewlett, Bill, 174, 225
Hewlett-Packard (HP), 121, 174, 190, 225, 320
hierarquias, 32, 111-3, 131, 136-7, 151, 209, 294-6, 299
Hill, Annette, 302
Hillsborough, Califórnia, 210, 294
Hinds, Pamela, 42, 306
hino nacional do Canadá, 221
Holderness, Clifford, 31-2
Home Depot, 39, 43-4, 290
Hooker, Joseph Dalton, 193
Horowitz, Ben, 3, 29, 129-30, 137-8, 153, 261-5, 268
Hosch, Rebecca, 205
hospitais mentores, 185-7

Hoyt, David, 205, 306, 318
Hunter, John, 336
Huxley, Thomas, 193
Hyatt Regency, 187, 322

I

ideias, x, xi, xv, 13, 20-1, 23, 25, 36, 85, 99, 122, 158, 198, 204-5, 220, 280, 311-22
IDEO, xiv, xv, 29-30, 42, 89-90, 114, 121, 159, 216, 320, 337
IKEA, xi, 43-4
ilusão, 8, 44, 46, 278-9
Imber, Gerald, 195
impaciência, 8, 97-8, 172, 278-9
impotência, 268-9
imprinting, 170-4
incêndios florestais, 124, 289
inchaço administrativo, 108, 330
incompetência, 8, 26-7, 243, 278-9
Incríveis, Os (filme), 55, 121
India Times, 170
iniciativas de revitalização, 245, 259
injustiça, sentimentos de, 267-8
In-N-Out Burger, 38, 54-5
Inovação focada no cliente (programa), ix, 187, 321-2
inquietação implacável, xiii, 276
Institute for Health Improvement (IHI), 81-3, 134, 183, 185, 187, 209, 215, 294
Institute for the Advancement of the American Legal System, 319
Intel, 39
inteligência coletiva, 130-4, 321
intermediários/intermediação, 215-9, 217
Internal Revenue Service (Receita Federal dos Estados Unidos), 109
International Business Machines (IBM), 84, 130, 283-4
internet, 39
Interval Research, 121
intervalos dos colaboradores, 135-6, 232
Intuit, 18, 105, 119-20, 193, 250-1, 294-5, 308, 315, 320, 322
Iowa, University of, 194
iPhone, 202
iPod, 99

J

Jackson, Michael A., 282
Jackson, Phil, 196
Jagad, Mallika, 178
Jaguar Motors, 97
Janis, Irving, 86
Jardins Botânicos Reais, 193
JetBlue Airways, ix, xii, 37, 74-9, 81, 88, 102, 128-9, 144, 159, 187, 191, 260-1, 296, 302, 320, 322
Jobs, Steve, 12, 18, 56, 84-6, 99, 114, 129, 132, 168, 171
John Bentley's (restaurante), 57
Johns Hopkins University, 195, 199
Johnson, Simon, 110
Joie de Vivre (rede de hotéis), xi, 40-1, 307, 320
Jotz Sails, 281
Jotz, Hank, 281

K

Kahneman, Daniel, 31-2, 121, 260, 276, 278-9, 294, 341
Kaiser Permanente (KP), 59-66, 183, 213-4, 216, 286, 292, 308, 327
KALAHI (programa de combate à pobreza), xiii
Kamarck, Michael, xv, 307
Kang, Karambir Singh, 178
Kaplan, Madge, 209
Kapor, Mitch 283-4
Kelley, David, xiv-xv, 29-30, 114, 216-219, 308, 321-2
Kelling, George, 241, 255
Kentucky Fried Chicken (KFC), xii-xiii, 40
Khosla, Vinod, 170-1
Khurana, Rakesh, 192
Kid Advisory Team, xvii
Kimmelman, Jay, xvi
King, Stephen, 121
Kings County Hospital, 233
KIPP (Knowledge Is Power Program), xi, 176
Kissinger, Henry, 90
Klebahn, Annie, 141-2, 260, 299, 308, 318
Klebahn, Perry, 14, 36-7, 141, 246-7, 308, 318
Klebahn, Phoebe, 141-2, 299, 318
Klein, Freada, 283-4
Klein, Gary, 276-80

Knight, Philip, 136-7
Kopp, Wendy, 176
Kotchka, Claudia, xviii, 4-5, 7, 20-1, 183, 187, 214, 224, 285, 308
Kothari, Akshay, 106, 132, 296, 307
KP HealthConnect, 60-6, 183, 187, 213, 216, 286, 292, 308, 315, 318
Kricorian, Karin, 17-8, 230, 260-1, 320
Kroc, Ray, 55

L
Lafley, A. G., 5, 56, 120, 159
Lashinsky, Adam, 12, 114, 318
Lasseter, John, 56
Lassiter, Wright, 248-50, 269
Latane, Bibb, 235-6
Latham, Gary P., 255-8
Lavoie, Jim, 204-6
Laws of Subtraction, The (May), 114-5
lealdade, 155-6, 167
LeBoeuf, Lamb, Greene & MacRae, 155
Lego, 41, 43, 49-50, 104
Lei de Miller, 105-6
Levando as pessoas com você (Novak), 318
levantamentos de clima organizacional, 116-7
Lewis, Linda, 32
Liang, Louise, 60-6, 213-4, 216, 286-7, 292, 308, 315
Liberty Ships (navios de carga), 57
líderes/liderança, ix-xii, xiv, 3, 19, 27, 41, 44, 56, 61-2, 82, 94, 102, 136-7, 155, 159-60, 162, 164-9, 175-6, 193-4, 199-200, 212, 214, 220, 224, 228, 231, 240, 246-8, 252, 289, 296, 313, 322
Liga Antidifamação, 254-5
Lilly, John, 13, 85, 185, 308, 314-5
Lilly, Kristine, 133
Lindsay, Kali, 70, 307
LinkedIn, 106, 303
Lippmann, Walter, 238
Lipps, Randall, 93, 315
Lizard Wrangling (Baker) (*blog*), 210
Los Angeles Lakers, 196
Lotus Development Corporation, 283-4
Lucas, George, 168
Lucasfilm, 167-9
ludificação, 204-5
Lyell, Charles, 193

M
Maclean, Norman, 289-90
Macworld (revista), 120
Mailer, Norman, 25
"Manifesto da Pasta de Amendoim", 189, 201
Mann, Bill, 250, 269
manual de combate a, 181, 206
Manzi, Jim, 283-4
mapeamento de processos, 78, 88, 127-8
March, James, 97-8, 247
Marcha do Sal, 88, 89
Marchionne, Serge, 92-4
Marine Corps Gazette, 105
Marinha Britânica, 137
Marinha dos Estados Unidos, x-xi, 204
Marinheiros Navais dos Estados Unidos, 125
Marino, Joe, 205-6
Market Rebels (Rao), 317
Markovitz, Dan, 115
Marticke, Simone, 260
Maruster, Rob, 76-7
Mary Kay Cosmetics, 202
Massacre do Dia dos Namorados, 78, 128
May, Matthew, 114-5
May, Shannon, xvi, 5-7, 19, 160, 162
Mayer, Marissa, 175, 201-2, 314-5
McCannon, Joe, 183-7, 209, 224-5, 307, 315
McDonald's, 41, 52-3, 55-6, 110
McKinsey Quarterly, 311, 318
McKinsey, x-xi, 5, 159, 283-4, 311, 318
MediaTek, 315-6
Medicare/MediCal, 248
medo, 8, 25-8, 92, 94, 96, 115, 163-4, 207, 243, 257, 262-4, 277
"Melhores Empresas para se Trabalhar", 144
mensagens de texto, 69, 103, 142-3, 208-9
mentalidade "faça a coisa certa", 20-21, 234, 297
mentalidade "O lar como o centro de tudo", 213
mentalidade "Seja rápido e saia quebrando as coisas", 81
mentalidade compartilhada, 9, 31, 222, 226-7
mentalidade do Sistema 1, 33
mentalidade do Sistema 2, 8, 32-3,
mentores/mentoring, 12, 18, 24, 185-6, 211
metas de longo prazo, 7, 18-9, 278
métodos ágeis, 223, 295

métodos cirúrgicos, 195
Michelangelo, 291
Michigan, University of, 141, 306
Mickey Mouse, 17, 230
microgerenciamento, 146, 194-5
Microsoft, 84-5, 132-3
mídia, xiii, 79, 142, 216, 314
Miller, George, 105
Milošević, Slobodan, 4
Ministério do Trabalho, Singapura, 36, 216
minitransformações, xvi, 189, 287
Miyashita, Yusuke, 36-7, 307
Mockus, Antanas, 207
momentos da verdade, 180
"Momentos mais idiotas do mundo dos negócios", 99
Montanari, John R., 330
MOOCs (cursos *online* abertos e massivos), 22, 302-3
Morris, Donna, 113-5, 318
Mozilla Corporation, 12-3, 85, 175, 209-10, 308, 318
Mr. Clean, 20-1
mudar de marcha, 8, 32, 49, 278
Mueller, Jennifer, 105
Mulally, Alan, 83
Mulcahy, Ann, 259, 277
mulheres americanas influentes, 199
multiplicadores-mestre, 193-6
Munger, Charlie, 132-3
Mutual Fun (jogo *online*), 205-6
MyHealthManager, 60

N

NASA, 134-5
National Center for Quality Assurance, 66
National Public Radio, 209
NBBJ (empresa de arquitetura), 292-3
NBC News, 141
Neeleman, David, 75
negociações, 91, 133
Neiman Marcus, 172, 318
Netflix, 145-7, 149-50, 158-9, 162, 171-2, 298, 318
Netscape, 210, 243
New York (revista), 22
New York Times, 235, 237
New York University, 18, 258, 306-7

New Yorker, 41, 318
Newcastle University, 169-70
Newell, Peter, 320
Nike, 136
Nissan (fabricante de automóveis), 33
nomear o inimigo, 84-6
Norby, Doub, 168
normas sociais, 89, 236, 242, 253
norte-vietnamitas, 90-1
Northeast Health Care Quality Foundation, 185
Novak, David, xii, 149-50, 318
NovoEd, 24

O

"O clube da grama mais queimada", 156
O'Gorman, Shea, 99
O'Reilly, Charles, 242-3, 305
Office Depot, 103
Ogilvy & Mather, 97, 172, 318
olfato, xvii, 9, 15
Olson, Mancur, Jr., 157, 161
Omnicell, 93, 315
On Writing (King), 342
Oppenheimer, Peter, 114
Oracle Financials, 26-8, 279, 282
Oreg, Shaul, 95, 97
Organ Donation Breakthrough Collaborative, 300-1
organizações focadas no cliente, x, 151, 173
organogramas, 206
orgulho, 301
origem das espécies, A (Darwin), 192-3
Osler, William, 199
OTAN (Organização do Tratado do Atlântico Norte), 4
otimismo irracional, 279

P

Pacheco, Bill, 187-8
Pacific Gas & Electric Company (PG&E), 238-40, 242
    explosão de tubulação de gás em San Bruno, Califórnia, 238-40
Packard, David, 174, 190, 225
Page, Larry, 19, 85, 111-2, 136, 174, 298
páginas/*posts* do Facebook, 74

Paluck, Elizabeth, 252
Papa, Andy, 6-7, 183, 323
parasitismo, 157-162, 298-301
Park, Malcolm, 57-8
Park, Marina, 200-1, 316
Park, Rod, 58-9
Parkinson, Northcote, 108
Parks, Jackie, 240
Patagônia, 247
PB&J (Processo, Burocracia & Jam Sessions), 201
Peanuts (Schultz), 91
pensar, forma de, 297, 306
Pepsi, 319-20
Perkins, David, 39
perseverança, 7, 33, 60, 86, 214, 287, 306
pesquisa
    sobre a imagem do dinheiro e o comportamento solícito, 16
    sobre a música e a compra de vinho, 15
    sobre a temperatura do café e a percepção da personalidade, 16-7
    sobre como o cheiro afeta o lixo deixado em trens, 15-16
Peters, Kevin, 102-3
Peters, Susan, 159-60, 307
Peterson, Joel, 75-78
Pfeffer, Jeffrey, 80, 250, 305
Pixar, 55-6, 85, 121-2, 159, 167-9, 276, 282-3, 308
Pizza Hut, xii, 40
Planejamento Estratégico e Modelagem (SPaM), 190
poesia antes do encanamento, 247-50,
Polícia de Trânsito da Cidade de Nova York, 241
políticas de tolerância zero, 241, 270
Pontiff, Jeffrey, 31-2
Por que algumas pessoas fazem sucesso e outras não (Dweck), 47
Porter, Tom, 55
Pós-Primeira Guerra Mundial, 108
Post-its, 37, 77, 88-9, 128, 285, 302
práticas de contratação, 20, 158, 161
práticas de demissão, 147, 150, 157, 161, 243-4, 261
práticas de promoção, 158
práticas de remuneração, 116, 118, 146, 148, 154, 159-60, 172, 300

práticas de treinamento, 189, 194, 199, 201-2, 231, 253, 286-9
práticas inovadoras, 20
Prêmio Nobel da Paz, 90
primes/priming, 15-6
prisioneiros/prisioneiros de guerra, 31-2, 135
problema das janelas quebradas, 241-2
Problema do Mais, ix-xviii, 5, 8, 28, 31, 104, 113, 275, 301
processo de conectar e disseminar em cascata, 187, 189, 194, 214, 233, 320
Procter & Gamble (P&G), xviii, 4, 20-1, 56, 102, 120, 159, 183, 214, 224, 284, 308, 322
profunda simplicidade, 119-20
programa CATCH (Child and Adolescent Trial for Cardiovascular Health), 39, 51
Programas-piloto, 47-8
projeto de operações irregulares da equipe Integrity, 77, 79, 144, 302
projeto dos capacetes de ciclismo, x-xi, 68, 306, 320, 327
pronto-socorro, grupos de, 69, 125-6, 128, 131, 286
propriedade intelectual, 99
protótipos/prototipagem, 36, 73, 182, 224, 247, 285, 309
Pulse News, xi, 106, 125, 129, 132, 183, 296, 307
Purcell, Paul, 144, 162

R

Rambus, 298, 307
Rangaswami, J. P., 203
Rank Xerox, 46-7
Rapid Equipment Force (REF), 320-1
Ratatouille (filme), 55, 121-2
Reactivity (empresa de *software* de segurança), 175
realidade virtual, 258
redes sociais de colegas/avaliações por colegas, 23, 235
redes sociais, 191, 197, 225, 252, 316
"Redução de Complexidade Essencial" (apresentação), 24
Reeves, Byron, 203
Regra das Duas Pizzas, 105
regra do "cinco para um", 231-2
Reily Foods, 223, 307

Renascentismo, 291
"Repairs of the Road to Rigor and Relevance" (Staw), 311
replicação, *veja* abordagem católica
resistência à mudança, 95, 97
responsabilização, 21-24, 46, 71, 74, 80, 92, 113, 115-6, 118, 125, 127, 144-4, 149-51, 155-60, 165, 168-70, 178-9, 190, 220, 233, 260, 264, 267, 296, 298-302, 316
ressonância magnética (MRI), xvii
retração econômica, 293
Ridgway, Matthew, 164-5, 172
Rite-Solutions, 204-6, 318
rituais, 29, 93-4, 137
Rizer, Maggie, 142-3
Rocketship Education, 176
Rogers, Maryann, 217
Rolling Stone (revista), 40
Ronaghi, Farnaz, 22
Roth, Bernie, 305
Rowe, Stephanie, 289
Ryan, Mary Jean, 82-3

S

Saberi, Amin, 22-4, 33, 305, 318
Salas de Aventura em hospitais infantis, xvii
Salas de Aventura, xvii
Salesforce.com, 112, 125, 139, 203, 220-1, 223-4, 294
Salmivalli, Christina, 236
Samsung, xiv, 99
San Francisco Business Times, 200
San Francisco Chronicle, 239, 318
SAP, 121, 322
Sapolsky, Robert, 244-5
Sartain, Libby, 202-3
Sberbank, 122-4, 307
Scafani, Michael, 240
Schaumburg, Becky, 166-7
Schmidt, Frank, 336
Schroepfer, Mike (Schrep), 12, 175, 198, 307, 320
Schultz, Howard, 14-5, 50
Schulz, Charles, 91
Schutz, William, 120
Scott, Ariadne Delon, 70, 306, 320
See's Candies, xi, 38
Segunda Guerra Mundial, 3-4, 57, 105

segurança, 59, 62-4, 71, 73, 91, 164, 179, 182, 207, 233-4, 237, 239, 240, 263, 288-9, 292-3
seleção feminina de futebol dos Estados Unidos, 133
Seligman, Martin, 268-9
sensibilidade social, 133-4
sentidos, mobilizando todos os, 8, 14-8, 169
Sexta-feira muito louca (filme), 130
Shantz, Amanda, 258-9
Share, Lisa, 244-5
Shell Oil, 163
Shiv, Baba, 102, 305
Simi, Bonny, xii, 74-8, 88, 128, 144, 187, 190-1, 260-1, 296, 302, 308, 320, 322
sinais/sugestões, 7, 8, 15, 17, 36, 42, 46, 82, 99, 111, 123, 135, 169-70, 180, 201, 226-7, 230, 245, 262-271, 321
Singh, Sanjeev, 10-11
sistema de semáforos, 123-4
sistema informatizado de registros médicos, 60, 62, 213
sistemas de *design* assistido por computador (CAD), 293
sistemas de saúde dos Estados Unidos, 60-1, 286
sistemas operacionais organizacionais, 113
sites na internet, 11, 22-3, 78, 81, 123, 166, 184-5, 303
smartphones, 254, 316
Smith, Alvy Ray, 167-8
Smith, Brad, 105, 294
SnapTax, 120
Sobel, Jason, 11
soluções *bottom-up*, 139
Sonne, Thorkil, 177
sono, 134-5
Southwest Airlines, 174, 202-3
Specialisterne (consultoria), 177
St. Rose Hospital, 52
Staats, Bradley, 104
Stanford Hospital, 56
Stanford University, ix, 187
    curso de empreendedorismo, 22-3
    departamento de RH, 174
    Faculdade de Engenharia, 174-5, 216-7, 305-6
    Oracle Financials e, 26-7, 279, 282
    programas de ciclismo, xii, 69-70, 306, 320

time de futebol, 6, 18, 70-1, 73-4
Veja d.school
Starbucks, xvi, 14-5, 62, 161
Startup Genome Project, 181
startups, xi, 23-4, 75,106, 158, 243, 281
StartX, 220
Staw, Barry, 306, 311-2
Steinem, Gloria, 82
Strigl, Denny, 208-9
subtração, xiii, 8, 28-31, 66, 113-125
Sugahara, Isatsugu, 148-50, 171-2
sul-vietnamitas, 90-1
Sun Microsystems, 170, 174
Super-homem/Supercidadão, 207
Szulanski, Gabriel, 47

T

tablets, 6,106, 210
Taco Bell, xii, 40
Taj Mahal Intercontinental Hotel, 178-80, 298-9, 318
Tamago-Ya, 147-50,172, 298, 318
tamanho, limites e perigos do, 110
Tata Consultancy Services (TCS), 173
táticas de guerra aérea, 3-4, 9, 60, 188, 209
tato, 16
Teach for America (TFA), 110, 176-7
Técnica de Gestão da Sexta-Feira Muito Louca, 129-30
técnica do premortem, 276-85
templates, utilização de, 46
    veja também protótipos/prototipagem
teoria da evolução, 192-3
teoria da perspectiva, 121, 277, 341
terceirização, 185
terceirizados independentes, 150
Teresi, Shari, 49
Terman, Frederick, 174
terrorista, 178-9, 288, 298, 318
The Economist, 108
Thomas, Aaria, 286
Thomas, John, 299
Thrive Foundation for Youth, 47, 216, 316
Timbuk2, 247
Tomlin, Lily, 259
Toronto, University of, 212, 255, 265
Torre, Marisa de la, 245
Toy Story (filme), 55

Toy Story 2 (filme), 282
trabalho baseado em valor *versus* trabalho baseado em *commodities*, 293-4
trade-offs, 54, 65, 276
    escolha crença-comportamento, 71
    mais *versus* melhor, xii, 56-9
    sozinhos *versus* juntos, 53-6
transferência de responsabilidades e tarefas, 128, 139, 299-300
Transportation Security Administration dos Estados Unidos (TSA), 286-7
traumatismo craniano, 69-70
Trope, Yaacov, 18
Trout, Lindsay, 137
Tucker, Anita L., 103-4
Tversky, Amos, 341
Twain, Mark, 255
Twitter, xiii, 18, 37, 42, 107, 139, 224, 294, 303, 307, 320

U

U.S. Strategic Air Command (SAC), 132
um não basta, 206-7
uma vez não basta, 206-7
unidades de terapia intensiva neonatal, 103
Unilever, 178
United Airlines, 141-2, 158, 179, 299, 308
Up (filme), 55
Utley, Jeremy, 246-7, 305

V

vacas de sino, 194
Vale do Silício, xi, 18, 42-3, 80, 146, 170, 174-5, 198, 264-5
Valente (filme), 55
Valentine, Melissa, 125-7, 296, 305
Venture Lab (plataforma tecnológica), 22-3
Verizon Wireless, 208-9
Vermont Oxford Network, 219-20
viagem no tempo, 258-60, 276
viés de confirmação, 228
Vilhauer, Heather, 47-51, 216, 307, 326
Virgin Atlantic Airways, 86
Virginia, University of, 196-7
vírus do Oeste do Nilo, 227
visão (um dos cinco sentidos), 17, 113, 184,197, 210, 218, 227, 259, 277, 280, 285, 295

visão retrospectiva no futuro, 277
Vivian Grey (Disraeli), 71

W
Walgreens, 173-4
Walker, Chad, 181, 215, 225
Walker, John, 122, 307-8
Wall Street Journal, 189, 259, 277, 318
Wallenda, Karl, 290
Walmart, xiii, 58, 110, 157
Wang, Xiao, 58-9, 308
Washington, University of, 232
Webb, James H., Jr., 105
Weick, Karl E., 124, 278, 289-90, 306, 341
Weill, Sandy, 110
Weitz, Barton, 242-3
Whang, Jin, 148
Wharton Business School, 38, 46, 154, 278-9, 306
Wilson, James Q., 241, 255
Win/Play/Learn (WPL), 255
Winter, Sidney G., 39, 44
Wiske, Martha Stone, 39
Women's Foodservice Forum, 320
Woolley, Anita Williams, 133
Work Matters (Sutton) (*blog*), 141, 318
Wozniak, Steve, 132
Wright, John, 45-6
Wyatt, Scott, 292-3

X
Xerox, 46-7, 61-2, 259, 277

Y
Yahoo!, 175, 188-9, 201-2
YES Prep, 176
Young Men and Fire (Maclean), 289-90
YouSendIt, 189

Z
Zajonc, Robert B., 121
Zezé (personagem), 122
Zhong, Chen-Bo, 265-6
zona total, 25-28, 279, 282
Zuckerberg, Mark, 10, 323-4
Zynga, 211

Conheça também outros títulos

hsm EDUCAÇÃO EXECUTIVA

Sustentabilidade da liderança
David Ulrich e Norm Smallwood

Faça seus esforços de liderança valerem a pena!
Todos os dias, milhares de pessoas empenham grande esforço e dinheiro em técnicas para se tornar líderes mais eficazes, por meio de seminários, treinamento pessoal, planos de desenvolvimento etc. No entanto, nem todas terminam o que começam, e muitas voltam aos hábitos menos produtivos. Nesta obra, David Ulrich e Norm Smallwood apresentam sofisticadas e comprovadas ferramentas de sustentabilidade da liderança que podem ser colocadas em prática imediatamente. O livro o ajudará a transformar boas intenções em ações efetivas e o ensinará a dominar sete disciplinas: simplicidade, tempo, responsabilidade, recursos, monitoramento, melhoramento e emoção.
Faça a viagem para a liderança sustentável e torne-se um grande líder.

Crescimento lucrativo
de Ram Charan

Um guia para resolver a questão mais atual do mundo dos negócios: como ter crescimento lucrativo orgânico, diferenciado e sustentável.
Para muitos, crescimento tem a ver com uma inovação incrível ou um produto que vai revolucionar o mercado. Apesar de atraentes e lucrativas, grandes ideias não acontecem todos os dias e frequentemente aparecem em ciclos.
Ram Charan defende que o conjunto de ações que garantem pequenas conquistas diárias e adaptações às mudanças no mercado constrói a base para o crescimento representativo. Assim, o impacto das mudanças incrementais é enorme. Longe de ser um exercício teórico, este livro inovador traz, ainda, a ideia de que todos devem estar envolvidos na agenda de crescimento da empresa.

Jogar para vencer
de A.G. Lafley e Roger L. Martin

Você está só jogando ou está jogando para vencer?
A.G. Lafley e Roger L. Martin vão ao cerne da estratégia, explicando para que serve, como pensar nela, por que é necessária e como implementá-la. E usam uma das mais bem-sucedidas reviravoltas corporativas, vivenciada na Procter & Gamble, para provar seu ponto de vista.
O resultado é um manual para vencer. Os autores criaram um conjunto de cinco escolhas estratégicas que, quando abordadas de maneira integrada, vão colocá-lo à frente de seus concorrentes. São elas: Qual é nossa ambição vencedora? Onde vamos jogar? Como vamos vencer? Quais competências devemos ter? Quais sistemas de gestão são necessários?
Como a P&G venceu ao aplicar esse método a marcas icônicas ilustram como uma abordagem estratégica faz a diferença entre agir e realmente vencer.

Conheça também outros títulos

hsm EDUCAÇÃO EXECUTIVA

Persuasão & Influência
Robert B. Cialdini, Steve J. Martin e Noah J. Goldstein

Em algum momento do dia você vai precisar influenciar alguém – seu gestor, seu colega de trabalho, um cliente, o(a) companheiro(a) ou até mesmo seus filhos. Num mundo em que o tempo é curto, há uma questão crucial: Qual é a menor mudança que você pode fazer para aumentar suas chances de sucesso?

No livro *Persuasão & Influência*, três grandes nomes da persuasão apresentam o conceito de SMALL BIG: pequenas mudanças que podem alavancar a capacidade de influenciar pessoas e gerar grandes resultados. Organizado em mais de 50 insights inspiradores, este é um guia indispensável para aqueles que querem mudar o comportamento em relação aos outros de maneira eficiente e ética.

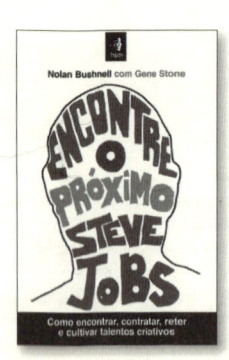

Encontre o Próximo Steve Jobs
Nolan Bushnell com Gene Stone

Visionário e revolucionário, Nolan Bushnell fundou a inovadora empresa de games Atari, a cadeia de restaurantes Chuck E. Cheese e mais de vinte outras empresas. Ele também lançou a carreira de Steve Jobs e de muitos outros criativos brilhantes nas cinco décadas que passou atuando no setor.

O mundo dos negócios está mudando mais rápido do que nunca e as empresas enfrentam novas complicações e dificuldades a cada dia. O único jeito de lidar com essa situação é montar uma equipe com pessoas incrivelmente criativas que vivem tanto no futuro quanto no presente, que adoram ser diferentes e são capazes de ter ideias que bancam o sucesso da sua empresa enquanto as outras empresas fracassam. Neste livro, Bushnell explica como encontrar, contratar, reter e cultivar as pessoas capazes transformar a sua empresa na próxima Atari ou na próxima Apple.

Marketing e Comunicação na Era Pós-Digital
Walter Longo

Uma nova era da sociedade de consumo está em curso, transformando novamente as relações entre marcas e pessoas, empresas e comunidades, gestores e colaboradores.

A era pós-digital veio para questionar as velhas certezas e colocar sistemas inteiros de pensamento corporativo do avesso. Mais do que aprender coisas novas, precisamos esquecer tudo o que sabemos.

Nesse contexto, novos desafios surgem para os líderes e gestores de comunicação, marketing e publicidade.

Walter Longo apresenta com maestria ideias, dados relevantes, *cases* e conceitos interessantes que servirão de inspiração.

A era digital já era. Bem-vindo ao mundo pós-digital.